商务馆对外汉语专业本科系列教材

应用语言学导论

(修订本)

陈昌来　主编

商务印书馆

主　编　陈昌来
编　者　（按音序排列）
　　　　陈昌来　杜道流
　　　　李胜梅　马洪海
　　　　任海波　宛新政
　　　　吴念阳　吴为善
修　订　陈昌来　陈全静

前　言

对外汉语教学专业的设立已经有二十多年的历史了。早在1983年经教育部批准北京语言学院在外语系内就设置了对外汉语教学专业，以培养对外汉语教师为主要目标。不久，北京外国语学院、上海外国语学院和华东师范大学也相继开设了类似的专业。

此后几年，该专业一直踽踽独行，没有名目。直至1988年，教育部颁布《普通高等学校本科专业目录》和《普通高等学校本科专业设置规定》，在一级学科中国语言文学类(学科代码：0501)下，设"对外汉语"(学科代码：050103)二级学科，这一专业才正式确立。

当初，设置这一专业，是为招收第一语言为汉语的中国学生，培养目标是将来能从事对外汉语教学及中外文化交流等工作。故该专业特点是，根据对外汉语教学对教师知识结构和能力的要求设计课程和确定教学内容。在1989年"对外汉语教学专业会议"(苏州)上，进一步明确了这个培养目标，并规定专业课程应分为三类：外语类、语言类和文学文化类。1997年召开"深化对外汉语专业建设座谈会"，会议认为，根据社会需要，培养目标可以适当拓宽，要培养一种复合型、外向型的人才，既要求具有汉语和外语的知识，又要求有中国文化的底蕴；既要求懂得外事政策和外交礼仪，又要求懂得教育规律和教学技巧。这一切只能靠本专业的独特的课程体系、有针对性的教材以及特定的教学方法才能完成。

近年来，世界风云变幻，中国和平崛起。随着汉语加快走向世界，对外汉语教学事业获得蓬勃发展。目前开设对外汉语专业的高等学校已有一百三十多所。大发展带来了丰富多彩，也伴随着不规范。对外汉语作为一个专业，既无统一的教学大纲，也无标准的课程设置，更无规范的教材。在业内对对外汉语教学的学科内涵，也还存在着不同的认识。目前，设立本专业的院校只能本着各自的理解，依据本单位的教学资源与教学条件设置课程，自编或选用一些现成的教材。

有鉴于此，在国家汉办的指导下，商务印书馆以其远见卓识，决定组织全国各高校对外汉语教学资深人士，跨校协商，通力合作，在初步制定专业课程大纲的基础上，编写一套对外汉语专业系列教材，以适应目前本专业对教材的迫切需求。

本教材以赵金铭、齐沪扬、范开泰、马箭飞为总主编，教材的编者经多次协商讨论，决定本着下列原则从事编写：

一、总结以往的经验，积成多年来对外汉语教学成果，以课程在教学计划中的地位、性质、任务和作用为依据，规定课程的基本内容，划定教学范围，确立教学要求。

二、密切关注语言学，特别是汉语语言学研究的最新进展，全面吸取汉语作为第二语言/外语教学研究的最新成果，着重体现语言规律、语言教学规律和语言学习规律。

三、教材的教学内容力求贯彻"基础宽厚，重点突出"的原则，注重基本理论、基本知识和基本技能，既要加强基础理论的教学，更要加强实践能力的培养。对课程的实践性教学环节应有明确、具体的要求，并有较强的可操作性。

四、教材要全面显示汉语作为第二语言/外语教学的性质、特点和规律，为加快汉语走向世界，为汉语国际推广，培养外向型、复合型的人才。

五、谨守本科系列教材的属性，注意教材容量与可能的课时量相协调，体现师范性，每一章、节之后，附有思考题或练习题。特别要注意知识的阶段性衔接，为本硕连读奠定基础，留有空间。

基于上述考虑，我们对对外汉语专业的教学内容作了权衡与取舍。本着培养目标所要求的内涵，教材内容大致围绕着四个方面予以展开：基础知识、专业知识、教学技能和教师素质。我们把拟编的对外汉语专业本科系列教材

组成五大板块,共 22 册。每个板块所辖课程及教材主编如下:

一、语言学、应用语言学和汉语

  1. 现代汉语   齐沪扬(上海师范大学)

  2. 古代汉语   张 　博(北京语言大学)

  3. 语言学概论   崔希亮(北京语言大学)

  4. 应用语言学导论   陈昌来(上海师范大学)

  5. 汉英语言对比概论   潘文国(华东师范大学)

二、中国文学文化及跨文化交际

  6. 中国现当代文学   陈思和(复旦大学)

  7. 中国古代文学   王澧华(上海师范大学)

  8. 中国文化通论   陈光磊(复旦大学)

  9. 世界文化通论   马树德(北京语言大学)

  10. 跨文化交际概论   吴为善(上海师范大学)

三、汉语教学理论、第二语言习得理论与实践

  11. 对外汉语教学导论   周小兵(中山大学)

  12. 第二语言习得研究   王建勤(北京语言大学)

  13. 对外汉语本体教学概论   张旺熹(北京语言大学)

  14. 对外汉语教学课程论   孙德金(北京语言大学)

  15. 双语与双语教育概论   关辛秋(中央民族大学)

  16. 华文教学概论   郭 　熙(暨南大学)

  17. 世界汉语教育史   张西平(北京外国语大学)

四、对外汉语教材、教学法与测试评估

  18. 对外汉语教学法   吴勇毅(华东师范大学)

  19. 对外汉语教材通论   李 　泉(中国人民大学)

  20. 语言测试概论   张 　凯(北京语言大学)

  21. 对外汉语教学模式概论   马箭飞(国家汉办)

五、现代教育技术在对外汉语教学中的应用

  22. 对外汉语教育技术概论   郑艳群(北京语言大学)

本系列教材主要是为对外汉语专业本科生编写,也可供其他对外汉语教学工作者、研究者参考,同时也可以作为大专院校语言文学类专业的课外参考书。

目前,汉语国际推广正如火如荼,汉语作为第二语言/外语教学也面临着巨大的机遇与空前的挑战。我们愿顺应时代潮流,为汉语国际推广尽绵薄之力。大规模、跨地区、跨学校地组织人力进行系列教材的编写,尚属首次,限于水平,疏忽和不妥之处在所难免,敬祈专家、读者不吝指正。

赵金铭 齐沪扬

目　　录

第一章　绪论……………………………………………………………… 1
　　第一节　应用语言学的性质和特点…………………………………… 1
　　第二节　应用语言学的学科地位和学科体系………………………… 4
　　第三节　应用语言学简史……………………………………………… 12
　　第四节　应用语言学的研究方法……………………………………… 21

第二章　语言教学………………………………………………………… 34
　　第一节　语言教学的性质和基本过程………………………………… 34
　　第二节　语言教学的历史和现状……………………………………… 41
　　第三节　第一语言教学和第二语言教学……………………………… 48
　　第四节　中国语言教学的诸方面……………………………………… 58

第三章　国际中文教育…………………………………………………… 74
　　第一节　国际中文教育的性质、特点和任务………………………… 74
　　第二节　国际中文教育的发展历史和现状…………………………… 88
　　第三节　国际中文教学的基本过程…………………………………… 121
　　第四节　国际中文教育教学研究……………………………………… 137

第四章　社会语言学……………………………………………………… 158
　　第一节　社会语言学的性质和特点…………………………………… 158

  第二节 社会语言学的兴起和发展 …………………………… 169
  第三节 语言接触 …………………………………………… 184
  第四节 语言变异 …………………………………………… 200

第五章 语言规划和语言调查 ……………………………………… 218
  第一节 语言规划的性质和原则 …………………………… 218
  第二节 语言规划的内容 …………………………………… 229
  第三节 我国语言文字规划的历史和现状 ……………… 236
  第四节 语言调查 …………………………………………… 251

第六章 计算语言学 ……………………………………………………… 261
  第一节 计算语言学概说 …………………………………… 261
  第二节 中文信息处理 ……………………………………… 275
  第三节 语言的自动理解与生成 ………………………… 290
  第四节 语料库语言学 ……………………………………… 306

第七章 儿童语言发展 ………………………………………………… 317
  第一节 儿童语言发展概说 ……………………………… 317
  第二节 儿童语音的发展 …………………………………… 331
  第三节 儿童词汇的发展 …………………………………… 338
  第四节 儿童语法的发展 …………………………………… 349

第八章 应用语言学的其他重要领域 ……………………………… 365
  第一节 心理语言学 ………………………………………… 365
  第二节 神经语言学 ………………………………………… 377
  第三节 文化语言学 ………………………………………… 385
  第四节 传播语言学 ………………………………………… 395

参考文献………………………………………………………… 404

原版后记………………………………………………………… 413

修订后记………………………………………………………… 416

第一章 绪论

第一节 应用语言学的性质和特点

一 应用语言学的性质

语言是人类最重要的交际工具,它伴随着人类的产生而产生,也随着人类社会的发展而发展,正因为如此,人类对语言的研究也很早就开始了。在语言研究中,人们很早就关注语言应用的有关问题,如语言教学(包括第二语言教学或外语教学)的理论和实践、字母及文字的创制和选择、正字法的确立和规范、标准语的确立和规范、字典和词典的编纂、语言与社会文化关系的探讨等。研究语言应用的种种问题的学问就是应用语言学(applied linguistics),应用语言学作为学科是跟语言本体研究、理论语言学(普通语言学)相对应的。

对应用语言学的理解有狭义和广义两种。狭义的应用语言学专指语言教学,特指外语教学和第二语言教学,这种理解的应用语言学可以定义为研究语言理论在语言教学或外语教学中的种种应用问题,这也是应用语言学发展最早和最为充分的一个分支。广义的应用语言学是指应用于各实际领域的语言学,即指语言学知识和研究成果所应用的一切领域和方面,广义的应用语言学所关心的是如何应用语言学理论、方法和成果来阐释其他应用领域所遇到的跟语言有关的问题。由此可见,应用语言学是语言学跟其他学科相互交叉渗透所产生的一门边缘学科或者交叉学科。①

二 应用语言学的特点

作为一门学科,从 20 世纪 60 年代发展到今天,应用语言学已经形成了自己的理论和方法体系,成为一门比较成熟的语言学分支学科,人们对应用语言学的认识也越来越明确。总起来看,应用语言学有学科的相对独立性、实用性、实验性和综合性等特点。

(一)应用语言学具有学科的相对独立性

应用语言学是语言学中一门相对独立的学科,表现在:有明确的研究任务,研究语言学在一切领域的实际应用问题;有明确的研究对象,形成了像语言教学、语言规划、社会语言学、心理语言学、儿童语言学、语言信息处理、神经语言学、词典学等几个较为成熟的下位领域,随着语言应用领域的扩展,语言传播、语言服务、语言经济等新的领域也逐渐成熟;有自己独特的学科基础,如出版了大量的研究论著、教材,创办了专门的研究刊物,成立了全国性和国际性学术组织,创建了大量专门的研究机构,拥有相当数量的专门研究人才;形成了专门的应用语言学专业和课程,国内外许多大学和研究机构设有应用语言学系,招收应用语言学的本科生,更多的大学或研究机构招收应用语言学及其相关研究方向的硕士或博士研究生,以培养高学历高学位的后备人才。

(二)应用语言学具有实用性的特点

实用性是应用语言学存在和发展的基本条件。虽然应用语言学注重形成应用语言学自身的理论和方法,但理论的追求不是应用语言学的根本目标,应用语言学的目标是着眼于语言学在社会生活中的实际应用,解决各种实际的语言问题,解决语言学在各个应用领域中的实际问题,如指导和帮助语言教学、语言故障康复、语言信息处理、语言规划、语言服务、词典编纂、翻译、速记

---

① 随着应用语言学的发展和语言学应用领域的拓展,目前多采取广义的理解。

等。应用语言学的各主要分支学科,如语言教学、语言规划、计算语言学、社会语言学、心理语言学、神经语言学、儿童语言学、传播语言学等,无一不是为了社会的实际需要服务的。可以这么说,应用语言学就是为了直接满足语言学在社会生活中的实际需求。

(三)应用语言学具有实验性的特点

应用语言学要解决语言运用的实际问题就离不开调查和实验。进行语言教学或第二语言教学要对教学对象、语言自身的特点、中介语现象、教学规律、教学效果等方面进行调查和分析,对语言教学的新方法是否有效要进行相关的实验,提取必要的分析数据,才能得出科学的结论;进行语言规划要对语言文字自身的特点和现状、语言文字使用者的状况、语言规划的目的和效果等问题进行调查和研究;进行社会语言学研究更要进行必要的社会调查;进行语言信息处理研究必须懂得使用计算机做各种实验。调查和实验是应用语言学研究的重要方法。调查通常包括访谈调查、观察调查、问卷调查(包括网上问卷调查)等,实验则是神经语言学、语言教学、计算语言学、社会语言学、心理语言学、儿童语言学等领域的常用研究方法。无论是调查还是实验,都要对材料、数据、结论进行统计、比较和分析,因而比较的方法和统计的手段在应用语言学中较为常用,通过比较可以考察出相近或相关现象之间的同异,统计手段的运用则可以使研究的结论达到定量和定性的统一,从而保证结论的可靠性和科学性。

强调应用语言学的实用性和实验性,绝不是要否定应用语言学的理论特点。任何学科都必须建立在一定的理论基础之上,关于应用语言学的性质、特点、任务、范围、对象、研究方法等基本理论和各具体领域的理论和方法的研究,是应用语言学不可缺少的部分。没有理论和方法的指导,应用语言学不可能成为一门学科;没有理论和方法以及研究手段的更新和发展,应用语言学也不可能取得进一步的发展。不过,相对理论语言学或普通语言学来说,应用语言学的实用性和实验性的特点更加突出一些。

(四)应用语言学具有综合性的特点

综合性是由应用语言学的学科性质决定的。应用语言学要根据具体的研究对象和研究目的同其他学科相结合,研究应用语言学不仅需要语言学知识,更需要相关学科的知识。如:语言教学研究要吸取教育学、心理学、教育测量学、学科教学论等学科的理论和方法;研究语言规划离不开政治学、民族学理论与方法的指导;研究社会语言学需要社会学、文化学、人类学、统计学、心理学等学科的理论和方法;研究计算语言学当然要跟计算机科学、数理逻辑、人工智能、信息论、控制论等学科结合。正因为应用语言学在不同领域跟不同学科的结合,才产生了应用语言学的许多下位学科,如语言教学、社会语言学、心理语言学、神经语言学、病理语言学、计算语言学、人类语言学、文化语言学、语言风格学、传播语言学等,因而学习和研究应用语言学,除了需要语言学的知识和理论方法外,还需要更多的其他学科的知识,应用语言学的研究人员应该是一种复合型的人才,培养应用语言学人才也需要多学科的合作。从这个意义上讲,应用语言学具有跨学科的性质,是一门多边缘的跨学科的综合性学科,学科交叉融合是应用语言学的重要特点。应用语言学要千方百计寻找适当的跟其他学科的结合点,充分发挥多边缘、跨学科、综合性的特点,只有这样,应用语言学才能不断发展和壮大。

第二节　应用语言学的学科地位和学科体系

一　应用语言学的学科归属

从学科地位即学科归属来看,首先必须明确应用语言学是语言学的组成部分。虽然应用语言学要跟其他学科相结合,但从学科归属来说,它是语言学的组成部分。比如,语言教学要跟教育学、学科与教学论、心理学、教育测量学等学科相结合,但作为学科,语言教学从本质上说还属于语言学范畴,而不属于教育学等学科,语言教学专家首先必须熟悉所教语言的各种本体知识和语言理论;再如,计算语言学或语言信息处理要跟计算机科学、数理逻辑、控制论、信息论等学科结合,但计算语言学或语言信息处理研究的主要是语言文字的编码、自动分词、词性自动标注、语句的自动分析和理解、语料库建设与应用等内容,而不是如计算机科学那样研究硬件制造和软件设计。

语言学作为一个大学科,至少可以分为三个分支学科:一是对语言本体的研究,即专门语言学或本体语言学,如汉语研究、英语研究等;也包括各种语言的断代研究和历史研究,如现代汉语研究、古代汉语研究、近代汉语研究、汉语史研究等;还包括各种语言要素的断代和历史研究,如现代英语语法研究、古代英语词汇研究、英语语音发展研究等。二是普通语言学或理论语言学、一般语言学,总结各种语言本体研究所形成的对语言问题的一般性认识和基本理论。三是应用语言学,这是要解决语言学在各个应用领域中的实际问题。这也充分说明应用语言学首先必须是语言学,应用语言学不是语言本体的研究,但必须从本体研究的成果出发进行相关的研究;应用语言学不是进行语言学理论研究,但必须遵循语言学的基本理论。当然,应用语言学的不同分支学科,对语言本体研究和语言理论研究成果的利用有不同的侧重点,如语言教学偏重于对本体语言描写和比较方面成果的应用,计算语言学偏重于对本体研究的可形式化方面成果的应用。

正因为应用语言学是语言学的一部分,这就要求研究应用语言学必须从语言出发,同时参照和吸收其他相关学科的研究成果,把语言研究的成果应用于其他领域,并形成应用语言学的不同分支学科或领域,如语言教学(尤其是第二语言教学)、计算语言学(或语言文字信息处理)、语言文字规划、社会语言学、儿童语言学、心理语言学、神经语言学、传播语言学等。

二 应用语言学的学科体系

应用语言学研究领域十分广泛,而且,随着语言应用领域的不断发展,应用语言学的新的研究对象及新的分支学科也在不断产生。那么怎样看待应用语言学的学科结构呢?或者说应用语言学的主要研究对象、研究领域有哪些呢?

(一)国外应用语言学的主要研究领域

语言学在社会生活中的应用领域十分广泛,应用语言学从早期单一的研究对象发展到今天已经形成内容十分广泛丰富的研究领域。早期的应用语言学或传统的、狭义的应用语言学专指语言教学,尤其特指第二语言教学,而目前应用语言学的研究对象可以说丰富多样,研究范围日益扩大。"国际应用语言学协会"设有19个科学委员会,即有19个研究领域,分别是:成人语言教学、应用计算语言学、儿童语言学、对比语言学与偏误分析、言谈分析、教育技术与语言培训、多语环境下的语言教育、语言与性别、特殊用途的语言(如聋哑人的手势语)、语言规划、语言测试、词典编纂与词汇学、母语教育、心理语言学、修辞学与风格学、第二语言习得、社会语言学、术语学和翻译。1996年召开的第11届国际应用语言学会议设有多个议题,如语言教学、心理语言学、社会语言学、语段学、语用学、语言测试与评估、翻译理论与实践、自然语言信息处理、语言与科技、语言文化学、生态语言学等。

(二)我国应用语言学的研究领域

目前在我国,应用语言学的研究对象既包括语言教学[①]、语言文字规划、词典学、人名学和地名学等传统的研究领域,也包括社会语言学、心理语言学、神经语言学、病理语言学、人类语言学、语言风格学、语言测试、术语学、计算语言学(包括语言信息处理)、儿童语言习得、翻译学、言语交际学、传播语言学(广播、电影、电视、报刊等新闻媒体语言以及广告语言、网络语言等)、法律语言学、刑侦语言学、体态语、语言服务(包括应急语言服务)等研究领域。总之,对应用语言学的研究对象应该持一种开放的态度,随着语言应用领域的扩展,应用语言学的研究领域也必将随之拓展。

[①] 作为应用语言学最传统的分支,语言教学内涵已经十分丰富。在我国,目前语言教学包括母语教学、外语教学(即第二语言教学)、对外汉语教学(国际中文教育)、民族地区语言教学、双语教育、特殊人群如聋哑人和弱智人群的语言教学、计算机辅助语言教学等许多部门,其中外语教学、对外汉语教学(国际中文教育)已经成为我国应用语言学研究的重要领域。

《语言文字应用》杂志1992年第1期到2003年第4期发表的论文共涉及29个研究领域,除了词汇研究、汉字研究、语法研究、语言修辞研究、语音语义研究、语用研究、杂感、治学方法等不属于真正意义上的应用语言学研究领域外,其他21个研究领域都可以看作应用语言学的研究对象,分别是:辞书研究、对外汉语教学研究、儿童语言研究、翻译研究、港澳台语文研究、计算语言学、普通话及推普研究、社会语言学、神经语言学、中介语研究、文化语言学、学科研究、语感研究、语文学习与教学研究、语言风格研究、语言规范研究、语文规划研究、语言立法、语言市场调查研究、语言应用、新词新语研究等。(刘艳春,2005)从这些丰富多彩的研究领域来看,我国的应用语言学研究在研究对象和研究领域上已经接近国外的应用语言学。

(三)我国应用语言学主要研究领域分析

　　应用语言学研究领域虽然丰富多彩,但各研究领域实际上并不平衡,各领域受重视的程度并不相同。

1.研究论文统计分析

　　刘艳春(2005)认为,《语言文字应用》1992年第1期到2003年第4期所发表的论文虽然涉及29个领域,但可以归纳为6个方面:广义的语言教学(包括对外汉语教学、语文学习与教学);广义的社会语言学(包括港澳台语言研究、文化语言学、新词新语研究、语言风格研究、语言应用和语言市场价值研究);计算语言学(包括机器翻译、语料库建立、语言信息处理等);语言规划(包括语文规划、语言规范、语言立法、推广普通话);学科研究(即应用语言学的学科性质、理论方法、发展现状及展望等);其他(包括语音、语义、语用、语感、汉字、修辞、治学、杂感、神经语言学、翻译、儿童语言、辞书、中介语等)。而这6个方面的比重差别很大,各部分的研究论文数量和比例见表1-1:

表1-1 《语言文字应用》研究领域

广义的语言教学	179	22.2%
广义的社会语言学	158	19.6%

(续表)

计算语言学	133	16.5%
语言规划	99	12.3%
学科研究	40	5.0%
其他	196	24.4%
总计	805	100%

这样看来,在《语言文字应用》杂志所涉及的 6 个方面中,广义的语言教学、广义的社会语言学、计算语言学、语言规划四个领域占有绝对优势,构成了我国应用语言学的研究主体。(刘艳春,2005)

2.学科研究方向设置分析

从我国的学位教育体系中也可以看出我国应用语言学的学科地位及其主要的研究领域。根据《授予博士、硕士学位和培养研究生的学科、专业目录》(1997 年颁布),在"文学"学科内有 5 个一级学科,其中跟语言研究相关的一级学科有两个,一个是"中国语言文学",一个是"外国语言文学"。在"中国语言文学"一级学科中有 8 个二级学科,跟语言研究相关的有 3 个:一是汉语言文字学,以研究汉语本体的方方面面为主,包括汉语汉字的共时和历时的各个领域;二是语言学及应用语言学,包括语言学理论和应用语言学;三是少数民族语言文学(分语族),包括各少数民族语言和文学的研究。在"外国语言文学"中有 11 个二级学科,其中 10 个是研究国外不同语言的语言文学,一个是"外国语言学及应用语言学",包括语言学理论和应用语言学。这一学科专业体系,至今没有实质性变化,如 2011 年版《学位授予和人才培养学科目录》及其 2018 年修订版在"文学"门类下有"中国语言文学"和"外国语言文学"两个一级学科,其下的二级学科没有变化;2022 年版《研究生教育学科专业目录》在"文学"门类下增设了专业学位类别,但"中国语言文学"和"外国语言文学"两个一级学科没有变化。由此也可以看出应用语言学在我国学科体系中的位置以及应用语言学的学科归属。

为了进一步探讨应用语言学的学科体系和重点研究领域,我们调查了一段时间内我国语言学及应用语言学硕士点和博士点的研究方向。如在 2005

年 8 月,我们共调查了 46 所招收语言学及应用语言学专业硕士研究生的高校和 18 所招收语言学及应用语言学专业博士研究生的高校,以期从这些高校语言学及应用语言学专业招生目录中显示的研究方向归纳出我国应用语言学的主要研究领域。

46 所高校的语言学及应用语言学专业硕士点的研究方向合计有 180 个,平均每个硕士点有近 4 个研究方向。每个学校设置的研究方向不尽相同,按照设置某个研究方向的学校数来排列可形成表 1-2:

表 1-2　高校语言学及应用语言学专业(硕士点)研究方向统计表

研究方向	设置学校数	占被调查学校总数的百分比(%)	占研究方向总数的百分比(%)
对外汉语教学	37	80	21
汉语信息处理	21	46	12
汉语本体研究	20	43	11
理论语言学	18	39	10
社会语言学	15	33	8
应用语言学	12	26	7
语言教学	10	22	6
比较语言学	9	20	5
传播语言学	7	15	4
语言习得研究	6	13	3
言语交际	6	13	3
文化语言学	5	11	3
本体研究应用	4	9	2
语言规范化	2	4	1
其他	17	37	9

从我国语言学及应用语言学专业硕士点近年来设置的各研究方向来看,研究方向名称比较混乱,往往按照学科点导师的实际研究状况来设立研究方

向,如:"对外汉语教学"[2007年之后设立"汉语国际教育"(2022年改名为"国际中文教育")硕士专业学位,语言学及应用语言学专业硕士点研究方向中也有改为"汉语国际教育"的]包括"对外汉语""对外汉语教学与研究""对外汉语教学理论与实践""华文教学/教育""对外汉语教学法""对外汉语教材研究""汉文化与对外汉语教学""对外汉语语法""对外汉语语法词汇"等名称;"汉语信息处理"包括"中文信息处理""汉语信息处理""计算语言学""工程语言学"等名称;"理论语言学"包括"语言学理论""普通语言学""当代语言学理论"等名称;"社会语言学"包括"语言与社会文化"等名称;"语言教学"包括"语言教学与研究""第二语言教学""汉语教学""语言教育""母语教学""高校语言教学与研究""教学语言学"等名称;"应用语言学"包括"语言应用""语言文字应用""语言应用研究""汉语学与应用"等名称;"语言习得研究"包括"第二语言习得研究""语言获得研究""对外汉语测试""语言测试学""汉语普通话教学与水平测试"等名称;"比较语言学"包括"对比语言学""英汉语言对比""汉日语言对比""中外语言对比""中外语言对比研究"等名称;"文化语言学"包括"汉语言文化"等名称;"言语交际"包括"言语与言语学""汉语言交际学""话语语言学"等名称;"传播语言学"包括"播音语言学""传媒语言学""播音发声学""播音主持基础理论""播音主持业务""播音与主持艺术"等名称;"语言规范化"包括"语言文字的应用与规范"等名称;"本体研究应用"包括"语法理论与应用""应用语法""应用词汇学""方言研究及应用"等名称。

在语言学及应用语言学专业中,以语言本体研究为名的也很多,如"现代汉语""古代汉语""语法学与修辞学""方言学""方言与音韵""汉语语法""汉语语法研究""汉语词汇与语言发展理论""汉语本体研究""历史语言学"等。

在表1-2中,列入"其他"类的有:语用学、文学语言学、语言地理学、神经语言学、语义学、语体与语言风格学、翻译理论与实践、语言与逻辑、民族语言学、现代维语、维语修辞学、中国文化等。这些大多不应列为应用语言学研究的对象。

总的来看,在我国的语言学及应用语言学专业硕士点研究方向中,除了理论语言学、汉语本体研究之外,主要研究对象是对外汉语教学、汉语信息处理、社会语言学、语言教学(含语言习得研究)、比较语言学等几类,占所有研究方向总数的55%(撇开"理论语言学"和"汉语本体研究",比例将会更高)。

在18所高校的语言学及应用语言学专业博士点中,共有研究方向近80个,平均每个博士点超过4个研究方向,每个学校设置的研究方向不尽相同,按照设置学校数可列出表1-3:

表1-3 高校语言学及应用语言学专业(博士点)研究方向统计表

研究方向	设置学校数	占被调查学校总数的百分比(%)	占研究方向总数的百分比(%)
对外汉语教学	12	67	15
汉语信息处理	11	61	14
理论语言学	7	39	9
应用语言学	7	39	9
汉语本体研究	6	33	8
社会语言学	5	28	6
比较语言学	5	28	6
本体研究应用	4	22	5
语言教学	3	17	4
传播语言学	2	11	2.5
语言习得研究	2	11	2.5
文化语言学	2	11	2.5
其他	13	72	16

同样,在我国语言学及应用语言学专业博士点研究方向中,名称也比较混乱,如在"汉语本体研究"中有"汉语语言学""汉语语法""方言学""近代汉语""语义学和语法学""句法和语义学"等名称;在"其他"类中有"文学语言学""历史语言学""认知语言学""语言与思维""语言认知与计算""人类语言学""神经语言学""语用学与语言逻辑""语言规划""言语障碍""阿尔泰语言研究"等名称。

在语言学及应用语言学专业博士点中虽然研究方向多样,但除了理论语言学和汉语本体研究之外,主要研究对象依然是对外汉语教学、汉语信息处理、社会语言学、语言教学(含语言习得研究)、比较语言学等,占所有研究方向总数的48%(撇开"理论语言学"和"汉语本体研究",比例将会更高)。

(四)应用语言学的主要研究领域

综合国内外应用语言学研究的现状,可以看出:语言教学、对外汉语教学、社会语言学、语言规划和语言调查、计算语言学、儿童语言发展等是目前应用语言学的主要研究领域,其中"对外汉语教学"根据新的学科专业目录,更新为"国际中文教育"。鉴于以上分析,本书把上述这些研究领域作为重点内容来介绍,以展示国内外应用语言学的主要研究对象;同时本书也兼顾应用语言学的其他重要领域,如心理语言学、神经语言学、传播语言学、文化语言学等。

应用语言学有许多研究领域,并不断发展出新的研究领域,而且不同的研究领域发展并不平衡,上述的这些研究领域在应用语言学学科中发展相对成熟,有比较好的研究基础,取得了较多成果,它们也是应用语言学学科的主要研究对象。

第三节　应用语言学简史

一　国外应用语言学研究

(一)应用语言学的萌芽和起源

虽然对语言应用问题的研究起源较早,但作为一门学科,"应用语言学"的形成却是很晚的。语言学包括本体语言学、应用语言学与理论语言学。早期的语言研究中,这三者是融合在一起的,如研究某种具体的语言,既需要语言理论,也需要关注具体语言的应用。随着历史比较语言学,尤其是结构主义语言学的兴起和发展,旨在研究不同语言一般问题的理论语言学(一般语言学或普通语言学)迅速发展。19世纪以后的语言学理论研究和应用研究开始分化,如语言教学跟当时的语言历史问题的研究(历史比较语言学)就已经分家。虽然教授古希腊语和拉丁语的外语教学在欧洲有着悠久的历史,但是把外语教学作为一门学科来总结其理论和方法的研究却一直没有形成。直到1870年,波兰语言学家博杜恩·德·库尔特内提出要区分纯粹语言学和应用语言学,首次提出"应用语言学"这个术语,并指出所谓应用语言学也就是运用纯粹语言学的知识去解决其他学科领域的各种问题。但由于他只是提出了"应用语言学"这个术语,并没有明确界定它的研究对象和范围,没有提出统一的理论和概念体系,因而未能引起人们的注意。直到20世纪40年代,由于外语教学的发展,人们才开始重视应用语言学的研究。

(二)应用语言学的正式形成和发展

1.应用语言学的正式形成

一般认为,美国是应用语言学的发源地。二战前后,由于军事、科技、文教、旅游以及政治、经济的需要,美国开始大力发展外语教学(尤其是对外英语教学)。1946年美国密执安大学建立了英语学院,在弗赖斯(C.Fries)、拉多(R.Lado)等专家的领导下,研究如何教授外国人英语,即研究对外英语教学,并出版著名的杂志《语言学习》(Language Learning),这个刊物的副标题就是"应用语言学杂志"(Journal of Applied Linguistics),这是世界上第一本应用语言学杂志,而且主要是研究语言教学问题的。可见,应用语言学一开始主要的研究对象就是语言教学,尤其指第二语言教学。

到了20世纪五六十年代,随着政治、经济、军事、科技、文教、旅游等事业的发展,各国越来越认识到外语教育和外语学习的重要性,但外语学习的成效却不能令人满意,人们越来越认识到外语教学是一门需要充分研究的学问。美国国会于1958年通过《国防教育法》,以加强美国中学三门基础学科的教学,外语就是其中的一门。在政府的支持和资助下,截止到1962年,美国中学建立了5 000多间语言实验室,以开展外语学习,并开展了161项外语教学研究活动,培训了11 000多名外语教师。1959年,在语言学家弗格森(Ferguson)的领导下美国华盛顿成立"应用语言学中心",下设5个部门:本族语与英语教学部、外语教学部、研究部、交际与出版办公室、语言与公共政策办公室,主要开展英语和外语教学研究。在英国,1958年爱丁堡大学研究生部开始建立应用语言学学院,以培养应用语言学的专门人才。随后,世界上不少大学都开设了应用语言学专业。

标志应用语言学学科正式形成的是1964年第一届世界应用语言学大会(法国)的召开和国际应用语言学协会的成立。国际应用语言学协会有30多个国际性应用语言学组织参加。截至2017年世界应用语言学大会已经召开了18届,其中第十六届世界应用语言学大会在中国召开。

另外,在应用语言学作为学科在西方正式成立的前后,除了传统的语言教学继续发展之外,应用语言学的一些分支学科也逐渐形成,如"社会语言学"这个概念在1952年被提出,1966年社会语言学学科形成;计算语言学和语言信息处理也在20世纪60年代形成;而应用语言学的另一个重要分支学科"语言文字规划"也随着第二次世界大战的结束,在新独立的国家和民族备受重视。

2.应用语言学的发展

20世纪60年代以来,应用语言学在国外逐渐成为语言学的一个重要分支,并且随着社会的发展和学科自身的发展,已经从以语言教学为主要研究对象的狭义的应用语言学研究发展为研究领域日益广泛的广义的应用语言学。应用语言学正以飞速发展的态势向更加广泛的研究领域渗透,并且已经深入人类社会生活的方方面面,以"XX语言学"(社会语言学、心理语言学、传播语言学、计算语言学、神经语言学、生理语言学、法律语言学、刑侦语言学、儿童语言学、文化语言学……)为名的新学科的不断出现,正说明了应用语言学的发展势头。

二 我国应用语言学简史

(一)我国应用语言学的萌芽

我国对语言应用问题的研究起源于先秦,历代学者在语言教学理论和实践、语言文字规划、词典编纂等方面都取得了一定的成就。如:在语言教学上,古代学者在识字和写字教学、书法教学、阅读和讲解教学等方面都总结出了许多经验;在语言文字规划上,秦朝就提出了"书同文"的语言文字政策,历朝历代都重视对"雅言"(明代以后的"官话")的推广;在字典编纂上,从《说文解字》到《康熙字典》构成了我国古代辉煌的辞书学和辞书编纂的历史。

(二)我国应用语言学的发展

中国应用语言学主要是在19世纪晚期之后伴随着现代语文运动而蓬勃发展的。19世纪后期,我国的传统语言学(或者叫传统语文学)开始从顶峰走向变革,即开始向现代语言学转变。在这个转变过程中,以白话文运动、国语统一运动、文字改革、拼音化为标志的现代语文运动开始产生。就应用语言学来说,现代语文运动当属于语言文字规划这个分支学科。

1.现代语文运动与应用语言学

20世纪的前50年,应用语言学主要是围绕白话文运动和国语统一运动开展的。五四运动前后,由于白话文运动、国语统一运动,从书面语和口语两个方面基本上确立了以北京话为基础的现代汉语标准语的地位。白话文运动、国语统一运动以及拼音化运动是现代语文运动的三个主要方面。拼音化运动起源于清末的切音字运动,20世纪的前50年给汉字注音的方案有许多种,其中以1918年正式公布的"注音字母"、1928年公布的"国语罗马字"以及稍后的"中国拉丁化新文字"为代表。拼音化运动不仅对汉字注音、汉字教学、教育普及起到了积极作用,而且拉丁字母及音标的使用对语言调查、记录和描写、分析有着重要的价值。

20世纪初,新式学堂逐渐取代私塾教育,随着白话文运动和国语统一运动的开展,国语教育逐渐在中小学教育中代替了国文(文言文)教育,现代语文教育(母语教学——汉语教学)从理论到实践都取得了突出的成就。

可见,我国的应用语言学一开始就非常重视语言文字规划和语言教学这两个领域。

2.文字改革运动与应用语言学

1949—1966年,中国社会、政治、经济、文化发生了翻天覆地的大变化,这种变化对语言文字工作和语言文字生活产生了极大的冲击,引起了语言文字工作和语言文字生活的变化。这种变化主要表现在如下两个方面:语文运动深入发展,语言文字规划取得了突出成就,现代汉语规范化的标准得以确立;语言文字学习深入大众,语言知识的学习得到空前的重视,语言知识获得了前所未有的大普及。

就应用语言学研究来说,1955年10月召开的"全国文字改革会议"和"现代汉语规范问题学术会议"尤其重要,标志着我国应用语言学研究进入了一个新的历史阶段,以简化汉字、制定和推行汉语拼音方案、推广普通话三项主要任务为代表的现代语文运动进入了一个新的高潮。20世纪50年代的现代语文运动在新形势下,又被称为文字改革运动或语言文字规范化工作,这一运动在汉语拼音方案制定、汉字简化和整理、拼音文字实验、推广普通话、现代汉语标准语规范、少数民族文字规范和创制等方面都取得了突出的成就。

1964年中国文字改革委员会编印了《简化字总表》(1986年国家语言文字工作委员会重新发表《简化字总表》,略作调整),实际简化汉字2 235个。《简化字总表》的正式公布确立了简化字的合法地位,这样就大大减少了汉字笔画,便于书写和认读,因而自推行以来受到广泛欢迎,取得了良好的社会效益。

1965年文化部和文改会发布了《印刷通用汉字字形表》,收通用字6 196个。该表规定了每个通用汉字的笔画数、结构、笔顺,不仅消除了印刷体汉字字形的分歧,实际上也统一了手写体的字形,确立了通用汉字的规范标准。

1955年文化部和文改会公布了《第一批异体字整理表》,后经过调整实际淘汰异体字1 027个。淘汰异体字减少了字数和汉字使用的分歧,给汉字学习、使用带来了方便。

《简化字总表》《印刷通用汉字字形表》《第一批异体字整理表》等文献规定了现代汉语用字的标准,使汉字进入现代汉字的时代,这些研究成果奠定了现代汉字的基础,也为汉字规范化、标准化、现代化打下了良好的基础,它们在儿童语文学习、成人扫盲、教育普及、新闻出版、促进社会进步等方面起到了积极的作用。

1958年2月,第一届全国人民代表大会第五次会议通过了《全国人民代表大会关于汉语拼音方案的决议》,至此,全国统一的具有法律效力的《汉语拼音方案》正式形成。该方案为汉字教学、推广普通话、少数民族创制文字、拼写人名地名和科学术语以及为汉语汉字信息处理等都作出了巨大贡献,目前已经成为国际标准。1977年在希腊雅典举行的联合国第三届地名标准化会议通过我国提出的"关于采用《汉语拼音方案》作为中国地名罗马字母拼写法的国际标准的提案",作出《关于地名拼法的决议》,建议采用汉语拼音作为中国地名罗马字母拼法的国际标准;1978年国务院批准了《关于改用汉语拼音方案作为我国人名地名罗马字母拼写法的统一规范的报告》;1982年国际标准化组织发表国际标准《ISO 7098 文献工作——中文罗马字母拼写法》,规定拼写汉语以汉语拼音为国际标准。

随着国家的统一,政治、经济、文化教育的飞速发展,各地交往日益频繁,严重的方言分歧已经阻碍了社会的进步和发展。1949年中华人民共和国成立后,推广普通话被提到越来越重要的地位,成为一项重要的政治任务,也成为20世纪50年代文字改革工作或国家语言文字规划的三大任务之一。

为规范普通话语音标准,中国科学院语言研究所成立了普通话审音委员会。1963年文字改革出版社出版了《普通话异读词三次审音总表初稿》。1985年国家语言文字工作委员会、国家教育委员会、广播电视部联合公布了《普通话异读词审音表》,作为选用异读词的标准。

20世纪50年代明确了普通话的含义:以北京语音为标准音、以北方话为基础方言、以典范的现代白话文著作为语法规范。现代汉民族共同语即普通话标准的明确为汉语规范化的实现提供了可能,也使推广普通话有了明确的依据。

1951年中央人民政府出版总署发布了《标点符号用法》,指出了14种常用标点符号的正确用法。1955—1956年间全国绝大多数报刊改直排为横排。新标点符号的使用和横排印刷,奠定了现代汉语书面语印刷和书写的基础。

虽然中国的应用语言学研究在20世纪五六十年代取得了突出的成就,但作为学科的中国应用语言学的形成却比较晚。

20世纪70年代后期80年代前期,语言文字应用研究的发展为应用语言学学科的形成作了准备,其中应用语言学的主要成果是关于语言美的研究和讨论,北京语言学会编的《礼貌和礼貌语言》和陈章太、于根元的《语言美和精神文明建设》是其中的突出成果。与此同时,推广普通话和汉语规范化、标准化等工作也有一定的进展。

伴随着我国方言调查和少数民族语言调查的开展,语言与文化、语言与社会的关系引起了语言学家的重视,从而,应用语言学的另外两个分支学科——文化语言学和社会语言学,也逐渐发展起来。

(三)我国应用语言学学科的正式形成和发展
1.我国应用语言学学科的正式形成

中国应用语言学学科形成的标志是1984年语言文字应用研究所的成立。语言文字应用研究所简称"语用所",成立时属中国社会科学院和中国文字改革委员会双重领导,1988年以后归国家语言文字工作委员会(简称"国家语委")领导,1998年国家语委并入教育部,语用所随之成为教育部的直属研究所。2001年4月,根据中央机构编制委员会办公室对教育部所属部分事业单位调整更名的批复,国家语委普通话培训测试中心和《语言文字应用》杂志编辑部并入语用所。语言文字应用研究所是国家级语言文字应用研究和培训测试专业机构,也可以说是我国第一个国家级应用语言学研究机构,它的成立标志着应用语言学在中国正式形成。据语用所网站介绍,现在的语用所下设办公室(综合处)、人事处、科研教育处、普通话培训处、普通话测试处、普通话和语言教学研究室、汉字与汉语拼音研究室(辞书研究中心)、社会语言学与媒体语言研究室(广播电视语言研究中心)、计算语言学研究室(中国语言文字网)、《语言文字应用》编辑部(应用语言学研究中心)、国家语委语言文字规范标准测查认证中心等部门。由此可见,语用所的主要任务是研究语言文字应用的实际问题和理论问题,研究语言文字的规范化和标准化,研究语言政策和语言规划;开展国家通用语言文字培训、测试及有关的组织规划、教学与科研工作,指导各地的培训与测试工作;为社会各界提供有关语言文字的评测与咨询服务;编辑出版《语言文字应用》和《语文信息》,进行有关语言文字的网络建设和现代化的信息服务；培养研究生和其他相关人才。语用所在中国社会科学院研究生院设有语言文字应用系，先后建立了2个博士点、5个硕士点和1个博士后科研工作站，为语言文字应用学科的发展发挥了重要作用。语用所实际上肩负语言文字应用研究和管理的双重任务。事实上，教育部语言文字应用管理司和语言文字信息管理司对我国语言文字应用同样起到引导和管理作用。

2.我国应用语言学学科的发展

中国应用语言学发展的另一个里程碑性的标志是1992年应用语言学杂志——《语言文字应用》的创刊。

《语言文字应用》是中华人民共和国教育部主管、语言文字应用研究所主办的语言文字应用学术刊物。《语言文字应用》贯彻执行国家语言文字工作的方针政策，致力于语言文字的规范化、标准化，集中发表语言文字应用领域的学术研究成果，努力团结和发展国内外研究队伍，加强国际学术交流，促进语言文字应用学科的发展。《语言文字应用》发表有关语言文字规划、语言文字规范、推广普通话、社会语言学、语言教学、对外汉语教学、计算机多媒体辅助教学、计算语言学、面向中文信息处理的现代汉语基础研究等研究成果，还追踪报道国内外有关语言文字应用的热点问题。

在中国应用语言学学科形成和发展中，国家语言文字工作委员会的成立和全国语言文字工作会议的召开起到了积极的推进作用。1985年12月16日，中华人民共和国国务院办公厅发出《国务院办公厅关于中国文字改革委员会改名为国家语言文字工作委员会的通知》（以下简称《通知》）。《通知》说，为了加强新时期的语言文字工作，国务院决定将原中国文字改革委员会改名为国家语言文字工作委员会（1998年机构改革，国家语言文字工作委员会并入教育部，对外保留国家语言文字工作委员会的牌子）。其主要职责是：贯彻执行国家关于语言文字工作的方针、政策和法令，促进语言文字的规范化、标准化，继续推动文字改革工作，并做好有关的社会服务工作。后来进一步明确为：拟定国家语言文字工作的方针、政策；编制语言文字工作的长期规划；制定汉语和少数民族语言文字的规范和标准并组织协调监督检查；指导推广普通话工作。

1986年1月6日,全国语言文字工作会议召开。根据社会发展和形势变化,国家的语言文字工作任务调整为五大项:(1)做好现代汉语规范化工作,大力推广和积极普及普通话;(2)研究和整理现行汉字,制定各种有关标准;(3)进一步推行《汉语拼音方案》,研究并解决实际使用中的有关问题;(4)研究汉语、汉字信息处理问题,参与鉴定有关成果;(5)加强语言文字的基础研究和应用研究,做好社会调查和社会咨询、服务工作。全国语言文字工作会议对汉语言文字的规划起到了突出的作用。会议讨论了新的历史时期的语言文字工作的方针和主要任务,解决了历史上一些争论不休的问题,不再重申汉语拼音化方向,不把简化汉字单独列为一项任务,而强调现代汉字的规范化和标准化;会议把现代汉语规范化和推广普通话列为第一项任务,提出了普通话水平测试分三级的设想。

1997年12月23日,第二次全国语言文字工作会议召开。此次会议将新时期语言文字工作任务明确为四条:(1)坚持普通话的法定地位,大力推广普通话;(2)坚持汉字简化方向,努力推进全社会用字规范化;(3)加大中文信息处理的宏观管理力度,逐步实现中文信息技术产品的优化统一;(4)继续推行《汉语拼音方案》,扩大使用范围。

2020年10月13日召开了第四次全国语言文字工作会议,会议把推进语言文字工作治理体系和治理能力现代化作为语言文字工作的主要任务,确立了"聚焦重点、全面普及、巩固提高"的新时代推普方针。

2001年1月1日《中华人民共和国国家通用语言文字法》颁布实施,这是我国历史上第一部关于语言文字的法律,是我国的语言文字政策和语言文字规划的里程碑式成果。

为加强应用语言学研究,1995年筹建中国应用语言学学会。该学会成立以来,主持召开了数次全国性的应用语言学学术研讨会,同时出版了数种应用语言学论著。近几年来,许多大学或学术机构开始招收语言学及应用语言学的研究生(包括硕士研究生和博士研究生),同时,作为应用语言学的重要分支学科如语言规划、对外汉语教学(国际中文教育)、外语教学、计算语言学、社会语言学、文化语言学、应用语言学理论等近年来也取得了突出的发展。与此同时,20世纪90年代到21世纪初,出版了多种《应用语言学》或以"综论""纲要""概论"为标识的应用语言学论著。这些都标志着中国应用语言学的进一步发展和趋于成熟。

随着应用语言学作为一门独立学科的正式形成,我国应用语言学蓬勃发展,逐步形成了以语言教学、对外汉语教学(汉语国际教育/国际中文教育)、社会语言学、语言规划和语言调查、计算语言学、儿童语言发展等为主要研究领域,文化语言学、神经语言学、语言风格学、新词新语研究、传播语言学、心理语言学、辞书学、翻译学、人类语言学、实验语音学、人名学和地名学等其他领域协调发展的繁荣局面,语言战略、语言服务、语言治理、语言职能、语言数据等快速发展新领域。我国的应用语言学也正在为我国的政治、经济、社会、文化、教育、科技、国际交流等提供日益深广的服务。

第四节　应用语言学的研究方法

一　调查和比较

(一)语言材料的调查

应用语言学的许多分支学科如语言教学、对外汉语教学(汉语国际教育/国际中文教育)、社会语言学、儿童语言学、心理语言学、语言规划、人名和地名研究等,都要采用"调查"这一研究方法。像跟语言教学直接相关的第二语言习得研究中的中介语研究,首先就得调查和收集大量的、系统的中介语语料,有条件的要建设中介语语料库,这是进行中介语研究和偏误分析的基础。应用语言学研究的"调查"是指收集和考察语言事实、语言使用者、语言使用环境等材料,调查就是要收集材料,尤其是第一手材料。

收集材料主要有三种方法:访谈法、观察法和问卷法。

访谈法是一种由调查人员和被调查者进行面对面谈话的方法,可分为个别访谈和集体访谈两种方式。访谈的关键在于如何诱导受访人说出调查人员所需了解的内容,提供有关语言应用研究的原始材料。访谈不是随意谈话,调查人员事先要设计好访谈的内容、问题、表格等。涉及应用语言学的访谈通常应该注意以下四种技巧的运用:(1)念字表、词表、句子或语段,如调查方言、调查语言变化经常使用这一技巧;(2)提问,由调查人员提出问题,要求受访人回答,从中获取信息,采集材料;(3)测验,给受试人以某种刺激,使其立即作出语言反映,以观察受试人的语言能力,了解其语言体系的特定规则;(4)座谈会,如就某些语言现象(像网络语言或语言规划的问题),召开座谈会,听取意见或收集材料。

观察法是研究人员通过直接观察研究对象的言语行为以获取语言材料的方法,可分为隐蔽观察和参与观察。隐蔽观察指调查人员在真实的社会环境中,不暴露自己的身份,从一旁观察人们的语言行为。参与观察指调查人员深入被研究的人中去,与他们一起参与语言活动,在其中进行观察和搜集材料。观察法是在一种自然的状态下进行的,所以材料比较真实。美国社会语言学家拉波夫(Labov)关于城市方言的调查就是典型的观察法。随着现代科学技术的不断发展,如录音、摄像技术的发展,调查人员可以越来越自然地通过观察法来获取所需要的语言材料。社会语言学、儿童语言习得、第二语言习得等领域都可以使用观察法来获得研究素材。

问卷法是用书面形式进行社会调查的一种方法,适用于大规模的摸底调查。在进行调查前应根据调查项目编写一系列问题,此外问卷还应包括有关填表人背景的项目,如姓名、年龄、家庭状况等。问卷所列问题按回答的方式不同可分为封闭式和开放式两种;封闭式是把若干种可能的答案用简明的语言陈述清楚,供被调查者选择;开放式则不提供可选答案,对回答不限范围,让被调查者自由表达意见。设计封闭式问题需要注意选择可测标志,以便进行定量分析;设计开放式问题需要注意提法的中立性,语言的运用不能脱离具体的情景,要注意提供背景。问卷法是调查的重要方式,通过问卷可以把所得到的关于人或事物的信息转化为数据,用这种方法可以测量人们的知识或信息、喜爱和厌恶、对事物的态度等。应用语言学研究中许多材料可以通过问卷法获得,如称呼语使用情况的调查、某些语言结构或发音现象的调查、新词新语使用范围和使用领域的调查、儿童习得某个语言现象的调查、外国学生汉语习得偏误情况的调查、广告语(传播语言)公众认可度调查等。

调查是应用语言学最重要最基本的研究方法。一般来说,应用语言学的调查有实地调查和通信调查,全面调查和抽样调查,口头调查和书面调查,还有录音录像调查等,比较常用的是通信调查(包括网上调查)和抽样调查。社会语言学特别重视口语调查,尤其要记录好未经加工的原始口语。调查虽然有多种方法,但实地调查最为重要,大规模的田野调查更是需要个人或集体的亲身实践活动。

(二)语言材料的比较分析

调查得来的有关材料仅仅是应用语言学研究的素材,应用语言学研究者还需要对调查得来的材料进行描写、分析、总结、归纳,使之成为有用的材料。在应用语言学研究的各种方法中,比较是一种根本性的研究方法。

比较的方法可以分为两大类:一是事实比较,即对现象事实进行的归纳概括的比较,具有明显的描写性;二是理论性的比较,是关于系统理论普遍原理在具体语言中的可行性的比较,包括宏观和微观两个方面。应用语言学研究中的比较方法主要指对比研究法。比如国际中文教育中为了说明某些教学法的有效性,可以在同等级的班级中进行分班对比。甲班使用甲种教学法,乙班使用乙种教学法,研究者事先设计好对比项目,如对比听说能力的差异。这样在一个学期的对比中,通过观察、测试,收集材料,比较甲乙两个班留学生听说能力的进步程度和差异,借以证明教学法的差异。第二语言习得研究中的对比分析以及偏误分析都要使用比较的方法。

再如,在语言规划研究中必然涉及语言文字的规范化问题,而语言规范化的标准,口语和书面语有所不同,那么怎么确立口语和书面语的规范标准呢?这首先要比较口语和书面语的差异,可以运用对比的方法来分析、总结、归纳口语和书面语在用词、造句、谋篇、风格上的共性和差异,借以确立口语和书面语规范标准。

事物之间既有联系又有区别。比较就是比较事物之间的联系、区别,比较的是事物的共性以及个性。应用语言学研究中的比较也是比较语言现象的共性和个性。事物之间可以进行比较的方面很多,但不是所有的方面都需要进行比较。所以,运用比较的方法,要根据研究的需要,确定比较的范围,选择好比较的基点,注意避免无效或低效的比较。对语言进行比较分析,可以采用各种比较的方法,如数据比较、图表比较、调查比较等。最后还要对所探讨的问题作出分析解释。

二 定量方法和定性方法

(一)定量方法的产生

定量方法也就是计量方法。科学的本质可以说就是数学。现代科学如物理学、天文学、化学、生物学等在发展自己的理论时广泛地运用了数学这个工具;在社会科学和人文科学领域里,也引入了数学的方法,如经济计量学、历史计量学等;在应用语言学研究中也已经使用定量的方法,例如语料库语言学就是计量语言学的一个分支,其他诸如自然语言处理、机器翻译、语言教学、信息检索等方面也经常使用定量的方法。人们对定量方法的兴趣也越来越高,数学的方法已经成为语言研究中不可缺少的部分。计算机科学的应用和普及,为定量方法的使用提供了极大的便利。

(二)定量方法和定性方法的关系

从方法论角度看,定量方法和定性方法可以说是两种完全不同的研究方法,有人甚至把这两种研究方法看成是不容易调和的"两种文化"。其实,这两种方法所得出的结果往往互相补充。定性研究是对所研究的对象进行"质"的分析,即对所研究的现象的本质、特征及其联系进行概括;定量研究通过量化,即利用数量、频率、比例的统计等来说明各种事实。(于根元主编,2003)定性方法是综合,定量方法是分析,分析是为综合服务的。定量研究的最终目的是定性,定量研究只是一种研究手段。(于根元,2004)同样,对定量分析所取得的各种数据进行描写和分析,以得出相应的结论,又属于定性分析的范畴了。

定量方法和定性方法的区别可以归纳为表 1-4:

表 1-4 定性方法与定量方法比较

		定 性 方 法	定 量 方 法
研究基础		现象学观点	逻辑实证主义观点
	1	强调亲身参与活动以获得经验	强调用实验方法来获取数据
	2	只有通过个人主观经验才能认识人类行为	只有摆脱主观状态才能了解社会现象的因果关系
	3	了解就是移情	了解要保持距离
	4	依赖定性数据	依赖定量数据
研究手段		自然观察	操纵和控制
	1	观察面广,但分散	观察面窄,但集中
	2	变量不加控制,有利于了解它们的复杂关系,但容易顾此失彼	变量有所控制,有利于了解它们的因果关系,但容易简单化
	3	注意内容,但容易忽略形式	注意形式,但容易忽略内容
	4	解释力强,但容易主观	客观性强,但解释力弱
	5	接近现实,但时间长	时间短,但人为的成分大
研究方法		归纳法	演绎法
	1	以数据为出发点	以假设为出发点
	2	没有事先形成的概念	进行预测
	3	可生成假设	检验假设
	4	研究成果:描述或假设	研究成果:理论
研究过程		综合过程	分析过程
	1	从分体到整体	从整体到分体
	2	全面观	特殊观
	3	面向内部结构	面向外部结构
	4	了解过程	了解结果

(续表)

		定 性 方 法	定 量 方 法
		描写性特点	推断性特点
研究特点	1	无控制的自然观察	有控制的实验
	2	归纳与描写数据	归纳数据进行推断
	3	旨在发现形式	旨在验证假设
	4	效度高、信度低	信度高、效度低
	5	概括程度低:个案研究	概括程度高;多元观察
	6	强调动态性	强调稳定性

定量方法和定性方法都是科学的研究方法,在语言学研究中不能只拘泥于一种。一般来说,从事社会科学和人文科学研究的人比较熟悉定性方法,但在社会科学和人文科学中引进数学的方法更体现了当前科学发展中的文理渗透、学科渗透、学科交叉以及新文科的特点。一些边缘性语言科学的产生会使定量方法成为不可缺少的部分。而脱胎于定性研究的描述性研究,如结构语言学、功能语言学、人类语言学等不同的流派,它们采用的描述性研究方法实际上是一种介于定性研究和定量研究之间的方法。例如描述性研究虽然也强调自然观察,但它不像定性研究那样在调查前不带任何框框、不提出假设,而主张可以根据现存的数据或现象事先提出假设,作为考察的基础;描述性研究也主张归纳法,但不排除使用演绎的方法;描述性研究在可能的范围内也使用定量的手段。

(三)抽样统计

统计是定量分析的主要方法,而统计要获取各种数据,就得要采用各种抽样的技术手段。

1.抽样

由于对语言现象、语言使用者、语言环境不可能都进行详尽的观察,调查观察者看到的实际上仅仅是所有现象的一部分,即所有事物的样本而已。所以应用语言学调查观察的是语言应用的一个一个的样本,而获取样本的方法就是抽样。

抽样(又叫取样)就是从一个总体中选取一部分作为样本进行观察。由来自同一总体的无数组样本数据而获得的该总体的某种特征,称为参数。抽样是为了使研究对象具有代表性,从而可使结论具有推断意义或普遍意义。例如,随着普通话的推广和人口的迁徙流动,某个方言的某个语音发生了演变,同时这种演变在不同年龄段中又有不同表现,为了证明这种现象的客观存在,就需要调查,但又不可能对方言区的所有人群进行逐个调查,这时语言调查工作者就必须学会抽样调查。

在语言调查的抽样程序中,要处理好四个方面的问题:(1)取样的范围。研究者在什么范围内研究问题,就应该在什么范围内抽样。例如要观察某方言的语音变化,就应该在使用这个方言的方言区内进行抽样。(2)样本的典型性。样本是否典型会影响研究结论的推断。选取的样本对象应基本具备总体对象的性质或特点,能够在较大程度上代表总体对象。(3)选取合适的抽样方法。抽样方法有多种,应根据实际需要来选用。例如,要对方言语音变化在年龄段上的差异规律进行调查,就要充分考虑年龄段的划分。(4)样本应有足够的数量。样本的数量可影响研究结果的可靠程度。由于抽样误差与样本规模的平方根成正比,所以在人力、物力、时间等条件允许的情况下,样本数量越大越好。

2.随机抽样和非随机抽样

抽样包括随机抽样和非随机抽样两种。相比较而言,非随机抽样简单易行,可以节省人力和物力,但常带有很大的偶然性,也会带入调查人主观判断等因素,所得的材料和数据不一定可靠,因此,在正式调查中一般不提倡使用。

抽样的最基本的办法是随机抽样,这种方法可以做到让在选定范围内的每个成员都有被选定为取样对象的同等机会,从而避免了非随机抽样的偶然性和主观性。应用语言学研究中常用的也最有效的随机抽样方法是分层抽样。分层抽样是把总体按一定标准划分为不同的层次,然后再分层抽样。比如要调查某一地区的语言变化时,可以把该地区所适宜充当调查对象的人先依不同的年龄分成不同的层次(例如老中青少幼),然后再从这些层次中抽样。分层抽样得出的样本具有较好的代表性。例如美国著名社会语言学家拉波夫在调查纽约市各个阶层的英语特征时,对说话人和他们的语言都使用了分层抽样的方法,他把纽约曼哈顿下东区看作美国各民族各阶层的一个缩影。拉波夫把下东区分为四个组:黑人、犹太人(正教徒和保守派)、天主教徒和基督教徒,每组中又按照社会阶层分为三个层次:下层、中层、上层。按照这样的抽样,他最后实际调查了155人作为其美国英语调查的样本。

跟分层抽样相关的是多级抽样。在调查中先按一定的标准把对象分组,在各组中抽取样本形成样本组,最后再在样本组中抽样。多级抽样和分层抽样的不同在于:分层抽样是在各分层中直接抽样,而多级抽样是在分层抽样的基础上进行再抽样。多级抽样适合范围较大的调查。实际上拉波夫的美国英语调查,既有分层抽样特征,也有多级抽样的特点。

3.统计和分析

抽样调查结束后,要对调查所得的材料进行整理和分析。整理材料最常用的是统计的方法。在统计方法中,百分比统计法是较为常用的。统计的方法以及统计学是一门专门的学问。但目前统计学已经发展成为在自然科学、人文科学和社会科学中广泛运用的方法和手段,尤其随着计算机硬件和软件技术的发展,学者们设计了许多适合应用语言学使用的统计软件包,供应用语言学工作者统计和分析调查、观察得来的各种数据,应用语言学工作者应该学会使用相关的统计软件包及其他先进的统计方法。

三 实验方法

(一)实验方法的意义

实验方法是建立在可计算性原则的基础上的,是把计算的理论、模型和人的行为加以比较的重要手段。实验方法又是建立在信息处理原则的基础上的,是把人脑看作一个有限度容量的信息处理系统。实验是科学研究经常使用的方法,是科学方法的基本要素。在科学研究中,为了检验某种科学理论或假设,人们可以创造出一个人为的环境,引入可控制的变量,进行一些操作,观察记录其变化和结果并加以解释或推断,这就是实验的方法。

应用语言学具有实验性。应用语言学研究的目的在于解释语言在各种应用中的现象和规律,要努力解决实际问题。所以,为了调查语言事实,为了证明某个假设是否成立,为了验证某种理论是否有效、能在多大程度上有效,都不能不用到实验的方法。可以认为,应用语言学离不开实验的方法。举例来说,第二语言学习中,人们常为学习者的成败参半而感到困惑。这是因为学习者的差异太大,如有智力上、生理上、心理上、学习目的和动力上的差异,也有学习者文化背景、母语迁移、学习环境、教与学的方法等的差异。找出这些差异,有助于有针对性地调整和引导,而实验的方法有助于研究者把这些差异的因素分开来,使教的一方和学的一方了解学习者存在的各种差异,从而提高第二语言学习效率。

随着应用语言学的发展,人们对应用语言学的理解已经从狭义的应用语言学——语言教学(第二语言教学或外语教学)发展为广义的应用语言学。但不论何种理解,实验方法在应用语言学各分支学科中都具有重要的应用价值。如在语言教学中,学习外语的年龄问题一度是个热门话题。长期以来,人们凭零星的观察,得出外语学习年龄越小越好的印象。实际上影响外语教学效果的因素很多,教材、教法、教员、学员、教育技术以及教学环境等都是变量。想了解年龄对外语学习的影响,就要把教材、教法、教员、教育技术、教学环境等因素控制起来,使它们稳定不变,对年龄这个因素加以操纵:把学员按年龄分为若干组,每组教材、教法、教员、教育技术、教学环境等方面的情况大致相同,这样,学习成绩、教学效果的变化就与学员的年龄直接相关了。就这个问题,美国学者库克(Cook)通过 22 项相关实验得出的结论是:应区别学习环境,即学习者是在自己的国家还是在使用目标语的国家。如果在自己的国家,年龄大的儿童比年龄小的儿童学得好些,成年人比儿童学得好些;如果是在使用目标语的国家,那么年龄越小的移民母语的口音越轻,而成年人的自卑心理会影响他们的学习。这些结论就是靠实验方法获得的。

再如,属于广义应用语言学的心理语言学,要使用许多心理测量的方法。心理语言学有基础研究,如语言和记忆、语言的理解和产生、语言和认知、语言和思维的关系等；心理语言学也有应用研究，如语言的习得过程、语言学习者的个体差异、语言学习者的内部大纲等。语言是可观察的，而心理状态是无法观察的，然而语言又难以控制，靠自然观察的方法往往费时失实，这就需要采取实验的方法。同样，心理测量和一般的实验方法相同，也要经过提出假设、决定变量、观察与测量、统计与分析等过程，也要有严格的程序。

(二)实验方法的特点

实验方法是科学研究经常使用的方法和程序，这是由实验方法所具有的特点决定的。根据Tuckman(1972)[①]的研究，实验的方法有如下的特点：

一是系统性。在实验时必须有一套要遵守的程序性规则，这些规则包括怎样找出变量和定义变量，怎样设计实验以观察变量和决定变量的作用，怎样把数据和原来的研究课题、假设联系起来等。这些规则使实验系统化，便于操作和检查，同时也可以避免人们在考察中作出一些权宜的解决方案，克服由于研究者本人偏爱或其他外部因素对研究结果所造成的影响。这说明实验方法是组织严密的系统。

二是逻辑性。实验方法所执行的规则和程序形成一种直截了当的、逻辑性强的型式，使研究一环接一环地展开，每一环和下一环都有逻辑关系，不可或缺。研究者可以根据内部效度的要求去检查实验中的每一个环节，从而了解结论是否有效。研究者也可以使用逻辑来检查所概括的外部效度。

三是经验性。实验方法从现实世界里收集数据。数据的类型虽然很多，但它们都可以量化，都能够表示为一些可捉摸的数字。研究者可以靠处理这些数字从而和客观世界的研究联系起来。因此，实验方法也是一种通过控制和操纵的经验性的研究方法。

四是简约性。研究者对数据进行分析时，往往会把纷繁的个别事件和个别对象简约为可理解的概念和范畴，舍去一些特殊性和独特性，得到的是更为

---

① Tuckman,B.*Conducting Educational Research*.2nd Ed.Harcourt Brace Jovanovich.转引自桂诗春、宁春岩(1997)。

概括的事物间的相互关系,这一过程实际上就是对现实的内部规律进行抽象化。简约化使实验不仅是在描写事物,而且是在解释事物。

五是重复性和传递性。实验是可以重复的,这是因为实验的设计、数据的收集、统计和分析都有很大的透明度,别人可以重复这些过程来检验实验结论是否正确,也可以让别人使用研究的结果去从事另一项研究。

需要指出的是,社会科学实验要比自然科学如物理实验困难得多。这种困难表现在如下三个方面:(1)实验的对象是人,而人是很难重复的,他们不可能像从口袋里捡豆子那样容易进行随机抽样;(2)社会科学的实验并非在实验室里做的,而是在现实的世界里做的,所以,实验条件对所有的被试不容易保持一致,也很难区别实验和实际活动;(3)人是一个十分复杂的统一体,即使是同一个被试,在不同的外部环境下,每一次测试都会显示出智力上的、生理上的、心理上的差异,从而影响测试的结果。

由于应用语言学各部门的研究都离不开人的语言活动,而语言活动又是一种异常复杂的社会现象,其中种种不同的因素纠缠在一起共同起作用。因此,在使用实验方法时要特别注意对各种变量的控制。研究者必须要有明确、单一的实验目的。只有实验任务明确,才能在错综复杂的语言事实中通过简化的方法进行选择,把与实验结果有关的因素集中起来,使其处于可控制状态,并排除那些与研究目的无关的因素的干扰。

所以,应用语言学不能单纯强调实验方法,而应该综合使用不同的研究方法。

(三)实验的步骤

实验可以分为三个步骤:实验的设计、实验的实施和实验的解释。(周昌忠,1983)

1.实验的设计

实验的设计在应用语言学研究中十分重要。应用语言学的研究范围十分广阔,又有许多因素纠缠在一起,所以对实验的设计要求较高。从实验设计的程序来说,一般经过选择课题、提出假设、评论文献、决定变量、操纵和控制变量、观察和测量等过程。任何一个实验,都要有严格的规程。

2.实验的实施

实验的实施必须有切实可行的实验方案,一般来说,实验方案包括:

(1)实验的目的与意义。在实验之前,首先要弄清楚实验所要达到的目的,完成本实验的意义和价值。其次要搞清楚实验要获取哪些材料,查明那些实验因素各起什么作用,它们对完成课题都有什么影响等。

(2)实验的时间与地点。实验可能在多个地点进行,有的实验项目有时间要求,这就应该全面考虑实验的时间和地点:如果各实验点不能在同一天开始,就要限制在一定的时间内,不能无限制地延期或延长。因为时间的推移或变化会影响实验的效果。

(3)实验的对象。要根据实验的目的来选择和确定实验对象。如第二语言习得实验要考虑到实验对象的年龄、性别、民族、语言背景等基本情况,然后根据实验的要求,按年龄、年级、性别、语言背景等分级(班)。实验对象应有代表性、随机性,样本含量应符合统计学的要求。

(4)实验的内容与指标。如果是比较简单的单一实验,实验的内容很容易表达清楚;如果进行复杂的多内容实验,要将不同实验的名称和内容都表达出来。实验的指标要统一并标准化,要做到精确、客观、规范。

(5)实验队伍的确定与培训。应用语言学的实验往往是一个复杂的过程,多数情况下不可能由一个人来完成,往往需要多人合作。参与实验的人员的确定就非常重要。而参与实验的人要按照统一的要求和程序进行实验,必要时就要先对参与实验的人员进行培训。

(6)实验报告或总结。实验过程中,由于实验条件不完全相同,或者无关因素的干扰,使实验遇到这样或那样的问题,要及时进行小结。最后的实验报告或总结是根据实验的结果得出的结论,要将实验的问题、目的、过程、结果、经验等用文字的形式写成全面、翔实的报告,完成实验的研究。

3.实验的解释

对实验结果的意义作出科学的解释或推断是实验的最后一步,也是极为重要的一步,它关系到实验的价值,即实验对促进人们认识所作的贡献的大小。

应用语言学有许多不同的研究领域或分支学科,各有不同的研究领域和研究目标,因而有不同的实验方法,在运用实验方法时,也会有不同的设计、方案、步骤。这需要研究者学会选择,合理加以运用。

思考题

1. 应用语言学有广狭两种理解,请简要谈谈你对应用语言学的认识。

2. 就现状来看,应用语言学有许多分支学科,请谈谈你对应用语言学研究领域和学科体系的看法。

3. 目前我国应用语言学研究的重点领域是什么?为什么会形成这样的重点研究领域?

4. 应用语言学跟理论语言学、本体语言学的关系怎样?跟理论语言学、本体语言学相比,应用语言学具有哪些特点?

5. 作为一门学科,应用语言学形成较晚,请谈谈国外和国内应用语言学形成的背景,并简要介绍国内外应用语言学发展的历史。

6. 简要说明应用语言学在我国社会、经济、文化、教育、科技、国际交流等领域中的作用和价值。

7. 应用语言学研究有哪些方法?为什么说应用语言学研究离不开实验方法?

8. 就如何学习应用语言学这门课谈谈你的看法。

第二章 语言教学

第一节 语言教学的性质和基本过程

语言教学历史悠久,长期以来一直受到语言学家和教育学家的关注。语言教学是应用语言学的重要内容,在应用语言学领域备受重视,不少学者认为狭义的应用语言学就是指语言教学。"狭义的应用语言学特指第二语言教学"(于根元主编,2003),"狭义的应用语言学专指语言教学,特指外语教学和第二语言教学"(齐沪扬、陈昌来主编,2020);英国学者科德(S. Pit Corder,1983)更是把语言教学作为应用语言学的全部内容进行专门论述的。可见,语言教学在应用语言学中占有相当重要的地位。

一 语言教学的性质与目标

(一)语言教学的性质

语言教学(language teaching)是指运用特定的方法,将语言知识和相关的理论通过教育者有目的、有计划地传授给学习者,以达到使学习者掌握一门具体语言并用于交际目的的教学活动,它是教育工作的重要组成部分。

语言教学作为一种以语言为内容的教学活动,包括本族语教学和外族语教学,即第一语言教学和第二语言教学。这是毋庸置疑的,也得到了广泛的认同,关键的问题在于对第一语言教学所涵盖的范围有不同的看法。有些学者认为,第一语言的教育和学习应该包括儿童语言的习得和学习两部分,也就是说,从儿童最初获得语言的活动开始,一直到此后在学校里继续接受的第一语言教育,都属于语言教学的活动。另外一些学者则认为,语言教学是一种"有目的、有计划、有特定方法的教学活动",而儿童第一语言习得活动不具有目的性、计划性等,就不应该包含在语言教学的范围之中。

其实,如果站在教授者(儿童周围包括父母在内的群体)的角度,他们在教儿童学习第一语言时,也是有目的的,即让儿童学会这种语言并能够使用这种语言与成长中所处的语言社团成员达到有效的交际;这种活动也是有计划的,尽管这种计划性并不像我们在学习第二语言时那样要制定教学大纲、教学计划等;这种活动更是运用了特定的教学方法,如强记强读、在游戏中学习、在日常活动中学习等。我们再换个角度,根据功能语言学的观点以及心理学的观察,当儿童的肢体语言和哭声已经无法很有效地表达他们的需求时,他们便有了学习语言的迫切愿望,这种表达需要就是儿童学习的最初目的。因此,无论是从语言教学的内涵还是从语言教学的内容等方面来看,语言教学都应当包括儿童语言习得。

语言教学的另一个重要组成部分就是外族语教学,即第二语言教学。第二语言教学是对第一语言能力的扩大,是在第一语言学习基础之上进行的。第二语言的教学主要是指外国语言的教学,如中国内地的英语、法语、日语等语言的教学和我国对外国学生的汉语教学。此外,语言教学还包括双语教学和多语教学。双语或多语是指在多民族聚居区里有些人从小就习得两种或两种以上的语言,同时用两种或多种语言进行交际。双语或多语教学是指针对多民族地区的特殊语言状况而开展的双语或多语种教学活动。

综上所述,语言教学是一种以语言为内容,运用特定方法,有目的、有计划的教学活动。语言教学也是一门独立的学科,有自己独立的学科理论体系,并具有综合性和边缘性特点,这是因为它不仅仅局限于语言教学活动的全过程和各个具体环节本身,而且是一门研究语言教学活动的理论、原则和方法的科学,即语言教学研究。在这门学科中,语言本体的研究虽然是必需的,但不是唯一的。作为一项教育活动,语言教学同时必然需要教育学、语言习得和语言认知理论、学科教学论、教育技术学等的理论支持。另外,第二语言教学还需要语言对比、文化比较、心理学、宗教学等学科的知识。因此,语言教学对教学工作者和研究人员都提出了比较高的要求。

(二)语言教学的目标

语言教学的目标就是语言教学的方向。教学目标的确定,反映人们对语言教学本质特性的认识,与人们当时的认识水平密切相关。"教学目标是总体设计中的首要问题。教学目标一经确定,将决定教学内容、课程设置、教学原则、教学过程、教学方法直到测试评估等一系列问题。"(刘珣,2000)

语言教学的目标是让一个人掌握一门语言,是让学习者能够从听、说、读、写等诸方面掌握一种语言的知识内容,并且具备得体而有效地使用该语言的能力。这就是在语言教学中常常强调的语言能力和交际能力。

语言学习的具体目的可以不相同,比如第二语言学习可以有受教育目的、学术目的、职业目的、职业工具目的和其他目的等。学生的学习目的也就是教学目的。但是语言教学从根本上说都是为了使学生学会听、说、读、写并能够运用语言进行交际。无论是第一语言教学还是第二语言教学,都不能背离这样的目的。

传统上认为,一个人只要学会了某种语言全部的语言要素知识,即语音、语义、语法、语篇衔接乃至书面语交际所必需的文字等知识,就得到了使用该语言顺利进行交际的通行证。因此,传统的语言教学多停留在语言本体知识的教授上,以语言能力的培养为终极目标,直到结构主义语言学和转换生成语言学也还在强调把语言的基本要素作为语言学习的核心内容。

随着语言教学逐渐取得更大发展,特别是第二语言教学的不断发展,人们对此前的语言教学的目标提出了质疑。实践证明,即使学习者完全掌握了一种语言所有的组成规则,即语音、语义、语法,包括文字方面的语言要素知识,也还是无法达到像以该语言为第一语言的社团成员对这种语言的使用程度。原因就在于,一个人要真正掌握一门语言,除了要具备语言能力以外,还必须具备交际能力。

可见，我们应当把语言教学的目标确定为培养和提高学习者的语言能力和交际能力。而就语言教学研究而言，传统上认为教什么、怎样教、如何学是语言教学主要涉及的三个方面。在科学技术手段越来越有效地运用于语言教学过程的今天，语言教学已经离不开现代教育技术，因而现代语言教学研究必须关注用什么技术手段教。这四个方面实际上是语言教学研究的四个目标，它们分别有不同的理论基础和具体的研究内容。

二 语言教学的类型与基本过程

(一) 语言教学的类型

教学类型是根据语言教学的某些综合特点划分出来的与教学对象、教学目的、教学内容、教学组织形式等有关的类别。划分教学类型是为了适应不同的教学对象和教学目的，有针对性地组织教学。因此，教学类型要从不同的角度、在不同的层次上加以划分。

1. 第一语言教学和第二语言教学

语言教学可以分为第一语言教学和第二语言教学，这是从语言教学的内容上进行的分类。这部分内容将在本章第三节专门论述。

2. 常规教学和业余教学

按教育性质划分，语言教学可以分为常规教学和业余教学。常规教学又可以根据不同的教学目的，划分为普通教育、预备教育、专业教育和特殊目的教育等。这些不同的教学类型分别适应不同教学对象。业余教学则充分利用学习者的业余时间，如工作之余、晚上、周末、假期等时间进行语言教学。

3. 长期教学和短期教学

按学习期限可以把语言教学分为长期和短期两种。一般第一语言教学的时限都比较长，一般学校教育中都会设置第一语言教学的内容；但是也有短期的教学，如各种语言表达培训班、语文辅导班等。这两种类型在第二语言教学中区分得更加明确。按照我国国际中文教育学界的习惯分法，教学期限在一学年及其以上的算长期班，不到一学年的算短期班。短期班具有更明显的速成性质，主要适应临时目的。其他学习目的者也可以参加短期班学习，作为在其他教学类型中学习的补充。

4. 班级教学和个别教学

无论是长期教学还是短期教学,都可以从教学组织形式的角度再分为班级教学和个别教学。班级教学主要由教师根据大多数学生的特点,在一定的教学时间内,设计并教授一定的教学内容。这种类型的教学要依据科学的教学大纲和教材,是语言教学经常采用的教学类型。个别教学是一种一对一的教学类型,这种教学类型一般是根据学生的特点、学习目的和学习时间,由师生双方共同商定教学内容、上课的时间和教学进度。这种个别教学有更大的灵活性,能够适应各种学习目的,也能够适应不能加入班级教学或者希望加快或放慢学习进度的各种教学对象的特殊需要。比如,有的家长为了提高孩子的语文或英语水平而聘请家教单独辅导就是一种个别教学的形式。

5. 儿童教学和成人教学

由于儿童和成人在语言学习上有很大的不同,所以可以根据教学对象的年龄,把语言教学分为对儿童的语言教学和对成年人的语言教学。其中,儿童的年龄一般限于14岁以下,通常是小学及学前阶段的儿童,主要对其进行第一语言教学,有时也进行初级的第二语言教学。对成人的语言教学多为第二语言教学。

6. 初级、中级和高级阶段教学

根据学习语言的程度,可以把语言教学分为初级、中级和高级三个阶段。第二语言教学的三个阶段是按照学习者掌握第二语言的程度来区分的。第一语言教学是一个相对来说比较漫长的过程,在此过程中,儿童第一语言的能力是随着年龄的增长而逐步提高的,在同一个年龄段其语言水平比较接近,因此一般可以按照年龄来划分初、中、高级,但也要参照实际语言能力的发展状况。如我国的语文教学分为小学、初中和高中三个阶段,大致可对应于初级、中级和高级三个阶段的教学。

除了上述教学类型以外,还可以分出单语教学和双语教学(甚至三语教学)、正常人语言教学和聋哑语教学等;还可以从教学媒体的角度划分出一些特殊的教学类型,如函授教学、广播教学、影视教学、网络教学、线上教学等。

(二)语言教学的基本过程

语言教学是一个复杂的过程,它涉及社会科学、自然科学的众多领域,如语言学、教育学、心理学、文化学、哲学、计算机科学等。此外,语言教学还与政治、经济以及一个国家的教育制度、政策有密切联系。因此,语言教学不仅仅是一个教学活动,也不仅仅是一门研究语言教学活动的学科,更是一项需要国家政府参与的事业。

1.制定语言教学政策

语言教学在任何国家和民族教育中都是最重要的任务之一。语言教学不仅是个人的行为,而且是关系到国家和民族的一项事业。因此国家和政府不但要投入一定的经费用于语言教学,而且必须根据语言教学的现状,制定相应的语言文字政策和语言教育政策。在我国,汉语无论是作为第一语言教学还是第二语言教学,都必须教授国家通用语言文字,即普通话和规范汉字,其依据就是《中华人民共和国国家通用语言文字法》等法规。

2.进行语言教学的总体设计

语言政策制定好之后,要由语言学家或其他专业人员来具体执行政策,主要是进行语言教学的总体设计,如确定教学要求、教学内容和教学时间,确定课程设置及各门课程的具体教学方式,制定教学大纲和教学计划,编写或选择教材。如在20世纪80年代初,我国学者根据对外汉语教学("对外汉语教学"现在称"国际中文教育",本书在叙述学科发展时,也会使用"对外汉语教学""汉语国际教育"等名称)事业创立时期教学活动处于经验型的探索阶段和缺乏科学性、规范性的实际情况,提出了对外汉语教学的总体设计理论,把对外汉语教学看作一项系统工程,认为总体设计是根据语言规律、语言学习规律和语言教学规律,在全面分析第二语言教学的各种主客观条件、综合考虑各种可能的教学措施的基础上选择最佳方案,对教学对象、教学目标、教学内容、教学途径、教学原则以及教师的分工和对教师的要求等作出明确的规定,以便指导教材编写(或选择)、课堂教学和成绩测试,使各个教学环节成为一个互相衔接的、统一的整体,使全体教学人员根据不同的分工在教学上进行协调行动。这个针对对外汉语教学的"总体设计"比较全面,不仅适用于对外汉语教学,也可以用于第一语言教学和其他第二语言教学。

3.编写语言教学的教材

教材是语言教学付诸实践时所依据的材料,在教学活动中占有很重要的地位。无论课堂教学还是自学,教师教学和学生学习都要依照一定的教材进行。教材是总体设计的具体体现,反映了培养目标、教学要求、教学内容、教学原则;同时教材又是课堂教学和测试的依据。因此,根据总体设计编写相应的教材成为语言教学基本过程中十分必要的一步。

4.师资选拔和培训

教学活动必须有参与者才能实现。教师和学生就是教学活动的参与者,是教学过程中最重要的因素。语言教学涉及的内容十分广泛,对教师要求比较高,语言教师除了具备相当的语言本体知识外,还得具备一定的文学、历史、经济、政治、科技等方面的素养,更需要掌握必要的教育教学技能。所以,语言教师必须经过严格的选拔和培训才能够胜任教学工作。

5.课堂教学

课堂教学是所有教学活动中最重要的一个环节。所有既定的教学目标、教学计划、教学内容、教学原则、教师设计的教学环节以及教材是否科学适用等都要通过课堂教学来贯彻和检验。学会一种言语现象要经过感知、理解、模仿、记忆和巩固这样五个阶段,这五个阶段大部分也要在课堂上完成。因此,课堂教学在全部教学活动中处于中心地位,所有其他教学环节上的工作都要从课堂教学的需要出发,以满足和适应课堂教学的需要为宗旨,为课堂教学服务。

6.语言测试

"有教学就会有测试,语言测试任何时候都没法脱离教学。"(赵金铭主编,2004)可见,测试和教学是相辅相成的。语言测试的目的就是评价学习者的语言水平,评估教学的实际效果,为选拔人才提供依据,为改进教学中的问题提供反馈,为语言研究的发展提供素材等。像我国现在的普通话水平测试、汉语水平考试（HSK），还有国外设立的托福（TOFEL）、美国留学研究生入学考试（GRE）等考试，都是规模较大、较为成熟的语言测试。

7.语言教学研究

只有教学活动而没有与之相适应的教学理论，也没有与之同步的教学研究，这样的教学是无法成熟和发展的。正因为教学中会碰到这样那样的问题，才会引发教学工作者的思考。从"以教师为中心"到"以教师为主导，以学生为主体"的变化，从仅仅重视教学法的研究到注重教授者和学习者双重因素的研究，就是语言教学研究不断深入的体现。语言教学中还有很多问题没能很好地解决。到底该如何更好地提高学习者的学习效率？学习者在学习过程中究竟还受到哪些生理或心理因素的影响？人类语言学习的机制是什么样的？这些都是未来语言教学研究需要进一步探讨的问题。

第二节 语言教学的历史和现状

一 语言教学的历史回顾

无论是中国还是外国，语言教学都具有悠久的历史。西方早在古希腊、古罗马时期就有语言教学，而且此后无论是传统语言学的研究，还是现代的结构主义语言学、转换生成语言学、功能语言学，都无不包含着对语言教学的探索，特别是在第二语言教学研究方面，出现了大量的语言教学法并因此形成众多各具特色的语言教学法流派。

（一）国外语言教学的历史

语言教学理论的创建和发展在不同时期都会受到不同派别的语言理论的影响，也就是说，不同的语言理论总会促使与之相适应的语言教学理论模式的出现，语言理论与语言教学理论有着密不可分的关系。国外语言教学的历史可以追溯到古希腊、古罗马时期，但是直到20世纪中期起，应用语言学家才开始逐步建立起系统的语言教学的理论。

国外语言教学的研究一直是围绕着第二语言教学进行的。在欧洲，从罗马帝国时期就已经开始了对拉丁语教学法的关注，不过这种关注多数放在语法的教学法上。文艺复兴以后，随着拉丁语在欧洲地位的逐渐下降，出现了许多为改进拉丁语教学而努力的学者，如戴迪·马里尼斯(Marinis)、卢瑟(Luther)、蒙田(Montaigne)、拉迪希乌斯(Ratichius)及夸美纽斯(Jan Comenius)等，其著作或理论对后世语言教学理论产生了较为深远的影响，到了18世纪，教授拉丁语法本身变成了目的，拉丁语不再是教学媒介，而其教授方法则成了智力训练的手段或是为其他语言教学所借鉴。

19世纪和20世纪是语言理论也是语言教学理论研究最为活跃的时期，历史比较语言学、结构主义语言学、转换生成语言学、功能语言学、认知语言学相继成为语言理论的主流。与此同时，在第二语言教学实践中，人们也开始了对第二语言教学理论的不断研究和探索，寻求有效的第二语言教学的方法，先后出现了数十种各具特色的第二语言教学法流派，其中影响较大的主要有语法翻译法、直接法、情景法、阅读法、自觉对比法、听说法、视听法、认知法、自觉实践法、全身反应法、咨询法、暗示法、默教法、自然法和交际法等。其中结构主义对听说法、生成语法对认知法、社会语言学对交际法都分别具有根本性的影响，因此前述的教学法流派根据所体现的主要语言教学特征又可以分为四大派：(1)强调自觉掌握的认知派，如语法翻译法、自觉对比法和认知法等；(2)强调习惯养成的经验派，如直接法、情景法、听说法、视听法等；(3)强调情感因素的人本派，如团体语言学习法、默教法、暗示法等；(4)强调交际运用的功能派，如交际法等。在理论方面，有关第二语言学习的理论和假说现在已不下数十种，影响较大的有对比分析假说、中介语假说、内在大纲假说和习得顺序假说、输入假说、普遍语法假说及文化适应假说等。

当然，国外语言教学研究没有仅仅停留在第二语言教学上。第二语言教学发展到一定阶段时，由于对人类语言学习的心理和生理等方面的研究不足，出现了无法前进的困境。长期以来，人们的教育思想受到"以教为主"的传统观点的束缚，西方在行为主义心理学强调外部因素作用的影响下，人们也总是把教师的教学方法看成是语言学习的关键,只重视对教师如何教的研究,而不注意学生如何学的问题。到了20世纪50年代末60年代初,随着认知心理学的发展和强调语言习得内在因素的乔姆斯基语言学习论的提出,人们的看法才逐渐改变。人们认识到学生学习语言的过程并非被动接受知识、听任教师塑造的过程,而是其能力、性格、主动性、创造性发挥的过程。学习归根到底是学习者本人的事;真正决定语言教学成败的是学习者自己。于是,心理学家、语言学家和语言教育家从儿童第一语言习得的研究出发,希望通过揭开儿童怎样习得第一语言之谜,了解人的语言能力和交际能力是如何发展的,从而使第二语言教学获得有益的借鉴。他们提出很多第一语言习得理论和假说,如刺激—反应论、内在机制论、认知论和语言功能论等,都对学习者在语言学习过程中的内在因素进行了分析,为语言教学的进一步发展奠定了基础,取得了可观的成果。语言学习理论的研究有助于提高人们对语言本质的认识、对人的认知能力和认知过程以及大脑功能的认识,对很多种学科的发展都有很大的意义,因此已成为这些学科共同关注、积极参与的研究领域。

(二)我国语言教学的历史

我国的语言教学包括汉语教学、少数民族语言教学、外语教学、国际中文教育等多种类型。历史上,汉语教学长期附属于语文教学,语文教学在我国各类型的语言教学中占据突出的地位。我国的语文教学可以分为5个阶段:萌芽阶段、传统阶段、变革阶段、改革实验阶段、繁荣发展阶段。

萌芽阶段。 从殷周到春秋战国时代是我国语文教学萌芽阶段。《礼记》里的《学记》和《荀子》里的《劝学篇》,都专门讨论了教学问题。孔子授徒,有"文学"科和"言语"科。他整理和删定的《诗经》,就是作为教材使用的。

传统阶段。 从秦汉到清末,这个时期是传统语文教学阶段。这一阶段的语文教学主要包括识字教学、书法教学、读书教学、作文教学等。

变革阶段。 1919—1949年是我国语文教学的变革阶段。1919年的五四运动给了语文教学很大的冲击,识字教学和阅读教学都发生了很大的变革,在此后的30年里,我国的语文工作者从使用白话文、采用注音字母、扩大阅读范围、引进西方理论研究语文教学等方面进行了变革。

改革实验阶段。1949年之后,我国的语文教学进入了一个新阶段,这就是改革实验阶段。传统的语文教学越来越不能适应时代发展的需要,于是语言教学工作者和研究者开始不断地对语文教学的方方面面提出改革意见,国家教育主管部门也相继推出了语文教学改革的研究成果,如"暂拟汉语教学语法系统",各级各类学校语文学科教学大纲、课程标准以及各种语文教材等,不断推动我国语文教学的发展。

繁荣发展阶段。1978年之后,我国的语文教学进入繁荣发展阶段,表现在:语文教学研究蓬勃开展;语文教改实验逐渐多样化,出现了多种被实践证明是有效的语文教改方法;语文教学大纲、课程标准和教材建设取得了突出成就。

当然,我国的语言教学还包括第二语言教学如国内的外语教学、国际中文教育等。比如外语教学,在我国也有较为悠久的历史,至少可上溯到晚清的京师同文馆、广方言馆等外语教育机构,此后于1920年成立的外国语学社及新式学校和高等学校都开始进行系统的外语教学。1949年新中国成立之后,我国的外语教学无论在外语语种、学习人数和类型、教师人数和质量、课程设置、教材编写、教学方法探索、外语教学研究、外语教学人才培养以及国家和社会的重视程度上都是空前的。

(三)特殊群体语言教学

所谓"特殊群体",主要是指因生理上有一定的缺陷而无法对其实施正常的语言教学的人群,主要包括聋哑人和盲人。这些人群或失去了听觉,或失去了视觉,不能进行正常的听说和阅读,只能通过特殊的教学方法对其进行语言训练,使之克服在语言文字上的障碍。特殊群体的语言教学是语言教学中的一个特殊部分。

对聋哑人主要是进行手势语和指语的教学,即教会他们使用手势语和指语进行交流活动,这也就提出了手势语和指语规范化的问题。近年来,对聋哑人的教学正逐步转向口语看话的教学,目的是通过语音康复训练,使聋哑人也可以像正常人一样,不必借助手语就可以顺利地进行交际。这种口语看话的教学已经取得了一定的成果,但是比较难推行。

盲人的语言文字教学则主要是教盲人学会盲文,使盲人可以通过摸读盲文而克服阅读篇章的困难。盲文的历史可以上溯到1517年,到今天已经发展得比较成熟,为盲人的语言文字教学提供了极大的方便。

目前,这两种特殊的语言教学都有了专门的培训机构,也有相当一部分语言研究者在为此而努力着,希望能为这些特殊人群的语言文字教学找到更有效的方法。

二 语言教学的现状

语言教学是应用语言学中最重要的分支学科。无论是第一语言教学还是第二语言教学,都不仅积累了丰富的语言教学经验,而且在此基础上还提出了不少语言教学的理论和研究方法,特别是在教学法方面,出现了多种语言教学法流派。

现代社会处于信息时代,无论是科学技术领域还是日常文化生活都需要进行日益广泛的信息交流,而作为交际工具的语言的沟通是信息交流的必要前提,因此,语言教学越来越受到重视。随着现代教育技术手段的应用,语言教学呈现出崭新的面貌。人们不再仅仅满足于课堂教学或是个别教学等面对面的教学形式,而是在计算机和网络的协助下开拓了网络教学和计算机辅助语言教学。网络教学就是教学人员根据一定的教学目标、教学大纲等,运用计算机把教学内容制作成电子文本或教学视频,使学习者能够通过网络终端获得这些教学内容,而不再需要亲自前往所在学校参加学习。这种教学模式给学习者提供了极大的便利条件,许多无法集中相对比较长而且完整的学习时间的学习者也可以利用空余时间参加学习。还可以利用当代网络技术进行线上教学(录播或直播),或者线上线下混合式教学。

网络教学的实现和计算机辅助语言教学是密不可分的。在计算机问世之初,就有人设想把它应用于教学。美国在20世纪50年代和60年代之交就开始研究计算机辅助教学(Computer-Assisted Instruction,简称 CAI)。此后,加拿大、英国、日本等国也开展了计算机辅助教学的研究,我国在 20 世纪 80 年代也开始了这方面的探索。计算机辅助语言教学(Computer-Assisted Language Learning,简称 CALL)的起步稍晚。在第二次世界大战以后,随着计算语言学、心理学等学科的日益发展,人们对语言教学有了更深入的认识和思考,在语言教学中更加强调人与人之间的语言交际本领及其心理、文化基础,在这种情况下,计算机就成了一种非常适合的语言教学的培训工具。教师首先将教学内容制作成多媒体课件,在课堂上由计算机完成讲授或操练任务,也可以进行动画、声音、图画等演示,以增强对学生的刺激和诱导作用,增加学生学习的兴趣,从而提高语言教学的质量和效率。从发展趋势来看,计算机辅助语言教学将会更多地利用计算机科学、信息技术、心理学和自然语言处理的新成果,进一步提高软件的性能。许多自然语言处理的方法和技术都可以在计算机辅助语言教学中找到自己的用途。例如,教师的智能助手将逐步扩充为一个自然语言理解系统,计算机可以自动命题,可以通过语音识别来理解学生用自然语言口头形式作出的回答,并通过语音合成向学生提供评分结果。

除了计算机的应用以外,语言教学还与心理学、教育学、文化学、哲学等许多学科发生联系,互相促进,互相借鉴。现代的语言教学已经不是单一的学科门类,它是多学科共同支撑起来的,并且具有理论性和实践性相结合的特点。

然而,我们也必须看到,语言教学研究中至今还有很多问题亟待解决。特别是在我国,应用语言学研究起步比较晚,尽管近年来发展得比较快,但目前水平还不够高。语言教学在教学法方面倾注了较多的精力,对语言习得、学习机制和学习策略的理论研究较少;语言理论与语言教学的结合不够紧密,甚至有些脱节,比如理论语法和教学语法之间有很多矛盾之处;现代教育技术手段的应用在有些地方(主要是第一语言教学中)脚步迈得过快,片面追求新奇而忽视是否合适、是否能够取得预期的效果,而在有些教学特别是第二语言教学中却没有得到广泛运用;作为语言教学基础的语言本体研究有钻进了"象牙塔"的嫌疑,研究成果很难运用到教学中去;教师的知识结构不够完善,对语言教师培训的意义认识不充分;语言教学的投入还远远不够;等等。这些问题制约着语言教学的发展,影响着语言教学的效果。

三 语言教学改革

　　语言教学的一切活动都必须以对语言学习规律的研究和认识为基础,不了解语言学习的本质特点和心理过程,不了解学习者个体因素的作用,这种教学就是盲目的,不可能取得成功。人们对语言教学的最初理解只是突出了"教"的一面,因此出现了以教师为中心、以教学方法为研究重点的现象。认识到学习者在学习过程中的重要作用以后,20世纪60年代提出了"以学生为中心",打破了重"教"轻"学"、教师主宰一切的传统观念,强调"教"必须为"学"服务,必须接受"学"的检验;语言教学研究也从对教师教学的研究转向对学生学习的研究。近十几年,更是突出了"以教师为主导,以学生为主体"的教学观念。

　　21世纪是一个以知识经济化、经济全球化和高度信息化、数字化为主要特点的高科技时代,充满了激烈的竞争。这就对人才培养提出了更高的要求。在语言方面,人们不但要具备极高的言语交际能力以开拓自己的发展领域,而且要具有在日常生活与专业领域用外语进行交流沟通的能力。这种要求必然会推动语言教学的改革。此外,语言自身的发展是语言教学改革最有力的动因。语言教学最根本的变革,就是从以单一的语言学科为基础向包括语言学、教育学、心理学、文化学等多学科交叉渗透转变。随之而来的是在语言教学的目的、原则、方法,语言教学中学习者的认知作用,语言教学的外在因素等诸多方面的认识不断深入,并引起了一系列语言教学改革的实施。像第二语言教学法从语法翻译法到听说法及后来的一系列变革,从以结构为纲走向以结构和功能相结合;像80年代后期90年代初期,美国兴起的整体语言教学的教育改革;像我国语文教学从传统的死学硬记到注重培养学生听、说、读、写及言语交际的综合技能,从以往贫乏的教学模式到现代技术手段的应用带来的多样化教学形式,从传统的教语法、教分析作品的结构到中小学新课程标准下注重培养整体感知和表达交流的能力等;像我国外语教学和国际中文教育从最初的重视语法、阅读理解、写作能力培养到重视语言运用的听说能力的培养。

从古到今的语言教学改革都是漫长而曲折的,因此这种改革是一项长期而艰巨的任务。总的来说,可以从这样几个方面入手:进一步加深对语言学习目的的认识;充分认识语言理论对语言教学的指导意义,并加强理论与实践的联系;不断提高语言学习的效率;实施"语言与内容融合学习",要兼顾学科内容和语言形式;注意语言教学与其他学科之间的密切联系;第一语言教学与第二语言教学同步发展。

当然,不同语言教学面临的教学改革问题也不尽相同。就我国的语言教学情况来说,我国人民接受教育的程度在不断提升,但是,由于语文教学从传统到创新的过程中不可避免地出现了偏颇;相比较而言,对于外语的重视程度远远超出母语,但在语言测试上还是没能体现出对言语交际能力的检验;在国际中文教育方面,虽然发展速度比较快,发展势头也比较喜人,但是大部分的课堂教学仍然偏重语法教学,而词汇、语用、文化内容的教学则还没有受到充分的重视。汉语作为第一语言和第二语言的教学、外语教学、特殊人群语言教学等各种语言教学都必将在新形势的要求下进行改革创新,寻求新的发展。

第三节 第一语言教学和第二语言教学

一 第一语言与第一语言教学

(一)第一语言及相关概念

1.第一语言

第一语言(first language)是指一个人出生之后最先接触并获得的语言。比如一个儿童出生之后首先接触并获得了英语,英语就成为他的第一语言。中国的汉族儿童出生之后一般首先接触并获得的是汉语,汉语就是他的第一语言。一个人的第一语言通常是他的母语。

2.母语

什么是母语呢?对这个问题目前还存在着不同的看法。《现代汉语词典》

(第7版)对母语的解释是:"一个人最初学会的一种语言,在一般情况下是本民族的标准语或某一种方言。"这个意思通常被译成"mother tongue"。也有人认为母语是"指本民族的语言"(刘珣,2002),这个意思通常被译成"native language"。母语还可以解释为一个语系中作为其他语言共同起源语的语言,如拉丁语被认为是法语、意大利语、罗马尼亚语等所有罗曼语族的母语,这个意思通常被译成"parent language"。要想搞清第一语言和母语的关系就必须先对母语进行明确的界定。我们认为,母语就是指父母乃至多代以前一直沿用下来的语言。母语具有继承性,它体现了人们世代的语言关系。一个人出生之后通常是继承了母语,母语通常也就成为他的第一语言。比如一个汉族儿童自幼所习得的语言就是他祖祖辈辈沿用下来的汉语,汉语就是他的母语,当然也是他的第一语言。

一个人从小接触并获得的第一语言一般都是从父母一辈习得的,他继承了前辈的语言,即"母语",这是最常见的情况,因此,人们通常把第一语言和母语等同起来。其实,尽管第一语言与母语之间的关系十分密切,但二者是两个不同的概念,第一语言不等于母语。第一语言可能是母语,也可能不是母语。就多数人而言,母语是人们的第一语言。但由于种种原因,有些人习得的第一语言并非母语,如民族地区的小孩如果在汉族地区长大,首先习得了汉语,汉语是他的第一语言,却不是他的母语。对于那些移居国外的人来说,其子女出生后首先接触并获得的语言可能也不是母语,如移居美国的华侨,其子女从小就可能不学说汉语,而是先学说英语,他们的第一语言是英语,而不是母语汉语。母语失却现象的存在,有力地说明了第一语言和母语的不同。在内涵上,第一语言的立足点是获得语言的顺序,而母语不完全是获得语言的顺序问题;在外延上,二者所指称的对象是交叉关系。第一语言是语言学的概念,而母语则更多地牵涉到民族学问题。

3.本族语

第一语言也不等于本族语。本族语(native language)是指语言习得者自己的民族所使用的语言,也称民族语。一般来说,每个民族都有自己独立的语言,如汉族有汉语、维吾尔族有维吾尔语、俄罗斯族有俄语。一个人儿时从父母那里习得本民族语言,这时,他的第一语言和本族语是一致的;但一个人儿时从父母或当地社团那里习得外族语言,这时他的第一语言就不是本族语,于是出现了第一语言与本族语分离的现象。

本族语和母语的关系又是怎样的呢?一般人会认为,母语就是本族语,如汉族人的母语就是汉语,蒙古族人的母语就是蒙古语,朝鲜族人的母语就是朝鲜语,等等。其实一个人的母语可以是他的本族语,也可以是非本族语,本族语与母语也不能完全画等号,母语的转用和本族语的死亡就是很好的证明。

第一语言和母语、本族语三者关系密切,但又不等同。在一般情况下,就绝大多数人而言,第一语言和母语、本族语是一致的。但由于本族语的消亡、母语的转用、母语与第一语言的分离等,现实中有些时候,第一语言和母语、本族语又不完全一致,形成三者之间相互交错的现象。

(二)第一语言的获得

人是怎样获得第一语言的呢?有人认为第一语言的获得大致可分为两个阶段,第一阶段是早期的潜意识的语言习得,第二阶段是入学后在课堂上有意识的语言学习。没有非常明确的语言学习意识的获得,通常称为"习得",它是指在自然的语言环境中,通过语言交际活动不知不觉地获得语言,以儿童习得第一语言最为典型。以前有研究者把儿童语言发展的阶段分为独词句阶段、双词句阶段和电报句阶段。周国光(1997)对儿童语言习得进行过较为深入的研究。他指出:从儿童语言结构能力的发展角度来看,可以把儿童语言发展的阶段分为词语法、词组语法和句语法三个阶段。在词语法阶段,儿童构成语言的句法单位是单词,其语言形式是单词句、双词句和电报句,其句法规则是单词的语序及其语义选择限制规则;汉语儿童1~1.5岁处于词语法阶段。在词组语法阶段,儿童构成语言的句法单位是词组;汉语儿童从2岁起开始进入词组语法阶段。在句语法阶段,儿童构成语言的单位除了前期的单词、词组以外,又增加了分句;汉语儿童在3岁时已进入句语法阶段。这种划分则更能真实地反映儿童的语言结构能力的发展情况。他同时指出,儿童习得语言的手段有模仿、替换和句法同化等。

掌握第一语言,除了儿童语言习得之外,往往还要接受学校的正规语言教学。在课堂教学环境中有专门的老师指导,严格按照教学大纲和教材,通过讲练等环节有计划、有系统、有意识地去获得语言,通常称为"学习"或"学得"。

(三)第一语言教学

1.第一语言教学

第一语言教学(first language teaching)通常是本族语教学或母语教学,它主要是指儿童习得第一语言之后有意识地继续学习第一语言而进行的正规的学校课堂教学活动。汉族儿童出生之后首先习得汉语,汉语就是他习得的第一语言,入学后继续学习汉语,在学校里所进行的一系列汉语教学活动就是第一语言教学。第一语言教学一般开始于正规的学校教育,通常是在小学阶段。儿童入学之后,就进入第一语言的学习阶段。在学习过程中,有教师指导、教学大纲等,通过有目的、有计划的教学活动,学生不仅学习了本族语系统的语言知识,同时也学习了语言所负载的本民族的风俗习惯和传统文化,语言知识的获得和对客观世界的认识是同时进行的。

2.第一语言教学的特点

与第二语言教学比较,第一语言教学的主要特点有:学习者都有一定的语言基础,已经基本具备运用该语言进行交际的能力;时间充裕,有很好的语言环境,练习实践的机会多;学生和教师之间交流不存在语言障碍;教学更注重语言的形式;掌握文化主要是靠习得,在这里语文教学起很大的作用,学生通过学习语文,既能够掌握语言知识,提高语言运用能力,又能够学习文化,并从中受到道德教育。

研究第一语言习得主要是为了更好地探讨语言学习的规律,提高教学效率。国外有不少学者试图对儿童第一语言的获得进行合理的解释,提出了一些理论和假说,如刺激反应论、先天论、认知论、语言功能论等。这些理论和假说各自具有独到的见解,从不同的方面探讨了第一语言习得之谜。

二　第二语言与第二语言教学

(一) 第二语言及相关概念

1. 第二语言

第二语言(second language)是指一个人掌握了第一语言之后所学的一种或多种其他语言。第一语言、第二语言主要是按语言学习的顺序来划分的,先习得并掌握的语言是第一语言,后习得或学习的语言不管有多少种,都称为第二语言。第二语言可以是外国的语言,也可以是本国其他民族的语言。第二语言通常为非母语、非本族语,特殊情况下也可以是自己的母语或本族语。

2. 目的语

目的语(target language)是指人们正在学习并希望通过学习获得的任何语言。在语言教学过程中,不论是外语还是非本族语,甚至是母语,只要是学习者希望掌握的语言,都可以称为目的语。第二语言的学习通常是目的语的学习,但第二语言不等于目的语。

3. 外语

外语(foreign language)是指外国的语言。外语属于第二语言,但第二语言却不一定都是外语,二者所指范围不同。第二语言大多是指外语,但除了外语,还包括本国其他民族的语言或本族语之外的本国通用语。在中国,中国人学习的英语可以称为外语,而民族地区学习汉语或者别的民族语言,或汉族人学习其他民族的语言,一般不叫外语,而叫第二语言。中国人学习的外国语言如英语、法语、韩国语、阿拉伯语等既可以称为第二语言,又可以统称为外语。第二语言与外语之间是包容关系,第二语言所指的范围比外语要广,它既包括外语,又包括本国其他民族的语言等。这两个概念有联系、有交叉,也有明显的区别。不过近年来在术语的使用上,第二语言教学界出现了用"第二语言"取代"外语"的趋势。

(二) 第二语言的学习

语言习得和语言学习不同:语言习得是在幼儿时期开始的,是在幼儿获得其他许多知识和技能的同时进行的,语言学习一般开始于较后的阶段,语言运用已经定型,往往是指学习第二语言。第二语言学习者是怎样学习并掌握第二语言的呢?一般来说,掌握第二语言主要有三种方式:在习得第一语言的过程中同时学习第二语言;先掌握第一语言,然后自学第二语言;先获得第一语言,然后通过学校教学学习第二语言。第二语言获得的主要途径是接受学校的正规课堂教育,其次是家庭教育和自学等。

人们获得第二语言与获得第一语言有很大的不同,获得第一语言以自然习得为主,获得第二语言以学习为主。学习第二语言者多为成人,成人第二语言的获得相对比较复杂。一般来说,获得第二语言要比获得第一语言的难度大,这是因为:第二语言课堂教学不能为学习者提供真实的交际情景,"教科书语言"与实际生活中的"活语言"相差较远,学习者接触目的语的时间和机会是极其有限的;学习者的母语或第一语言对第二语言的学习起一定的干扰作用;第二语言学习者由于年龄的问题,模仿能力和记忆能力相对较差;等等。

在第二语言学习中学习动机十分重要,可以说动机是学习过程的决定因素和催化剂。第二语言学习中的动机大致分成两种:第一种与主体对学会和利用某一语言的潜在应用效果的认识有关,认为掌握这种语言是为了把它当作工作工具,学习它是不可避免的和迫切需要的,并推测掌握这种语言可以带来个人和事业更加美好的前景;第二种学习动机也许出于想适应讲这种语言的群体的需要,或出于想得到这个群体的赞赏并期望加入这个群体,成为讲这种语言群体的一分子。由于学习动机的不同,产生的学习动力也不同。动机明确,学习动力就强。

关于学习者是如何学会第二语言的这个问题,第二语言教学界有一些比较有影响的理论和假说,如对比分析假说、中介语假说、偏误分析、内在大纲和习得顺序假说、输入假说、普遍语法假说、文化适应假说等。这些理论从不同的角度揭示了第二语言学习的某些特点和规律。

(三)第二语言教学

1.第二语言教学

第二语言教学(second language teaching)是与第一语言教学相对应的概

念,通常指人们在习得掌握第一语言后,在学校环境里进行的正规的学习其他语言的教学活动。汉语作为第二语言教学主要指对外国人进行的汉语教学。对外国人进行的汉语教学,早期通常称为"对外汉语教学"或者"汉语国际教育",目前称作"国际中文教育"。

第二语言教学包括外国学生在目的语国家的学校里进行语言学习的教学活动,也包括学习者在本国的外语院校进行第二语言学习的教学活动,还包括本国某一民族的学生在本国学校里学习本国其他民族语言。

第二语言教学包括"教"和"学"两个方面。第二语言教学研究,既要研究"教",又要研究"学"。"教"包括课堂组织、课堂教学技巧、教材的编写与选用、成绩的测试等;"学"包括学习者的心理和学习的规律等。

2.第二语言教学的特点

第二语言教学和第一语言教学都是语言教学,存在着共同的语言学习规律,但由于教学对象、教学环境以及学习者文化背景等方面的不同,第二语言教学与第一语言教学存在着一定的差异,形成各自不同的特点。

与第一语言教学相比,第二语言教学具有如下特点:(1)第二语言教学主要是以培养学习者运用目的语的交际能力为目标。(2)第二语言教学以技能训练为中心,通过大量练习和反复实践将语言知识转化为技能。(3)第二语言教学以集中进行强化训练为主要教学形式。第二语言学习者多为成人,要在比较短的时间内掌握目的语,客观上需要课程集中,内容密集,进度较快,班级规模相对较小。(4)第二语言教学重视基础阶段的教学。基础阶段的教学对第二语言的初学者来说尤其重要,它将为进一步学习目的语打下坚实的基础。(5)第二语言教学注重语言对比。第二语言教学通过目的语与母语的对比,确定教学的重点和难点。(6)第二语言教学重视母语对目的语的迁移。(7)第二语言教学更加注重文化教学。语言教学离不开文化教学,要熟练地掌握并运用目的语进行交际就必须学习该语言的文化,特别是与语言交际相关的文化。第二语言教学的这些特点会影响到第二语言教学的内容、方法和教学原则等的确定。

三 第二语言教学与第一语言教学的比较

第二语言教学与第一语言教学相比较,二者既有相同的地方,又存在着很多不同点。

(一)第二语言教学与第一语言教学的共性

同属语言教学,第二语言的"教"与"学"和第一语言的"教"与"学"必然存在某些共性。总的说来,第二语言教学与第一语言教学的共性体现在两者都以培养语言的交际能力为目的,学习都需要有一定的语言环境,都必须学习并掌握语言的三个要素。具体地看,两者的共同点主要表现在两大方面:

1.从教的方面来看

第二语言教学和第一语言教学都要讲授基本的语言规律,都需要培养学生听说读写的能力和对语言规律的概括能力;教学内容都包括语音、词汇、语法三个语言要素和篇章规则、语用规则、言语技能以及相关的文化知识;教学步骤都有预习、讲解、答疑、练习和巩固等环节;教学过程都是由易到难、由浅到深、循序渐进;教学方式上都会有实物展示、课堂提问、课堂讨论等;教学手段上都可以运用多媒体及其他现代教育技术手段;课堂上都要注意趣味性和情感性,提高学生的学习兴趣,增强学生的自信心。

2.从学的方面来看

第二语言教学和第一语言教学对于学习者来说,都是为了获得语言的交际能力;学习第一语言和学习第二语言存在着某些相同的学习策略;学生都要掌握基本的语言规律;学习大体上都要经过感知、理解、模仿、记忆、巩固和应用等阶段;两者都是有意义的学习,而不应是脱离意义的机械性的操练。

(二)第二语言教学与第一语言教学的差异

由于学习的主体不同、动机不同、环境不同、方式不同、过程不同以及学习者文化背景的不同,第二语言教学与第一语言教学存在着明显的差异。总的来说,两者差异主要表现在:第一语言的学习者是儿童,而第二语言学习者多是成人；第一语言的学习是在自然的环境中进行的，家庭、社会为学习者提供了优越的语言环境，而第二语言学习由于相对缺少目的语的语言环境，学习者掌握目的语就困难得多；第一语言的学习者语言能力和思维能力同时发展，第二语言学习者学习过程中往往中间要经过第一语言的思维过程，存在着由此而产生的第一语言的负迁移问题；第一语言学习者通常在学习语言的过程中就习得了该语言的文化和语用规则，而第二语言的学习，还要花相当的时间和精力专门学习目的语的文化等。

具体地看，二者的不同点有以下 10 个方面：

一是教学起点不同。第二语言教学需要从培养学生的最基本的语言知识开始，先教发音、最基本的词汇和语法，它是真正意义上的零起点教学。第一语言教学中，学习者入学时已经基本具备运用该语言进行交际的能力，不需要从最基本的言语能力开始教，第一语言教学主要是培养学生的读写说能力，进一步提高学生的表达能力以及运用语言交际的能力。

二是学习者学习动机不同。第二语言的每个学习者都有自己的学习第二语言的某种动机，比如说，有的可能是想要和社团的所有成员进行无阻碍的交际，有的可能只是希望能阅读科技文献，也有的仅仅是为了短时间的旅游需要，等等。学习者学习动机不同，对其掌握语言运用技能水平的要求也就不一样。而幼儿习得第一语言并非是为了应付生活环境的需要，正常的儿童都能学会语言。

三是教学环境氛围不同。第一语言教学是在母语的自然语言环境氛围中进行的，不存在语言交流上的障碍。第二语言教学缺乏自然的语言环境，教师与学生、学生与学生之间往往存在着语言交流障碍，学生的第一语言或者母语往往不同。

四是受其他语言的影响不同。第一语言教学中，学习者不受其他语言的影响，不存在语言迁移问题。而第二语言教学要受第一语言或其他第二语言迁移作用的影响，在第二语言教学中，学习者的第一语言习惯会对第二语言的学习产生迁移作用，两种语言的结构特征相同或相似容易产生正迁移，而两种语言的差异容易产生负迁移。

五是文化对语言教学的影响不同。语言本身是一种文化现象,又是文化和信息的重要载体。语言和文化的关系如此密切,语言教学中的相关文化因素的教学自然就很重要。不同民族的语言都带有该民族特有的文化印记,第二语言学习者由于文化背景不同、风俗习惯不同、思维方式有别等,可能对某些语言现象不易理解并难以接受,这就会形成语言学习中的文化障碍,甚至会引起文化冲突。第二语言的教学任务之一就是要结合语言教学进行相关的文化教学,使学习者了解、理解甚至接受第二文化。而人们在习得第一语言的同时,通常也习得了该文化,他们自然地形成了说这种语言的人的文化心理和文化习惯。因而,扫除文化障碍、避免文化冲突在第一语言教学中一般是不存在的,即便是有一些文化问题,也比较容易解决。

六是教学对象不同。第一语言的教学对象为本国的儿童,年龄不大,善于模仿,有着共同的文化背景;而第二语言的教学对象范围广,主要是不同文化背景的外国人,他们以成年人为主,认知能力和抽象思维能力都已大大发展,有较强的理解能力,自我控制能力很强,注意力容易集中,但记忆和模仿能力相对较差。

七是教学目的和要求不同。由于教学对象不同,教学目的和要求自然有所区别。第一语言教学中,学习者有着共同的基础、共同的学习动机等,因此教学目的和要求基本一致;而第二语言教学中,学习者年龄有差别,学习动机不尽相同,原有文化与目的语文化有冲突等,给第二语言教学带来诸多困难和复杂性。这些差异导致了第二语言教学和第一语言教学在教学目的和要求方面的不同。

八是教学内容及教学重点和难点不同。由于教学对象不同、教学目的和要求不同,第二语言教学与第一语言教学在教学内容上应有所区别。适合第一语言教学的内容不一定适合第二语言教学,同样,适合第二语言教学的内容也不一定适合第一语言教学,因而两类不同的教学需要不同的教材。在教学重点和难点上第二语言教学与第一语言教学也有很大的不同,通常可以拿第一语言与目的语对比来确定第二语言教学的重点和难点。两种语言的差异是学习的重点,但不一定是学习的难点。教学的难点,有时要根据经验来确定,不能单凭母语和目的语的差异来判断。

九是教学方法和教学技巧的不同。由于第二语言教学和第一语言教学在教学目的、教学对象、语言环境、教学起点、文化因素等方面存在差别,两种类型的语言教学在教学方法和技巧上有着不同的特点。第一语言的教学方法不一定适合第二语言教学,第二语言教学实践中出现的多种教学法也不一定能完全适合第一语言教学,二者可以互相借鉴,但不能简单地套用。

十是接触的语言材料不同。第一语言学习所接触到的语言标本多是口语的,是活生生的"语言",幼儿时期甚至不需要教科书;而第二语言的学习通常是在正规学校进行的,语言学习按照课本有计划地进行,所接触的语料大多书面语色彩较浓。

总之,第二语言教学与第一语言教学存在着很大的差异。作为第二语言教学的教育工作者,应该充分认识第二语言教学与第一语言教学的共同点和不同点,掌握第二语言教学的特点和规律,运用合适的教学方法进行教学,并加强语言习得和语言学习的理论研究。只有这样,才能有效地提高第二语言教学的质量和效率。

第四节 中国语言教学的诸方面[①]

一 语文教学

我国的语言教学历史悠久,20世纪以前主要属于传统的"语文"教学范畴。我国的语文教学有几千年的历史,经历了漫长的过程。这个过程大致可以分为三个阶段:从殷周到春秋战国时代,可以视作我国语文教学的萌芽阶段;从秦汉到清末是传统语文教学阶段,教学内容包括识字教学、书法教学、作文教学等;20世纪之后可以视作现代语文教学阶段。20世纪初语文才独立设

---

① 目前,我国的语言教学主要包括语文教学、第二语言教学以及双语教学。本节主要介绍我国的语文教学、外语教学以及我国的双语教学,国际中文教育将在第三章进行专门论述。

科,当时叫"国文",1920年改称"国语",1949年以后称"语文"。在这个阶段中,语文教学主要是在小学和中学进行。这一阶段,推行《汉语拼音方案》、推广普通话与语文教学紧密结合在一起,取得了巨大的成就;改革开放之后,不少学校尤其是小学低年级和当时的中等师范学校开始重视口语教学,相继开设了"说话课"或在语文课里进行口头说话的训练,高等师范院校开设"教师口语课"等。

(一)语文教学的目的和性质

当前我国教育界对语文教学目的和性质的看法存在较大的分歧,主要观点可以归纳为工具论、人文论、素质论和语感论。工具论者认为,语文是学习和工作的基础工具,工具性是语文教学的本质属性,语文课的目的就是进行语文知识教育,培养听说读写等运用语言的能力。人文论者认为,语文这个工具与其他工具不同,这个工具具有人文性,语文教学的目的是培养中华民族的人文精神。素质论者认为,语文教学的目的是培养和提高学生的语文素质,主要培养语言运用能力,同时也要培养学生的思维能力、文学鉴赏能力,进行道德品质教育和审美教育。语感论者认为,语感是语文教学的首要任务,语感是中小学语文教学的轴心,语文教学应该以语感为支点;语文学习要接受汉语的听说读写的训练,在训练的过程中逐渐获得熟练运用汉语的感悟——语感。近年来,不少专家不赞成工具论或人文论,素质论占据了主导地位,他们认为,语文学科是培养语文素质的基础人文学科,是工具性和人文性的统一。素质论已为大多数语文教学工作者所接受。2001年教育部颁布的《全日制义务教育语文课程标准(实验稿)》在"课程性质与定位"里指出:"语文是最重要的交际工具,是人类文化的重要组成部分。工具性与人文性的统一,是语文课程的基本特点。语文课程应致力于学生语文素养的形成与发展。语文素养是学生学好其他课程的基础,也是学生全面发展和终身教育发展的基础。语文课程的多重功能和奠基作用,决定了它在九年义务教育阶段的重要地位。"在"课程的基本概念"部分更加明确地指出:"九年义务教育阶段的语文课程,必须面向全体学生,使学生获得基本的语文素养。"2003年教育部颁布的《普通高中语文课程标准(实验)》在"课程性质"中指出,"语文是最重要的交际工具","高中语文课程应进一步提高学生的语文素养,使学生具有较强的语文应用能力和一定的审美能力、探究能力"。可见,当前的语文教学更加强调对学生的语文综合素养的养成,如在2022年颁布的《义务教育语文课程标准》将语文课程定义为:"语文课程是一门学习国家通用语言文字运用的综合性、实践性课程,工具性与人文性的统一,是语文课程的基本特点……语文课程致力于全体学生核心素养的形成与发展……"2017年颁布2020年修订的《普通高中语文课程标准》也将语文课程定义为:"语文课程是一门学习祖国语言文字运用的综合性、实践性课程。工具性与人文性的统一,是语文课程的基本特点……普通高中语文课程,应使全体学生在义务教育的基础上,进一步提高语文素养。"《义务教育语文课程标准》将语文课程的核心素养归纳为"文化自信""语言运用""思维能力""审美创造"四个方面;《普通高中语文课程标准》将语文学科的核心素养分为"语文建构与运用""思维发展与提升""审美鉴赏与创造""文化传承与理解"四个方面。这都使语文教学核心素养培养的界定和操作更为明确,不再格外突显语文课程的人文性特征。

(二)语文教学的现状

现阶段,我国从小学一年级到高中三年级都开设了语文课程,前后持续12年。语文课程的内容主要有语言基础知识(包括语音、词汇、语法、修辞、文字)、现当代文选、古代文选、外国文学作品选、写作等。语文作为基础学科在各种类型的考试中占有重要的地位。自20世纪80年代以来,我国的语文教学呈现出新的发展势头,语文教学界对教学大纲、教学内容、教学方法、教材等诸多方面进行了一系列的改革,取得了一定的成绩。

1.教学大纲和教材

小学、初中、高中各阶段的语文教学都制定了统一的教学大纲。1992年,国家教委颁布了九年义务教育《小学语文教学大纲(试用本)》和《初级中学语文教学大纲(试用本)》。这两个大纲所规定的教学目标明确,教学内容具体,具有较强的可操作性和可检测性。1996年,由国家教委基础教育司编订的

《全日制普通高级中学语文教学大纲(供实验用)》出版,经过几年的试用,于2000年以教育部的名义颁布了大纲修订版。该大纲明确指出"语文是重要的交际工具,是人类文化的重要组成部分","语文学科是一门基础学科",这些阐述反映了语文教育理念的变化。该大纲注重创新精神的培养,强调文学教育的作用和学生的自学能力的培养等,对写作和口语交际提出了新的要求。此间,依据这些大纲编写的各种语文教材相继出版。

2001年和2003年,教育部又分别颁布了《全日制义务教育语文课程标准(实验稿)》和《普通高中语文课程标准(实验)》。新的语文课程标准为语文教学制定了总目标、阶段目标和三维目标。几年间出版了贯彻新语文课程标准的多种语文教材,如1~6年级(小学)教材"义务教育课程标准实验教科书《语文》(A版)"和"义务教育课程标准实验教科书《语文》(S版)";7~9年级(初中)教材有人民教育出版社出版的"义务教育课程标准实验教科书《语文》"和语文出版社出版的"义务教育课程标准实验教科书《语文》";高中教材有语文出版社出版的"普通高中课程标准实验教科书《语文》"。与此同时,也出版了不少地方自编的语文教材。据2004年的一项调查,新课程在实验区认同度很高,对语文课程标准的满意率为93.6%。目前,新课程已经从实验阶段进入推广阶段。新课程标准与教材的采用,使我国中小学语文教学出现了新的面貌。

2. 语言基础知识和口语教学

语言基础知识的教学主要安排在中小学阶段。小学语文主要是进行拼音教学、识字教学、阅读教学、简单作文教学等。对于一个以汉语为母语的人来说,识字是掌握文化、开发智力的第一步,也是学习其他知识和技能的基础。因此,小学语文教学的重点是识字教学。为了帮助学生更好更快地识字,低年级阶段尤其注重语音的教学。20世纪80年代出现的"注音识字,提前读写"是一项小学语文教改实验,儿童先用一个月左右的时间学习汉语拼音,然后利用汉语拼音来帮助识字,从一年级就开始进行听说读写的训练,这种教学方法取得了较好的教学效果。初中阶段开始进行汉语语法的教学,在初中一年级到初中三年级的语文课本里分散安排语法教学内容。语法教学内容的主要依据是20世纪80年代产生的《中学教学语法系统提要》。高中阶段主要是要求运用所学的语文知识,"帮助理解结构复杂、含义丰富的语句,体会精彩语句的表现力"等;在"表达与交流"部分则提出"能独立修改自己的文章,结合所学语文知识,多写多改,养成切磋交流的习惯"等课程目标。

  口语教学在中小学乃至高校受到了普遍重视。2000年颁布的"教学大纲"将原小学大纲中的"听话、说话"、初中大纲中的"听话训练、说话训练"、高中大纲中的"说话能力"统一改为"口语交际"。2001年教育部颁布的《全日制义务教育语文课程标准(实验稿)》"阶段目标"中对"口语交际"提出了明确的要求;在"课程的基本概念"里提出"使学生具有适应实际需要的口语交际能力"。2002年的《全日制普通高级中学语文教学大纲》和2003年的《普通高中语文课程标准(实验)》都明确提出了高中阶段口语交际的教学内容和要求。目前,已有不少学校在小学低年级阶段相继开设了"说话课",有意识地培养学生的口语表达能力。《口语交际》(1~9年级,郑桂华主编)等口语教材的出版,也推动了口语课和口语教学的发展。1993年3月8日,国家教委发布了《师范院校"教师口语"课程标准》,强调:"'教师口语'是研究教师口语运用规律的一门应用语言学科,是在理论指导下培养学生在教育、教学等工作中口语运用能力的实践性很强的课程,本课程是培养师范各专业学生教师职业技能的必修课。"该课程由普通话训练、一般口语交际训练和教师职业口语训练三部分构成。普通话训练是前提,贯穿本课程始终;一般口语交际是适应现代社会发展需要的重要能力,一般口语交际训练是普通话训练的继续和深化,是教师职业口语训练的基础;教师职业口语训练是一般口语训练的提高和扩展。在该课程标准的指导下,一批"教师口语"训练方面的教材相继出版,如《教师口语》(国家教育委员会师范教育司编,北京师范大学出版社,1996)、《教师口语艺术》(傅惠钧著,浙江教育出版社,1999)、《教师口语训练教程》(刘伯奎著,中国人民大学出版社,2000)、《教师口语技巧》(翟雅丽著,暨南大学出版社,2001)、《教师口语学》(张洪超著,开明出版社,2002)、《教师话语系统研究》(王林、陈昌来主编,学林出版社,2017)等。"教师口语"课程标准的颁布和相关教材的出版推动了我国高等师范院校的口语教学的发展。

(三)语文教学改革

我国多年的语文教学在推行《汉语拼音方案》、推广普通话、识字教学等方面取得了很大的成绩。但我们也应该承认,目前我国语文教学还存在着很大的问题,不少中学生对语文不感兴趣,学生的语文水平不能令人满意,语文教学成效不明显。诚如吕叔湘所说:"中小学语文教学效果很差,中学毕业生语文水平低,大家都知道,但是对于少、慢、差、费的严重程度,恐怕还认识不足。""十年上课总时数是 9 160 课时,语文是 2 749 课时,恰好是 30%。十年的时间,2 700 多课时,用来学本国语文,却是大多数不过关,岂非咄咄怪事!"(吕叔湘,2004)

我国语文教学效果差的问题由来已久。1987 年,国家教委委托华东师范大学组织实施全国初中三年级语文教学现状抽样调查。有人把这次调查的初三语文水平状况总结为"四差",即对字的书写和应用能力差、对知识的灵活迁移和综合运用的能力差、写作能力差、社会应用能力差。2004 年,人们对 30 所中学的学生的语言水平进行了调查,调查的内容主要是汉语知识。调查结果显示,当前中学生的汉语基础知识普遍不扎实,语言运用能力较差,语言文字运用规范意识淡漠,言语不规范问题突出,中学生的语文水平状况依然不容乐观。母语教育水平的下降,是一个世界性的问题,原因复杂,简单地把我国语文教学的失败归咎于中学语法教学而一味指责语法教学的做法有失公允。造成语文教学效果差这种局面的原因是多方面的,除了来自社会上的不重视语文的影响之外,语文学科关于汉语知识的教学内容、教学方法、教育观念、教师的知识水平等因素也影响了我国的语文教学效果。

自 20 世纪 70 年代末以来,我国语文教学界一直在尝试对中小学语文教学进行改革。通过讨论,形成以下共识:大面积推广教改试验,进一步更新教育理念,全面革新中小学语文教材,加强语文教育的理论研究,提高广大语文教师的素质等。在语文教改的潮流中涌现出一批语文教育改革家,出现了各具特色的教学方式和方法。20 世纪 90 年代,计算机技术突飞猛进,多媒体广泛运用,尤其是多媒体软件的编制为语文教学手段的现代化创造了条件。新的教学方式给语文教学带来了新的景象,有效地提高了语文教学的效率。进入21世纪,语文教育理念发生了变化,认为:培养语文能力比传授语文知识重要,课外语文学习比课内语文教学重要,学生自主作用比教师主导作用重要,教学方式以学生的学习为主、教师的指导为辅,语文教学应走出课堂等。教育部相继于2001年颁布了《全日制义务教育语文课程标准(实验稿)》,2003年颁布了《普通高中语文课程标准(实验)》,2017年颁布了《普通高中语文课程标准》(2020年修订),2022年颁布了《义务教育语文课程标准》,新的语文课程标准,对语文的课程性质、课程理念、课程结构、课程内容、学业质量、课程实施以及相应的教学目标、教材编写、教学内容、教学方法、课程资源等进行了明确的阐释。新的语文课程标准的实施将会引发新一轮的语文教学改革的高潮。

二 外语教学

外语教学是语言教学的一个重要组成部分。我国的外语教学从明朝开始到20世纪以前,主要是通过政府设立某种机构来培养外语专门人才,规模很小。20世纪初,外语教学开始走进我国中学课堂。根据教师的母语情况,我国的外语教学基本上可以分为两种类型:一是本族语教师教授本族学生外语,二是非本族语教师教授本族学生外语。我国的外语教学主要是英语教学,其次是法语、日语、俄语、德语等。改革开放以来,尤其进入新时代以来,我国外语教学的语种更加丰富多彩,"一带一路"沿线国家的语言受到重视。随着我国对外经济贸易、对外文化交流的日益增加,以及科学技术发展日新月异,学习和掌握一门外语显得越来越重要,外语教育(特别是英语教育)在中小学、大学课程中占有重要的地位,我国的外语教学得到迅速普及。在师资培养、教学研究和教材编写等方面积累了不少有益的经验。

(一)外语教学的历史
1.20世纪以前的外语教学

与西方国家相比,我国的外语教学开始较晚。1407年,明朝设四夷馆,专门从事印度语和缅甸语的教学,这可以视为中国最早的外语教学。此后的几百年间，中国的外语教学一直发展缓慢。1757 年，清朝政府在北京设立俄罗斯文馆，进行俄语教学。1862 年，俄罗斯文馆改建为京师同文馆，先后设英文馆、法文馆、俄文馆、德文馆和日文馆，专门培养翻译人员。

2.20 世纪以来的外语教学

20 世纪是中国外语教学迅速发展的时期。1903 年，中国开始在中学开设外语课，课程设置主要是根据社会的需要。清朝末年先是以日语或英语为主，后是以德语或英语为主；辛亥革命之后，以英语为主；1949 年之后，先是以俄语为主，后又改为以英语为主。进入 20 世纪 80 年代，随着中国改革开放政策的实施，在应用语言学理论的指导下，我国的外语教学发展较为迅速，培养了很多优秀的外语人才，为我国的经济建设和外语师资培养作出了贡献。近 20 年来，外语教学越来越受到社会各界的重视，不仅中学开设外语课程，不少学校从小学三年级起就开设英语课，甚至有的从幼儿园起就开始教英语，高等院校把"大学英语"作为非英语专业的基础课程开设。

(二)外语教学的现状

1.小学外语教学

我国的小学外语教学历史不长，严格地说是从 20 世纪 80 年代末开始的。80 年代末和 90 年代初，一些沿海发达地区和大、中城市在小学阶段开设外语课程，语种主要是英语。小学英语教法基本上是听说法、视听法等，但目标和要求并不具体。进入 21 世纪，教育部明确提出：从 2001 年秋季开始，全国城市和县城小学逐步开设英语课程；2002 年秋季，乡镇所在地小学逐步开设英语课程。可见，小学阶段开展英语教育已是大势所趋。教育部制定了《小学英语课程教学基本要求(试行)》，其中指出：为全面推进素质教育，适应 21 世纪我国国民综合素质提高的需要，从 2001 年秋季起，积极推进小学开设英语课程。提出小学英语教学的目标要求是：能根据拼读规律读出简单的单词；能在口头表达中做到发音清楚、重音正确、语调达意；能在图片、手势的帮助下，听懂语速较慢但语调自然的话语或录音材料。按照这个要求，小学英语教学重视激发和培养学生学习英语的兴趣，培养一定的语感和良好的语音、语调基础,引导学生乐于用英语进行简单的交流。小学英语教学注重课内课外相结合,开展丰富多彩的教学活动;利用英语音像媒体资源,为学生创设良好的语言学习环境。

2022年颁布的《义务教育英语课程标准》把义务教育阶段英语教学总目标分解为三级学段目标,3~4年级为一级,5~6年级为二级,7~9年级为三级。其中一级和二级属于小学阶段,学段目标为小学英语教学的语言能力、文化意识、思维品质、学习能力等提出具体目标要求。

近年来,我国小学英语教育的规模迅速扩大,有些小学把开设英语课作为办学特色,特别是大部分私立/民办学校以此作为招牌。目前已有多种小学英语教材相继出版,小学英语教学水平也在不断提高,在师资培养、教学研究和教材编写等方面积累了许多有益的经验。一些专家研究了儿童学习外语的规律,认为8岁左右是学习外语的最佳期,在这个年龄段开始外语学习,不与母语学习冲突,效率较高。但也有人对此持不同的观点,认为儿童不宜过早地学习外语,让儿童过早地学习外语会影响母语的教学。

2.中学外语教学

在我国,外语课程是中学的一门主要课程。《九年义务教育全日制初级中学英语教学大纲(试用修订版)》是全国义务教育全日制初级中学的英语教学课程实施、教学评价和教材编写的主要依据。它对初中阶段提出了具体的要求:能运用基本的拼读规则读出单音节词和部分双音节词;能按国际音标正确地读出单词;能连贯地朗读学过的课文,语调、节奏和语音基本正确;能运用基本拼读规则拼写单词;能掌握450个左右最常用单词、100条左右习惯用语及固定搭配,能够在口笔头交流活动中运用。2022年颁布的《义务教育英语课程标准》对义务教育7~9年级(三级)学段的英语教学的语言能力、文化意识、思维品质、学习能力等提出具体目标要求。

《全日制高级中学英语教学大纲(试验修订版)》指出:外国语学习必须贯彻国家的教育方针,面向现代化,面向世界,面向未来;必须以科学的教育理论为指导,联系社会生活和高中生的生活经验以及知识积累,加强教学实践,注重培养学生的创新精神和实践能力,外国语教学必须积极进行教学方法的改革,努力提高教学质量。它对高中外语教学的目标要求是:能借助常用的拼读规则和音标读生词;能较连贯地朗读课文,语音、语调基本正确;在各种口头表达中,语调自然,语音基本正确;在初中所要求掌握的词汇量的基础上,累计掌握1 200个词和一定数量的习惯用语及固定搭配,要求能在口笔语中运用。此外,还要学习750个左右的单词和一定数量的习惯用语及固定搭配,只要求在语篇中理解其意义;能根据单词的发音和基本的拼读规则记忆单词的拼写形式;能根据所学的构词法在上下文中理解派生词和合成词的词义。

我国高中英语教学自1985年以来取得了显著的成绩,高中英语课程得到了普及。高中英语教学大纲经过1993年的修订,进一步促进了英语教学的改革,提高了对学生用英语进行交际的能力要求,以适应学生发展需要及国家经济和科技建设对人才质量的要求。1999年,西南师范大学外语教育研究中心的调查表明,与1985年的全国英语教学测试调查相比,我国基础教育的英语教学有了明显的进步,学生的听说能力有了较大幅度提高,特别是非重点中学的英语成绩有了显著的提高。近年来,各地高中英语课程改革的呼声越来越高。有些地区学校已经进行了多项教学改革实验并取得了令人瞩目的成果;部分教师的教学观念和教学方法有了较大的转变;在条件较好的高中,学生的英语水平已有明显的提高。适应发展需要,在原有的《全日制义务教育普通高级中学英语课程标准(实验稿)》的基础上产生了《普通高中英语课程标准》(2017年版,2020年修订),以使高中英语课程具有时代性、基础性和选择性。《普通高中英语课程标准》指出,"语言是人类最重要的思维和交流工具,也是人们参与社会活动的重要条件。语言对促进人的全面发展具有重要意义。当今社会生活和经济活动日益全球化,外国语已经成为世界各国公民必备的基本素养之一。因此,学习和掌握外语,特别是英语,具有重要意义"。《普通高中英语课程标准》既立足于我国高中外语教学的现状,又充分考虑信息化社会发展前景和我国对外开放、综合国力增长的需求,力求使课程标准做到理念先进、可操作性强、体现时代要求。在课程理念、课程设计、课程目标以及课程实施方面都进行了重大改革。

3.大学外语教学

在我国大学,外语教学从专业来看主要有两种类型:一是外语专业的外语教学,主要是英语、日语、法语、德语、俄语、朝鲜语、西班牙语等;二是非外语专业的"大学英语教学",指在我国各类大专院校中对非英语专业的学生进行的英语教学。

我国外语专业课程主要有精读、泛读、听力、口语、翻译等,全面培养学生的听说读写译的能力;不少学校聘请外教教授口语等课程。但与其他学科相比,大学外语教师相对紧缺,学历偏低,职称偏低,在一定程度上影响了语言教学效果。非外语专业的大学英语教学通常是在大学一、二年级进行,开设的课程很不系统,听力课时很少,基本上不开口语课;通常采用大班上课形式,学生的水平不一,教师的教学很难做到具有针对性,教学效果可想而知。在我国,如何提高大学英语教学的效率一直是个老大难课题。

外语水平测试是外语教学的一个重要环节,是衡量一个学生外语水平的重要依据,在中国各类升学考试中占有非常重要的地位。中国的外语考试除了课堂教学中的各种测试、期中考试、期末考试、单元测试外,还有专门机构命题、组织考试和评卷的外语考试,这种考试一般规模都很大,语种主要是英语,如高招英语考试,研招英语考试,大学英语四级(CET4)、六级(CET6)考试,专业英语四级、八级考试。此外,还有不少学生自愿报名参加雅思、托福、GRE以及英语初、中、高级口译等考试。

(三)外语教学改革

进入20世纪90年代,随着语言学、教育学、心理学和计算机等学科的不断发展,外语教育教学的理论和实践研究发展迅速,外语教学内容和手段发生了深刻的变化。不少学校开设英语口语实验课和尝试双语教学,调整课程设置、改革考试评价,外语教学确实取得了不小的成绩。但我国的外语教学,无论是中小学还是大学,应该说仍存在不少问题。例如,在外语教学理论方面还缺乏具有突破性、实用性的教学方法,单一的、满堂灌的教学方法和被动的学习方式难以使学生形成听说读写的综合语言运用能力;在实践方面,"费时低效"与"哑巴英语"等问题依然普遍存在；听力和口语教学还是外语教学的一个瓶颈，口语测试在大多数中学还是空白。不少外语教师感到在教学上投入了大量的精力，但收效并不明显。吕必松曾说："无论在国内，还是在国外，语言教学的效率和成功率都不能令人满意。"（吕必松，2005）美国的卡尔·康拉德·迪勒也说过："外语教学的历史好像经常是一部失败的历史。在学习外语的学生中，最后能达到通晓双语这一目标的人为数从来不多。"（卡尔·康拉德·迪勒，1992）

外语教学改革应该特别注重以下三个方面：(1)引进、消化并吸收国际上最新的教学理念和方法，探讨建立具有中国特色的外语教育实施与外语教育评价体系，这已经成为我国外语教学界的当务之急；(2)教师素质；(3)小语种教学，配合我国的国际中文教育。

三　双语教学

（一）什么是双语教学

关于双语教学（bilingual teaching），目前尚无公认的定义。一般认为，双语教学是指在教学中同时进行两种语言教学，通过双语教学，使学生成为操双语者。双语教学有广义和狭义之分，广义的双语教学是一种教育模式，指在加强外语学习的同时，对非外语课程用母语和外语两种语言进行教学，以培养学生用外语思考的习惯；狭义的双语教学是一种教学方法，即通过本族语和一门外语的教与学，让学生能够用两种语言进行学习、思考和交流，达到既精通母语又能掌握一门外语的教学方法。双语教学在我国原指少数民族地区的学校为了使学生既能学好本民族语又能掌握汉语而使用汉语和少数民族语言两种语言进行教学的一种教学模式，但随着国家通用语言文字的推广普及，我们学校教育现已普遍运用国家通用语言进行教学，2022年颁布的《义务教育语文课程标准》明确要求"语文课程学习国家通用语言文字的综合性、实践性课程……语文课程应引导学生热爱国家通用语言文字"。现在我国的双语教学可以理解为：将母语以外的另外一种语言直接应用于语言学科以外的其他学科的教学，使第二语言的学习与各学科知识的获取同步。我国的双语教学从所教的语言来看主要是指英语和汉语的教学，在强化英语学习和教学的基础上，在学校的非英语学科教育中尝试用英语作为教学语言，从而培养学生使用汉语和英语两种语言的能力。

双语教学不同于纯外语教学。外语教学把外语作为一门课程，把语言学习作为教学目的。在双语教学中，外语教学是一种获取知识的手段，它具有获得知识和提高语言技巧的双重功能。双语教学模式从世界上比较成功且有代表性的实践模式看，主要有两种：一种是源于加拿大的浸没式的双语教学模式，另一种是过渡式的双语教学模式。浸没式是把学生完全"浸泡"在第二语言环境中，除了第一语言以外的所有学科都用第二语言进行教学。浸没式双语教学比较适合于有第二语言环境的国家和地区使用。我国的双语教学主要是汉语和英语，大多属于过渡式的双语教学模式。

（二）中小学双语教学

二战以后，特别是20世纪80年代中后期，受经济全球化趋势的影响，双语教学开始在许多国家受到重视。在我国，由于外语（特别是英语）的地位日益突出，20世纪90年代中期，中小学的双语教学越来越受到人们的关注，英语教学在中小学教育中受到空前重视。上海、北京、广州等城市的一些中小学（主要是一些境外来华办学的合资、独资学校及民办学校）相继开展了双语教学的试验与实践。接着，其他一些城市中小学也纷纷尝试，试图通过双语教学，即用英、汉两种语言讲授自然、数学、历史、地理、音乐、美术、体育等各门课程，来提高学生自主学习英语、自由运用英语的能力，以英语和汉语作为教学媒介语，达到掌握两种语言的目的。进入21世纪，中小学的双语教学得到了迅速发展。以苏州市为例，2001年启动了31所中小学进行双语教学实验，到2005年1月双语教学实验学校达到了90所。双语教学成了教育理论和实践界广为关注的一个热点问题。

目前对中小学双语教学有不同的看法。有人认为，实施双语教学既缺乏相应的社会环境，也缺乏相应的语言环境，不适合中国的国情，因此不能简单移植到我国的大部分学校。双语教学的推行涉及学校教育的诸多问题，我国大部分中小学并不具备实施双语教学的条件,尤其不能因为双语教学损害国家通用语言文字的教学和学习,盲目推行双语教学将产生种种危害,可能会带来不少后遗症,需要冷静思考。

(三)高校双语教学

我国高校的双语教学虽由来已久,但一直没有得到系统的、稳定的发展。民国时期北京大学率先进行双语教学,北洋大学及南开大学受其影响,均成为当时重要的文理双语人才培养基地。教学采用原版外文教材,由外国人或精通外语的教师讲授。这种双语教学模式为中国培养了很多学贯中西的人才。1949年以后我国也曾一度兴起以俄语为第二大语种的双语教育,在较短的时间内培养了一批通晓俄语的专业人才。但由于种种原因,我国的双语教育几度中断,没有得到很好的发展。进入21世纪,适应时代的要求,高校的双语教学备受重视,成为教学改革的一大热点,很多大学积极开设双语课程,用英语进行公共基础课和专业课的教学。

2001年8月17日,教育部下发了《关于加强高等学校本科教学工作 提高教学质量的若干意见》,明确规定:按照"教育面向现代化、面向世界、面向未来"的要求,为更好地适应我国加入世界贸易组织后经济、科技和教育发展需要,培养高素质复合型人才,实现我国高等教育的可持续发展,本科教育要创造条件,引进原版外语教材,使用英语等外语进行公共课和专业课教学。高新技术领域的生物技术、信息技术等专业,以及为适应我国加入世界贸易组织后需要的金融、法律等专业,更要先行一步,力争3年内,用外语教学的课程达到所开课程的5%~10%。暂不具备直接用外语讲授条件的学校、专业,可以对部分课程先实行外语教材、中文授课,分步到位。双语教学是我国高等教育与国际接轨、迎接新世纪挑战、培养具有国际竞争力人才的必然要求,也是当前我国高等教育改革的热点和重点。双语教学是高校培养具有国际竞争力人才的一个重要举措。

目前,我国高校都先后开展了双语教学的实践(主要是英语和汉语教学),引进了大量外文原版专业教材,双语教学逐步展开。采用双语教学的课程遍及信息科学、机电工程、化工、生命科学等领域。高校双语教学不同于中小学双语教学,它的起点高,对外语教学语言使用比率也有具体的要求,即外语教学语言必须占整个课程教学时数的50%以上。近年来双语教学在公共基础课和专业基础课的开出率已成为衡量一所学校本科教学工作水平是否达标的重要指数。

双语教学为学生学习英语提供了更多的实践空间,为学生使用第二语言思维打下了基础,对改进我国长期以来英语教学"耗时低效"的现状起到了一定的作用。通过双语教学提高学生的综合素质,培养全面发展的复合型人才,并努力使一些学科与国际最前沿的发展接轨,适应世界高科技发展的需求。

但也有人对双语教学提出质疑,认为双语教学会冲淡学生对母语的学习,影响用母语进行思维的能力,特别是小学低年级;实行双语教学的现实条件还不够成熟,学生外语水平参差不齐,整体较差,师资匮乏,缺乏相应的双语教学教材,双语教学的性质、目的、任务等还不够明确,这些问题影响了我国双语教学的发展。也有人对我国目前"双语教学"带来的"英语热"表示担忧。

我们应该清醒地意识到,双语教学在我国才算是刚刚起步,很多问题需要解决。首先要加强双语教学师资培训。目前我国从小学到大学,真正合格的双语教师还为数不多。其次是加强双语教材的建设。双语教学的教材是实施双语教学的重要保障,但目前可选择的原版教材太少,应根据学科的特点适当引进和借鉴国外的教材,注重选择国际通用的外文原版教材,保证教学内容符合该学科发展的趋势。再次是有关部门应进一步加大对我国双语教学的指导力度。教育部门应根据我国的国情,充分借鉴加拿大、印度、新加坡等国家双语教学的宝贵经验,做好双语教学的规划工作,明确大中小学适宜开设的双语课程,并研制双语教学的评价体系。

思考题

1. 谈谈你对语言教学的认识。
2. 语言教学包括哪些内容?

3.语言教学有哪些类型?

4.语言教学的目标是什么?

5.语言教学的基本过程是怎样的?

6.根据你的教学经验或学习经历,谈谈我国外语教学的现状。

7.试分析第一语言教学和第二语言教学的异同。

8.对我国中学语文教学或国际中文教育现状做一些调查,指出其中存在的问题。

9.谈谈你对我国语言教学改革的意见或建议。

10.中国的语言教学包括哪些方面?请分别加以说明。

第三章 国际中文教育

第一节 国际中文教育的性质、特点和任务

一 国际中文教育的学科性质和学科名称

国际中文教育[①]是目前中国语言教学的一个重要方面。汉语作为第二语言教学有文献记载的历史可以追溯到东汉时期,但是,国际中文教育作为一门学科或一种事业,其真正的发展则是在 20 世纪 50 年代以后;而国际中文教育作为一门学科被世人或学术界认可并飞速发展,则是在 20 世纪 80 年代以后。80 年代以后国际中文教育(原"对外汉语教学""汉语国际教育")便作为学科或专业名称出现在我国正式的文献中,包括出现在学科专业目录、学术团体、研究课题和项目、研究成果中。由于国际中文教育是一门新兴的交叉学科,因此在其迅速发展的同时,社会上、学术界乃至本学科内部对本学科的性质、名称、任务等基本问题尚有不同的看法,甚至还存在一些争论。

(一)学科性质

国际中文教育作为科学术语实际上有三层含义:一是汉语作为第二语言

[①] 汉语作为第二语言教学的学科名称经历了从"对外汉语教学"到"汉语国际教育",再到"国际中文教育"的迭代升级,为使行文统一,本章一般使用"国际中文教育",但引用或介绍其他学者观点或叙述学术史时,遵循学者论述时所使用的概念,还会使用"对外汉语教学""汉语国际教育"这两个名称。

的教学活动或教学行为,即针对外国人或第一语言非汉语的华人、华裔把汉语作为第二语言教学的教学过程;二是作为一门学科的国际中文教育学科;三是作为一项国家和民族事业的国际中文教育事业。但国际中文教育学科的核心是将汉语作为第二语言在全球范围内进行教学,其学科的性质就是汉语作为第二语言教学。

1.国际中文教育是语言教学

国际中文教育从本质上看是语言教学,其根本任务就是教语言,教汉语,目的在于使学习者掌握和运用汉语这一交际工具。它教授的是语言运用的技能,而不是语言学的知识和理论,所以国际中文教育不是语言学的教学,它既区别于中文系的现代汉语、古代汉语教学,更区别于研究生阶段的汉语语言学的教学。另外,语言教学必然涉及并包括一定的文化内容,但文化因素只能包含于语言教学之中,而不是文化包含语言教学,更不是文化超越或凌驾于语言教学之上,所以国际中文教育也不是汉文化教学。

2.国际中文教育是第二语言教学

国际中文教育不同于汉语作为母语的语文教学。语文教学是在学生已经基本或初步掌握了母语的听说甚至读写技能,并具有相当的社会、文化背景知识的基础之上进行的。而第二语言教学则往往是在学习者已经掌握母语之后再学习一种语言,往往是从零起点开始的,学习者缺乏相关的社会、文化背景知识。这就使得国际中文教育的目标、方法和教学侧重点与母语教学(语文教学)不完全相同。从这一点上看,国际中文教育属于一种外语教学,必须遵循第二语言教学的一般规律。

3.国际中文教育是汉语作为第二语言的教学

国际中文教育是第二语言教学,当然受第二语言教学普遍规律的制约,但其教授的是汉语,必然也受汉语自身规律的制约。汉语在语音、词汇、语法,特别是汉字方面有着许多自身的特点,这些特点往往成为教学的重点和难点,因此,国际中文教育不同于英语、法语、俄语、日语等其他语言作为第二语言的教学。

4.国际中文教育是针对外国人或第一语言非汉语的华人、华裔的第二语言教学

国际中文教育主要是教授外国人或第一语言非汉语的华人、华裔学习汉语,这与国内的民族地区的汉语教学有所不同。外国人或华人、华裔与我国的民族地区学生的差别在于前者学习汉语的社会文化差异或冲突远远大于后者,因此对国际中文教育中的社会文化因素必须予以足够的重视。

(二)学科名称

一门学科的名称是该学科的内容和学科本质特点的反映。在国际中文教育学科的发展过程中,学术界对这个学科的名称提出了一些不同的看法,这些不同的看法不仅反映了人们对这个学科本质的不同认识,也"反映出我国综合实力、外交战术、教育政策、传播战略等一系列变化,以及应对全球化和反全球化趋势的逻辑必然"(段鹏,2022)。

1.对外汉语教学

1982年,在中国高等教育学会对外汉语教学研究会第一次筹备会上,"对外汉语教学"这一名称得以确立。(程裕祯主编,2005)这一名称基本上能体现教授外国人学习汉语这个学科的特点和内涵,在国内外也产生了广泛的影响,而且简洁上口,符合汉语表达习惯,因此从提出一直使用至今。中央文件、国家机构(如国家对外汉语教学领导小组)、学术团体(如中国对外汉语教学学会)等都曾正式采用这一名称。

但是,这一名称也有一定的局限性,即只突出了主要的教学对象——教授外国人学习汉语,未能全面、准确地反映学科的性质——第二语言教学。同时,"对外汉语教学"更加强调面向来华留学生进行的"引进来"的汉语教育活动,对以"走出去"为特征的海外汉语教育概括力不足。不过,由于该名称已被约定俗成地广泛使用,所以今后仍可能是本学科用得最为广泛的名称。

2.汉语教学

海外汉语教学有不同的名称,有的叫作"中文教学"(如美国),有的叫作"中国语教学"(如日本、韩国),也有的叫作"华文/语教学"(如东南亚国家)。

面向海外华人华侨及其子女教授汉语的教学活动一般也叫"华文教育"或"华文教学"。国内有北京华文学院、华语教学出版社、华文出版社,暨南大学华文学院等。如果着眼于在国内外范围内从事汉语教学,使用"汉语教学"这一名称是合适的。正如国际性学术团体"世界汉语教学学会"及其会刊《世界汉语教学》、已举行了14届的"国际汉语教学讨论会"等名称所表示的那样,由于语境清楚,一般不会与我国的汉语作为第一语言的教学(语文教学)相混淆,不会产生误解。

"汉语教学"这一名称在国际场合用得较多,而且随着海外学习汉语的人数、海外汉语教学机构和组织的不断增加以及国家汉语国际推广力度的进一步加强,"国际汉语教学"这一名称越来越多地被世界各地从事汉语教学与研究的教师、学者、教育机构和政府机构所接受。

3.汉语作为第二语言教学

从科学性上看,"汉语作为第二语言教学"这一名称较为精确地指称了本学科的内涵和性质。它既能指在中国进行的针对外国人的汉语教学,也能指世界各地的汉语教学,还能包括针对我国民族地区的汉语教学。也就是说,它能涵盖第一语言以外的所有汉语教学。目前这一名称在学术论著中使用得越来越多。不过这一名称太长,不太符合韵律方面汉语命名的规律,因而不够常用,文献中常简称"汉语二语教学"。

4.对外汉语教育(学)

有学者认为教授外国人学习汉语应该称为"对外汉语教育"或"对外汉语教育学","对外汉语教育(学)"应该属于"语言教育(学)"学科。目前有些高校也使用"对外汉语教育学院"这样的机构名称。不过,在国际中文教育作为学科形成的40多年中,国际中文教育学界的专家和教师的教学和科研活动,事实上是包含了"对外汉语教育(学)"的全部内涵。

5.对外汉语

"对外汉语"原本是教育部本科目录上的专业名,这个专业主要是培养从事对外汉语教学的师资。有学者从学科或专业内涵等角度出发,提出使用"对外汉语"这个名称,并认为"对外汉语教学"作为学科名或专业名难以纳入现行的学科体系。

6. 汉语国际教育

2005年世界汉语大会召开,标志着国际中文教育工作的重点开始全方位转向汉语"走出去"及汉语国际推广。(段鹏,2022)为加快汉语言走向世界的进程,培养更多合格的、能够满足汉语国际推广需求的中文教师,2007年国务院学位委员会设立汉语国际教育硕士专业。2012年,教育部批准将对外汉语、中国语言文化和中国学三个专业合并,设立本科专业汉语国际教育,(中华人民共和国教育部高等教育司,2012)此后,"汉语国际教育"作为在世界范围内开展汉语作为第二语言教学的名称被广泛使用。2018年,教育部在教育博士专业学位"学校课程与教学"领域下增设"汉语国际教育"专业博士方向,北京大学、华东师范大学等7所高校首批获得汉语国际教育博士研究生招生资格,2019年扩展至21所。(赵成新,2022)

7. 国际中文教育

"国际中文教育"这个术语在正式场合使用始于2019年孔子学院总部召开的国际中文教育大会,孙春兰副总理的主旨报告和时任教育部部长陈宝生、副部长田学军等领导的发言报告均使用"国际中文教育"表述,从此以后,"国际中文教育"的使用日益增多,逐渐获得学界和大众的共识。

2022年,国务院学位委员会、教育部公布的《研究生教育学科专业目录(2022年)》正式将该专业名称确定为"国际中文教育",列入教育学门类,可授予博士和硕士学位。

关于"国际中文教育"的内涵,学界也已基本达成共识,即"国际中文教育"是一个包容性很强的概念,涉及全球范围的各类汉语教学,既可包括国内面向留学生的"对外汉语教学",又可包括国外面向当地居民的汉语教学及面向华侨华人的华文教育,既涉及学历教育,又涉及非学历教育。对外汉语教学、汉语国际教育及海外华文教育三者可放置于国际中文教育框架下。(王辉、冯伟娟,2021)

从20世纪80年代初至今,历经40余年,汉语作为第二语言教学学科经历了从"对外汉语教学"到"汉语国际教育",再到"国际中文教育"的迭代升级,学科内涵也随之在继承中创新,在升级中拓展,在服务事业发展中深化。

三个学科名称的异同可简略比较如下(表 3-1):

表 3-1　学科名称异同比较(引自赵成新,2022)

	对外汉语教学	汉语国际教育	国际中文教育
名称简述	指对外国人的汉语教学,是一种外语教学	主要指在海外为母语非汉语者开展的汉语教学	指全球范围内的各类汉语教学,既可包括国内面向留学生的对外汉语教学,又可包括国外面向当地居民的汉语教学及面向华侨华人的华文教育(王辉、冯伟娟,2021)
开始使用时间	20 世纪 50 年代	21 世纪初	21 世纪 20 年代初
教者	中国人	中国人、华人华侨、外国人	中国人、华人华侨、外国人
学习者	外国人,以来华留学生为主	外国人,以海外母语非汉语者为主	在国外或中国国内的外国人;第一语言非汉语的华人及后裔
教学内容	汉语作为第二语言或外语	汉语作为第二语言或外语	汉语作为第二语言或外语
教学环境	中国国内	一般为海外	中国国内、海外、虚拟空间

二　国际中文教育的学科特点

(一)国际中文教育是一门独立的学科

经过 40 多年的发展,国际中文教育已经发展成为一门独立的分支学科,正如陆俭明(2000)所认为的:"对外汉语教学从 80 年代,特别是从 1992 年以来,逐渐进入蓬勃发展时期。'对外汉语教学'已逐渐作为应用语言学的一个分支成为一个独立的学科。"目前"国际中文教育"已经进入本科和研究生的学科专业目录。

1. 具有明确的研究目标和研究对象

作为一门学科,国际中文教育就是研究把汉语作为第二语言进行教学的规律、原则、方法,包括研究"教什么""怎样教""用什么技术手段教""如何学"等内容。如"作为第二语言或外语的汉语研究""汉语习得与认知研究""教学理论与教学方法研究""现代技术手段在国际中文教育与研究中之应用研究"等都是国际中文教育研究的主要课题。

2. 具备较为完整的学科理论体系

国际中文教育学科理论体系包括基础理论和教学理论两部分。基础理论包括语言学理论、语言学习理论、文化理论、教育理论等;教学理论则包括国际中文教育的性质和特点,教学结构及其各构件之间的相互关系,教学类型和课程设计,总体设计、教材编写、课堂教学和测试等各个教学环节的理论,有关课程的特点和规律,不同语言要素教学的特点和规律,言语技能和言语交际技能训练的特点和规律等。这种学科理论体系可以进一步概括为"一体两翼"模式:"一体"是汉语语言学本体,即"作为第二语言或外语的汉语语言学",这是基础,也是关键,没有扎实的汉语语言学本体知识、理论和素质是很难胜任汉语作为第二语言教学和研究的;"两翼"分别是国际中文教育学科与教学论(包括汉语作为第二语言的习得与认知理论、汉语作为第二语言的教学理论和教学方法、汉语作为第二语言的教学技术等)和中外文化素养。

理论创新是学科发展的源泉,构建独立完善的理论体系是夯实国际中文教育学科发展的重要基石。新时代,国际中文教育学科理论体系"继承、转型与重构"并行,除了充分挖掘、吸收、借鉴汉语作为第二语言学科基础理论和教学理论之外,还进行了转型与创新,使国际中文教育理论体系变得更加丰富、更加开放。如吴应辉、梁宇(2020)提出:国际中文教育学科除了学科基础理论和教学理论,还应包括区域/国别/语别中文教育特色理论、国际中文教育与其他学科交叉融合理论等。

3.具有成熟的研究队伍和丰硕的研究成果

近年来,国际中文教育教学和科研队伍有了较大的发展。随着跟国际中文教育相关的本科、硕士研究生、博士研究生人才的不断培养和专业、学位的建立,目前已基本上建立了本学科的初、中、高级人才的培养体制,为国际中文教育学科输送了大量专门的和专业的教学科研人才。目前全国有400多所大学开展规模不等的国际中文教育,都拥有一定的教学科研力量,青年教学科研人员多具有硕士或博士学位。像北京语言大学、北京大学、北京师范大学、中国人民大学、北京外国语大学、复旦大学、华东师范大学、上海师范大学、南开大学、中山大学、南京师范大学、暨南大学等高校都是国际中文教育研究的中心。

目前国际中文教育有专门的国家指导机构——教育部中外语言交流合作中心(简称"语合中心"),有专门的协会——世界汉语教学学会等,有专业的刊物——《世界汉语教学》《语言教学与研究》《汉语学习》《对外汉语研究》等,有专门的出版机构——北京语言大学出版社、华语教学出版社,在相关高校有设的研究机构,在国家社科基金项目及其他科研机构中有专设的科研项目……这些不仅表明国际中文教育学科的成熟,也表明国际中文教育科研队伍的不断壮大。国际中文教育的研究成果越来越丰硕,除发表大量教学研究论文外,每年都出版相当数量的研究著作、论文集和教材,每年都召开规模不等的学术会议。

(二)国际中文教育是一门交叉性学科

"就学科属性而言,国际中文教育的学科内涵丰富,外延广泛,具有鲜明的跨学科性质。"(李宝贵、刘家宁,2021)国际中文教育学科的研究本体和教学活动的内容就是作为第二语言的汉语,因而国际中文教育离不开汉语语言学,离不开作为第二语言的汉语研究;同时,国际中文教育属于第二语言教学,因而必然需要教育学、语言习得和语言认知理论、学科教学论、教学法、教育技术学等学科知识;另外,国际中文教育还需要语言对比、文化比较、心理学、宗教学等学科的知识。赵金铭(2001)认为:"对外汉语教学,经过几十年的发展,现在在业内基本形成共识:作为一门学科,对外汉语教学的理论基础是语言学(包括心理语言学、社会语言学、人类语言学)理论、心理学理论、教育学理论,从根本上说,它是一门新兴的边缘交叉学科。"

(三)国际中文教育是一门理论性和实践性相结合的学科

国际中文教育既是一门学科,也是一种语言教学活动。作为一门学科,研究者或建设者必须研究国际中文教育学科的基础理论,如语言学、心理学、教育学等;同时,研究者或建设者如果没有充分的国际中文教育实践,其研究成果往往很难应用于国际中文教育教学实践。可见,作为学科的国际中文教育必须把理论和实践结合起来。

作为教学活动的国际中文教育也必须把理论和实践结合起来,要用一定的理论来指导教学实践,通过实际的教学实践来补充、完善教学理论。从事国际中文教育教学的教师中,往往存在重实践轻理论学习的倾向。目前从事教学的一线教师,往往来自不同的专业,在多年的教学活动中积累了许多教学经验,但部分教师往往缺乏国际中文教育的专业学习或培训,缺乏系统的语言学、心理学、教育学、教学法理论学习。近年来新加入国际中文教育行列的教师有部分是来自语言学及应用语言学和汉语言文字学等专业的硕士和博士,这部分教师受过较为系统的汉语语言学本体的教育和训练,但往往缺乏汉语作为第二语言教学的学习,部分青年教师教学经验相对不足。总之,作为教学活动的国际中文教育,无论是总体设计、教材编写,还是课堂教学、语言测试,都需要国际中文教育学科相关理论的指导,要用理论来指导教学实践。

(四)汉语作为第二语言教学的一般性和特殊性

国际中文教育具备第二语言教学的一般特点,如:国际中文教育以培养外国人或第一语言非汉语的华人、华裔运用汉语进行听说读写的交际能力为目标,以语言技能训练为中心,以基础阶段的汉语教学为教学重点,以语言对比(母语和目的语对比)为基础来确定教学难点和重点,应该把汉语教学和汉文化教学紧密结合起来,把集中强化教学作为教学手段,等等,这些都是国际中文教育跟一般第二语言教学的相通之处。

但国际中文教育是把汉语作为第二语言的语言教学,由于汉语作为目的语自身在汉字、语音、词汇、语法、语篇、语用等方面所具有的特点,使得国际中文教育有不同于其他语言作为第二语言教学的特殊性。这些特殊性往往就是国际中文教育教学的难点和重点。教学难点和重点影响了国际中文教学中的教学内容、教学顺序的安排和教学原则、教学方法的选择。

汉语作为第二语言教学的特殊性,不仅影响了国际中文教育的全过程,而且影响了国际中文教育作为学科的研究和建设。国际中文教育研究必须着力研究汉语作为第二语言教学的这些特殊性,以指导国际中文教育教学实践。这正是一般意义上的汉语研究跟作为第二语言的汉语研究的区别所在。

三 国际中文教育的任务和内容

国际中文教育有不同层面的含义,不同的含义有不同的任务和内容。

(一)作为教学活动的国际中文教育的任务

作为教学活动的国际中文教育是指针对外国人或第一语言非汉语的华人、华裔把汉语作为第二语言教学的过程,这一过程包括总体设计、教材编写、课堂教学、语言测试四个部分。这一过程的基本任务就是怎么让一个学习汉语的外国学生或华人华裔在最短的时间内能最快最好地学习好、掌握好、运用好汉语。完成这一基本任务的主体应该是从事全球范围内各类汉语教学的一线教师。汉语教师通过教学活动使外国学生或第一语言非汉语的华人华裔能运用汉语进行不同层次的交际和交流,具备不同目的、不同领域、不同层次的汉语听说读写能力和言语交际能力。要完成这些任务,除了尽可能地调动学生学习的主动性和积极性外,承担教学任务的教师必须具备相当的理论知识和实际教学能力,要对汉语语言学、教育学、心理学、教学法、教育技术、中外文化等学科有比较充分的了解,尤其要具备把汉语语言学知识转化为实际的汉语教学能力。除了课堂教学外,总体设计、教材编写、语言测试也是作为教学活动的国际中文教育的重要任务,因为国际中文教育毕竟是一个新兴学科,作为第二语言教学活动的方方面面，如各种教学大纲的制定、教材的编写、语言测试的研制等，都要加强研究和建设。

（二）作为学科的国际中文教育的任务

作为一门学科，国际中文教育除了指汉语作为第二语言教学活动或教学过程外，其主要任务是研究针对外国人或第一语言非汉语的华人华裔把汉语作为第二语言教学的内容、原理、过程和方法，并以此指导教学实践。作为学科的国际中文教育包括汉语作为第二语言教学研究和国际中文教育学科建设两个层面的任务。

1.汉语作为第二语言教学研究

针对汉语作为第二语言教学的性质和教学过程的特点，汉语作为第二语言教学研究应该包括"教什么""怎样教""如何学"等几个方面。具体如下：

（1）研究作为第二语言的汉语本体规律。要教会外国人或第一语言非汉语的华人华裔学会、用好汉语，首先要把教学内容研究透，要研究好汉语作为第二语言本身的特点、规律和用法，就是说研究好"教什么"的问题。由于现代汉语研究的时间比较短，加上过去的研究很少考虑到汉语作为第二语言的特点，因而不仅对汉语本身的特点和规律、用法还没有研究透，而且已经总结出的规律也未必适合汉语作为第二语言教学实际。目前，现代汉语研究尤其是语法和词汇研究面临着汉语作为第二语言教学的挑战，在国际中文教育学科研究中，首先必须加强作为第二语言的汉语本体规律的研究。如果对现代汉语本身的特点、规律和用法认识不清、不透或不准，就不能教好汉语，也不可能让学生学好、用好现代汉语。

作为第二语言的汉语本体研究不仅要研究汉语本身，而且要研究和修订汉语作为第二语言教学用的汉字大纲、词汇大纲和语法大纲，研究汉语作为第二语言教学所需的汉字结构特点和汉字学习的规律，研究外国人或第一语言非汉语的华人华裔学习汉语时的语音难点和重点，研究并比较汉语作为第二语言教学的词汇，研究汉语作为第二语言教学的参考语法，研究汉语作为第二语言教学中学生必须掌握的汉语口语和书面语特点、交际能力及汉语语言类型和汉语特点等。另外,还要进一步研究好教学内容的顺序和量级,即应在什么时间、以何种顺序、用怎样的难度向学生教授现代汉语的听说读写能力。所以,给现代汉语的文字、词汇、语法包括语音分出不同的等级和顺序,制定出各种字表、词表、成语表、语法要点表、修辞手段表等,也是汉语作为第二语言教学中汉语本体研究的重要内容。

(2)研究汉语作为第二语言教学活动的主体。教学活动的主体包括教和学双方。研究教的一方即教师,主要应全面了解国际中文教师应该具备的基本素质、不同层次汉语教师的教育目的等。随着汉语教学的全球化,还应研究如何紧密对接各国师资需求,精准培养卓越的本土教师,如何提升本土教师的"造血"功能,如何建设国际中文教师共同体等。(丁涵、丁安琪,2022)

关于教学活动主体的研究,最主要的是研究学习者的特点,贯彻以学习者为中心的教学理念。汉语学习者往往来自不同的国家和民族,年龄和文化程度参差不齐,学习目的和学习时间以及原有的汉语水平各有差异,因而国际中文教育应该把分析教学对象作为重要的研究课题,这涉及学习者的国别、民族、母语、文化背景等对汉语学习的影响,涉及年龄、文化程度、职业、学习目的、学习时间对学习动力、态度、积极性的影响。学习者自身的差异,不仅影响学习者的汉语学习,而且对教学原则、教学方法、教学重点等都有直接的影响。

(3)研究汉语作为第二语言的习得和认知规律。现代的语言教学已经从重视"怎样教"转变为更加重视"如何学","学"的一方被看作语言教学的主体。同时,语言教学研究者进一步重视对学习理论与学习规律的研究,即重视对语言习得与认知过程和认知规律的研究。就国际中文教育来说,要研究学生对现代汉语各要素包括篇章、汉字等的习得顺序和习得过程,要研究学生对现代汉语听说读写中各有关要素的认知加工过程和认知规律,要研究学生学习中的各类个体差异和教学策略等。此外,汉外对比分析、外国人学习汉语的偏误分析和中介语系统的研究等,都是汉语作为第二语言习得和认知研究的重要课题。

(4)研究汉语作为第二语言教学的理论和方法。国际中文教育的教学过程或教学活动必须在一定的教学理论和教学方法的指导下进行,因而国际中文教育作为一门学科必须研究汉语作为第二语言教学的理论和方法，即研究"怎样教"的问题，用来指导国际中文教学实践。国际中文教育教学理论研究应包括如下一些核心课题：研究和探讨当代第二语言教学的新理论和新方法，研究新的教学理论和教学方法如何跟汉语作为第二语言的教学实际相结合，改革与创新国际中文教育总体设计与教学模式（如从单一的中文语言教学向多元化"中文+"教学转变、由各国教育体制外的汉语教学向融入各国教育体制内的本土化中文教学转变、由传统的线下教学模式向线上线下教学相结合的智慧教育转变等），研究不同层次、不同类型的国际中文教学大纲、课程体系、教材体系，以及课堂教学质量与教学效率的提高与评估研究，汉语水平考试研究，现代教育技术手段尤其是新兴技术，如信息技术、人工智能在国际中文教学中的应用研究，建立各种类型的语料库并运用到国际中文教育教学和研究中去，等等。后疫情时代，还要加强与在线教育高度匹配的数字化中文教学资源研究，适合在线教育的课程体系研究和在线中文教学的基本原则、方法、模式、学习心理研究以及在线评价系统研究等。

（5）研究汉语作为第二语言教学基础理论。国际中文教育是一门新兴的交叉性学科，语言学、教育学、心理学、学科教学论、教育技术学等构成了国际中文教育的学科基础理论，因而国际中文教育还应当充分研究跟其学科相关的各种基础理论，并将相关学科的理论应用于国际中文教育研究，同时以自身的学科建设为相关学科的发展作出应有的贡献。不仅如此，研究国际中文教育的基础理论，还必须思考各种基础理论跟汉语教学的关系、思考各基础理论在国际中文教育学科中的地位、思考各种基础理论之间的相互关系和协调性。

2. 国际中文教育学科建设

国际中文教育学科建设包括学科性质、学科任务、学科地位、学科结构体系、学科研究、学科人才培养、学科规划等多个方面。国际中文教育学科建设的科学、合理、完善及前瞻性，是保证该学科进一步持续、良性、快速发展的关键。随着国际中文教育学科的发展，目前的主要任务是要加大力度推进国际中文教育"三大体系"建设。一是在学科体系建设层面，应梳理和优化教育学框架下国际中文教育的专业规划、课程设置和人才培养方案，厘清学科发展进路，加快建设国际中文教育人才中心和创新高地，制订科学合理、符合学科特点的发展计划。二是在学术体系建设层面，应以中文教育为核心，以中文特点为基础，产出高质量、国际化的国际中文教育理论，形成"以中国理论阐释国际中文教育实践、以中国实践升华国际中文教育理论"的双向互动、协同并进的发展模式。三是在话语体系建设层面，应通过创造性转化、创造性发展打造融通中外的国际中文教育学科核心术语和概念表述，促进国际中文教育话语建构突破"西方理念主导"，加快推进"话语创新"，为阐释和指导国际中文教育实践提供话语支撑。（李宝贵，2022）

（三）作为事业的国际中文教育的任务

"国际中文教育这个学科自诞生之日起就肩负着这样的使命：对来华留学生进行中国语言文字和中国文化的教育，培养知华友华人士和中外语言文化交流的使者。在发展过程中我们的目标又扩大到在全球范围内教授汉语、传播中国文化，在不同文明之间搭建友好交流的桥梁，推动世界各国人民之间的交流与合作，促进世界和平。"（崔希亮，2022）因而，国际中文教育被誉为一项国家、民族的事业。作为一项国家和民族的事业，国际中文教育应该把以下工作作为主要任务：

1.采取各种可能的举措，提升中文的国际推广和使用价值。通过多种有效途径宣传国内的国际中文教育事业，使世界范围内的汉语学习热能更进一步升温，让越来越多的外国人通过汉语学习进一步了解和热爱中国。另外，应着力拓宽使用场域和应用场景，提高中文语言价值。

2.抓好学科建设。由于国际中文教育作为一门学科产生的时间不久，学科建设起步较晚，所以对相关问题的认识学界还存在很大的分歧，这些都直接影响了国际中文教育的进一步发展。当前，应该加强学科建设，增强学科意识，积极开展学科研究，把国际中文教育学科真正建设成为一门体系完善、内涵丰富、特色鲜明的独立的学科。

3.大力培养各种层次的国际中文教师，提高国际中文教师的素质和专业水平，提升国际中文教师的学历层次和科研水平，尤其要培养多层次的会汉语、了解中国文化、可以用汉语交际的本土化教师队伍,提升海外中文教育自身的"造血"能力。

4.坚持以中文教学为主,着力提升自身核心竞争力,把质量提升作为新时代国际中文教育发展的核心任务,强化质量意识和规划意识,加大"三教"改革力度,破解本土化难题,推动内涵式发展。

5.大力研究和宣传、推广汉语水平考试,不断开发出多种专门用途的汉语水平考试类型,使汉语水平考试成为世界上权威又实用的汉语考试。

6.研究国际中文教育跟国际政治、经济、文化发展与变化的关系,及时调整或改革国际中文教育的发展战略和策略,以应对不同的国际政治环境对国际中文教育事业所产生的影响。

7.加快完善国际中文教育全球和区域布局,加强国际中文教育制度和标准体系建设,强化语言安全风险防控机制,全面推动国际中文教育本土化、特色化与智慧化发展。

第二节 国际中文教育的发展历史和现状

中华民族同世界各民族友好往来的历史有多久,国际中文教育的历史就有多久。中国同世界各国交往的密切程度以及国力的强弱,直接影响着国际中文教育的兴衰。中国真正对外国人进行汉语教学的历史可以追溯到东汉,桓帝时波斯人安世高来华并很快"通习华语"。至唐代,国力强盛,越南、日本、高丽、新罗、百济等世界上许多国家都派遣学问僧和留学生来中国学习,如日本派遣了十几次遣唐使,每批几百人;新罗统一朝鲜半岛后,也派遣留学生到长安,每批有百余人。唐以后的各个朝代也都有留学生来中国学习,像《老乞大》《朴通事》等就是明初教朝鲜人学习汉语口语(北京口语)的教材。明末和清末大批欧洲传教士来到中国,为顺利传教,传教士们必须研习汉语,像明末金尼阁的《西儒耳目资》和清末威妥玛的《语言自迩集》等都是当时影响较广的汉语教材。19世纪中叶,生于安徽休宁、客籍宁波的戈鲲化成了中国第一位到美国专职教授汉语并与哈佛大学签订工作契约的出国汉语教师。民国期间,中国政府也同外国政府交换了少数留学生。当时也有许多知名学者如老舍、萧乾等先后在国外从事过汉语教学或相关工作。

虽然国际中文教育的历史可以追溯到很早以前,但直到新中国成立以后,国际中文教育才逐渐成为一门学科和一项国家语言教育事业。国际中文教育事业从20世纪50年代初开创至今,已有70多年的历史。这70多年来,国际中文教育事业大体经历了以下几个发展阶段。

一 初创阶段(20世纪50年代初期至60年代初期)

(一)初创阶段的概况和特点

1951—1961年,我国共接受60多个国家的留学生3 315人。他们接受的都是汉语预备教育,首先学习一至两年的汉语,然后分配到有关院校学习专业。除了正规的学校教育外,其他形式还有:对驻华外交人员的汉语教学;向越南、匈牙利、保加利亚等国派遣汉语教师;刊授或函授教学,《中国建设》杂志于1955年开设了"中文月课",厦门大学1956年创办了华侨函授部。

为满足出国师资的需求,从1961年开始,中国高等教育部从一些大学中文系挑选优秀应届毕业生到北京外国语学院和北京大学进修外语,期限三年,作为储备出国汉语师资。这是我国专门培养国际中文师资的最初模式——"中文+外语"的借用模式。

总之,初创阶段奠定了我国国际中文教育事业的基础,其主要特点是:从无到有,成立了专门的教学机构;初步建立了预备教育体系,发展如刊授、函授等其他教育模式及对驻华外交人员的汉语教学,并向国外派遣汉语教师;培养了一支具有一定外语水平的汉语师资队伍。存在的问题是,教学机构不够稳定;教学类型单一,主要是汉语预备教育;教学规模相对较小。

(二)初创阶段的学校教育

1.清华大学东欧交换生中国语文专修班和北京大学外国留学生中国语文专修班。1950年,当时东欧的捷克斯洛伐克和波兰分别向中国提出交换留学生的要求。在周恩来总理的亲自关心下,我国决定同这两国各交换5名留学生,同时又主动同罗马尼亚、匈牙利、保加利亚、朝鲜等国各交换5名留学生。为此,教育部在清华大学设立了"东欧交换生中国语文专修班",共接受来自东欧国家的33名留学生。该班于1951年初正式开课,学制两年。由著名语言学家吕叔湘任清华大学外籍留学生管理委员会主席并兼管专修班的业务工作,清华大学教务长、著名科学家周培源兼任专修班主任。清华大学"东欧交换生中国语文专修班"是我国第一个专门从事国际中文教育的机构,揭开了新中国国际中文教育的新篇章。1952年暑期,由于全国高等学校院系调整,该班调到北京大学,更名为"北京大学外国留学生中国语文专修班"。

2.桂林中国语文专修学校和北京外国语学院外国留学生办公室。1951年,越南政府经中国政府同意在广西南宁创办了"育才学校"(1958年全部迁回越南),配合育才学校的建设还设立了一所中文专科学校,30多名中国汉语教师先后在该校教授汉语。1953年,应越南要求,中国政府在广西桂林开办了专门培养越南留学生的"中国语文专修学校",同时也接受一批朝鲜留学生。

1960年9月,我国政府在北京外国语学院设立"非洲留学生办公室",接受获得民族独立的非洲国家留学生。1961年,非洲留学生办公室同北京大学外国留学生中国语文专修班合并,改名为"北京外国语学院外国留学生办公室"。

(三)初创阶段的理论研究与教材编写

这一阶段,国际中文教学理论的研究已经开始,能见到的最早的论文是周祖谟的《教非汉族学生学习汉语的一些问题》(《中国语文》1953年第7期)。教学理论研究的主要成就是:一开始便明确了对外国人和外族人的汉语教学不同于对我国汉族学生的"语文"教学,指出要针对非汉族成年人学习"汉语"的特点进行教学;明确了对外国人和外族人的汉语教学是培养他们实际运用汉语的能力;指出结合汉语教学需要加强汉语研究的必要性。

1958年我国第一部国际中文教育教材《汉语教科书》(时代出版社,邓懿主编)正式出版,该教材以语法为主线,按照由浅入深、循序渐进的原则编排,为建立"国际中文教学语法"体系奠定了基础。该教材集中体现了本阶段的教学理论和教学方法。

(四)初创阶段的国际中文教学法

初创阶段国际中文教学法的主要特点是:把传授语言知识和培养应用汉语的能力放在同等重要的地位;基本的词汇教学和比较系统的语法知识的讲授是教学的重点,以帮助学生在理解的基础上学习和掌握语言,所以课堂教学基本上采用演绎的方式;语法教学的特点是句本位和结构形式分析;技能训练方面,从培养口语能力入手,逐步过渡到阅读和写作,培养学生的"四会"(听说读写)能力;教学方法多样,有翻译法、比较法、直接法等。由于当时对教学法还缺少全面的研究,在具体操作上存在一定的重知识讲授、轻语言实践的倾向,也确实有带翻译唱双簧的情况。此外,交际文化基本上没有涉及。

二 巩固和发展阶段(20世纪60年代初期至60年代中期)

(一)巩固和发展阶段的概况和特点

1962—1965年,我国共接受外国留学生3 944名,超过了前11年的总数。1965年底在校留学生达到3 312人,为1961年在校生的7倍多,1966年留学生总数则是3 736名。为加强外国留学生工作,还制定了《外国留学生工作试行条例(草案)》,这是我国第一个有关外国留学生工作的政策法规。1963年8月高教部还召开了新中国成立以来的第一次全国留学生工作会议。

本阶段其他教学形式也有所发展。中国国际广播电台于1962年开办了"学中国话"和"汉语讲座"节目;厦门大学华侨函授部于1962年扩充为"海外函授部";向外国派遣汉语教师的人数和对象国也有所增加,对象国包括非洲的埃及、马里、刚果,亚洲的柬埔寨、也门,欧洲的法国等。

当时的师资培养有了另一种模式。1964年5月,在北京语言学院设立了出国汉语师资系,开始招收本科生,独立培养专门的汉语师资。由于认为从事国际中文教育主要的业务条件是既懂中文又懂外语,所以教学内容是一部分中文专业课程和一部分外语专业课程的结合。但第一届学生未毕业,就因"文化大革命"而中断。

总之,从1962年到1966年上半年,短短的几年内,我国的国际中文教育事业得到了巩固,并出现了良好的发展势头:教学规模不断扩大,学生数量大量增加;有了稳定的教学机构,以北京语言学院为基地,教学点遍布全国;教学类型上,在巩固、发展汉语预备教育的同时,又增加了汉语翻译专业;形成了以学校教育为主,辅以多种教学形式的教育体系;师资队伍不断扩大,1961年和1962年入学的储备出国汉语师资先后完成了外语进修任务,走上了工作岗位;专业刊物的创办为教学与科研提供了获取信息的平台。

(二)专门学校的创建与教学规模的进一步发展

外国留学生高等预备学校。20世纪60年代以后,随着国际地位的提高,我国接受外国留学生和向国外派遣留学生的规模都需要扩大。为加强统一领导和集中管理,1962年,经国务院批准,北京外国语学院外国留学生办公室和出国留学生部合并,成立了"外国留学生高等预备学校"。该校的成立使我国的国际中文教育有了一个稳定的基地,是国际中文教育事业发展的重要标志。

北京语言学院。随着外国留学生高等预备学校的任务进一步扩大,除了对外国留学生进行汉语预备教育外,还试办汉语翻译专业,1964年开始,培养储备出国汉语师资的任务也转到这里。因此,1964年高教部决定将该校正式改名为"北京语言学院"(1996年易名为"北京语言文化大学"、2002年改为"北京语言大学")。迄今为止,该校仍是我国唯一的一所以国际中文教育与研究为主要任务的高等学校,它在教学、科研、师资培养和学术交流等方面一直发挥着基地、骨干和带头作用。

1965年暑期后,越南政府向我国实际派遣了3 000多名留学生。这些学生被分到北京、天津、上海、南京、杭州、武汉、西安、沈阳、长春等9个城市的23所高校接受汉语预备教育。这样,初步形成了以北京语言学院为中心,包括全国几十所高校有关教学单位的国际中文教育机构。受高教部的委托,北京语言学院于1965年暑假为22所院校准备教授越南留学生的教师举办了培训班,这是我国第一次举办全国性的国际中文教师培训班,对我国以后的国际中文教育起到了很大的推动作用。

(三)巩固和发展阶段的理论研究与教材编写

这一阶段,为了加强各院校国际中文教学经验的交流,高教部决定由北京语言学院创办《外国留学生基础汉语教学通讯》,这是我国第一个国际中文教育的专业刊物,于1965年创刊,为教学与科研提供了良好的平台。这一阶段,国际中文教育理论研究的重点是总结新中国成立以来的教学经验,钟梫的《十五年汉语教学总结》(《语言教学与研究》1979年第4期)反映了这一点。在总结经验的基础上,进一步明确教学的特点、教学要求和教学原则,努力促进教材、课堂教学方法等向规范性的方向发展。比如提出:教学内容与学生专业相结合的学以致用的教学要求;"精讲多练、课内外结合"的实践性教学原则;"语文并进",全面训练听说读写,阶段侧重的教学安排;语法的系统性与课文的生动性相结合的教材编写方式;尽可能使用汉语进行课堂教学的相对直接法。

本阶段编写了《基础汉语》教材,但由于"文化大革命"的影响,直至1971年修改后才正式出版,1972年又出版了和它相衔接的《汉语读本》。这套教材突出和强调了实际语言在教材中的地位,是"实践性原则"和"相对直接法"的直接体现。教材在语法解释、词语例解、近义词例解等方面取得了较大的成就,但它的交际性、知识性、趣味性和实用性尚不够理想。

(四)巩固和发展阶段的教学法

本阶段的教学法随着理论研究的深入做了一些改进,其主要特点是:加强了教学的针对性,教学内容结合理工科学生专业学习的需要;贯彻实践性原则,实行"精讲多练""学以致用",将听说技能的训练放到语言教学的首位,课堂教学基本上采用归纳的方式;教学方法改用了相对直接法,在必要时才使用学生的母语。但这一阶段以传授系统语法为中心的局面并没有改变,整个教学还带有过分倚重局部经验,偏于主观、保守的倾向。

1966年爆发了"文化大革命",对外汉语教学被迫基本中断。

三　恢复阶段（20 世纪 70 年代初期至 70 年代后期）

（一）恢复阶段的概况和特点

从 1966 年夏到 1972 年，中国停止接收外国留学生达 6 年之久。直至 1972 年 6 月，才逐渐恢复。但由于"文化大革命"的严重冲击，恢复阶段的国际中文教育在各方面都面临着重重困难，接收留学生的能力非常有限。1972—1977 年，我国共接收留学生 2 266 名，1977 年在校留学生总数为 1 217 人，尚未恢复到"文化大革命"前的规模。但来自日本和欧美学习文科专业的学生比例明显上升。

本阶段其他形式的国际中文教育也得到了恢复。中国国际广播电台于 1973 年和 1976 年分别恢复了"汉语讲座"和"学中国话"节目。

师资力量不足是本阶段我国国际中文教育面临的最突出的问题。为了帮助一些新教师尽快提高业务水平和教学能力，北京语言学院举办了多期时间长短不等的国际中文教师培训班，为我国国际中文教育事业的恢复和发展作出了贡献。

（二）国际中文教育的恢复和北京语言学院复校

国际中文教育的恢复。20 世纪 70 年代初，国际形势发生了变化，我国在对外关系上有了较大进展。1971 年 10 月，中国在联合国的合法地位得到恢复；1972 年 2 月，美国总统尼克松访华，中美签署了《上海联合公报》；同年 9 月，中日双方发表联合声明，实现邦交正常化；1973 年 12 月，联大第 28 届会议一致通过把汉语列为大会和安理会的工作语言之一。此时部分高等学校已恢复招生，许多因"文化大革命"中断在华学习的留学生要求复学。1972 年有 40 多个国家要求向我国派遣留学生。1972 年 6 月，北方交通大学（原北京铁道学院）首先接收了 200 名坦桑尼亚、赞比亚铁路专业技术人员，并教授汉语。1972 年 8 月北京大学开始接收少量外国留学生。

北京语言学院复校。1971 年北京语言学院被撤销。但随着国际形势的发展，北京语言学院于 1972 年冬季复校，1973 年秋季开始招生。当年共接收42个国家的383名学生。该校同时成立了我国第一个从事国际中文教材编写和国际中文教育研究的机构——编辑研究部。同时,复旦大学、南开大学等一批院校也陆续成立国际中文教育机构,为在本校学习的留学生补习汉语。

(三)恢复阶段的理论研究和教材编写

本阶段的国际中文教育理论研究更加深入,论文主要发表在《语言教学与研究》上。理论研究的主要特点是:侧重于研究解决教学中的具体问题,对课堂教学开始从总的教学原则、具体课型的教学、语言内容的教学和语言技能的训练等不同的角度进行研究;注意把理论研究、教学试验和总结实践经验结合起来;加深了对实践性原则的认识,明确了实践性原则不但要体现在课堂教学中,而且要体现在教材中,要贯穿在整个教学体系中;在论述具体教学问题时,较多地受到"听说法"及其理论基础——结构主义语言学和行为主义心理学"刺激反应"论——的影响,比如在对语言技能训练的认识上,基本倾向是主张加强听说训练。但这一阶段的研究范围仍嫌褊狭,未上升到学科建设的高度,局限于教学原则和课堂教学的范围内。

1977年出版的《汉语课本》(共4册,1、2册正式出版,3、4册未正式出版)首先结合句型教学,把句型、课文和语法结合起来。试验结果表明,结合句型进行教学有利于加强听说训练,有利于提高学生的口头表达能力。但由于教材内容的政治色彩过于浓厚,不利于汉语基础教学。1980年出版的《基础汉语课本》是到那时为止按照结构法编写的一部最成熟的教材,它以结构为纲,以常用句型为重点,通过替换等练习使学生掌握语法点,通过课文训练学生综合运用汉语的能力。

(四)恢复阶段的国际中文教学法

国际中文教育事业的恢复阶段差不多也正是教学法的探索阶段(20世纪70年代初至80年代初)。受教学理论的影响,国际中文教学经历了一个听说法(句型法、结构法)为主的综合法教学时期。既引进了句型教学,又继承了以往重视语法教学,重视利用学生母语的教学传统,形成了一个"结构"为纲兼顾传统法的综合教学法。但仍在一定程度上忽视语言的交际功能,比如有些语句全然是为了练习语法点而设计的,不够自然和真实,实用性较差。另外,本阶段在加强语言技能训练方面开展了一些教学试验,如直接用汉字教语音和汉字教学提前的试验;分听说和读写两种课型进行教学的试验;改革精读课、加强听力和阅读教学的试验;等等。

四 蓬勃发展阶段(20世纪70年代末以后)

党的十一届三中全会决定实行改革开放政策。政治上的转轨和因此带来的经济快速发展,引起了国际社会的极大关注,随之在世界上掀起了一股"中国热","中国热"又引起了"汉语热"。国际中文教育事业在这样一个大环境中蓬勃发展。

(一)建立了国家专门的领导管理机构

1987年7月,国务院批准成立了国家对外汉语教学领导小组,统一领导和协调全国的国际中文教育工作,由国家教委(现教育部)归口管理。其任务是:(1)在国务院的领导下,负责制定国家开展对外汉语教学工作的方针政策、发展战略、事业规划以及有关规定;(2)审定在汉语教学方面的援外计划和对外交流与合作的重大项目;(3)协调有关部委和省、自治区、直辖市的对外汉语教学工作;(4)领导中国对外汉语教学学会;(5)处理对外汉语教学工作中的重大问题;(6)审核对外汉语教学专项经费预算。领导小组成员由国家教委等多个部委及北京语言学院等单位的有关领导组成。历任组长均由国家教委(教育部)的负责人担任,日常工作由其常设机构国家对外汉语教学领导小组办公室(简称"国家汉办")负责。国家对外汉语教学领导小组的成立及其后所做的大量工作,极大地推动了我国国际中文教育工作的发展。

2019年国际中文教育大会开启了构建国际中文教育体系的新时代,作为重要举措,2020年国际中文教育的管理体制进行了重大改革,7月,经教育部批准成立了教育部中外语言交流合作中心(简称"语合中心")。该中心是教育部直属的事业单位,是发展国际中文教育事业的专业公益教育机构。语合中心的主要职能:(1)为发展国际中文教育与促进中外语言交流合作提供服务,统筹建设国际中文教育资源体系,参与制定国际中文教育相关标准并组织实施;(2)支持国际中文教师、教材、学科等建设和学术研究;(3)组织实施国际中文教师考试、外国人中文水平系列考试,开展相关评估认定;(4)运行汉语桥、新汉学、奖学金等国际中文教育相关品牌项目;(5)组织开展中外语言交流合作等。①

2020年6月,由北京语言大学、复旦大学和中国教育出版传媒集团有限公司等参与发起的中国国际中文教育基金会正式成立,该基金会旨在通过支持世界范围内的中文教育项目,促进人文交流,增进国际理解,为推动世界多元文明交流互鉴、共同构建人类命运共同体贡献力量。② 中国国际中文教育基金会主要负责孔子学院和孔子课堂的品牌运营和质量管理,但在对国际中文教育项目的支持方面与语合中心有所交叉。

另外,2000年出台的《中华人民共和国国家通用语言文字法》规定国际中文教学应当教授普通话和规范汉字。这是我国第一个涉及国际中文教育的国家法律。

(二)拥有了较为完善的教学体制

学校教育除了汉语预备教育有了进一步发展外,又有了一些新的教学类型。

首先是出现了学历教育。1978年,北京语言学院正式创办了外国留学生四年制现代汉语本科专业(1975年开始试办),主要培养汉语教师、翻译和汉语研究人才,其后,南开大学、南京大学、复旦大学等院校也相继设立该专业。1996年北京语言文化大学又开设了外国留学生四年制中国语言文化本科专业,培养通用型语言文化人才。此后,不少高校都招收汉语言专业外国留学生本科生。

---

① 参阅 http://www.chinese.cn/page/#/pcpage/publicinfodetail? Id=140,2021年10月7日。
② 参阅 https://www.cief.org.cn/jj,2021年10月5日。

1986年,北京语言学院开始招收现代汉语专业外国硕士研究生;1997年,北京语言文化大学建立了对外汉语教学课程与教学论硕士专业以及带有对外汉语教学方向的语言学及应用语言学博士专业;1999年开始招收攻读对外汉语教学方向博士学位的外国学生;随后北京师范大学、中山大学、上海师范大学等院校也开始招收攻读该方向博士学位的外国学生。这样,外国留学生汉语教学有了从学士学位到博士学位的完整的学历教育体系。

其次是非学历教育有了新的类型。一是开办短期汉语进修班。1978年,北京语言学院创办了短期汉语进修班。从1980年开始,这种短训班迅速发展到全国,其期限一般4~16周,少则一两周不等,按学生汉语程度编班,教学与旅游相结合。二是接收高级进修生。有些院校接收一些国家的大学中文系或中文专业的学生前来进修,也有些院校根据外国实业机构或友好团体的委托,为他们派遣的高级进修生举办进修班。这些来华进修汉语的学员大多已具有一定的汉语水平。

1978年后,北京、广州、厦门开始恢复华侨中文补习学校,为华侨学生补习汉语。

除了学校教育为主以外,其他形式的国际中文教育也有了很大的发展,出现了广播、刊授、函授、多媒体、网上中文、远程汉语教学等多种教学形式。如1980年,厦门大学海外函授部恢复,更名为海外函授学院。同年,北京市外国企业服务总公司成立了教学部。1981年,北京外交人员服务局将汉语教研组改为汉语教研室,1984年又发展成为汉语教学中心。中国国际广播电台在许多语种的广播中相继开办了汉语教学节目。中国黄河电视台在美国斯科拉卫星电视网开设的全中文教学频道于1996年11月1日开始试播,开辟了国际中文远距离教学的新领域。1999年,北京外国语大学完成了《汉语世界》光盘的制作。许多高校投资开发了国际中文教学网站,如2000年11月23日正式成立的北京语言文化大学网络教育学院,便是我国第一个专门从事国际中文网络教学的二级学院。

以上情况说明,本阶段的国际中文教育逐渐形成了多渠道、多层次、多形式的教学体制,从而结束了只通过政府渠道招生和基本上仅限于汉语预备教育的历史。1988年,在校长期留学生5 245名(不包括通过校际交流来华的留学生人数),是1977年在校留学生人数的4.3倍。1997年,在校留学生人数已达43 712名,是1988年的8倍。2001年,来华以学习汉语为目的的外国留学生数为41 512人,占来华留学生总数的79.6%,其中学历生4 103人,非学历生37 409人,另有远程教育生1 943人(包括函授生1 328人,网络学生615人)。来华留学生来自世界各地,其中西欧、日本、北美等发达国家和地区留学生人数明显增加。2016年,来华留学生规模突破44万人,与以往多为学习汉语不同,2016年学历生人数占来华留学生总数的47.4%,打破了以汉语学习为主的格局,学科分布更加合理。2018年,共有492 185名留学生在全国31个省(自治区、直辖市)的1 004所高等院校学习,[①]2019年,来华留学学历生比例达54.6%,比2016年提高7个百分点,[②]中国已成为亚洲最大留学目的国。此外,近年来,随着"一带一路"倡议的提出和发展,"一带一路"沿线国家来华留学生数量增长明显。

(三)研制并推行汉语水平考试(HSK)

1984年,受教育部委托,初、中等汉语水平考试(简称HSK)开始研制。1990年2月,HSK正式通过专家鉴定,6月25日,第一次正式的HSK同时在北京、天津、上海、大连四地举行,391名外国考生参加了考试。1991年6月、10月、12月分别在新加坡、澳大利亚、日本进行了HSK的测试。1992年,HSK被正式确定为国家级考试。1994年6月,HSK分别在德国汉堡、意大利米兰和法国巴黎举行,HSK首次推向欧洲。1989年HSK(高等)开始研制,1993年7月通过专家鉴定,同年12月在新加坡正式举行了考试。HSK(基础)于1995年开始研制,1997年11月正式通过专家鉴定,1998年1月和5月分别在中国北京、天津、大连、广州和法国巴黎、波尔多举行。

---

① 中华人民共和国教育部《2018年来华留学统计》,http://www.moe.gov.cn/jyb_xwfb/gzdt_gzdt/s5987/201904/t20190412_377692.html。
② 中华人民共和国教育部《全方位教育对外开放局面进一步形成,深入参与全球教育治理》,http://www.moe.gov.cn/fbh/live/2020/52834/mtbd/202012/t20201223_507073.html。

2009年11月,国家汉办/孔子学院总部正式推出新HSK,2010年,新HSK在63个国家(不含中国)的174个考点举行了9次考试。新HSK设1~6级,基本满足了外国中文学习者初等、中等水平测试的需求,但针对来华留学硕博阶段学习、中文专业学习和海外汉学研究等的外国中文学习者,缺少中文高等水平的评测工具。因此,2021年,新HSK依据《国际中文教育中文水平等级标准》,在保持现有6个级别考试稳定的基础上,增加了HSK7~9级,形成"三等九级"考试等级体系,并于2022年11月26日在全球首考。

受新冠疫情影响,HSK还经历了从线下到线上的转变。2020年4月开始,汉考国际创造性地利用互联网技术开发并投用居家网考系统,外国考生在家即可参加考试,保障了考生留学、毕业、求职的按时进行。

此外,为推动国际中文考试高质量发展,依据《国际中文教育中文水平等级标准》,2023年1月起,汉语水平考试(HSK)在中国地区(含港澳台)笔试与口试合并实施。报名HSK3级须同时报名HSK口试初级;报名HSK4级须同时报名HSK口试中级;报名HSK5、6级须同时报名HSK口试高级。以上级别,HSK笔试与口试成绩报告合并发放。

随着国际中文教育的发展,汉语水平考试出现多种类型,以适应不同需求的考生。目前汉语考试服务网可提供的专项汉语水平考试有:汉语水平考试(HSK)、汉语水平口语考试(HSKK)、中小学生汉语考试(YCT)、商务汉语考试(BCT)、医学汉语水平考试(MCT)等。

总之,HSK自推行以来发展迅速,考试类型、考试形式、等级体系、评估标准等均日益完善,HSK已成为留学中国的通行证、申请来华留学奖学金的必备条件和学校教学评估的重要手段,并被越来越多国家的政府部门和跨国企业作为员工招聘、提薪和晋升的重要依据。另外,国内外考点也不断增加,参加人数也与日俱增,2022年全年,美国、韩国、白俄罗斯、泰国、吉尔吉斯斯坦、加拿大等150个国家的800多个考点举办了各类汉语水平考试3 000余场,超过56万名考生参加。

(四)开展较为广泛的国际交流

在大量留学生进入我国学习汉语的同时,由于全球国际中文教育的发展和国际中文教师需求量的增加,我国派出汉语教师的数量也在逐年增加。以2019年为例,我国通过政府渠道共派遣约1 000名汉语教师、近7 000名汉语教师志愿者到国外院校或机构从事汉语教学工作。派出人员除了从事汉语教学外,还有担任国外政府汉语教学顾问、帮助设计汉语课程和制定汉语教学大纲、主持或参加教材编写工作、培训国外的汉语师资、为电台或电视台制作汉语教学节目等一系列工作。

除政府渠道派出汉语教师以外,还有互派代表团、国外企业邀请、校际交流、应邀参加一些大型的国际汉语教学讨论会及邀请外国学者来华讲学等其他形式的交流。例如,1980年,美国派代表团在北京举行首次中美汉语教师交流会;1984年以来,我国一些大学同国外的一些大学建立校际合作关系,互派学者和留学生;20世纪80年代,著名语言学家路易·亚历山大(Louis G. Alexander)、黎天睦(Timothy Light)等曾受邀来北京语言学院讲学;以朱德熙为团长的23人中国语言学代表团到新加坡参加世界华文教学研讨会等。

至2022年,交流合作的领域更加广泛,如举办了2022年国际中文教育大会暨交流周、支持沙特1 100名大学生参与"汉语桥"线上团组项目、举办英国"中文培优"线上夏令营、举办首届中外语言交流合作论坛,多国语言文化机构共同发布《国际语言交流合作联合倡议》等。

(五)确定国际中文教育学科

1978年,在中国社会科学院召开的北京地区语言学科规划座谈会上,吕必松提出应当把对外国人的汉语教学作为一个专门的学科,应当在高校设立培养这类教师的专业,并成立专门的研究机构。这一意见得到了广泛的支持。为开展国际中文教育的学科建设,我国政府、有关院校以及广大国际中文教育工作者进行了长期的努力。

1983年6月,参与筹备成立"中国教育学会对外汉语教学研讨会"的专家学者正式提出了"对外汉语教学"这一学科名称。同年,经教育部批准,北京语言学院在外语系设置了对外汉语教学专业。

1984年12月,时任教育部长何东昌在一次报告中明确指出:多年的事实证明对外汉语教学正发展成为一门新的学科。国家教委(教育部)在其后颁布的我国学科专业目录中列入了"对外汉语"这门新的学科。

1985年,北京语言学院将这一专业独立成语言文学系,随后北京外国语学院、上海外国语学院、华东师范大学等院校相继开设类似的本科专业;1986年,北京语言学院、北京大学开始招收对外汉语教学研究方向的硕士研究生;1998年,北京语言文化大学开始招收对外汉语方向博士研究生,对外汉语方向隶属于语言学及应用语言学。

2007年,国务院学位委员会下发关于《汉语国际教育硕士专业学位设置方案》的通知,决定设置汉语国际教育硕士专业学位。全国汉语国际教育专业学位研究生教育指导委员会(简称"教指委")成立,负责指导、协调全国汉语国际教育硕士专业学位教育活动。北京大学、北京师范大学、北京语言大学等首批24所汉语国际教育硕士专业研究生培养单位启动招生培养,当年共招收1 020名在职人员攻读汉语国际教育硕士专业学位。

2009年,开始招收和培养全日制汉语国际教育硕士专业学位研究生。

2012年,教育部颁布的《普通高等学校本科专业目录和专业介绍(2012年)》中,把"对外汉语"专业更名为"汉语国际教育"。

2018—2019年,为补足高端专业人才培养短板,在国务院学位办大力支持下,教指委深入分析需求,系统总结汉语国际教育硕士专业人才培养和学科建设成果,借鉴"新汉学计划"等中外博士研究生培养经验,在教育博士专业学位下开展汉语国际教育领域研究生培养。

2022年,国务院学位委员会和教育部正式发布《研究生教育学科专业目录(2022年)》,自2023年起实施。新版目录中,原"汉语国际教育"专业学位类别更名为"国际中文教育"专业学位类别,增设博士专业学位,标志着国际中文教育本、硕、博贯通培养体系的正式建成,这对汇集各方资源力量支撑国际中文教育学科,实现国际中文教育事业发展和学科建设的有机统一,助推构建更加开放、包容、规范的国际中文教育体系起到至关重要的作用。

目前,全国有 424 所高校开设国际中文教育本科专业,198 所高校开设硕士专业学位,27 所高校试点开展专博培养,累计招收培养数十万中外学生,成为开展国际中文教育的重要力量。

(六)创立专门学术团体、学术机构和科研机构

为使国际中文教育学科能够蓬勃发展,国际中文教育界建立了专门的学术团体、学术机构和科研机构。

1983 年 6 月成立了中国教育学会对外汉语教学研究会,其宗旨是:"团结全国对外汉语教学工作者,推动本学科理论研究,促进国内外的学术交流。"1986 年,中国教育学会对外汉语教学研究会改属新成立的中国高等教学学会,名称改为"中国高等教育学会对外汉语教学研究会";1988 年又独立为"中国对外汉语教学学会",秘书处设在北京语言学院。截至 2001 年 7 月共举行了七届学术讨论会,组织过多次国内外学术交流活动。并于 1996 年先后成立了该学会的北京、华东、华北、华南、东北五个地区分会。

为加强世界各地汉语教学与研究工作者之间的联系,推动世界汉语教学与研究的发展,1987 年在北京举行第二届国际汉语教学讨论会期间,各国代表协商成立了世界汉语教学学会,国际汉语教学讨论会每三年一届,从 1985 年至 2021 年 12 月,已召开了 14 届国际汉语教学讨论会。

1989 年 5 月,国家教委正式批准在北京语言学院成立世界汉语教学交流中心,由国家对外汉语教学领导小组办公室和北京语言学院共同领导。该中心的成立,为各国汉语教师参加培训和从事研究工作建立了稳定的基地,也为各国汉语教学工作者全面开展学术交流增加了新的渠道。

一系列的科研机构也相继建立。1984 年 11 月,经国家教委批准,北京语言学院成立了语言教学研究所,它是我国第一个国际中文教育的专门研究机构。1987 年与 1992 年北京语言学院还先后成立了"语言信息处理研究所"和"中华文化研究所"。中国社会科学院和国家语言文字工作委员会所属语言文字应用研究所也开展汉语作为第二语言教学研究。此外,许多大学也设立了校内或院内相关研究机构,如 2019 年 6 月,北京语言大学在教育部人文社会科学重点研究基地对外汉语研究中心与汉语国际推广基地国际汉语教学研究基地的基础上,重新整合校内外汉语国际教育学科优势资源和优秀人才,成立汉语国际教育研究院。

(七)创办专业刊物,成立专业出版社

1979 年 9 月,北京语言学院于 1977 年创办的内部刊物《语言教学与研究》正式出版,公开发行。该刊是我国第一个国际中文教育的专业刊物。

1987 年 3 月,对外汉语教学研究会与北京语言学院语言教学研究所共同创办了《世界汉语教学》,出版预刊两期后,于同年 9 月转为世界汉语教学学会会刊。该刊与《语言教学与研究》均以较高的学术质量在国内外产生了广泛的影响。1987 年 8 月,北京语言学院创办了以外国留学生为主要对象的刊物《学汉语》,1993 年又创办了《中国文化研究》,1995 年创办《汉学研究》,2014 年创办《国际汉语教学研究》。

此外,国家语言文字工作委员会的《语言文字应用》、北京外国语大学的《国际汉学》《国际汉语教育》、延边大学的《汉语学习》、云南师范大学的《云南师范大学学报(对外汉语教学与研究版)》、上海师范大学的《对外汉语研究》等,以及一部分大学学报也开辟了国际中文教育研究的专栏或出版专刊。暨南大学华文学院、厦门大学海外教育学院等定期出版华文教学和研究的刊物,北京大学、中国人民大学、北京语言大学、南开大学、复旦大学、华东师范大学、上海外国语大学、浙江师范大学等经常出版国际中文教育研究专刊集刊。目前这些期刊或集刊已发行至世界许多国家和地区,受到业界的欢迎和重视,成为汉语教学和研究的重要园地。

为了加强国际中文教育教材与有关的工具书和教学参考书的编写出版工作,本阶段还成立了专门的出版社。1985 年 2 月,成立了北京语言学院出版社。1986 年 1 月,成立了华语教学出版社。另有一些大学出版社以及商务印书馆、上海教育出版社、语文出版社等也十分重视国际中文教育用书的出版。

(八)培养专职国际中文教育师资

经教育部批准,一批院校相继开设了对外汉语本科专业,以培养专职对外汉语教师。该专业的主要特点是根据汉语作为第二语言教学对教师知识结构和能力结构的要求设计课程和确定教学内容。1983年,北京语言学院首先开设这一专业。后来,北京外国语学院、上海外国语学院、华东师范大学、暨南大学等院校也开设了这一专业,目前有400多所大学开设汉语国际教育本科专业。

1986年,北京大学和北京语言学院开始培养对外汉语专业的硕士研究生。此后南开大学、南京大学、四川大学、华东师范大学、上海师范大学等院校也开始招收这一专业的研究生。1997年在北京语言文化大学建立了全国第一个对外汉语教学课程与教学论硕士专业,并获准建立了全国第一个带有对外汉语教学方向的语言学及应用语言学博士学位点。自此,对外汉语的师资培养有了从本科到博士研究生的完整的学历教育体系。

同时,为了帮助在岗国际中文教师完善知识结构和能力结构以及补充新知识,这一阶段加强了对国内外在岗国际中文教师的培训工作。据统计,1987—1998年,北京语言文化大学共举办了85期汉语教师培训班,培训了海外30多个国家和地区、内地60多所大学的汉语教师共1 700多名。另有部分高校也承担了主要是海外的师资培训工作。近年来,派专家到海外进行讲学、培训汉语师资的工作也从东南亚等周边国家扩展到美国、加拿大等地。本阶段还通过邀请外籍专家来华讲学、选派在职教师进修一部分本科或研究生课程以及出国进修等形式来提高我国国际中文教师的业务素质和理论水平。

为了使我国国际中文教师的管理和培养进一步规范化和制度化,促进教师素质的提高,1990年,国家教委颁布了《对外汉语教师资格审定办法》。1996年,重新修订了《〈对外汉语教师资格审定办法〉实施细则》,使对外汉语教师资格审查工作更加科学和规范。自2015年起开展《国际汉语教师证书》考试。《国际汉语教师证书》考试是由孔子学院总部/国家汉办主办的一项标准化考试。考试依据《国家汉语教师标准》,通过对汉语教学基础、汉语教学方法、教学组织与课堂管理、中华文化与跨文化交际、职业道德与专业发展等五个标准能力的考查,评价应试者是否具备作为国际中文教师的能力。同时,根据海外本土教师的要求和实际语言情况,2017年,孔子学院总部/国家汉办推出《国际汉语教师证书》本土教师版。

(九)从学科建设的高度开展教学理论研究

这一阶段真正把国际中文教育作为一门专门的学科,从学科建设的高度开展教学理论研究。这方面的研究论文主要发表在《语言教学与研究》《世界汉语教学》《语言文字应用》《汉语学习》《对外汉语研究》等刊物上,对外汉语教学学会的学术讨论会论文选和国际汉语教学讨论会论文选、部分高校出版的国际中文教育研究专辑等也发表了许多理论研究论文。

20世纪80年代我国国际中文教育理论研究的主要特点有:(1)进行了国际中文教育的宏观研究。主要包括:①论述了本学科的性质和特点。明确了国际中文教育既是一种第二语言教学,又是一种外语教学,而汉语本身的特点又决定了汉语作为第二语言和外语教学也有别于其他第二语言和外语教学。②提出了学科建设的任务。认为所面临的最紧迫的任务是进一步改革和完善教学体系,加强理论研究,加强教师队伍建设。③提出了总体设计理论。认为语言教学的全过程可以归结为四大环节,即总体设计、教材编写、课堂教学和测试。总体设计的内容和程序是:根据教学对象的学习目的确定培养目标和教学要求;根据培养目标和教学要求确定教学内容;根据学生的自然状况、教学要求和教学内容确定教学法原则;根据教学要求、教学内容和教学法原则确定教学途径。(2)对教学过程的各个环节和各项教学活动展开了全面的研究。(3)对教学法原则的研究进一步深化。主要进展包括:①引进了"交际性原则"的概念。认为从语言教学的本质看,交际性原则应高于实践性原则。②揭示了语言内容、语言技能、交际技能及文化背景知识的相关性和一致性。③提出了结构、情境及功能相结合的原则。(4)提出了用不同的方法训练不同的语言技能。这有利于帮助人们认识语言内容的传授和语言技能的训练之间的区别,增强训练语言技能的意识。

20世纪90年代以后,教学理论进一步深化,逐渐引进了社会语言学、心理语言学、认知心理学、教育学、教育统计学、社会学、文化学、跨文化交际学等相关学科的理论成果,并借鉴了这些学科的研究方法,探讨体现了本学科特点的研究方向。

(十)基础理论研究得到重视

这一阶段,语言理论、语言学习理论、文化理论等与国际中文教育相关的基础理论得到了重视,为国际中文教育理论的研究奠定了坚实的基础。

对语言现象进行具体深入的描写,能帮助学生理解和掌握语言。这一阶段开始重视与国际中文教育相关的语言研究,如汉字的研究、汉字与拼音文字的比较、汉语语音的研究、词汇研究、语法研究、句型研究、话语分析研究和病句分析等。

研究语言学习理论是要揭示语言学习的客观规律。20世纪80年代,国际中文教育领域引进了国外的中介语理论,并运用该理论对外国人学习汉语过程中的偏误进行分析,这是我国中介语理论研究的开端。同时还对学习者的学习态度、学习策略、教学中难易度的把握等进行了初步的研究。

语言是文化的载体。这一阶段国际中文教育研究中出现了论述语言和文化的差异、语言和文化的关系等方面的文章。不少论文涉及语言教学与文化背景、文化差异、文化导入、文化心理、思维方式等一系列问题。1994年底召开的"对外汉语教学定位、定性、定量座谈会"可以说是20世纪90年代初期国际中文教育界开展语言与文化大讨论的总结。

(十一)教学法研究开始深入、全面发展

这一阶段国际中文教育理论的深化,促使国际中文教学法的研究开始深入、全面发展,进入了改革阶段。主要体现在三个方面:

一是引进功能法,探索结构与功能相结合的教学路径。功能法于20世纪70年代中期传入我国,到70年代末80年代初,我国对功能法的介绍越来越多。我国国际中文教育界在整个70年代进行的探索中得到的启发和积累的经验，特别是对培养交际能力的重要性的认识，跟功能法的基本原则是相一致的，所以这种方法介绍到中国以后，很快就受到了学界的重视。国际中文教学法研究的主要问题是继承以往教学法的优点，借鉴功能法的长处，结合国际中文教学特点，形成一套更符合汉语特点的教学法体系。因此，从70年代末到80年代末的教学法实际上是集传统翻译法、听说法（句型法）、直接法、功能法等于一体，以"结构—功能法"（或"结构—情景—功能法"）为主的多层次教学法。而"结构—功能"相结合，以及如何进行结合的研究和探索成为当时从学术讨论到教材编写的热点。第一部吸收功能法优点的教材是北京语言学院语言教学研究所编写、商务印书馆1981年出版的《实用汉语课本》，而第一部体现纯功能方式的国际中文教育教材是1980年在南京大学校内油印试用的《说什么和怎么说》。20世纪80年代中期开始，国际中文教学中的文化问题逐渐得到重视。因此从80年代末开始又提出了"结构—功能—文化"相结合的教学指导思想，从而带来了教学法和其他教学环节上的一系列变革。

　　二是按语言技能划分课型，确定各课型之间的关系。按语言技能划分课型，就是取消听、说、读、写全面要求的精读课，把不同语言技能的训练分散到不同的课型中进行。这是基于不同的语言技能要通过不同的方法来训练这样一种认识。相对多年来形成的教学习惯，20世纪80年代开始，国际中文教育界对于掌握四项技能和课型顺序的认识，处在从听说读写到读写听说的转变之中。这一转变的主要根据是成年人学习第二语言跟儿童习得母语的过程不同，而以读写课打头，则可能更符合汉语教学的规律。

　　三是各种教学类型课程在改革中完善。20世纪70年代发展起来的短期汉语班、汉语进修班、现代汉语专业等新的教学类型加上以前的汉语预备教育，从80年代开始都在总结教学经验的基础上进行了课程改革与建设，重点是加强教学的针对性和计划性，改革或完善课程设置，进一步明确各门课程的性质，调整各类课程的比例，处理好各门课程的纵向和横向关系，以便更好更有效地培养学生的交际能力。

　　由于教学理论的深化和教学法的改革，在教材编写方面，逐渐由通用教材发展为专用教材，由单一的综合教材发展为系列专能教材，所运用的方法由结构法向"结构—功能法"发展。而教材编写的前期工作较以前也有明显区别，即根据教学大纲和教学计划制定出详细的编写方案，指导教材编写，而不是相反。比如，1998年制定了《1998—2000年对外汉语教材编写规划》和《教材项目管理办法》。1999年制定了《高等学校外国留学生汉语言专业教学大纲》、《高等学校外国留学生汉语（长期进修）教学大纲》和《高等学校外国留学生汉语（短期进修）教学大纲》。2000年，国家汉办又成立了对外汉语教材编写指导小组，这在规范教材编写和提高教学质量方面发挥了积极作用。例如，大力推广《国际汉语教材编写指南》网络版和数字图书馆应用，至2015年，该应用注册用户已达168国6万人，支持81个国家编写本土教材，建立中外文化差异案例库，收录典型案例1万多个，用于中外院长和教师培训。（许琳，2016）

五 国际中文教育的现状和发展趋势

从事业层面来看，国家增强了对国际中文教育事业的重视，强化了对这项事业的宏观指导，并增加了经费投入，国际中文教育事业历经多年实践，在全世界范围内呈现蓬勃发展的趋势。目前，全球有180多个国家和地区开展中文教学，81个国家将中文纳入国民教育体系，开设中文课程的各类学校及培训机构8万多所，正在学习中文的人超过3 000万。国际中文教育的蓬勃发展，有力促进了中外人文交流、文明互鉴、民心相通，彰显了语言学习交流在推动构建人类命运共同体中的重要作用。[①] 从学科层面来看，国际中文教育已经基本确立了学科的地位，明确了学科的基本属性，搭建起了研究的基本框架，我驻外使领馆和国内有关机构以及各院校纷纷加强国际中文教育工作，办学规模有了更大的发展，办学水平也有了进一步提高。国际中文教育在学科建设方面沿着科学化和规范化的道路健康发展，逐步走向成熟。

[①] 中外语言交流合作中心《孙春兰强调 扎实推动国际中文教育高质量发展》，http://www.chinese.cn/page/#/pcpage/article?id=1274&page=2。

(一)国家对国际中文教育事业的领导和管理不断加强

国家对外汉语教学领导小组自1987年成立以来,不断加强对全国对外汉语教学工作的领导管理和协调工作,制订了一系列宏观发展规划,推动了该项事业的发展,同时也促进了国际交流与合作。1996年国家对外汉语教学领导小组办公室进行了机构调整,强化了对全国工作的宏观指导。1998年,根据形势发展,经国务院批准,新组建了国家对外汉语教学领导小组。新一届领导小组成员单位增加了财政部、国家发展计划委员会和对外经济贸易合作部,由原来的8个部委增加为11个部委(北京语言学院不再参加领导小组),此举进一步加强了对国际中文教育工作的领导,推动了国际中文教育事业的发展。2001年2月8日召开的国家对外汉语教学领导小组年度例会,首次确定设立"国家汉办项目经费",大幅度增加对国际中文教育事业的投入,为发展国际中文教育提供了财政支持和经费保障。

2020年7月,教育部中外语言合作交流中心、中国国际中文教育基金会相继成立。语合中心是发展国际中文教育事业的专业公益教育机构,致力于为世界各国民众学习中文、了解中国提供优质的服务,为中外语言交流合作、世界多元文化互学互鉴搭建友好协作的平台。中国国际中文教育基金会由27家高校、企业和社会组织联合发起,旨在通过支持世界范围内的中文教育项目,促进人文交流,增进国际理解,为推动世界多元文明交流互鉴、共同构建人类命运共同体贡献力量。

国际中文教育的性质特点决定了它的国际性和国家属性。我国的国际中文教育事业从一开始就是在党和政府的领导下开展的,这也是我国国际中文教育事业发展的一条成功经验。因此,将来势必会进一步加强国家对国际中文教育的统一领导和管理,进一步加强对全国各级相应领导机构的建设,提高领导管理水平,根据目前国际中文教育的实际,研究制定一系列切实可行的调控措施,使全国的国际中文教育事业更加稳定、协调、健康地发展。

（二）国际中文教育的广度和深度有所突破

由于构建人类命运共同体的理念越来越深入人心，"一带一路"合作倡议下的各项行动惠及沿线各国乃至其他非沿线国家，中国政治、经济、文化在国际舞台上的影响与作用日益凸现，国际中文教育的走势持续向好，其广度和深度都有所突破，表现在：

第一，"汉语桥工程"[①]助推国际中文教育产生多种形态与内生动力。2004 年，国务院批准了国家对外汉语教学领导小组制定的对外汉语教学事业2003—2007 年发展规划——《汉语桥工程》。"汉语桥工程"的宗旨是：向世界推广汉语，弘扬中华文化，增进世界各国对中国的了解和友谊，促进世界和平与发展。"汉语桥工程"实施 9 大工程项目，包括孔子学院，中美网络语言教学，教材及录像、多媒体编写、制作，国内外汉语教师队伍建设，国际中文教学基地建设，汉语水平考试，"汉语桥"中文比赛和世界汉语大会，"汉语桥"基金和援助国外中文图书馆，组织保障和基本建设。"汉语桥工程"经过多年顺利实施，不仅助力了各国多样化、本土化中文学习项目的开展，而且丰富了汉语教学的理论与实践以及国际合作机制。

第二，汉语教学进入多国国民基础教育体系。截至 2022 年底，全世界有 81 个国家将中文纳入国民教育体系，包括在中小学甚至幼儿教育阶段开展中文教学（中文作为外语、双语的教学）以及中文进入中考、高考体系，"这是中文'走出去'后真正'融进去'且落地生根的标志，其意义重大"（吴勇毅，2020）。这些国家正式承认汉语教学在国民教育体系中的地位，不仅可以保证汉语教学在所在国的合法性，也为汉语传播奠定了坚实的基础，同时还对欧洲、非洲其他国家的汉语传播具有一定的示范意义和借鉴价值。

第三，汉语教学从普及化到专业型转变。自 1978 年开始外国留学生汉语言本科学历教育以来，至今有了从学士学位到博士学位的完整的学历教育体系。随着我国经济的持续发展、综合国力的增强和国际地位的不断提升，汉语

[①] 中华人民共和国教育部《汉语桥工程简介》，http://www.moe.gov.cn/jyb_xwfb/xw_zt/moe_357/s3579/moe_1017/tnull_10586.html。

和中国文化的国际地位也在不断提升,来华接受我国高等教育的留学生也在逐年增多,这其中包括非洲和东南亚等第三世界国家的学生,也有欧美等发达国家的学生。据教育部统计,①2018 年共有来自 196 个国家和地区的 492 185 名各类外国留学人员在全国 31 个省(区、市)的 1 004 所高等院校学习,比 2017 年增加了 3 013 人。其中接受学历教育的外国留学生总计 258 122 人,占来华留学生总数的 52.44%,比 2017 年增加了 16 579 人,同比增加 6.86%。硕士和博士研究生共计 85 062 人,比 2017 年增加了 12.28%。而 2018 年的非学历生留学生为 234 063 人。这些数据不仅显示出来华留学生人数的增加,而且意味着他们学习的专业门类的增加和学历层次的大幅度提高。

第四,汉语教学从基础汉语向专门用途汉语(包括专业汉语、职场汉语)转向升级。(胡建刚、贾益民,2022)专业汉语主要是针对来华学习理科、工科、医学、文史等各类专业的外国留学生的,为了帮助他们更好地学习相关专业,提高专业学习质量和我国高校的教育声誉,在正式入系专业学习之前或之后进行的专业汉语教学。随着来华学历生数量急剧增加,越来越多的留学生选择以汉语为学术研究的工具,高水平汉语学习需求旺盛,这给国际中文教育带来了新挑战。(高增霞、刘福英,2016)目前专业汉语有科技汉语、经贸汉语、工程汉语、中医汉语、体育汉语等,其中以科技汉语、经贸汉语发展最为迅速,学习人数最多,不过随着来华留学生专业门类的增加,最近几年,体育汉语、中医汉语、工程汉语也慢慢发展起来。另外,随着"一带一路"沿线国家投资合作稳步推进,结合技能培训进行职场汉语教学的需求也日益突显。时任国务院副总理孙春兰在 2019 年国际中文教育大会上提出,国际中文教育要聚焦语言主业,积极融入本土,为各类学校和培训开展中文教育提供支持;要在语言教学中融入适应双方合作需求的特色课程,通过"鲁班工坊"等形式,积极推进"中文 + 职业教育"项目,帮助更多的人掌握技能,学习汉语。语合中心主任马箭飞在 2022 年"中文 + 职业技能"教育发展论坛致辞中也指出,在海外大力实施"中文 + 职业技能"教育,推动国际中文教育与职业教育融合发展,不但是国际

---

① 教育部《2018 年来华留学统计》,http://www.moe.gov.cn/jyb_xwfb/gzdt_gzdt/s5987/201904/t20190412_377692.html。

中文教育创新发展的需要,也是助力海外企业培养"懂语言、精技术、通文化"的本土复合人才的需要,更是服务共建"一带一路"高质量发展的需要。近年来"中文+职业教育"在不少国家蓬勃发展,满足了各国中文学习者的职业发展需求,如"中泰高铁汉语培训班"项目始于2016年,已成功举办四届,共培养学生近200名,前三届135名学生都已送往中国学习铁路相关专业,并学成回国,成为泰国首批既精通中文又掌握铁路机械、铁路信号等先进技术的复合型人才。目前"中文+"已涵盖高铁、经贸、旅游、法律、海关、机械、医疗等数十个领域,受到学员们的广泛欢迎。[1]李宇明认为,成年人教育向"中文+X"的方向发展是目前国际中文教育的重要发展趋势之一[2],随着中国科学技术的进步及科技成果不断转化为生产力,专业汉语、职场汉语将会有更大的发展空间。

第五,汉语教师从外派到本土化培养。目前,我们每年在海外的汉语教师约有10 000人,以2019年为例,当年已在海外的汉语教师约3 200人,外派汉语教师1 000人,汉语教师志愿者近7 000人。但世界各地学习汉语的人数在不断增长,汉语教师供不应求,因此一方面国内各高校应为国际中文教育提供优质的外派教师资源,另一方面应激发国际中文教育融入本土教育体系和社会生活的内驱力,扩大世界各国在职汉语教师的培训面并逐步增加培训深度,创新各种培训模式,有针对性地解决不同区域(国家)、不同教育层次、不同教育类别的本土汉语教师的培养问题,重点关注在本土培养高层次、高水平的复合型人才。

第六,汉语教学从传统课堂教学向现代化语言教学之路转型。随着互联网、大数据、云计算、人工智能等信息技术的应用和发展,教育形态和学习方式发生了深刻变革。2020年的新冠疫情加速了大规模在线教育实践,国际中文教育遇到了前所未有的挑战与机遇,从教学观念、教学方式到教学研究,全方

---

[1] 《助力多领域人才培养,"中文+"在海外蓬勃发展》,教育部中外语言交流合作中心公众号,2022年8月15日。
[2] 《加强学科建设,完善培养体系——国际中文教育大咖谈》,教育部中外语言交流合作中心公众号,2023年1月12日。

位向网络化、数字化转变,充分利用现代信息技术改造和优化传统线下教学方式和内容,由单纯的线下教学模式向"线下+线上"混合型教学模式转化,实现课堂教学内容集成化、手段多元化、质量最优化、效益最大化,同时共建共享国际中文教育资源与学习平台,开发中文教学培训包,打造开放的中文教学生态圈。

2022年国际中文教育大会暨交流周活动开幕式上,华东师范大学与上海杉达学院联合开发的国内首例"国际中文教育元宇宙"在大会国际中文教育资源展上展出。国际中文教育元宇宙运用数字孪生技术,为学习者构拟了一个逼真的现实世界环境,提供了多元化的多维教学手段,在虚拟的中文智慧教室中,真实课堂中的教学行为均能在三维立体虚拟空间中得以实现,此外,学习者还可以在中文智慧教室进行互动交流、在虚拟场景中模拟交际对话,实现真实社交。同时,国际中文教育元宇宙还打破了时空壁垒,使世界各地的学习者都可以进入数字孪生的华东师范大学,共同学习、共同生活。国际中文教育元宇宙成为区别于二维在线教学应用的新一代国际中文教学平台,为国际中文教育打开了一扇新的大门。新型信息技术的快速发展,极大加快了国际中文教育理论研究、实践应用和创新发展的步伐,将深刻影响并改变国际中文教育的发展模式。

(三)国际中文教育汉语水平等级标准转型升级

国际中文教育汉语水平等级标准和等级大纲的研制,大致经历了四个阶段。(刘英林、李佩泽、李亚男,2020)

第一阶段,1988年出版《汉语水平等级标准和等级大纲[试行]》,这是对外汉语教学学会最早研制的汉语水平等级标准。总体设计三等五级:初等水平、中等水平、高等水平;一级标准、二级标准、三级标准、四级标准、五级标准。主要内容由三方面的要素组成:话题内容、语言范围和言语能力。其中五级标准只完成三级,甲、乙、丙、丁四级词汇等级大纲和语法等级大纲亦只完成三级。《汉语水平等级标准和等级大纲[试行]》的不足之处是欠缺对语言功能和文化内容的具体描述,而过多偏重对语言内容的界定。1992年出版《汉语水平词汇与汉字等级大纲》,这是中国国际中文教育第一个系统完整的以词汇为中心、"汉字跟着词汇走"的"二维基准"等级大纲,词汇等级大纲和汉字等级大纲均分为甲、乙、丙、丁四级,词汇总量 8 822 个,汉字总量 2 905 个。《汉语水平词汇与汉字等级大纲》提出了对外汉语教学词汇分级的 4 个界标:1 000 个词、3 000 个词、5 000 个词和 8 000 个词。1 000 个最常用词是基础教学阶段中第一个教学阶段的词汇量要求;3 000 个常用词是初等汉语水平的词汇量界标;5 000 个词界标包括 3 000 个常用词和 2 000 个次常用词,是中等汉语水平的词汇量界标;8 000 个词界标包括 3 000 个常用词、2 000 个次常词和 3 000 个通用词,是高等汉语水平的词汇量界标。同时,还提出了对外汉语教学汉字分级的 4 个界标:甲级字 800 个,乙级字 804 个,丙级字 590+11 个,丁级字 670+30 个,其中丙、丁两级的 41 个表示姓氏和地名的字收为附录字。

第二阶段,1996 年出版《汉语水平等级标准和语法等级大纲》,这是中国国际中文教育第一本系统完整的汉语水平五级标准和四级语法等级大纲,是第二代国家汉办汉语水平等级标准。甲、乙、丙、丁四级语法等级总量为汉语的 18 个大类的 1 168 个语法点,其中甲级语法 129 点,乙级语法 123 点,丙级语法 400 点,丁级语法 516 点。甲、乙两级语法合并构成汉语初等水平标准的语法内容,丙级语法在甲、乙两级语法基础上增加"语素"和"口语格式"两个大类,构成汉语中等水平标准的语法内容,丁级语法增加"多重复句"和"句群"等几个大类,构成汉语高等水平标准的语法内容。这一阶段的语法大纲按照语法体系的特点进行的编排,使用者在教学实践、教材编写时还需创造性地选择和编排。

第三阶段,2007 年研发编制《汉语国际教育用音节汉字词汇等级划分》,2010 年通过国家语委语言文字规范(标准)审定委员会审定。"等级划分"以汉字为核心,开创我国国际中文教育新学科音节汉字词汇第一个"三维基准"国家标准,共划分为三个等级与三级水平:一级(普及化水平)、二级(中级水平)、三级(高级水平)。其中,音节总量 1 110 个(一级音节 608 个,二级音节 300 个,三级音节 163 个,三级附录音节 39 个),汉字总量 3 000 个(一级汉字 900 个,二级汉字 900 个,三级汉字 900 个,三级附录汉字 300 个),词汇总量

11 092个(一级词 2 245个,二级词 3 211个,三级词 4 175个,三级附录词 1 461个)。《汉语国际教育用音节汉字词汇等级划分》的制定面向全球汉语教育,符合国际中文教育发展的现实需要,更着眼于国际中文教育的长远发展。

第四阶段,2018年开始自主创新制定《汉语国际教育汉语水平等级标准》,创新初等、中等、高等三等九级汉语水平等级标准新体系、新范式,由2010年"等级划分"的音节汉字词汇"三维基础"创新拓展为2020年"等级标准"的音节汉字词汇语法"四维基准"。其中,初等水平的一、二、三级标准和中等水平的四、五、六级标准相对独立、完整,每一级按定性描述和定量分析相结合的原则,构建音节汉字词汇语法等级量化指标;高等水平的七、八、九级标准,等级量化指标不再细化,而是包容统合在一起,为以汉语为专业的外国学生及汉语水平较高的学习者准备的。九级标准每一级均按"3+5",即3层新理念(言语交际能力、话题任务内容、语言量化指标)、5种语言基本技能(听、说、读、写、译)形成等级量化指标。"等级标准"以国家急需为导向,满足国际中文教育教学、测试、学习、评估四个方面全球化需求,包括来华各类留学生进入我国高校学习的汉语水平标准要求,充分体现了汉语教学特点和中国文化特色,是第三代国家级汉语水平等级标准。

2021年由教育部和国家语委正式公布的《国际中文教育中文水平等级标准》进一步将学习者中文水平分为"三等九级",并以音节、汉字、词汇、语法四种语言基本要素构成"四维基准",以言语交际能力、话题任务内容和语言量化指标形成三个评价维度,以中文听、说、读、写、译作为五项语言技能,从而期望准确标定学习者的中文水平。

(四)国际中文教育学科和专业建设取得新的进展

经过40多年的发展,国际中文教育已发展成一门独立的学科,具有明确的研究目标和研究对象,完整的学科理论体系,成熟的研究队伍和丰硕的研究成果,学科定位越来越清晰。无论在学习人数、教学规模还是在师资队伍、教材编写等方面,都取得了新的进展;学科史、学科理论、教学法体系等研究方面,更是有了新的切实可行的思路。

第一,国际中文教育学科建设始终贯穿着两条主线,即政府主导的学科体系规划和国际中文教育工作者的理论实践探索,学科建设彰显中国特色。

政府主导层面。国际中文教育有专门的指导机构——教育部中外语言交流合作中心,有专门的协会——世界汉语教学学会等,有专业的刊物——《世界汉语教学》《语言教学与研究》《汉语学习》《对外汉语研究》等,有专门的出版机构——北京语言大学出版社、华语教学出版社,有专门的研究机构——北京语言大学汉语国际教育研究院等,有专业学习平台——"中文联盟"云服务、"汉语桥"俱乐部 APP、"网络中文课堂"项目、"中文学习测试中心"等,有专门的科研项目——国际中文教育研究课题及国家社科基金项目等。

国际中文教育工作的理论实践探索层面。国际中文教育学科在史、论、法三个主要板块都取得了重要进展。(刘利、赵金铭、李宇明等,2019)在学科史方面,对当代汉语作为第二语言教学史进行了分期研究;在学科理论方面,对汉语作为第二语言教学的基本规律和学科理论定性等问题开展了深入研究,取得了若干重要共识;在教学法体系方面,一线教师和科研人员进行了多方面的教学试验和科学总结。这些理论研究和实践探索一方面确立了汉语作为第二语言教学研究的基本框架,即作为第二语言教学的汉语本体研究(本体论)、作为第二语言教学的汉语认知与习得研究(认识论)、作为第二语言教学的教学理论和教学法研究(方法论)、现代科技手段与现代教育技术在教学与研究中的应用(工具论)。另一方面,所取得的成果可以归结为五个方面:一是挖掘汉语作为第二语言的学习规律和教学规律,提出总体设计、教材编写、课堂教学、测验或评估的汉语教学四环节观;二是区分"知识文化"和"交际文化",提出课堂教学过程中的"交际文化"思路;三是借鉴、融合语法翻译法、直接法、听说法、功能法、任务型教学法等教学方法,逐步形成汉语综合教学法;四是对教学实践成果进行测试和评估,建立科学的 HSK 汉语测试体系;五是针对汉语本科教学、汉语预备教学、汉语进修教学、汉语短期速成教学等国际中文教学类型,提出"实践性原则",以及综合模式、分技能教学模式。上述理论和实践成果,构成了国际中文教育学科体系的重要基础。

第二,国际中文教育专业建设已形成从本科、硕士到博士贯通培养的完整体系。

　　国际中文教育专业设置数呈增长态势。汉语国际教育本科专业，2015年全国共有363所高校开设，(陆俭明，2017)2016年，新增华北理工大学等10所高校；2017年，新增河北地质大学等9所高校；2018年，新增兰州大学等14所高校；2019年，新增北京师范大学等8所高校。截至2022年，全国已有424所高校开设汉语国际教育本科专业。国际中文教育硕士专业，2015年全国共有108所高校开设，2016年，新增天津大学等3所高校；2017年，新增中央财经大学等37所高校。截至2022年，全国已有198所高校设立国际中文教育硕士学位授予点。国际中文教育博士，截至2016年底，全国至少有北京语言大学等10所高校自主设立汉语国际教育相关博士二级学科，北京大学等11所高校在语言学及应用语言学专业下开设汉语作为第二语言教学及相关方向。(李东伟、吴应辉，2019)2022年9月，国务院学位委员会和教育部面向社会正式宣布增设国际中文教育博士专业学位，标志着国际中文教育本、硕、博贯通培养体系的正式建成，北京大学、北京师范大学、华东师范大学等27所高校试点开展专博培养。

　　国际中文教育专业人才培养模式初步形成。国际中文教育专业人才培养，注重学生的知识输入与实践训练、注重学生的文化传承与科研创新、注重学生的国内培养与国际视野的开拓，同时注重某领域专门用途汉语人才培养。

　　第三，国际中文教学资源成果丰硕。(教育部中外语言交流合作中心，2021)教学资源建设是国际中文教育事业发展和学科建设的重要内容。经过近70年的努力，教学资源建设取得了丰硕成果。一是标准体系初具规模，截至目前，全球各类国际中文教育标准达144部，以"水平等级标准"为统领，"课程标准、测试标准、教师标准"为基础的国际中文教育标准体系初步形成。二是教材体系日臻完善，呈数量增长(至2020年底，全球共出版国际中文教材19 530种)、语种多样(国际中文教材的注释语种共80种)、分类细化(根据教育层次、年龄、文化背景、需求差异不断细分)、融入本土(各级各类国际中文教材年均发行到101个国家的1 200余个中文教学机构，70余套国际中文教材进入20多个国家的国民教育体系)的特点。三是数字资源建设成效显著。各类国际中文教育数字资源形态丰富、种类繁多。其中数字素材海量,数字教材3 679种,在线课程中慕课485门、微课4 865节,中文学习网站404个,中文学习APP334款。同时语音识别、文字识别、语音合成、手写识别、自然语言处理、深度学习、虚拟现实等人工智能技术进入国际中文教育领域,改变了国际中文教育的教学方式、评价方式和管理方式。

以上这些不仅表明国际中文教育学科的成熟,也表明国际中文教育科研队伍的不断壮大。随着国际中文教育研究人员的不断增加,研究成果越来越丰硕,每年在专业刊物或非专业刊物上都发表了大量国际中文教育研究的论文,每年都出版了相当数量的研究著作、论文集、教材。国际中文教育研究以及面向汉语作为第二语言教学的汉语语言学研究已经成为汉语语言学和应用语言学研究的新领域。

(五)国际中文教育发展面临的挑战和应对

1.国际中文教育的发展面临诸多严峻的挑战

一是非目的语环境下的汉语教学需求量激增。在不少国家,随着汉语学习进入普通教育体系,汉语教学越来越具有一般外语教学的基本特征,使得汉语和其他语种处于竞争性学习状态。二是跨文化语境对外派汉语教师、国际中文教育志愿者提出了更高的社会文化适应能力的要求。三是汉语教材面临着迫切的国别化、本土化需求。四是汉语作为第二语言教学的教学法、教学模式面临着国际多种教学法体系的比较性压力。五是本、硕、博系列的国际中文教育专业,承担着国内青年人才的培养任务,亟须建设学术平台,提升学术层次,满足高质量人才培养的需要。六是对于汉语作为第二语言教学规律的探讨,急需提升学术解释力,不仅要对教学实践发挥指导作用,而且面临着进入国际应用语言学话语体系,形成国际学术影响的严峻挑战。七是缺乏站位高、系统性的学科顶层设计和学科规划。这些问题和挑战都是前所未遇的,要求国际中文教育必须进行学术创新,必须有效适应在语言交际、学习规律、教学方法、教师素质等方面的新变化、新要求,进一步夯实学科基础,促进事业和学科两个方面的进步。(刘利、赵金铭、李宇明等,2019)

2.国际中文教育面临挑战的应对

一是要加强国际中文教育人才培养和师资队伍建设。国别化、语别化、不同学段中文教师等多元化教师的缺乏成为日益凸显的问题,要有针对性地开展师资培训;进一步加大国际中文教育相关博士点的建设步伐,切实解决国际中文教师的学术生涯和职业发展问题,关注在本土培养高层次、高水平的复合型人才;还需要培养一批既精通教学及科研,又具有管理才能及外交能力的领导人才。

二是要重视基础理论和教学理论研究。目前本学科的论文无论是在数量上还是在质量上都是此前所不能比拟的,尤其是实证型、统计型定量分析的论文较之经验型、介绍型的论文多了,跨学科、多角度研究的论文多了,并且,研究汉语教学和习得规律的论著多了,与教学密切结合的汉语专项研讨会也多了,如:现代汉语虚词研究与对外汉语教学国际学术研讨会、汉语作为第二语言研究国际研讨会、专门用途中文学术研讨会、汉字教学与研究学术研讨会等。今后,科学研究将不断深化。基础理论研究中除了对语言现象进一步深入描写之外,还将特别重视语言习得的研究,进一步探讨汉语学习规律。此外,跟语言学习密切相关的交际文化的研究还有待深入。教学理论研究的重点仍是对教学活动进行科学化、规范化和标准化的研究,特别是要加强汉语作为第二语言教学的总体设计研究,使教学计划更科学,更系统。同时还需要开展跨学科研究,从认知科学、神经科学等相关学科视角审视中文和中文教育,如发现二语学习的心理和神经机制,揭示不同语言在大脑中相互联结的奥秘等[1]。

三是要重视国别化、语别化的教学法体系。一方面需要总结提炼国内的汉语教学法,另一方面需要关注世界各国的汉语教学模式和教学理念。汉语和汉语教学具有自身的特殊性,需要本学科深入研究汉语的特殊性和汉语作为第二语言教学的特殊规律,找出符合汉语学习特点的教学途径和教学模式,进一步完善中国特色的汉语教学法体系。

---

[1] 《加强学科建设,完善培养体系——国际中文教育大咖谈》,教育部中外语言交流合作中心公众号,2023年1月12日。

四是要重视大数据时代高质量国际中文教学资源的研发。结合互联网技术，联通主流汉语学习资源平台和汉语教学平台，共建共享国际中文教育资源与学习平台；教材建设的努力方向主要是：制订科学的立足国内面向世界的教材编写规划，特别是面向高职院校的汉语教学急需的专业双语教材、汉语教材、就业创新类教材；以大量科学的汉语研究成果为依据，密切结合教学需要，努力提高教材质量。

第三节　国际中文教学的基本过程

一　国际中文教学的总体设计

(一)国际中文教学总体设计的含义

国际中文教学是一项语言教学的系统工程，而总体设计则是对该工程的全面设计，是"根据语言规律、语言学习规律和语言教学规律，在全面分析第二语言教学的各种主客观条件、综合考虑各种可能的教学措施的基础上选择最佳教学方案，对教学对象、教学目标、教学内容、教学途径、教学原则以及教师的分工和对教师的要求等作出明确的规定，以便指导教材编写(或选用)、课堂教学和成绩测试，使各个教学环节成为一个互相衔接的、统一的整体，使全体教学人员根据不同的分工在教学上进行协调行动"(吕必松，1996)。总体设计使整个教学过程和全部教学活动成为一个统一的整体，是对教学全过程和全部教学活动的宏观控制和把握。国际中文教学中包含着许多教学环节和各种复杂的矛盾，总体设计能帮助我们根据具体情况综合分析各种特殊情况，找到符合语言学习规律和语言教学规律、符合教学要求客观条件的最佳方案。

(二)国际中文教学总体设计的程序和方法

进行国际中文教学的总体设计时，通常要按照一定的程序和方法进行。

1. 明确教学类型

国际中文教学的教学类型丰富多样,可以从教育性质、教学任务、教学期限、教学组织形式等不同角度进行划分。按教育性质可分为常规教育和业余教育,按教学任务可分为普通教育、预备教育、专业教育、特殊目的教育等,按教学期限可分为长期班和短期班,按教学组织形式可分为班级教学和个别教学。不同的教学类型在教学目的、内容和方法、教材选用、课堂教学形式以及测试等方面差异很大。总体设计的首要任务就是要明确所要进行的教学属于哪种类型,然后据此确定教学的目标、内容、方法等。

2. 分析教学对象

教学对象的特点主要包括自然特征、学习目的、学习起点、学习时限等方面的内容。

自然特征包括学习者的国别、年龄、文化程度、第一语言及文化背景等。这些特征对确定教学内容和教学原则有决定性的作用。自然特征关系到教学原则的确定、教学内容和方法的选择。如:孩子与成年人的第二语言学习在内容和方法上应该有所不同;对文化程度不同的人应该采取不同的教学对策;国别不同、第一语言文化与目的语文化之间的关系不同,教学原则和方法也应该不同。

学习目的大体上可以分为受教育目的、职业工具目的、职业目的、学术目的和临时目的五种。不同的学习目的决定了第二语言教学目标和内容的不同。国际中文教育应当在了解学生的基础上,根据其学习目的来确定教学目标和内容,并制订相适应的教学方案。

学习起点(水平)一般根据学习者的目的语水平而定,可以是零起点,也可以把已有目的语水平作为起点。不同学习起点的学生,对学习汉语的认识、兴趣、接受能力和理解水平都有差异。国际中文教学的各个阶段要充分考虑学生的实际汉语水平来安排教学活动。

学习时限一般依据学校的教学制度而定,包括本科(4年)、硕士(3年)、博士(3~4年)或进修(1年、2年)的学习期限、总课时、周课时等。也可以依照学习者的特殊要求而定,如短期进修、短期强化。学习时限也对教学目标和教学内容起限定作用。反过来,教学目标和内容的确定除了要与学习目的、学习要求保持一致外,也要考虑到学习时限这一因素。

3.确定教学目标

教学目标是指要培养学生具备什么样的知识结构和能力结构,具备什么样的语言能力和语言交际能力,能够使用目的语从事什么样的工作。国际中文教学的教学目标主要包括以下两个方面:

(1)使用目的语的范围。主要是指在什么领域和范围内使用目的语。如有的是把目的语作为职业的条件,而有的则是把目的语作为职业的工具。

(2)目的语水平的等级。目前国际中文教学一般将汉语水平划分为初、中、高三个等级。教学目标包括培养学生达到目的语水平的哪一个等级。初级要求掌握日常生活用语和较简单的社交用语,学会最基本的语法项目,有一定的语用知识。中级要求在日常生活和社会生活中能比较自由地进行口语表达,能看懂报纸新闻,担任初级翻译;具有自学能力;基本上掌握各个语法项目和一般的语用规则。高级要求达到语言过关,即能听懂新闻广播;能自由进行口头表达,能担任中级翻译;除了掌握语法和语用规则外,还要具有一定的修辞语用知识。

4.确定教学内容的范围

一般来说,国际中文教学的内容范围包括语言要素、语用规则、相关的文化背景知识、言语技能和言语交际技能五个方面。

5.确定教学原则

总体设计主要规定教材编写、课堂教学和成绩测试中必须共同遵守的原则,目的是使整个教学过程和全部教学活动保持一致。总体设计的教学原则主要包括如下几个方面:

(1)处理好语言要素、言语技能和言语交际能力三者之间的关系。在三者关系的处理上,不同的教学法侧重点并不一样。如听说法以语法结构作为大纲来编排教学顺序,以语言要素为中心来组织语言材料;听说法的改进是以语法结构为纲编排教学顺序,以言语技能训练为中心组织语言材料。功能法以功能项目为纲编排教学顺序,以言语交际技能训练为中心组织语言材料;结构—功能法是以语法结构为纲编排教学顺序,以功能项目和言语交际技能训练为中心组织语言材料。

(2)选择好言语技能训练方式。通常包括综合训练、专项训练、综合训练和专项训练相结合的方式等。

(3)选择好言语交际技能训练方式。在国际中文教学中,目前关于言语交际技能训练的主要方式有:以结构为纲,兼顾功能;以功能为纲,兼顾结构;以话题为中心,注重结构和功能结合;以情境为中心,注重结构和功能的结合;纯功能训练。

(4)处理好语言要素之间的关系。语音、词汇、语法是语言的三要素,国际中文教学中还包括汉字。在不同的阶段,对不同要素的教学可以有所侧重。

(5)处理好语言和文字的关系。这方面的重点问题是解决教不教汉字、先语后文还是语文并进以及繁简汉字的教学等问题。

(6)处理好目的语和媒介语的关系。国际中文教学中要不要用或在什么情况下用媒介语进行解释,要不要进行或在什么情况下进行两种语言的对比和对译?实践证明,在教材编写和教师备课活动中可以进行语言对比分析,以确定教学重难点;教师课堂上可以用少量的母语或媒介语进行难点讲解,但必须很好地控制,基本原则是能不用就不用。在课堂里应该让学生尽可能多地接触汉语,"沉浸"在汉语的氛围或环境中。

(7)处理好语言要素和相关文化知识的关系。国际中文教学还要考虑文化知识的教学与语言要素的教学、言语技能训练和言语交际技能训练相结合的问题。文化教学要为语言教学服务,要紧密结合语言教学,以语言教学为目的。

(8)处理好语言和文学的关系。国际中文教学中要处理好文学作品在语言教学中的地位,特别是要处理好在高级阶段的阅读课教学中,文学作品的内容在教学中所占的比例问题。

6.规定教学途径

教学途径是把教学目标、教学内容和教学原则贯彻到教学过程中去。规定教学途径主要包括三项内容:

(1) 教学阶段。划分教学阶段是为了突出不同阶段教学的特点和重点。目前划分教学阶段主要依据"教学目标原则",即把要达到的目的语水平等级作为划分教学阶段的依据。教学中区分出的目的语的水平等级一般分为初、中、高三个等级,每个等级中还可以再细分,如初级上、初级下,中级上、中级下,高级上、高级下。

(2) 课程设计。课程设计是指针对特定的教学类型和具体的教学对象并参考课程类型来制订课程设置计划。它是总体设计的核心内容,也是联结总体设计和教材编写、课堂教学的中心环节。科学的课程设计应当做到:规定的课程能够较好地体现既定的教学原则,使全部教学内容合理地分布到有关的课程和课型中去;能使学生具备合理的知识结构和能力结构。

(3) 课时安排。总课时和周课时的安排既要考虑到与教学目标和教学内容相一致,也要考虑是否适合学习者的特点。

7. 明确教师分工和对教师的要求

在国际中文教学中,教师要有一定的分工,需要重视担任不同课型教学工作的教师之间的互相配合。教师首先应全面了解总体设计的内容和安排,掌握教学总体情况,然后明确自己在整个教学过程和全部教学活动中所承担的工作性质、特点,以及自己应该发挥的作用,还要明确自己所承担的教学工作和其他教学任务之间的关系,并配合和协调好相关的教学工作。

二　国际中文教育的教材编写

(一) 教材的重要性

教材是总体设计的具体体现,是培养目标、教学要求、教学内容和教学原则的具体体现,同时又是课堂教学和测试的主要依据。教材反映了语言教学的两个最根本问题:教什么和如何教。

教材水平的高低不仅反映了教学理论和教学法研究的深度,也直接影响着教学水平和教学计划的实施。教材不仅在教学活动中具有重要地位,而且影响着学科的建设和发展。

(二)教材的编写原则

教材的编写通常都遵循一定的原则。概括地说,优秀教材通常都遵循下面五个原则:

一是针对性。教材要适合使用对象的特点。对于不同年龄、不同学习目的、不同学习时限、不同等级的学习者应该有不同的教材。要根据不同国家、地区、民族的文化特点、教育制度和规范,编写"国别化/区域化"教材,要根据当地国情、民俗编写"本土化"教材。

二是实用性。教材要为培养学习者语言交际技能服务,因此教学内容应该满足学习者交际活动的需求,尽可能地贴近现实社会和当下生活。此外,教材设计应充分考虑课堂操作性、突出工具性,方便教,方便学。

三是科学性。教材要教授规范、通用的语言。教学内容的编排要符合第二语言学习和教学规律,对语言现象的解释应力求准确规范,教材内容要反映新的学科理论研究水平,及时更换陈旧过时的内容,在吸收学科理论研究的新成果时,要采取谨慎的态度。

四是趣味性。教材的内容和形式要丰富多样、生动有趣。应多角度、多方位地反映中国和世界的方方面面,课文选择应富有故事性、戏剧性、语言生动幽默,不同体裁交叉更替,语言风格、练习设计丰富多彩,尽可能使语言学习过程变得轻松愉快。趣味性要和实用性、交际性结合起来,要避免低级趣味和文化冲突。

五是系统性。教材的系统性涉及很多方面。首先是指教材内容在基本知识介绍和技能训练方面,即语音、词汇、语法、汉字等语言要素和听、说、读、写言语技能的安排方面,要平衡协调。初、中、高级不同阶段教材要衔接;综合技能课与听、说、读、写专项技能课教材要配合。另外,还要充分考虑多媒体、图片、幻灯片、声像、动漫等辅助手段,从而形成系列的、立体的教材体系。

教材编写应充分遵循上述原则。编写新教材时,应当考虑在这五个方面对现有教材有所突破和超越,从而打造出精品教材,避免低层次重复建设。

(三)教材的类型

国际中文教育教材可以从课程类型、水平等级和教学类型等不同的角度来分类。下面主要从编排教学内容的角度出发,介绍遵循不同的教学原则和编写体例所产生的不同教材类型。

1.按遵循的教学原则区分

(1)课文型。此类教材以课文作为语言教学的核心内容,通过课文学习汉字、词语和语言结构。课文大多采用原文,语言地道,具有真实的语境和文化背景,比较适合中高级阶段使用。但由于不易系统、突出地进行语言要素和言语技能的训练,因而不太适宜作为初级教材。

(2)结构型。此类教材是以语言的结构为纲,根据语法的难易程度安排教学内容和顺序。强调通过对句型的反复操练以养成语言习惯。其不足是对语言的交际性重视不够。

(3)功能型。该类教材以语言的功能为纲,根据功能项目的常用程度安排教学内容和顺序。其优点是强调语言交际能力的培养,但由于功能和结构的结合还没有得到很好的解决,故容易忽视对字词和语法结构的系统掌握。

(4)结构—功能型。此类教材强调结构和功能相结合,以结构安排为主线,同时兼顾结构所表达的功能。这样的安排兼有纯结构型和纯功能型教材的优点,又弥补了它们的不足,适合于初级阶段的语言教学,也是我国 20 世纪 80 年代以来教材编写的主流。但由于此类教材也未能很好地解决结构和功能相结合的问题,往往结构成为支配因素,功能成为点缀。

(5)功能—结构型。这类教材在结构和功能的结合上以功能为主导,在一定的功能项目下安排语言结构的教学。这一类型不容易兼顾语言结构的系统性,比较适合已学过基本的语言结构的中级水平学习者。

(6)话题型。此类教材是以话题为纲安排教学内容,在话题中体现一定的功能和结构。其选材比较灵活,能够体现一定的情景和文化,但是难以顾及功能和结构的系统性。采用这种类型编排方式的主要是中高级口语教材。

(7)文化型。这种教材以文化知识为纲。其文化知识主要是指造成交际障碍的文化差异。这类教材要注意跟语言教学相结合,以避免变成文化教材。

2.按教材的体例区分

(1)综合型和分科型。20世纪80年代以前的汉语教材大多是综合型教材,其特点是在一本(套)书里包括汉字、语音、词汇、语法等各种语言要素和听说读写等各种语言技能的学习。这种教材有利于综合性训练,缺点是各种专项技能得不到专门训练。80年代以后,分科型教材大量出现。其特点是按照听、说、读、写分技能编写,如《初级汉语课本》《现代汉语教程》等。这些教材有的以读写课本或听说课本为主干,其他课本与之配合;有的则是以语法和词汇作为共核,各科平行。这种教材的优点是一方面能使各项技能得到充分的训练,另一方面能使基本的语法和词汇在各科中得到复现和巩固。不足之处是容易出现各科教学分量不均、进度难以协调、相互牵制等问题。

(2)直线式和螺旋式。这是教材编排语法结构或话题内容的两种方式。直线式就是按难易程度将语法点从第一课到最后一课依次排列(一课出现一至几个语法点),同一个语法点一般不再重复讲解。这种方法的缺点是确定语法点的难易顺序往往比较主观,因而难以符合语言学习循序渐进的规律。螺旋式就是在课文的安排上,将话题和语法结构根据交际需要由易到难地构成几个循环。每个循环均逐步提高难度,表现为螺旋式上升,从而实现反复巩固、稳步前进的教学目的。这种编写方法遵循了语言学习规律,应该是今后教材编写的主要方法。

三 国际中文课堂教学

(一)课堂教学的重要性

课堂教学是国际中文教育教学的基本组织形式,教学计划的实施、教学原则的贯彻、教学方法的运用、课程教学的完成、教学目标的实现都离不开课堂教学。课堂教学还能对总体设计、教材编写以及教师的素质和能力进行检验。正因为如此,在教学活动的四大环节中,课堂教学是中心环节。

(二)课堂教学的基本环节

国际中文课堂教学应该具备五个基本的教学环节:组织教学、复习检查、讲解新课、总结新课、布置作业。

组织教学的目的是安定学生情绪,沟通师生情感,创造教学气氛,集中学生注意力,做好上课准备。这一环节较短,占 3~5 分钟。老师可以通过与学生谈话,询问学生的情况,跟学生建立感情联系;也可以谈论共同感兴趣的话题以活跃气氛;还可以检查考勤、介绍本节课的教学目标和内容等。

复习检查的目的是了解学生对已学内容的掌握情况,获得反馈信息,同时发现教学不足以进行教学反思,为下一个环节打好基础。复习检查一般在 10~15 分钟,通常复习检查上次课所学的重点知识。复习检查的方式一般有听写、认读词卡、朗读课文、听释义说词语、造句、会话、复述或表演课文、演讲、讲解课外作业的共性问题等,不同的课型有不同的复习检查方式。

讲解新课是课堂教学的关键环节,是学生接触、获得新知识,增强技能的环节。新课涉及文字、语音、词汇、语法、文化、课文、练习等内容,每项内容都有不同的教学原则和教学方法。在这一环节中尤其要强调的是师生之间的互动,即充分调动学生参与的积极性,提供最大程度参与语言交际的机会,提高语言输入与输出的数量和质量。因此教学设计时应考虑怎样结合课堂内容设置不同的互动环节,还要注意尽量做到精讲多练,突出教学重点和难点。这一环节应该占一半或一半以上的时间。

总结新课是指讲解新课之后应该用 10~15 分钟的时间对本次课所讲练的新语言点进行归纳总结。可以采用两种方式:一是以教师为主导,进行条理分明的归纳,往往利用黑板上的例句总结成结构或句式,指出容易出错的地方;一是以学生为主体,就是让学生回忆总结新内容,必要时教师予以帮助。

布置作业是教学环节的最后一环,但不可或缺,它是巩固课堂教学内容、督促学生及时复习和预习、保证教学进度和质量的重要手段。一般在下课前应留下几分钟布置作业,作业的内容应该与当天的学习内容、下一次课的检查复习及新课内容相联系,使得各个教学环节环环相扣,形成有机的整体。

这五个环节是一般规律，教师可以根据教学目标、学生水平、课程类型进行灵活运用。

(三) 课堂教学的技巧

教学目标和教学原则要通过具体的教学方法和技巧来实现。同样的教学内容，运用同样的教学原则和教学方法，教学效果可能差别很大。这与课堂教学技巧有着密切的关系。

1. 备课和教案

备课是课堂教学的基础。教师在接受一门课程的教学任务时，首先应该明确教学大纲的要求和课程的教学目标、了解教材的体系特点，据此制订学期教学计划（包括教学重点难点、阶段划分和学时分配），在此基础上为某一课或某一课时具体备课并写出教学方案（教案）。

备课时必须注意三个方面：(1) 分析教材。教师应该深入分析教材，明确各课的教学目的，要了解平行课本和本教材之间的关系，并确定教学重点和难点。(2) 分析教学对象。要分析使用这一教材的学生，主要包括学生的现有水平、学习动机和态度、学习和交际策略、文化背景等。(3) 确定教学方法。在掌握教材和学生的情况之后，才能选择具体的教学方法。展开教学的方式如：是从课文开始还是从句型开始，是用归纳法还是用演绎法，以及词汇、语法等讲练的方法、提问方式、如何利用教具和电化设备等，都应当在教案中写明。

教案的内容通常应该包括课程名称、教学内容、目的和要求、重点和难点、学时安排、所需教具、多媒体运用、教学环节、板书设计、教学反思等。教学反思可以记录教案实施中的得失，为教学的改进提供参考，应该予以特别重视。

2. 课堂的组织

课堂教学的成功组织，必须处理好以学生为中心和以教师为主导的辩证关系，充分调动学生的积极性、发挥教师的主导作用。

(1) 要创造轻松活泼的课堂氛围。要做到这一点，必须消除学生可能出现的畏难、厌烦、焦虑等不良情绪，这就要求教师应当具备亲切热情、幽默风趣的教态。在教学方式上，充分利用接近实际生活的直观教具和现代化的教学手段,利用实物、图片、动作,加上现代化的录音、录像、软件、动画、多媒体等,活跃课堂教学的气氛,丰富课堂教学模式。

(2)要自始至终驾驭课堂,吸引学生的注意力。除了教学内容生动有趣实用、教学环节张弛有序外,教师应该精神饱满,热情活力,语言和表情动作要有感染力,始终成为学生注意的中心。

(3)要能够稳定课堂正常的教学秩序,对于不认真上课的行为要予以适当的提醒。提醒的方式有很多,例如:就某一个学生陈述的内容提问(用于不认真听同学发言的情况),在讲解或练习当中突然提问,让思想不集中的学生衔接朗读课文等。

3.教师的语言和提问

汉语教师的课堂教学语言有三个特点:一是停顿较多,语速较慢;二是使用的词汇、句子比较简单;三是冗余信息较多,即重复、解释较多。但由于教师语言对学习者具有示范和引导作用,要推动学生向目的语不断靠拢,因此教师的语言必须是规范的。汉语教师的教学语言应该注意以下几点:(1)不论语音、词汇或语法,都应该准确规范;(2)除语音操练或新词语教学以外,无论课堂教学还是课外交流,语速应当正常或接近正常,避免夸张;(3)选词用句要浅显易懂,随着学生汉语水平的提高逐步增加语法的难度和词汇的多样化;(4)有意识地重现已经学过的词语和句式,避免使用尚未接触到的词语和语法点;(5)尽量使用汉语和学生交流,避免使用或夹杂学生母语或其他媒介语;(6)克服口头禅或过多的重复、啰唆等不良语言习惯。

另外,如何提问是教师课堂教学技巧的一个重要方面。第一,教师应该面向全班提问,让所有的学生都有回答的机会。第二,注意问题的层次和梯度,依据学生的个性、能力,有针对地设计出不同深度、不同强度的提问,有针对性地选择提问对象,如难的问题就激励学习好的学生回答,容易的就鼓励学习差的学生回答,力求调动每个学生的内驱力。此外,注意适时性,先提问,然后根据问题的难度留出适当的时间让学生思考,再请学生回答。如果学生回答不出,可以给予适当的帮助,以维护学生的积极性。

4.板书与多媒体

板书能使教学纲目清楚、重点突出,帮助学生理解和记忆,是保证教学质量的重要手段。精心设计的板书不仅能够吸引学生注意,促进教学,而且能反映教师认真严谨的教学风格。板书的基本原则有:(1)板书应精心设计,要条理分明,切忌杂乱无章。可以将黑板分成两大块,左边书写本课的重点词语和句型,右边用于教学中临时性的板书。(2)汉字书写应正确、美观、规范,笔画、笔顺一定要符合规范,不能将个人不规范的书写习惯带到课堂上。(3)板书应该鲜明、醒目,重点部分可以用彩色粉笔标出。比如汉字的重点笔画、句型结构以及需要注意的地方等。随着多媒体技术的进步及 PPT 的广泛使用,目前国际中文课堂教学中也大量使用多媒体技术和 PPT 辅助课堂教学。但板书设计依然要重视和合理使用,使得板书与 PPT 有效配合,提升课堂教学效果。

四 汉语作为第二语言的测试与评估

(一)语言测试的类别

语言测试有不同的目的,不同的目的决定了测试在要求、内容和方法上的差别。从用途或功能的角度,语言测试可划分为水平测试、成绩测试、诊断测试、潜能测试、安置性测试五种不同的类别:

水平测试(proficiency test)的目的是测量测试对象的第二语言水平,通常有专门的考试大纲、统一的试题和统一的评分标准。水平测试的内容和方法应该能够有效地测量出测试对象的实际语言水平,能够证明达到同样分数线的考生具有基本相同的目的语水平。因此,水平测试一般不需要考虑测试对象的特点和他们的学习过程,同一种水平测试可以用于不同的测试对象。水平测试的结果也可以用来作为新生入学编班的手段。

成绩测试(achievement test)是一门课程或课型的测试(又叫课程测试),目的是测量学生在学习的一定阶段掌握所学课程的情况。成绩测试是教学中最常用的一种测试,一般在学期期中、期末或一个、多个教学单元之后进行。结业、毕业考试也属于成绩测试。成绩测试的性质决定了其与教学过程和教学对象关系密切,测试的内容和方法也决定了它跟教学大纲规定的教学要求、教学内容和教学方式相一致。

诊断测试（diagnostic test）是检查学生对教学内容的掌握情况，目的是发现学生在学习某一具体内容或语言知识时存在的困难和不足，同时也检查教学效果是否达到教学大纲的预期要求，及时发现教、学双方存在的问题，以便采取措施加以弥补和改进。诊断测试可以随时进行，内容更集中、更有针对性。与水平测试一样，诊断测试也可以作为分班测试，还可以作为中介语调查的一种手段。

潜能测试（aptitude test）也叫学能测试或素质测试，目的是检查测试对象学习第二语言的潜在能力，包括模仿能力、记忆能力和理解能力。潜能测试的内容一般根据测量这几种能力的需求来确定，测试用的语言必须是学生从未接触过的，测试在教学之前，以检测学生学习第二语言的适合程度。与其他测试不同，潜能测试只是检测学生是否具备第二语言学习的能力，起到预测作用。

安置性测试（placement test）也叫分班测试或分级测试，作用是评估学习者现有的语言水平高低，从而确定其适合学习什么样的课程或适合在何种程度的班级上课，简单来说，就是通过测试将学生按程度分班或分组。安置性测试在难度指标的确定上要适度，应根据学生的水平进行调整。

（二）语言测试的内容和类型

作为第二语言教学，国际中文教育的根本目的是培养学生的语言能力和语言交际能力，具体表现为听、说、读、写的能力。语言测试，尤其是成绩测试和诊断测试应当与这一目的相一致。因此，语音、词汇、语法、汉字等语言要素，听、说、读、写等言语技能，言语交际技能中涉及的语用规则、话语规则、交际策略以及语言文化因素、基本国情、社会文化背景知识等都是语言测试的内容。

测试内容必然通过一定的题型才能实现测试。题型就是指试题的类型，语言测试的题型多达近十种，下面介绍常用的多项选择题、综合填空题、口试和写作四种：

1.多项选择题

多项选择题一般包括题干和四个备选答案,让受试者选择其中的一个,是一般阅读理解和听力理解等语言技能考试的常用题型。这种题型的最大优点是:评分客观,信度大;可以直接考出编制者想考查的内容,受试者一般也不会回避,因此效度也大。命题的关键和难点是设计干扰项,干扰项一定要起到似是而非的干扰作用,不能随意拼凑。这种题型的缺点是命题费时费力,并且有25%的猜对概率,也不能测试表达能力,因此不能过分依赖这类题型。

2.综合填空题

综合填空题是完形填空的基本形式,指在一篇短文中隔开一定的字数删掉一个词,让受试者补上。这种题型要求读懂并理解全文,能达到原作者的表达水平,因而能考查受试者综合运用语言的能力。而且这种题型保持了客观测试的优点,因而很多综合性测试都采用这类题型。

3.口试

口语表达能力是最直接、最重要的语言交际能力,不包括口语的水平考试,很难说是完整的考试。目前中文水平口语考试(HSKK)已经在国内全面推行,包括 HSKK(初级)、HSKK(中级)和 HSKK(高级),对应于《国际汉语能力标准》一到五级。不过限于人力和物力等方面的困难,考试仍采用录音形式,这种方式不够自然,对测试者心理也有影响。小规模的口试,通常采用面对面的对话方式,并将评分标准尽量细化和量化,而且由多人集体评分以使之尽量客观化。

4.写作

写作能够直接测量受试者的语言表达能力,能全面反映受试者的语法、词汇、汉字以及成段文字表达的能力,因而是一种重要的题型。但是写作测试最大的缺点是评分的主观性,所以大规模标准化测试一般不采用这类题型。

(三)语言测试的试卷设计

1.卷面构成

卷面是指一次考试中的一种完整的试卷。例如用两种试卷分别测试口语和听力,这两种试卷就是两个卷面。卷面构成是指一个卷面包括哪些测试项目和测试内容。根据所包括项目的多少,卷面构成可以分为三种:只测验一个项目的是单项卷面,如听力、说话(口语)、阅读、写作;测验两个项目的是双项卷面,如听和说、听和读、读和说、说和写、读和写;测验三个或四个项目的是多项卷面,如听、说、写的多项组合。不同的测试类型对卷面构成的要求不完全相同。常见的几种测试类型对卷面构成的要求如下:

(1)水平测试。这类测试要全面测量测试对象的语言能力和语言交际能力,因此,理想的水平测试应当包括全部测试项目和测试内容,最好采用单项卷面,也可以部分采用单项卷面,部分采用双项卷面。

(2)成绩测试。成绩测试的卷面构成必须跟课型的教学任务相一致。国际中文教学的课型既有综合课,又有专项技能课,每一种课型都要有自己的成绩测试。专项技能课只训练一两种言语技能和相应的言语交际技能,所以测试项目比较单一。例如口语课只要测试会话能力,听力课只要测试听力能力,就可以采用单项卷面;综合课是全面训练,需要测试的项目较多,一般采用双项或多项卷面。

(3)诊断测试。诊断测试侧重于测验教师在课堂上不易观察的以及在成绩测试和水平测试中不容易发现的情况,而且可以获得在课堂教学和成绩测试中难以得到的数据,因此,测试项目要抓住重点,测试的内容要集中而又有针对性,一次测试的项目和内容不宜过多,最好测试一两项内容,多采用单项卷面。

2.试题类别

试题本身包涵不同的层次,即题类和题型。题类是试题总体性质的类别,题型是具体题目的类型。语言测试题可以从以下不同的角度进行分类:

(1)标准化试题和非标准化试题。这是从命题过程和试题的可靠性程度要求的角度进行的划分。标准化试题对考试的全过程(设计、命题、评分、分析等)实施标准化操作,严格控制误差,具有较高的可靠性和稳定性,能比较准确地测试出受试者的水平。与之相反,非标准化试题是由任课教师根据教学需要而自行设计的测试,这类测试大都没有统一的标准,而且是在小范围内进行的。成绩测试和诊断测试往往属于非标准化测试。

(2)主观性试题和客观性试题。这是从阅卷评分的角度进行的划分。评卷时需要阅卷人作出主观判断的叫主观性试题。主观性试题能比较全面地考查受试者的综合语言能力,但评分较难,往往受到阅卷者个人主观认识的影响。客观性试题阅卷评分比较简便,试题的覆盖面也能有相对保证,但命题难度相对较大,不易考查受试者的语言表达能力和言语交际技能。比较科学的方法是主观性试题和客观性试题相结合,这样方能全面考查受试者的各项言语技能和言语交际技能。

(3)分立性试题和综合性试题。这是从试题的题型(测试内容的特点)角度进行的分类。分立性试题是对受试者所掌握的语言知识和语言技能进行分项测试,如多项选择、综合填空、改错等都属于分立性试题,这种试题具有客观性,但不易全面测量受试者的言语技能和相应的言语交际技能。综合性试题是对有关言语技能和相应的言语交际技能进行综合测验,如听力理解、说话、阅读理解和写作等都属于综合性试题,这种题型阅卷评分标准主观性强,标准不容易准确把握。

3.测试的质量保证

试题的效度、信度、区分度和反馈作用是衡量语言测试质量的四个重要因素,理想的语言测试应当在这四个方面都达到较高的水平。

(1)效度,也叫有效性,即测试的内容和方法是否达到了测试的目的。保证效度的关键是测试的内容和方法要与测试目的相一致。为此,要做到有的放矢,要努力避免缺漏或出现偏题、怪题,还要注意试题内容的代表性、准确度和覆盖面。

(2)信度,也叫可靠性,指测试结果的可靠程度和稳定性,也就是同一个卷面和难易程度相同的试题用于水平基本相同的受试者,测试结果是否基本相同。决定卷面信度的主要因素包括卷面构成、试题数量、评分标准和方法、受试者水平。

(3)区分度,即测试区分受试者的水平差异的性能。如果受试者的水平有很大的差异,而测试结果却很接近,则说明该测试的区分性差。形成区分度的关键是卷面试题的难易程度要有一定的跨度,卷面长度适度,卷面试题的排列应由易到难逐渐过渡。

(4)反馈作用,即测试对教学所产生的影响。所有测试都会对教学带来反馈作用。反馈作用有积极与消极之分,应该发挥测试的积极反馈作用,从而提高语言教学水平。

第四节 国际中文教育教学研究

一 第二语言教学理论和学习理论研究

(一)第二语言教学理论研究

第二语言教学的历史非常悠久,可以追溯到公元前2世纪和我国西汉时期。然而,各种第二语言教学理论直至近代才相继产生。其中影响最大的有四种理论:语法—翻译理论、行为—结构主义理论、转换生成语法—认知理论、交际教学法理论。这四种理论在国际中文教育教学大纲设计、教学方法、教材编写、教学评估等领域至今仍具有现实指导意义。下面主要介绍20世纪出现的三种理论。

1.行为—结构主义理论

行为—结构主义理论的基础是美国行为主义心理学和美国结构主义语言学。20世纪20年代初,受俄国巴甫洛夫条件反射学说的影响,美国心理学家华生(John B.Watson)提出了"行为主义"观点,认为心理学不应该研究无法证实的意识或精神世界,而应该研究看得见、摸得着的行为。他认为应该把复杂的先天本能和后天获得的习惯还原为简单的反射,并通过S—R公式即"刺激—反应"联结来分析所有的行为,以达到预测和控制的最终目标。继华生之后,另一位美国行为主义的代表人物斯金纳(B.F.Skinner)于1957年发表重要著作《言语行为》,阐述和深化了华生的S—R理论。斯金纳提出了"操作性条件反射论",认为言语行为以及人类其他行为,都是由刺激引起的反应,反应结果得到强化，这种反应就会被保留，以至形成习惯。语言学习就是一个模仿、重复、操练并通过强化形成习惯的过程。

美国结构主义语言学最初的动机是抢救性地研究没有文字而又濒临消亡的印第安人口语。在这一过程中，语言学家们接受了行为主义。布龙菲尔德（Leonard Bloomfield）竭力主张把语言学研究的对象限制在话语的形式特征上，希望在实证的基础上客观地观察和研究语言。布龙菲尔德将结构主义嫁接到第二语言教学上，为第二语言教学开辟了崭新的局面。

行为—结构主义教学理论的基本特征是：强调语言是人的一种行为，这种行为经由习惯的养成而学会，语言学习就是通过强化获得语言行为。由此发展出来的"听说法"对语言教学至今还有重要指导意义。

2. 转换生成语法—认知理论

20世纪60年代，"听说法"及其行为—结构主义理论基础的不足逐渐受到人们的质疑和批评。美国语言学家乔姆斯基（Avram Noam Chomsky）创立了转换—生成语法，提出了语言能力和语言行为两个不同的概念。他认为人具有天生的"语言习得机制"（language acquisition device，简称 LAD），每个人的头脑中都有一部普遍语法，在后天与某种语言的接触中，通过外在语言和普遍语法的磨合，逐渐学会某种语言。乔姆斯基认为学习语言绝对不是简单的刺激—反应过程，而是充分发挥人的思维能力和天生语言能力的过程，是靠不断根据输入的语言材料，对语言规则提出假设—验证，对这些规则进行内化和运用的过程。

与转换—生成语法理论几乎同时出现的是认知心理学，它对第二语言教学理论也产生了重要影响。认知心理学重视感知、理解、逻辑思维等智力活动在获得知识中的作用。20世纪60年代初，瑞士心理学家皮亚杰（Jean Piaget）创立了发生认识论，提出了 S→(AT)→R 公式，用以说明一定的刺激（S）只有被个体同化（A）于认知结构（T）之中，才能对刺激（S）作出反应（R）。皮亚杰用同化和顺化两个概念来解释主体认知结构与环境刺激的关系。

转换—生成语法真正为语言学界所采纳离不开格式塔心理学的理论支持。这种理论与行为主义针锋相对，认为学习是一种智慧的行为，一种顿悟的过程,需要有理解、领会与思维等认识活动的参与,并体现为一种突现和飞跃的过程;反对死记硬背和重复操练,提倡"有意味的学习"。格式塔学习理论是西方学习理论中最重要的学说之一,与认知心理学、转换—生成语法一起,扩大了人类的视角,开阔了语言教学实践的新思路。

3.交际教学法理论

交际教学法理论出现于20世纪70年代。该理论认为语言的本质在于它的社会性和交际性,语言教学的任务除了要使学生获得语言能力,更要让学生获得交际的能力。

针对乔姆斯基在《句法理论面面观》中提出的重要概念——语言能力,著名社会语言学家海姆斯(D.H.Hymes)提出了"交际能力"这一概念,主要包括四个方面的内容:语法性、可行性、得体性和现实性。这一概念很快成为第二语言教学新思想、新方法的主要源头。实践证明,第二语言教学的根本目的就是要培养学习者获得语言知识并发展其有效的交际能力。

对交际法理论的形成产生过直接影响的还有英国功能语言学。韩礼德(M.A.K.Halliday)的功能语言学理论认为,语言是表达意义的系统,而不是产生结构的系统,因此应该把语言研究与语言使用者及其使用环境结合起来。韩礼德认为语言具有三大功能,即认知功能、交际功能和语篇功能。结构主义、转换生成理论和认知理论忽视语言的交际功能和语篇功能,脱离了语言的根本目的,因此不能广泛适用于语言的教学实践。

交际教学法理论还充分吸收了第二语言学习理论的长处,强调从学习主体出发,根据学生的实际需要选择教学内容和制定教学方法,充分调动学习主体的学习积极性和主动性,在语言交际中学习语言。

(二)第二语言学习理论研究

第二语言学习理论主要研究"怎样学",体现了"以学习者为中心"的教育新理念。该理论研究领域涉及很多方面。下面主要介绍其中的输入假说和文化适应模式。

1. 输入假说

输入假说是由美国语言学家克拉申（S.D.Krashen）提出的，是 20 世纪 70 年代至 80 年代早期第二语言学习理论研究中最有影响的理论之一。输入假说由五个互相连接的"假说"组成：

(1) 习得与学习区分假说。克拉申认为成年人是通过两种不同而又独立的方式学会第二语言的：一种是有意识的学习；一种是潜意识的习得。前者有意识地学习语法规则，后者注重的是内容和效果。

(2) 监控假说。监控是指说话者对自己所说的语言进行检查和控制，即利用有意识学习得到的语言规则或知识对所说的语言进行正误检查和修改，以提高语言准确性。

(3) 自然顺序假说。克拉申认为，无论学习母语还是学习第二语言，无论是儿童还是成人，不管文化背景多么不同，其习得语法结构都要遵循一种可以预测的顺序。

(4) 输入假说。输入假说是克拉申整个习得理论中最为重要的部分。它强调学生要先"获得意义"，再从中习得语言结构。克拉申认为，理想的输入应具备四个特点：可理解性、输入的语言既有趣又有关联、语言习得要有足够的可理解的输入、非语法程序的安排。根据克拉申的理论，输入假说要求输入必须含有 $i+1$（i 表示学习者现有的水平，1 表示略微高出学习者现有水平的语言知识）才有利于语言获得。

(5) 情感过滤假说。克拉申认为情感因素对语言信息的输入起着过滤的作用。情感因素包括动机、信心和焦虑等，这些因素会阻碍或加速语言的习得。在第二语言教学过程中，应当始终让学生的情感过滤保持在最低限度，而使输入的语言材料易于吸收。

2. 文化适应模式

文化适应模式是由美国应用语言学家苏曼（J.Schumann）在 20 世纪 70 年代后期提出的。文化适应是指适应一种新的文化背景的过程。文化适应模式强调第二语言获得是由学习者与所学语言的文化之间的社会及心理距离决定的。距离越近，越容易获得第二语言。而影响心理距离的因素包括语言障碍、文化障碍、学习动机、个人形象等方面。

第二语言学习过程极其复杂,上述各种理论均作出了巨大贡献,但是还不能全面解决所有问题。第二语言学习过程中的诸多领域还有待进一步探索。

二 国际中文教学法和课堂教学技巧研究

(一)国际中文教学法研究

1.20 世纪 80 年代前的国际中文教学法研究

"教学法"是国际中文教育研究的一个重要课题。随着 20 世纪 70 年代末 80 年代初国际中文教育学科的建立,教学法研究在理论性、系统性和层次性等方面都取得了丰硕的成果。

1979 年,《语言教学与研究》试刊发表了钟梫 1965 年写成的《十五年汉语教学总结》。该文专门论述了教学法问题。此后,学界陆续发表文章,对 20 世纪五六十年代的教学原则、教学方法进行回顾、总结和评价。这一时期国际中文教学主要有下列特点:(1)教学路子是以教授词汇、语法规则等结构形式为核心;(2)教学原则是尽量减少理论讲解,以学生的实践活动为主体;(3)教学目标是培养学生听、说、读、写"四会"的语言能力;(4)教学步骤是贯彻循序渐进、加强听说、阶段侧重、语文并举。这一阶段的教学实践一直重视培养学生的汉语语言能力,为后来的研究者积累了宝贵经验。

20 世纪 70 年代末,随着国际中文教育事业的恢复和发展,教学法研究也取得了一定成就。主要表现在:(1)系统地介绍国外各种外语教学法流派;(2)引进"功能法"的原则;(3)强调文化因素在教学中的作用;(4)对语言习得理论展开新的思考。

2.20 世纪 80 年代以来的国际中文教学法研究

20 世纪 80 年代,学者们提出要把国际中文教育作为一门学科来建设。此后,至 20 世纪末,国际中文教学法沿着宏观研究和微观研究这两个方向深入展开。

(1)宏观研究的新领域。20 世纪 80 年代初以来,学界对国际中文教育学科的性质和特点、教学的指导思想和原则、教学中需要处理的各种关系和矛盾重新展开分析,深化了对第二语言教学本质的认识。总体设计理论的提出,教学过程的四大环节的概括,为整个国际中文教育的教学体系和学科建立奠定了基础。宏观理论研究还突破了"基础阶段"的局限,向"中高级阶段"延伸。

(2)微观研究方面的进展。这一阶段的微观研究大部分摆脱了经验型文章模式,对研究对象能从理论原则的高度进行深入分析,并用以指导教学实践。其中一个突出的方面就是用不同的方法训练不同语言技能,尤其是听力和阅读两项,把听、读能力再分解成相对独立的微技能,进行分别训练。这种探索改变了"以精读为中心"的教学模式基础,引发了一系列的改革。有关口语、汉字、写作等课型或技能训练的研究文章,也大多能采用新视角,既有理论依据,又着眼于实践。一些关于视听说教学的论述和计算机辅助教学的论文,着重探讨现代化技术手段的运用问题,代表了具有广阔开拓前景的研究领域。

进入21世纪以后,国际中文教学法进入一个开拓创新、走向成熟的新时期,开始重视探索和建立自己的国际中文教学理念和教学法体系,出现了一些各有特色的教学法体系,呈现出多元发展态势。如"产出导向法""对外汉语教学激创法""认知功能教学法""体演文化教学法""主题导入教学法"等,这些教学法都有比较系统的理论阐释和一些实证支持。

3.国际中文教学法研究的方法

国际中文教学法研究通常采用语言研究和教育行为科学研究相结合的方法。一般的研究方法在本学科也通行,如观察法、调查法、经验总结法、文献研究法、实验法、个案研究法、相关分析法等。此外,还经常采用带有本学科特色的研究方法,如对比分析法、偏误分析法、话语分析法等。

(二)国际中文课堂教学技巧研究

在国际中文课堂教学的具体实践中,如何实现教学总目标和培养学习者听、说、读、写"四会"的语言能力和语言交际能力,都依赖于授课教师个人的教学方法和技巧,因此课堂教学技巧的研究意义明显。

1. 课堂教学技巧的概念

课堂教学技巧通常包括两个方面：一是教师的行为，在课堂中，教师为了让学生更好地理解和掌握所学语言项目或言语技能所使用的手段，如用图片或实物等介绍生词；二是学生的行为，学生在教师指导下进行课堂操练，从而掌握所学的语言项目和言语技能，如通过替换练习学习语法项目。

2. 与课堂教学技巧相关的课堂教学结构

（1）教学单元。这是依据教材的教学进程划分出来的教学过程。在内容上，一个教学单元包含了教学大纲中的一个到数个项目的一课书；在形式上，一个教学单元表现为一课书的整个教学过程；在时间上，一个教学单元可以是一节课，也可以是数节课。

（2）教学环节。根据课堂上特定时间所处理语言项目的类别，一个教学单元可以划分为若干教学环节。教学环节是为实现一个教学单元的教学目的所设计的过程。如精读课通常可以划分为检查复习预习情况、生词学习、新语法点处理、课文处理、归纳总结、布置作业等教学环节。

（3）教学步骤。根据对语言项目的处理方式，教学环节可以划分为若干个教学步骤。如精读课"新语法点处理"环节一般可以分为展示、解释、练习、归纳四个步骤。

（4）教学行为。一个教学步骤是由一个到数个为达到相同目的的教学行为构成的。如处理生词，可以通过领读、图示、讲解、造句、听写等教学行为构成。教学行为是课堂教学中最核心的单位。

课堂教学技巧就属于课堂教学结构中的"教学行为"这一个层次，就是师生两方面的一个个具体的教学行为。每一个教学单元、教学环节、教学步骤都需要师生通过一系列教学行为（教学技巧）来实现。如果说语言教学是一门科学、一种艺术，那么这种科学、艺术归根结底表现在教师对教学行为的选择、排列和把握上，表现在课堂教学技巧的实施上。

3. 课堂教学技巧的选择使用

（1）根据教学目的选择教学技巧。不同的教学技巧适用于不同的教学目的。如精读课上常用的讲解和操练语法点就不宜在听力课和口语课上使用。

阅读课以训练和提高快速阅读理解能力为目的，因此宜选用默读、浏览等技巧。

(2)选择交际性强的技巧。要使学习过程跟实际运用之间建立直接联系，应注重针对教学内容的真实性设计问答。如在口语课上要尽量进行实际的或模拟性的交际训练。

(3)优先选择节省时间的技巧。课堂教学的时间有限而宝贵，要有效使用。选择直观的、容易接受和理解的技巧项目来解释语言点，如用实物或图片解释名词，用肢体动作演示某些动词，用电影电视片段提供语言点使用语境等，这样就能节省出更多时间用于语言操练。

三 语言教学中的对比分析研究

(一)对比分析的概念

对比分析(contrastive analysis)是把两种语言进行对比，从而确定二者之间的相同点和不同点。这种分析主要是为了预测母语对第二语言的学习可能造成的影响。

语言教学领域的对比分析始于拉多(R.Lado)1957年发表的《跨文化的语言学》，这一著作以结构主义语法为理论框架，系统阐述了语言对比的理论、方法和步骤，影响深远。此后，还出现了以转换生成语法为基础和以语用理论为基础的对比分析。对比分析在中国起步较晚，比较早地进行这方面研究的学者主要有吕叔湘、王还等。近年来，国内对比研究发展较快，出现了不少成果。

传统对比分析的语言学基础是布龙菲尔德的结构主义语言学，心理学基础是行为主义心理学。对比分析的语言理论前提主要有三点：各种语言之间存在许多相同点，也有很多不同点；各种语言之间的异同点是可以描述的；各种语言之间的异同点是学习者在第二语言学习中产生迁移的根源。

对比分析还借鉴心理学的迁移理论，将语言学习中的迁移分为三种：当母语的某些结构特点和使用母语的某些经验对目的语的习得产生启发作用，便是发生了正迁移；当母语的某些特点、原有的生活经验等在某种程度上对习得目的语产生干扰或抗拒作用，便是发生了负迁移(语际干扰)；当母语与目的语完全不同毫无关系时,则发生零迁移。一般认为,在第二语言学习中,应尽量克服负迁移,并充分利用正迁移。

(二)对比分析的步骤方法和难度等级模式

1.对比分析的步骤方法

对比分析一般按照如下步骤方法进行:

(1)描写。以一定语法体系为依据,对学习者的母语和目的语进行准确、清晰的描写,尤其是两种语言间存在细微差别的部分要细致描写。

(2)选择。选择一定的语言项目、规则或结构进行对比。

(3)对比。找出两种语言关系中的特殊点。这要依据参照点的有效性,即具有可比性。

(4)预测。预测可能出现的错误和难点。这种预测可以通过难度等级模式和心理学、语言学理论的应用而得到。

2.对比分析的难度等级模式

为了使对比分析能够形式化,语言学家还建立了数种难度等级模式。其中较为简明的是布拉图(Clifford Prator,1967)提出的模式。他将难度分为六个等级:

零级:迁移(transfer)。两种语言中的相同点,包括语音、词汇和语法,产生正迁移。学习者学习没有困难,难度零级。如辅音s、"主谓宾"结构等。

一级:合并(coalescence)。母语中两项或多项到目的语中合并成为一项,学生可以忽略原来的差别,习惯新的项目。例如英语中动词有人称和时态的变化,而汉语中没有,对于学习汉语的英国学生来说就是合并。

二级:差异不足(under differentiation)。母语中存在而目的语中没有的语言项目,学生要避免使用,以防止介入性干扰。如英语中的定冠词the、韩语敬词、泰语表示说话人性别的成分,汉语中都没有,学习汉语者可以不管。

三级:再解释(reinterpretation)。母语中的某个语言项目在目的语中虽有相应的项目,但在项目的形式、分布和功能方面又有差异,学习者必须把它作为新项目重新习得。如英语中的all和汉语中的"都"、英语的被动句和汉语的被动句。

四级:超差异(over differentiation)。目的语中存在而母语中没有的语言项目,学习者在习得这些项目时会产生阻碍性干扰。如汉语的"把"字句、个体量词、名词动词形容词重叠式等是许多语言所没有的。

五级:分裂(split)。母语中的一个语言项目,在目的语中分裂成两个以上的项目,这一级正好跟合并相反,需要细加区别。如英语中的 uncle 对应汉语中的"伯父、叔父、舅父、姑父、姨父"、英语中的 or 对应汉语中的"或者"和"还是"、不少语言的"2"大致对应汉语的"二"和"两"。

(三)对比分析的作用和不足

对比分析在五个方面发挥着较大作用:

一是有利于确定教学中的重点和难点。海里斯(Z. S. Harris)提出外语学习的一道公式:RTL = RSL + (RTL − RSL)[①],即所要学的目的语的新规则,就是母语原有的规则,加上目的语的规则与母语规则之差。所谓新规则就是母语跟目的语对比之外的东西,也就是学生要学习的重点和难点。

二是有利于预测学生可能会犯的错误。对比分析对汉语初级学习阶段和语音层面的错误预测作用明显,预测的结果也有助于教师提前采取预防性措施。

三是有利于选择测试项目,即可以依靠对比分析为不同语言背景的学生编制考试大纲,设计不同的测试题。

四是有利于发现单语研究中不易发现的问题。有些特殊问题只有通过对比分析才能发现,并为语言研究提供新视角、新思路。

五是对比分析所强调的对语言形式(包括语音、词汇、语法结构等)的细致分析,是每一个语言教师必备的基本功,同时作为语言教学的资源和背景,在语言教学中具有重要作用。

通常认为,在语言背景比较单一的情况下,对比分析的方法更为便捷和有

---

① R 代表规则,TL 代表目的语,SL 代表母语。

效。当然,对比分析仅仅是语言教学的资源和背景,而不是教学的直接内容,运用要合理。

对比分析也存在不足,主要体现在:

一是重视学生母语对目的语的迁移作用,忽视了语内迁移作用以及社会和心理等许多其他因素所产生的迁移作用。布鲁克斯(Brooks)曾概括出引发偏误的四种原因:学习者不了解结构类型,因此出现随机性偏误;正确的模式没有得到足够的操练;由一语引起的误解;学生遵循语法的普遍规则,但这一规则不适用于某一特殊情况。其中只有"一语引起的误解"是由母语干扰造成的。实践也证明,在学生所犯的错误中许多是无法运用对比分析作出科学解释的。

二是重视语言的形式,而忽视语言的意义和功能。对比分析往往针对语言形式进行对比分析,排斥其他非语言因素,甚至否认意义是语言研究的内容,因此,对学生在意义、功能方面的错误以及得体性方面的错误不能作出解释。

三是对语言错误的预测并非完全有效。有的预测是表面化的,如可能出现偏误的地方等,其准确度低于教师从教学实践中总结出来并得到证实的预测。

四 偏误分析研究

(一)偏误分析的产生和理论基础

1. 偏误分析的产生

偏误分析得益于认知心理学的发展。20世纪50年代末乔姆斯基的转换生成语言理论产生以后,对行为主义心理学产生了巨大的冲击,也推动了认知心理学的发展。语言教学研究逐渐把学习过程和特点作为研究的核心,其重点也由"教"转向"学"。认知心理学主要在三个方面不同于行为主义心理学:认知心理学认为语言是一个转换生成的创造系统,而行为主义心理学认为语言是一套习惯,是一个结构系统;认知心理学认为语言只能通过有意义的学习获得,而行为主义心理学认为语言可以通过反复的机械操练获得;认知心理学认为语言学习是一个不断假设、求证的过程,错误是不可避免的,而行为主义心理学主张应当尽量避免犯错误。

在认知心理学的影响下,人们对以行为主义为基础的对比分析进行反思,并对其预测性和有效性产生怀疑,因为人们研究发现学生的错误中受到母语影响的还不到一半。正是在这一背景下,偏误分析应运而生。

所谓偏误分析(error analysis),就是对学生学习第二语言过程中所犯的偏误进行分析,从而发现第二语言学习者产生偏误的规律,包括偏误的类型、偏误产生的原因等。其目的是研究第二语言的学习过程,使得第二语言教学更有针对性。

2. 偏误分析的理论基础

偏误分析的理论基础是中介语(interlanguage)理论。中介语是第二语言习得中的一个重要概念,指第二语言习得者所形成的与母语和目的语两者都不相同的个人独特的语言系统。中介语理论促进了偏误分析的发展和完善,并逐渐成为其理论基础。而偏误分析本身又成为中介语理论的一个关键组成部分。根据目前研究成果,中介语的特点可以概括为四点:中介语是独立的语言系统,是介于母语和目的语之间的过渡形式;中介语中包含了大量的偏误,但也存在一定的正确因素;中介语具有一定的稳定性,它有自己的规则,学习者不是随意地使用这种语言,而是有意识地、创造性地使用这些规则;中介语是一个动态的语言系统,逐步由母语向目的语靠近。

(二)偏误的来源和偏误的类型

1. 偏误的来源

偏误分析认为偏误的来源是多方面的,母语干扰仅是其中的一个方面。偏误分析将偏误的来源归结为以下几种:

(1)语际迁移(interlingual transfer),即母语知识向目的语迁移。

(2)语内迁移(intralingual transfer),也称语内干扰,指在第二语言学习过程中,目的语内部规则的相互迁移。这种负迁移主要是过度泛化(overgeneralization），即学习者对目的语的某个语言项目的规则学习得不够全面，把该规则当作该语言项目的统一形式，而忽视了其他形式或用法。偏误分析的一大贡献就是认识到语内迁移对第二语言学习所起的严重干扰作用。

（3）学习语境（context of learning），主要是指课堂、教材、教师、社会环境。教材或者教师不恰当的解释和引导可能会导致曲解，从而产生偏误。

（4）交际策略（communication strategies），由于交际策略造成的偏误与语际、语内迁移有交叉。常见偏误形式有回避、套用预先制作的话语模式、求助于权威、语言转换等。

（5）文化迁移（cultural transfer），即母语文化对目的语的学习产生干扰。这种负迁移主要体现为语用上的不得体。

2.偏误的类型

偏误分析非常重视语言偏误的类型划分。不少研究者从不同的角度对偏误进行了分类：

（1）根据偏误的严重程度，把偏误分为全局性偏误和局部性偏误。全局性偏误指影响到对基本意思理解的严重偏误。局部性偏误则指在某些非关键部分出现的错误，对基本意思的理解不产生影响。

（2）根据学习者所处的学习阶段，将偏误分为形成系统前的偏误、系统的偏误和形成系统后的偏误。形成系统前的偏误，即学习者对于试图表达的内容，尚未掌握相应的表达形式，只能从已知的语言素材中（包括母语和目的语）临时寻找一些手段应付，因而带有一定的任意性和猜测性。系统的偏误，即学习者对目的语已经形成了一定的系统意识，但对某些规则理解得不够完整而导致的偏误。系统后的偏误，即学习者已经形成了较完整的规则系统，但由于尚未内化为一种习惯，在使用目语过程中有时出现的偏误。

（3）根据偏误的形式特征，将偏误分为添加、遗漏、替代、错序等。添加是在语言形式中出现了冗余成分，造成语义上的重复或矛盾。遗漏是在语言形式上少了必要的成分，造成语义上的不完整或歧义。替代是用同义或近义的语言形式代替应该出现的语言形式，导致不符合语言习惯或特定的语境，听起来别扭甚至影响交际时的偏误。错序是指语言成分在表达中的顺序不合目的语的规则。

(三)偏误分析的作用

鲁健骥(1984)首次引进了"中介语"和"偏误"这两个重要概念,从此引发了一系列对汉语偏误分析的研究,使得中介语理论和偏误分析成为汉语教学研究中的一个热点。偏误分析的作用有:

1.促进第二语言教学

偏误分析在第二语言教学中的作用是显而易见的。与对比分析相比,偏误分析更加重视研究偏误的类型、偏误产生的原因。由于它对偏误进行了细致的描写和解释,一方面使得学习者可以了解偏误的原因,从而更好地掌握汉语语言规则,减少偏误出现。另一方面也使得教师对学生的偏误有比较全面、客观的认识。根据偏误出现点和频率,教师可以有针对性地进行教学,同时也为教材和词典编写提供了重要依据。

2.深化汉语习得研究

考察偏误产生的原因和途径,是习得研究的重要内容。偏误分析要找出偏误出现的种种原因,探索学习者生成偏误的心理机制,必然会推动二语习得研究。另外,习得顺序的研究也离不开偏误分析,要得出某个语言点的习得顺序,需要考察学习者的使用率、偏误率和正确使用率等数据,需要对学习者的相关偏误进行系统研究。

3.推动汉语本体研究

要对学习者的偏误进行全面、准确的解释,就必须弄清楚相关的语法规则。以往的汉语本体研究往往从本族人的视角看问题,从符合汉语语法的语言现象里去找问题。这种视角是单向的、狭窄的、静态的。偏误研究必须从外国人、外族人的角度看汉语,从多语对比的层面观照汉语,从不符合语法规则的中介语现象里去找问题,从产生和发展去纵向观察中介语。这种视角是多向的、宽广的、动态的。全新的视点,自然会促进研究理论、方式、程序、手段的创新,促进汉语本体研究的突破。(周小兵主编,2009)

五　中介语理论研究

中介语理论是偏误分析的理论基础，中介语理论产生之后，第二语言习得研究有了自己独立的研究方向，使得第二语言习得研究成为一门独立的学科。下面着重介绍国内外关于中介语理论研究的主要方面。

(一)中介语理论的提出和发展
1.塞林克对"中介语"理论的贡献

一般认为中介语(interlanguage)这个术语是美国学者塞林克(Selinker)于1972年首先使用的，他的《中介语》一文标志着中介语理论的形成。塞林克认为，对于第二语言习得者来说，整个学习过程伴随着母语规则迁移和目的语规则泛化，从而产生一系列逐渐趋近但始终不同于母语和目的语的中间过渡状态，这种中间状态有其自身的多变性的特点。塞林克就把第二语言习得者的这种在自觉的学习过程中所形成的中间状态称为中介语。塞林克关于中介语的观点，可以概括为"自主的语言系统"观，他认为中介语是一个独立的语言系统，有其内在的规律性，即认为学习者的语言系统是可以观察到的、以言语输出为基础的、独立的语言系统。

塞林克进而分析讨论了中介语的五个产生过程：(1)语言迁移。学习者把自己母语的语言特点迁移到第二语言——目的语上。(2)目的语规则的过分概括。学习者错误地使用目的语的规则。(3)训练迁移。教学中学习者习得某些不符合目的语的规则。(4)第二语言习得策略。学生积累语言规则的一些方法和为了能运用自如所采取的一些手段，如在一组同义表达格式中学习者往往只学习其中容易记、容易用的一种。(5)交际策略。如学习者交际时为了便利而忽略某些语法要求，从而产生不合语法的句子。

塞林克还提出了"僵化"(fossilization，或译成"石化""化石")的概念。塞林克认为僵化就是母语的词条、规则和次系统倾向保留在与目的语相关的中介语中，不管学习者的年龄有多大，也不管学习者接受的训练和指导有多少，这种倾向都不会改变。可见，僵化是存在于中介语中的一种心理机制，无法消除,可以出现在语言学习的任何阶段。塞林克还分析了引起僵化的主要原因——学习策略,即对输入语言的理解和对输出语言的控制。

塞林克的研究使得第二语言习得研究领域有了自己独立的研究方向,也标志着第二语言习得开始成为一门独立的学科。由于塞林克的中介语理论是以生成语法和现代认知心理学为理论基础的,因而该理论相对于其他关于第二语言习得的理论具有更好的解释力。

2.中介语理论的发展

20世纪80年代以后,中介语理论有了新的发展,学术界往往把塞林克的最初的中介语理论称为"早期的中介语理论"或"传统的中介语理论"。近年来,关于中介语的性质有了不同的认识。如科德(Corder)和奈姆瑟(Nemser)在塞林克的基础上把中介语看作一个动态的过渡系统,这个系统以学习者的母语和目的语作为一个连续体的两端,并且不断地向目的语系统靠近。可见,这个过渡系统的观点是以目的语为参照的,可概括为"以目的语为参照的过渡观"。再如科德和爱丽丝(Ellis)持"共时和历时观",从横向和纵向两个维度对中介语进行定义:从横向的角度看,中介语指的是学习者在特定的时点建构的语言系统;从纵向角度看,中介语指的是学习者经过的不同的发展阶段。可见,中介语实际上指的是中介语的连续统。沙伍德(Sharwood)发扬塞林克的观点,认为中介语是可以观察到的、可以记录的语言系统,潜在于中介语之后的心理学基础是一般的认知结构或潜在的心理结构,这种观点可以概括为"认知的观点"。跟认知的观点不同的是心灵学派的观点,如艾德赫米安(Adjemian)把乔姆斯基关于语言能力的观点直接用来解释学习者的中介语能力,认为中介语指的是作为生成学习者目的语话语基础的语言知识,中介语被看作一个抽象的语言规则系统。托拉内(Torane)则持"可变能力的观点",认为中介语是由不同的语体风格构成的连续体,这种连续体反映了学习者中介语能力有规律的变化,这说明学习者的语言能力不是单一不变的,而是不断变化的,就是说中介语有异质性。

(二)国内对中介语理论的引进和研究

国内最早介绍中介语理论的是鲁健骥,他在 1984 年发表了《中介语理论与外国人学习汉语的语音偏误分析》一文,首次引进了"中介语"和"偏误"两个概念。这篇文章在国内国际中文教育界产生了较大的影响,使得中介语理论和偏误分析成为汉语作为第二语言习得研究的主流。与此同时,国内外语学界、心理学界等也对中介语理论给予了一定的讨论。这方面的讨论主要涉及以下几个问题:

1.关于中介语可变性论争的评介

中介语可变性是第二语言习得研究中一个颇有争议的问题。争议围绕学习者中介语能力的可变与不可变以及对自由变化的不同认识来展开。中介语可变论中最有代表性的是语言能力连续体范式和可变语言能力模式。关于可变与不可变之争产生的根源,有学者归纳为以下几个方面:(1)语言观问题,包括第二语言习得中有无语言能力与语言运用之分、语言规则有无变化;(2)理论目的问题,是解释习得过程还是中介语系统;(3)获取资料的方法问题,是采用通过观察和实验获得资料数据的经验主义方法,还是依靠与生俱来的知识的唯理论方法。中介语可变性争论主要是为了解释中介语系统性和可变性这对矛盾。

2.关于中介语某些特点的分析及起因的探索

中介语中的僵化和正负迁移等现象,是中介语研究中讨论较多的问题。中介语僵化现象是第二语言习得研究的一个重要方面,是指第二语言习得中,由母语向目的语转化过程中的一种特殊语言形式。僵化现象是第二语言习得中的普遍现象,因而探讨僵化的起因以及如何避免僵化就成了第二语言习得研究的重要课题。

第二语言习得中母语对目的语学习的迁移(包括正迁移和负迁移)问题也是一种普遍现象,因而也是第二语言习得理论研究的重要课题。

3.关于中介语产生的认知、心理原因的分析

一般认为中介语是第二语言习得过程中学习者把母语语言规则转移到第

二语言的语言规则、运用母语语言规则简化第二语言的语言规则的产物,中介语是第二语言习得过程中产生的一种新的语言现象,因而中介语的产生有深刻的认知和心理原因。不少学者认为,中介语认知的系统发生形成了中介语认知图式,并指导和管辖第二语言习得;或者认为中介语现象产生于学习者建构目的语句法的心理系统时其语言习得机制的自主创造性。

4.关于中介语特征的探索

多数学者认为,中介语是第二语言习得中形成的一个独立语言系统,那么这个语言系统是什么样的？国内不少学者认为中介语是一系列的过渡语系统,这些系统不断发展,并且越来越接近于目的语的语言系统。他们总结出中介语有三个特征:(1)开放性。中介语是一个开放的系统,具有逐渐进化的特征,其发展具有一定的阶段性。(2)灵活性。中介语是一个灵活的、不断变化的体系,新的语言规则进入中介语系统后具有强烈的扩散能力,中介语系统处于不断的重组之中。(3)系统性。中介语在任何阶段都呈现出较强的系统性和内部一致性。

5.国际中文教育学界关于中介语的主要认识

自20世纪80年代以来,国际中文教育学界对中介语理论给予了比较多的关注。其中对中介语的性质也有不同的看法。

一种观点认为中介语是学习者对目的语规律所做的不正确的归纳和推论而产生的一个语言系统,这个系统跟学习者的母语和学习的目的语都有所不同。这种观点认为:首先,中介语也是一种语言,具有人类语言所有的一般特征和功能;其次,中介语是有系统的,是由语音、词汇、语法构成的规则系统,即承认中介语是一种自然语言;再次,中介语是由于学习者对目的语所做的不正确的归纳和推理而产生的。这种观点显然是把中介语看作可以观察到的、独立的语言系统。

另一种观点认为,中介语是第二语言学习者特有的一种目的语系统,这个系统跟学习者的母语系统和所学的目的语系统都有所不同,这个系统是随着学习的进展向目的语的正确形式逐渐靠拢的动态的语言系统。这种观点对中介语的认识有如下特征:首先,这种观点定义的中介语是以目的语为参照的,强调中介语是一种学习者特有的目的语系统,而且这个系统逐渐向正确的目的语形式靠拢;其次,这种观点把目的语系统扩大到文化和交际的层面,这就要求中介语研究不仅要注意第二语言学习者的语音、词汇、语法各层面的研究,而且要注意学习者在汉语言文化以及交际层面上的中介语现象。

再一种关于中介语的认识是所谓"混合说"或"无联系说"。这种观点认为中介语就是两种语言的混合体;或认为中介语跟学习者的母语及目的语无任何联系,不受任何现有语言的影响。

就国际中文教育学界对中介语的认识来看,基本观点跟国外的一些学者大体相同。目前随着国际中文教学研究和外语教学研究的深入,随着西方第二语言习得研究新理论的引入,学术界还必须对中介语理论及其他相关理论结合中国的第二语言教学实际给予进一步探讨,以指导国际中文教学实践。

(三)中介语理论与国际中文教育

尽管学术界对中介语理论有不同认识,但国际中文教育界还是运用中介语理论和方法来指导国际中文教学研究和国际中文教学实践。1992年5月,由《世界汉语教学》《语言教学与研究》《语言文字应用》三家杂志联合发起首次语言学习理论研究座谈会,会议中心议题是中介语理论的研究,其后的各次有关国际中文教育学术研讨会和相关杂志发表的关于国际中文教育研究的论文,都涉及中介语理论问题和教学实践问题,其中鲁健骥、王建勤、吕必松、孙德坤等学者的研究涉及最多。近年来国际中文教育涉及中介语的研究主要有以下几个方面:

1.关于母语迁移的研究与应用

母语迁移包括正迁移和负迁移规律的分析和研究,是国际中文教育学界关于中介语问题讨论的主要方面,这方面发表的文章在中介语讨论中也最多。学者们针对母语为日语、韩语、英语、泰语的学生在学习汉语时的迁移,尤其是负迁移现象及规律、消除或防止负迁移的手段,从不同角度或语言项目给予了比较充分的讨论和分析。这些语言项目包括复合词、宾补共现、关联词语、"了"字的使用、"再"和"又"的使用、语音等方面。

2. 关于目的语知识迁移的研究与应用

使用已经学习过的目的语的有限的、不充分的规则来错误地或不适当地类推到新的语言现象上，也是留学生发生偏误的一个方面，尤其在中高级阶段，这种现象越来越多。这种现象就是一般所说的过度概括或过度泛化。不过，这方面的研究成果还不多。

3. 关于学习策略和交际策略的研究与应用

留学生习得汉语学习策略的研究是近年来讨论较多的问题。学者们调查和分析了学习策略与学习效果之间的关系，概括了写作时的几个错误策略，讨论了学习策略与学习者个性、处境和语言能力的关系，总结出了外国学生学习汉语的几种常用的学习策略，等等。不仅如此，学者们还把学习策略的研究成果应用到指导国际中文教育的具体实践中，如利用学习策略理论去提高汉字教学、写作教学的效率。

交际策略的使用对留学生学习汉语来说也是十分重要的。要学好汉语，用汉语进行交际，不仅要具备必要的汉语知识和汉语社会文化知识，还必须具备一定的交际策略。交际策略跟一个人的语言能力和语言运用能力有直接的关系。

4. 关于学习环境

运用语言进行真实的言语交际总是在特定的社会环境和文化环境中进行的，语境可以帮助言语交际者排除歧义、补充信息、领会会话含义。同样，第二语言学习也需要重视语言学习的环境。语言学习环境对第二语言教学效率有一定的影响，国际中文教学要充分利用语言环境，建立课堂教学与自然习得相结合的新教学体系。为此，不少学者和教师非常重视语言学习环境的研究和探讨，强化国际中文教学中的环境意识。一般把第二语言教学环境分为宏观调控环境、微观教学环境，前者一般指语言学习的大的社会环境，后者一般指课堂教学的小的教学环境，当然，还要包括学习者所处的学习环境，如学校、院系、学校所在地等，这可以称为中观制约环境。理想的第二语言学习环境应该是宏观与微观相呼应，整体与局部相结合，课内与课外相融合。

5.中介语理论对国际中文教学观念的影响

偏误分析、中介语理论等第二语言习得理论的引入,尤其是中介语理论的引进,从某种程度上改变了国际中文教学的某些观念。例如,它改变了教师对留学生所犯语言错误的态度,使教师不再每错必纠,这样能增强学生的自信心,克服学习过程中存在的沉默期,促进交际的成功;它能引导教师根据学生中介语的系统情况和发展进程进行全面的、合理的教学设计,不断调整教学内容和教学方法。

思考题

1.谈谈你对国际中文教育学科性质和特点的认识。
2.如何理解国际中文教育是一门交叉性学科?
3.国际中文教育的研究对象和内容有哪些?
4.国际中文教育事业在20世纪70年代末以后的蓬勃发展阶段取得了哪些成就?
5.简要谈谈国际中文教育事业的现状和发展趋势。
6.简述国际中文教育专业的发展历程。
7.举例说明总体设计在国际中文教学过程中的重要意义。
8.为什么说课堂教学在国际中文教学过程中至关重要?刚刚从事国际中文教学工作的年轻教师应该如何提高课堂教学能力?
9.简述第二语言习得研究中常用的理论和方法。

第四章 社会语言学

第一节 社会语言学的性质和特点

一 社会语言学的研究对象和研究范围

社会语言学作为一门年轻的应用语言学分支学科产生的时间并不长,关于其研究对象、研究内容、学科性质、特点等的理解,语言学家和社会学家有不同的认识角度,国外学者和国内学者也有不同的侧重点,学术界有过不少争议。目前,随着研究的深入,人们对社会语言学的认识也渐趋一致。

(一)语言与社会

一般认为,社会语言学研究两个变量:一个是社会,一个是语言。从语言的变化可以窥见社会的变化,这是显而易见的;语言文字的变化会不会给人类社会某些方面带来一点变化、一些影响,这个问题也是需要深入研究的。

1.语言和社会的关系

语言是一种社会现象。语言的本质属性就是它的社会性。语言是伴随着人类社会的形成而产生的,而且随着社会生活的变化而发展。

就语言和社会相互依存这一观点而言,语言与社会的关系主要体现在如下几方面:(1)语言的存在和发展离不开社会。语言是人类最重要的交际工具,任何个人的语言现象,都是派生于语言作为社会的交际工具而产生和存在这一基本事实的。语言就是适应人与人之间的交际而产生的。没有社会,语言也就无从存在。(2)社会的构成需要语言。没有语言,人与人之间的联系就会中断,社会就会解体。(3)语言行为同时也是社会行为。(4)语言通信的问题、对语言的态度问题等都是可能产生严重社会后果的问题。

2.语言和社会结构的共变

"共变"论(covariance)是美国学者布赖特(W. Bright)在《社会语言学》(*Sociolinguistics*,海牙,1964)中第一次提出的。他指出,社会语言学的任务在于描述语言和社会结构的共变。语言是一个变数,社会也是一个变数,语言和社会这两个变数互相影响、互相作用、互相制约、互相接触而引起的互相变化就是"共变"。当社会生活发生渐变或激变时,语言——作为社会现象,同时作为社会交际工具——毫不含糊地会随着社会生活进展的步伐而发生变化。社会语言学要探索的许多问题,都可以归入"共变"的范畴。

总之,语言和社会具有共变关系,语言离不开社会,社会离不开语言,社会促进了语言的发展,语言反映了社会的发展。正因为语言跟社会有着如此密切的关系,研究语言与社会关系的社会语言学就是十分必要的,也是必然的。

(二)社会语言学的研究对象

在国外的社会语言学文献中,常常出现这样两个词:社会语言学(sociolinguistics)和语言社会学(sociology of language)。前者侧重语言结构,探讨语言怎样在交际中发挥作用,后者则通过对语言的研究更好地了解社会结构。实际上,无论是通过社会研究语言(如社会生活的变化将引起语言诸因素的变化、社会语境的变化对语言要素的影响),还是通过语言研究社会(如从语言诸因素的变化探究社会诸因素的变化),都应该是社会语言学的研究范围,社会语言学就是研究语言与社会或社会与语言的关系。

通俗地说,社会语言学要研究的是:何人在何地何时对何人如何说何种话。正如陈章太所指出的:社会语言学"研究语言与社会或社会与语言的关

系",它的研究对象"总的来说是社会语言现象,即语言应用、语言变异与社会诸因素的关系"。(陈章太,1998)

(三)社会语言学的研究范围

1.关于宏观社会语言学和微观社会语言学

社会语言学一般可分为宏观社会语言学(macro-sociolinguistics)和微观社会语言学(micro-sociolinguistics)。

宏观社会语言学也称大社会语言学,重在研究社会中的语言问题,主要指语言接触和语言规划,包括双语、双方言或多语的交际与教育,语言政策与语言规划,标准语选择,语言的相互接触与影响,语言冲突等问题。这些问题往往因社会因素而产生,也需要从社会的角度加以研究和解决。20世纪70年代后期以费什曼(J.Fishman)为代表的一批外国学者开始从社会学角度研究语言问题。在中国,此类问题的研究历来也颇受重视。如中国近百年来的语文现代化运动(汉字改革、白话文运动、国语运动、拼音化运动、推广普通话、《汉语拼音方案》的制定、《中华人民共和国国家通用语言文字法》的制定、少数民族语言政策制定和少数民族文字的创制等)即属于此类。

微观社会语言学也称小社会语言学,主要研究语言的各种变异(variation),并且联系社会因素来探讨语言变异发生的原因和规律,常常用统计的方法和概率的模式来描写这些变异现象,其经常性课题包括语言与社会、语言与阶级、语言与环境、语言与性别、语言与种族集团等,讨论各种社会因素对语言变异的影响。在国外,早期以拉波夫(W.Labov)的"城市社会方言学派"为代表,在中国,陈原、陈松岑、陈建民、张清常、祝畹瑾等的研究基本属于此类。

概括地说,宏观社会语言学主要研究语言中的整体性、全局性问题,包括语言政策、语言规划、语言的规范化、语言接触与影响、语言冲突等。微观社会语言学则主要研究个体性的、局部性的问题,包括社会因素和个人因素引起的个人言语变异及变异发生的原因和规律。

除了宏观社会语言学和微观社会语言学外,广义的社会语言学还研究语言文明、语言修养、语言风格、作家作品语言、新闻语言、播音主持语言、广告语言、法律语言、新词新语、网络语言等。

2.中国社会语言学研究的主要内容

中国的社会语言学,研究课题非常广泛,主要有:语言和方言人口统计,集团双语、多语、多方言现象,语言规划、发展、规范化,语言的混合,对语言的非标准变体的描写,中介语,语言的人种史,语域和领域语言,语音、词汇和语法变化的社会因素,语言同社会、文化、政治、经济等的关系,社会语言学的方法,儿童语言学习的发展,语言体系的功能,语言的相对性,语言的变异,语言的环境,言语社区调查与言语社区理论,口语研究,话语理论,秘密语,詈语,流行语,语言的独立同经济发展的关系,汉语的传播和维护,民族语言的保持和失却,等等。

二 社会语言学的学科特点及与邻近学科的关系

(一)社会语言学的学科特点

社会语言学作为应用语言学的一个分支学科,它运用语言学和社会学等学科的理论和方法,联系社会来研究语言现象。尽管其产生、发展的时间较短,又是一门新兴交叉性学科,但已逐渐形成了自己的学科特点。

1.社会语言学具有综合性

社会语言学要借助于其他学科的理论和方法来观察和研究语言现象和语言问题,社会语言学的建立就是语言学家、社会学家、人类学家等共同努力的结果。研究社会语言学的问题既需要语言学知识,也需要社会学、人类学、文化学、民族学、教育学乃至统计学、计算机科学等其他方面的知识。如研究语言的社会分化(社会方言),要涉及社会学中关于社会分层、社团确立等社会学观念;研究语言的各种变异的具体情况需要借助于社会学的统计、调查等方法;研究双语政策、双语教育、语言教育规划,需要教育学的相关知识;研究语言跟民族、文化的关系需要民族学、人类学、文化学的相关知识;研究语言的地域变体跟地理学、移民史等有关。总之,社会语言学是一门综合性、边缘性极强的学科,具有跨学科的性质。

2.社会语言学具有应用性

作为应用语言学的一个分支,社会语言学的应用性是显而易见的。首先,社会语言学的应用在语言文字的地位规划和本体规划上的表现尤为突出。可以为双语教育态度的分析、双语教育模式的制定或选择、双语教育的评估等提供理论上的依据;语言变异跟社会阶层之间的对应关系的研究成果可以为语言社区教育(如语言偏见矫正)提供指导;语言跟文化关系的研究可以应用于跨文化交际;语言和社会关系的研究可以为词语的社会意义研究提供线索。其次,社会语言学研究成果还在商业(如广告文化、商品品牌名禁忌)、法律(如法律语言的话语分析、功能辨别,法律文本的可读性指导)、医学(如医生跟病人交谈时的话语选择、交谈方式、话语模式等)、行政文书(如语体和用词)、第二语言习得(如交际适应理论和中介语问题涉及跨文化交际)、文学研究(如文学话语分析模式中的父权主义分析、女权主义分析、社会语言学分析等就是社会语言学为文学研究提供的新的观察视野;社会语言学还可以为文学作品中人物角色的社会地位、身份认同、叙事方式、话语模式、语言表达等的分析提供帮助)等方面有较为显著的实用价值。

3.社会语言学具有实验性

社会语言学要联系社会来研究语言问题和语言现象,因此常常会借助社会调查法、科学实验法和现代统计测量等方法。像拉波夫的《纽约市英语的社会分层》(1966)这篇社会语言学的经典著作就采用了社会调查和科学实验的方法。他用随机抽样的方法来抽取和选择调查单位,用社会变量值作为划分调查对象层次的尺度,又用谈话法和观察法设法诱导和分离出随情景而异的语体,用录音机记录调查素材,对调查得到的材料进行统计和量化分析,最终使语言变项跟社会阶层对应起来,从而使社会语言学取得了突破性的进展。

4.社会语言学的语言学性质

社会语言学虽然重视语言与社会的共变关系,研究语言和社会的各种关系,但它本质上是属于语言学的,是语言学中的应用语言学的一个分支学科,只不过是强调从社会角度来探讨语言的社会本质和语言变异的社会原因。

(二)社会语言学与邻近学科的关系

就语言学外部而言,社会语言学与社会学、人类学、文化学等学科都有密切联系。就语言学内部而言,社会语言学与方言学、修辞学等也有密切的联系。下面以社会语言学跟方言学、修辞学的关系为例来说明社会语言学跟相邻学科的关系。

1.社会语言学与方言学

这里的方言学是指传统的对地域方言的研究。从某种意义上说,社会语言学也是一种方言学,因为它研究的也是一种方言,不过不是语言的地域变体,而是语言的社会变体——社会方言。也有学者(如赵元任)把方言学看作社会语言学的一个分支,不过,从目前国内的研究现状看,多数学者还是把社会语言学和方言学看作两个不同的学科。

与传统的方言学相比较,社会语言学有如下特征:(1)社会语言学不但研究社会变体,而且把语言的社会变体与社会因素联系起来,看二者之间的联系。(2)社会语言学尽量使用共时的研究方法,重点在于描写其现状,并整理出一定的规则。方言学除了描写以外还探求历史上的方言分化的联系。(3)在选择语言调查对象时,社会语言学不局限于少数的典型的个体,而用科学的抽样的方法,使用概率统计方法。(4)在社会语言学看来,方言之间没有明显的界线,是一个连续体(acontinum),一个方言到另一个方言是逐渐过渡的。并且认为,划分方言的标准不应该纯粹按语言的标准,也应当考虑政治社会因素,否则无法解释为什么有时两种结构差别很大的语言是不同的方言,而结构上差别较小的却是不同的语言。

2.社会语言学与修辞学

这两门学科的研究范围在很多方面是重合的,两者既有共同点也有区别。比如:两者都研究语言的变体,但社会语言学研究的是语言的社会变体,修辞学重点研究语言的风格功能变体。社会语言学也研究风格,研究在什么情况下说什么话最恰当,在这一方面它和修辞学一致,但修辞学主要研究在语言体系中存在哪些手段可供选用,而社会语言学更多地考虑使用这些手段的环境。

社会语言学除了研究语言变体以外，还研究双语等较大的语言社会问题，修辞学则不包括这些内容。

三　社会语言学的方法论和研究程序

(一)社会语言学的方法论

独特的研究对象和学科性质，决定了在进行社会语言学研究时应该遵循一些基本的方法论原则。具体学科的方法论是该学科具体研究方法的基本理论和原则。鉴于社会语言学的具体研究方法与其上位学科应用语言学有很多相通之处，这里只介绍社会语言学的方法论原则，这是社会语言学研究科学性、规范性的保证。

1.定性研究与定量研究相结合的原则

定性研究是人文科学惯用的研究方法，它是从研究对象的属性出发对其内在规定性进行研究，传统的语言研究更多地使用这种研究方法。定量研究的方法主要是通过对研究对象的数量特征、数量关系和数量变化的分析，从而把握其量的属性进而认识其内在规定性，也就是说，定量研究最终还是为了定性。比如，要研究语言变异现象，简单的语言差别描写是远远不够的，还必须对变体的各个项目之间的数量关系等进行详细的分析，在系统的量化分析基础上的定性研究才能揭示变异现象的本质。定性研究和定量研究相结合是社会语言学基本的方法论原则。

2.客观性原则

客观性原则体现在两个方面：一是材料的真实性。社会语言学研究中所使用的语言材料和数据，必须是通过社会调查获得的真实语料，这样才能保证研究的客观性，进而保证研究得出的结论是科学的。如某种语言形式在实际生活中的使用情况(用不用、什么人用、何时用、用的频率等)必须用调查数据来回答，不能想当然，更不能编造，否则所做的研究就没有意义，所得出的结论是不科学的。二是研究态度的客观性。社会语言学需要研究者持一种中性的、客观的研究态度，避免把个人的感情、愿望等渗透到研究中，否则会直接影响研究的结论。

就具体的研究方法而言,在坚持这两个方法论原则的基础上,应用语言学的常用研究方法如观察法、访谈法、问卷法、实验法、抽样统计法等都可以为社会语言学的研究所使用。

(二)社会语言学的研究程序

科学研究需要按照一定的程序步骤有序地进行。社会语言学研究一般遵循如下程序步骤:

1.选定课题,建立假设

什么样的问题需要社会语言学去研究解决?这是研究的前提,即首先必须确定研究课题。发现有价值的研究项目,需要研究者具备扎实的语言学功底,对社会语言现象有敏锐的感受力。完成选题后,研究者需要作出初步的判断,而这时的判断多少带有一定的想象成分,是一种"假设"。比如要探讨社会因素与语言变异之间的联系,就要对其联系作出初步的判断,提出初步的结论。

2.确定研究范围和调查对象

如研究社会方言首先遇到的困难就是涉及的个体太多,范围太广。这就需要研究者根据课题实际,确定合适的范围,通常人们采用抽样调查的方式。

3.调查实验,搜集资料

确定了调查对象后,就可以实施调查,进行实验,搜集资料。搜集的资料包括:语言使用者的资料(民族、籍贯、性别、年龄、职业等)、使用语言的资料(说话人在一定语境中所说的话语)、有关语言态度的资料(看法、情感、行为意向等)。搜集资料的方法有多种,常用的有观察、问卷调查、访谈实验等。用什么方法、搜集何种范围的资料、搜集多少资料,这些对社会语言学研究来说尤为重要。

4.整理分析资料,得出结论

搜集资料不是研究的目的,研究的目的是要解决问题,因此,需要对搜集到的资料进行科学的分析处理。整理分析资料常用的是统计法,必要时采用或设计专门的软件来分析整理。经过资料的整理,我们获得相关的数量特征、数量关系和数量变化的信息,然后要对这些数据信息进行认真分析、处理,结合相关背景进行深入系统的研究,完成专题报告。

四　社会语言学研究的价值及应用

(一)社会语言学研究的价值和意义

社会语言学研究既有理论价值也有实用价值。

1.理论价值

(1)就研究范围看,社会语言学的出现改变了传统语言学只研究语言内部、语言结构的状况,进而研究社会语言、语言外部、语言应用与语言变异,大大拓宽了语言学的研究领域,使语言学更加贴近社会生活。

(2)就语言观来看,社会语言学家认为,"语言不是单一的,而是有变化的;变化又分地方性的(这是古人已经注意到的)和社会性的(这主要是社会语言学的贡献)。社会性的变化分为社会阶层的变化(上层、中层、下层等)和职业的变化(教师、律师、医生、军人等各自的语域)"(于根元主编,2003)。

(3)就研究方法看,从传统语言学的分析、实证等方法,到社会语言学综合运用语言学、社会学等社会科学的多种方法和自然科学中的某些方法,语言研究在宏观和微观两方面都更加深入。

(4)提出了语言研究的数量化的概念。对一定语言现象的调查数据,对正在演进中的语言变化作出数量化的概括。

2.实用价值

(1)研究语言变异,有助于了解社会发展变化的情况和原因。比如从研究1949年以后汉语词汇变化,尤其是新词的出现、变化、派生、潜藏等语言现象着手,可以探索社会生活的变动。

(2)为制定语言政策提供理论依据。调查社会语言状况,有助于对语言国情的认识,有利于制定和实施合乎实际的语言政策和语言规划。

(3)为语言教学提供理论和资料。研究语言变体、语码选择与转换等,有利于提高语言教学水平,尤其是双语教学水平。

(4)研究语言运用规律和个人使用语言的特点等,对加强个人语言修养、提高语言应用水平有重要意义。

(5)研究语言变异,对治安部门的语言识别有较大帮助。

(二)社会语言学研究的应用

社会语言学的基本思想和研究成果可以用来解释或解决现实生活中的有关语言问题,其在语言规划方面的作用非常突出,在语言教学方面的影响尤为明显,甚至对政治生活也有一定的影响(如官方语言的确立、各级政府或社会团体的新闻发言人语言、外交辞令等)。

1.社会语言学与经济

语言与经济的关系已经受到社会语言学者的关注。随着世界经济的发展,普及外语特别是国际通用语对繁荣经济有不可忽视的作用,如语言产业(language industry,制作和发行外语教科书及音像制品等)和语言劳务(language service,由集体或个人提供翻译、培训等)。而随着通信事业的发展,短信创作也是电信运营商获得利润的重要手段之一。语言服务、语言经济等越来越受到重视。

2.社会语言学与商业

商标名、商品名、广告语言、产品说明书语言等都是社会语言学研究的内容。例如,商品名称中的塔布(taboo)问题是社会语言学家经常提醒商界的一个问题,一个在本国语言中美丽动听的商品名称,到了异国却很可能对应着一个可笑甚至污秽的词语。所以,加强对广告语言等商业领域语言的研究,对于进一步规范市场、繁荣经贸具有积极的意义。

3.社会语言学与法律事务

在案件审理过程中,社会语言学家有时也能发挥重要的作用。如拉波夫曾通过审音让一名受控人无罪获释。被告是一个纽约人,被指控打电话威胁洛杉矶的航空公司,扬言要制造爆炸案。拉波夫听了电话录音后,断定打电话者是新英格兰东部地区人,而不是这个纽约人。这个例子可以很好地说明社会语言学对语言变体的研究可以为法律实践服务。再如立法语言、司法语言、法律文本的规范化,言语识别、笔迹鉴定、询问言语、讯问言语等侦查语言的研究、话语分析等对服务于法律实践都具有重要意义。

4. 社会语言学与人际交往

国外的社会语言学还对医生与病人、律师与当事人、顾问与咨询人、雇主与求职人等之间的会谈以及课堂上师生之间、电视节目上采访人与被采访人之间的对话等进行语篇分析,这方面的研究有助于识别和缓解人际交往中的语言冲突。我国社会语言学关于言语交际艺术、职业语言等的研究,也起到了非常好的社会作用。

5. 社会语言学与医学

医生与病人之间的谈话(医患语言)是很值得研究的。比如,医患谈话是否用相同的语言或方言与沟通效果有很直接的关系。医患之间的问答方式,医生对话题的控制方式,医生的话语如何对病人的病情起到积极的作用,解释病情时的言语技巧与善意的谎言的辩证关系的处理,等等,这些都是重要的研究课题。此外,规范医疗术语,以防利用虚假专业名词欺骗消费者,也是值得研究的课题。

6. 社会语言学与语言教学

语言教学中的双语教育不仅是语言教学问题,它触及文化冲突和社会矛盾等,这些都是社会语言学研究的重要方面。再如,对第二语言习得和外语教学影响最大的一个重要概念——交际能力——就来自社会语言学。"交际能力"这一概念是美国语言学家海姆斯(Hymes)提出的。当时正是乔姆斯基提出的"语言能力"(linguistic competence)和转换生成语法盛行时期。海姆斯认为乔姆斯基的语言能力理论将许多东西都排斥在语言研究之外,理想的说话人和听话人实际上是不存在的,语言研究应当也关注交际能力。交际能力指:(1)懂得什么样的话合乎语法(grammaticality);(2)懂得什么样的话能被别人接受(acceptability);(3)懂得什么样的话适合什么样的场合(appropriateness);(4)懂得某一种语言形式真正使用的可能性有多大(probability)。

第二节 社会语言学的兴起和发展

一 国外的社会语言学

(一)社会语言学的诞生和发展

社会语言学,作为一门相对独立的新兴边缘学科,20世纪60年代诞生于美国。它的诞生,既顺应了时代发展的需要,又弥补了传统语言学研究的不足。

1.早期的社会语言研究

许国璋指出:社会学家或人类学家研究语言,要比社会语言学早得多。"博厄斯(F.Boas)在19世纪末就开始对居住在太平洋东北岸的印第安人部落Kwakiutl进行民俗调查;马林诺斯基(Malinowski)于1914年到西太平洋特罗赖恩特(Trobriand)群岛做民俗调查。莱维-施特劳斯(Lvi-Strauss)于30年代到巴西中部调查该地印第安人民俗。三个人都是民俗学家和语言学家,他们都把未开化民族的风俗、文化、神话、语言放在一起研究……博厄斯注重语言的功能,马林诺斯基注重语言使用的场合,莱维-施特劳斯则提出结构这个概念来贯通语言和风俗。他们的著作中谈到语言的部分都可以视为社会语言学,他们都取材于异乡绝域欧洲文明未到之地,因为只有这样,才能捕捉最纯的(未经感染的)民俗和语言资料。20世纪60年代的社会语言学家的做法与此不同。伯恩斯坦、拉波夫、海姆斯等人并非舍近求远,而就在自己生活和工作的城市及其周围寻找研究的对象,制定了目标和方法,得出了有趣的结果。"(许国璋,1985)也就是说,西方学者从事社会语言研究可以追溯到19世纪末。

20世纪20年代以后出现了一批研究语言与社会关系的学者和专著,如:萨丕尔(E.Sapir)《语言论》(1921)、马林诺斯基《原始语言中的意义问题》(1923)、叶斯泊森(O.Jespersen)《从语言看人类、民族和个人》(1925)、弗斯(J.

R. Firth)《人类语言》(1937)、威因里希(U. Weinreich)《接触中的语言:发现与问题》(1935)、豪根(E. Haugen)《双语现象在美洲:论著目录与研究指南》(1956)等,这些研究为社会语言学的兴起做了必要的铺垫。

2.社会语言学术语的出现

多数文献认为sociolinguistics这一术语最早出现在美国学者哈佛·库力(Haver C. Currie)1952年的论文《社会语言学的设计:语言和社会阶层的关系》(A Projection of Sociolinguistics:the Relationship of Speech to Social Status)中。这个术语真正开始流行是在20世纪60年代。不过,也有学者持不同看法,(张兴权,2005)认为世界各国开始使用"社会语言学"这一术语及其同义系列词语、世界各国具体开展这一学科活动的时期及内容颇不相同,法国、英国、苏联的社会语言学研究或相关术语的提出都早于1952年。

3.1964年的社会语言学学术活动

1964年是社会语言学发展的重要年份。第一次社会语言学会议于这一年5月在美国洛杉矶的加利福尼亚大学召开。会议接受了"社会语言学"这一术语,这标志着这门新的独立的语言学分支学科的兴起。同年,美国印第安纳州立大学语言学院又召开了一次社会语言学家的讨论会。布莱特(William Bright)于1966年将1964年社会语言学讨论会上的论文汇编成册出版(Sociolinguistics:Proceedings of the UCLA Sociolinguistics Conference,1964, The Hague:Mouton),这应该是最早的社会语言学论文汇编。论文集反映出当时社会语言学研究的七个重要方面:说话者(交际双方)的社会身份、与交际过程有关的听话者的身份、言语事件发生的社会环境、社会方言的历时和共时分析、说话者对言语行为形式的不同社会估价、语言变异的程度、社会语言学研究的实际应用。

这一年美国出版了多部重要著作,如:海姆斯编选的 Language in Culture and Society:A Reader in Linguistics and Anthropology,收有从20世纪20年代起发表的有关语言的社会功能和社会意义的名著69篇及长达39页的书目;甘柏兹(J.Gumperz)和海姆斯合编的 The Ethnography of Communication;等等。

4.社会语言学的发展

1966年起,美国的社会语言学家开始进行有计划的、综合性的大规模实验研究,主要课题是黑人和少数民族的语言问题。到了20世纪70年代,他们对社会语言学的理论进行了总结。70年代后,应用方面的研究越来越多,同时对提出的种种理论加以深入的研究。20世纪80年代后,社会语言学就比较成熟了。美国的社会语言学研究主要分两个流派:一是以拉波夫为代表的城市方言学派,也称微观社会语言学派,代表作是《社会语言学模式》(1972);另一个是以费什曼为代表的所谓宏观社会语言学派,代表作是《社会语言学初阶》(1972)。

社会语言学在其他国家也有所发展。英国学者彼德·特鲁吉尔(P. Trudgill)的《社会语言学导论》(1972,中译本由陕西人民出版社1990年出版)、赫哲森(R. Hudson)的《社会语言学》(1981,中译本由中国社会科学出版社1990年出版),都是较有影响的通论性著作。因为有中译本,在中国较有影响。苏联和东欧学者在社会语言学研究方面也有不少贡献,如什维策尔(А. Д. Швейцер)的《现代社会语言学》(卫志强译,北京大学出版社1987年版)。日本学者在社会语言学研究方面的成果也不少,如柴田武的《社会语言学课题》(1978)、真田信治等的《社会语言学概论》(1992,中译本由上海译文出版社2002年出版)。

此外,不少国家设立了社会语言学的学术机构,出版了大量的专著和文集;在大学开设专题课,培养专门的研究队伍;召开国际学术会议,出版国际专业刊物。社会语言学刊物 *International Journal of the Sociology of Language*(《国际社会语言学期刊》,J. A. Fishman 主编)和 *Language in Society*(《社会中的语言》,先由 D. Hymes 主编,后由 W. Bright 接任)都有几十年的历史。较新的有:*Language Variation and Change*,*Journal of Sociolinguistics* 等。年度学术研讨会 New Ways of Analysizing Language Variation(以语言变异为中心议题同时包括社会语言学各个方面),已经在北美的数所大学里轮流举行了五十届。在欧洲举行的 Sociolinguistics Symposium,也已经举行二十多届。

(二)社会语言学兴起的动因

社会语言学的兴起与发展有其内在和外在的动因,这些动因既相互区别又相互联系。

1.社会外部动因和客观物质条件

(1)许多突出的社会语言问题需要得到科学的解决。如语言与弱势群体之间的关系问题,英国的语言与社会阶级问题、美国的语言与种族问题、西德和欧洲其他许多国家的语言与移民政策问题等,开始成为这些国家的教育学家和社会语言学家关注的重点。在欧洲和北美,由于移民或其他历史原因所造成的双语、多语混杂状况,也是困扰执政者的一个问题。如加拿大魁北克省的英语和法语之争,该省多数居民说法语,加拿大联邦政府为了稳定政局,于1969年通过联邦法令,规定法语和英语同样都是官方语言,但魁北克省的语言纷争并没有因此而停息。又如,长期以来,美国的黑人英语被视为劣等语言,黑人文化得不到应有的尊重。此外,二战后,亚洲和非洲涌现出不少新独立的国家,有的曾长期采用殖民统治者的语言作为官方语言,独立后面临着选择一种通用的交际语、实施民族语言规范化、确定语言教育的方针等现实问题,这种情况在多民族、多语言的国家尤为突出。诸如此类的社会语言问题引起了西方发达国家的语言学家、社会学家、人类学家、心理学家、教育学家的关注。他们进行实地调查,搜集第一手资料,写成了不少论文和报告,为开拓社会语言学打下了基础。

(2)有关社会热点问题引起社会语言学家的关注。如20世纪六七十年代,有关社会阶级和女权主义等方面的问题,曾经是当时大众传媒中的热点问题,语言学家联系语言来思考并研究社会阶级、性别、种族和移民,从而推动了社会语言学的发展。

(3)现代的研究方法和技术手段的突破。20世纪30年代开始,社会科学研究方法上的一个重要进步,就是普遍采用抽样调查和统计学的方法,从把握事物总体的数量关系来揭示事物之间的内在联系。拉波夫的城市方言研究,利用这种方法对拥有10万人口的纽约市下东区居民的发音特征进行了广泛的调查研究,成功地发现了不同阶层、不同年龄段的人在不同情景下发某些音素时表现出有规律的差异,从而证实了说话人的社会经济地位、文化教育程度、性别、年龄等属性,以及说话时的语境等,都可能对其言语表现产生影响。这就是说,在社会变量和语言变量之间存在共变关系。现代技术手段也在社会科学研究中得到广泛运用。如录音录像技术的推广有助于获得大量的话语资料,计算机可以处理庞大的数据等,这些使语言学家获得了优越的物质条件。

2.语言学自身的发展

社会语言学的出现,最根本的动因还在于语言学自身发展的需要,是语言学发展的历史必然。随着语言学研究的深入,特别是言语行为理论的确立,人们不再满足于单纯描写和分析语言内部的结构关系,寻求一套一成不变的语法规则,也不满足于乔姆斯基的转换生成语法理论。这就需要有一种新的理论和研究方法来弥补主流语言学的不足。许国璋(1985)这样概括:"索绪尔只讨论语言(langue)而不讨论言语(parole),乔姆斯基着力于语言能力(competence)而把语言运用(performance)放在一旁。乔姆斯基以拟想的人(an idealized man)为研究对象,而不考虑实际生活中的社会的人(a social man)","研究拟想的人的语言——这是乔姆斯基语言学的旨趣;研究社会的人的言语——这是社会语言学的旨趣","独自说话的人,是乔姆斯基所研究的;互相交谈的人,是社会语言学家所研究的"。吕叔湘曾把社会语言学与历史语言学、结构主义语言学并列,称之为语言学的第三次解放。

(三)社会语言学研究的主要类型

国外的社会语言学作为一门创立不久且发展迅速的应用语言学分支学科,学者们的研究重点和研究视角也各不相同,下面介绍国内学者对这些类型所作的归纳。

1.祝畹瑾的归纳

祝畹瑾(1992)把英语国家的社会语言学研究大致分为五种类型:

(1)语言学的社会语言学。研究对象是人们在日常生活中所说的言语,核心问题是语言变异。它的基点是把语言看作异质有序的客体。异质是说我们所能观察到的语言是有差异的,有序是指语言成分的分布是有规则可循的。从异质的语言事实中去探求语言的有序结构,这就是以拉波夫、特鲁吉尔为代表的变异研究者的旨趣所在。

(2)民族学的社会语言学。这是从民族文化的角度去考察语言的使用情况以及语言在人类交际活动中的作用。其理论核心是人类的交际能力,其最终目标是要建立综合性的人类交际科学。它借助于定性分析,以典型的言语事例作为分析、描述的单位。例如,海姆斯的言语交际民俗学主张在研究言语交际的模式时,要将以下各方面都考虑在内:发话人、受话人和听众,内容、形式和顺序,语气和情调,目的和效果,交际者所遵循的规则,等等。约翰·甘柏兹(John Gumperz)指出言语交际是一个互动的过程,在此过程中,语言的运用与社会的、文化的、民族的因素不断地相互作用,对此须作动态的分析。

(3)社会学的社会语言学。研究的重点是语言和社会之间的全局性的相互作用。如在特定的历史条件下语言如何促进或阻碍信息的交流和社会的发展;伴随社会变革而出现的语言运动、语言规划,外国移民对母语的维护或更换语言(又译为"语言转用")等。它的主要任务是解决社会所面临的重大语言问题,如确立官方语言,发展族际通用语,实施语言和文字的标准化、规范化、现代化等。研究成果常被应用于语言决策和语文建设。

(4)社会心理学的社会语言学。研究重点是全社会或某个社会集团对使用某种语言变体的评价和态度。态度研究是社会语言学的一个重要组成部分,因为一切语言变体的社会价值都来源于有关的语言共同体对其所持的立场、态度和政策。一种异体使用范围的扩大或缩小也同语言使用者对它的评价密切相关。这类研究主要通过心理实验方法获取研究的素材。美国心理学家华莱士·兰伯特(Wallace E. Lambert)首创用配对变语的方法——一种间接的心理测试方法——测试社会集团对双语现象所持的态度。这是兰伯特在长期的研究中摸索出来的,用以测试语言学习者对另一语言文化集团的"态度好坏"和"归附动机的强弱"。

(5)语用学的社会语言学。以会话为主要的研究对象,认为在日常会话中存在支配交谈的自然规则,值得研究。对会话的研究,有的注重探讨会话的普遍原则或会话的策略,有的则注重研究会话的结构或会话的风格。布朗(Penelope Brown)和莱文森(Stephen Levison)对礼貌的表达方法进行了深层次的分析。萨克斯(Harvey Sacks)、谢格洛夫(Emmanuel Schegloff)、杰斐逊(Gale Jefferson)等人则致力于以会话参与者为中心来分析会话的构造规则。他们从大量录音的语篇(discourse)中发现了一些反复出现的交谈格式如轮流发话(turn-taking)、邻接应对(adjacency pair)等。

2. 周庆生的归纳

周庆生(1999)介绍了西方社会语言学的三个主要分支：

(1)偏重社会的研究。这类研究主要有民族方法论(ethnomethodology)与伯恩斯坦的语码理论(Bernstein's code theories)两种。民族方法论通过分析不同社会成员的日常生活会话或分析非语言交际来揭示人际互动的特征、途径和规律,该方法曾被誉为当代现象学研究方法中最主要、最完善的研究方法。伯恩斯坦的语码理论由英国社会学家伯恩斯坦提出,他认为儿童通常是通过语言来接受教育的,儿童社会化的过程是从家庭开始的,家庭的阶级背景不同,往往造成儿童的语言习惯也不相同。语言习惯一般分为中上层阶级使用的精密型复杂语码和下层阶级使用的封闭型受限语码两种,由于学校都用前者,所以下层阶级子女的社会化进程受到妨碍。

(2)主流社会语言学:社会和语言并重的研究。这类研究主要包括如下分支:①语言社会学,由美国社会语言学家费什曼创立,主要研究社会多语现象、双语教育、双语体、语言规划和语言政策等。②说话民族志(ethnography of speaking)和人类语言学(anthropological linguistics),由美国人类学家海姆斯创立。③话语分析(discourse analysis),研究篇章、会话、谈话及超句子层面的语用变体。社会语言学取向的话语分析,与社会语言学的其他诸多分支相重叠。④语言的社会心理学(social psychology of language),该分支20世纪70年代初期的论著大多跟"口音反应"(reaction to accent)研究和语言态度研究有关。20世纪90年代以来,语言的社会心理学已经处于社会语言学的中心位置,因为在理论、方法和科学发现方面均有重大建树。

(3)世俗语言学:偏重语言的研究。这类研究主要包括如下分支:①城市方言学(urban dialectology)。继美国社会语言学家拉波夫20世纪60年代和70年代有关纽约黑人英语的研究论著发表以后,该派研究方法广为传播,广泛用于诸多言语社区的研究。②社交网(social network)理论。该理论是对拉波夫语言变异理论的修正、扩大和深化。拉波夫认为,语言变异跟社会阶级、年龄、性别和社会声望等社会变量是纯相关的关系;社交网理论则认为,言语社区中引起语言变异的重要因素是群体、社交网和成员资格。③认同论(identity theory)。该理论提出语言行为是"认同活动",对当前社会语言学各分支的研究均产生了较大的影响。

3.徐大明等人的归纳

徐大明、陶红印、谢天蔚(1997)概括了广义的社会语言学的主要研究类型:

(1)交际民族志学(ethnography of communication),也译作"言语交际民俗学"。该分支侧重用文化人类学的观念来描述语言的运用,尤其注重研究在不同的社团、组织、社区以及社会中因文化习俗的不同给语言运用所带来的限制特征。

(2)跨文化的交际研究(cross-cultural communication)。甘柏兹较早地注意到跨文化的交际问题,并在这方面作出了系统研究。他研究了美国大都市的黑人与白人中产阶层的交际以及伦敦的操英国英语与印度英语的人士的交际情况。除了甘柏兹这样的做法外,还有另一种做法是,研究人员以某些类似的交际策略作为线索,看看同一种交际策略在不同语言文化系统下的地位和作用如何。如对中文、日文、英文口头谈话中的"应对形式"(或译为"反馈形式")使用情况的考察。

(3)互动社会语言学(interactional sociolinguistics),特点是用语言学的知识解释人际交流的过程和结果。

(4)语言社会化(language socialization)与语言习得。试图解释语言运用对语言习得的影响,从而对人类语言习得的本质作出解释。

(5)会话分析(conversation analysis)学派。从理论上来说,他们的主要贡献在于用事实说明了谈话是有强烈的结构规律可循的。会话不仅是交流信息的工具，也是社会活动之一。

二　中国的社会语言学

(一)传统语文学中的社会语言研究

1.有关语言与社会的记载与论述

在我国，语言研究有联系社会的悠久传统。在20世纪70年代末80年代初社会语言学理论引进以前，我国传统语文学中早有不少有关语言与社会的记载与论述。从战国以后，就有关于语言与社会、语言与文化、语言的地域变异、语言规划等问题的论述和做法。如荀子对词语的社会约定性以及语言使用与社会的关系等作过精辟的论述，他说："名无固宜，约之以命，约定俗成谓之宜，异于约则谓之不宜。"东汉许慎《说文解字》，结合社会因素分析汉字的形体结构，诠释汉字字义，从中可以看出我国上古时代的社会结构、社会关系、社会生产、生活习俗等情况。《广韵》《集韵》等韵书，对探索各历史时期的语音演变与语音规范、语言与社会共变等很有价值。至于秦始皇统一六国文字，秦汉及以后提倡并推行"通语""雅言""官话"等，是具体实施语言规划的做法，也属于社会语言学研究的内容。

2.方言与文化的研究

我国传统语文学中的方言与文化的研究，大多属于地域方言与地域文化的研究。如汉代扬雄《輶轩使者绝代语释别国方言》(简称《方言》)，主要记录各地方言中词汇的差异，这些词汇差异反映了不同地方的社会差异、文化差异。还充分注意通行于各方言或通行于部分方言地域的词语，提出了"通语""凡语""凡通语""通名"等概念。再如，各历史时期编纂的大量地方志，虽不属于语文学专著，但其中有许多关于方言与民俗、农谚、地名、地方戏曲等相关内容。此外，各时期收集、编纂的成语、俗语、谚语等专书，也是研究方言与文化的宝贵材料。五四运动以后，北京语文学界对方言与歌谣的调查和研究，同样引起了社会语言学家的重视。

3.民族语言与社会、文化研究

《方言》《尔雅》《说文解字》等,《诗经》《楚辞》《说苑》等,或多或少地记载、保存了民族地区语言与社会、文化方面的资料。20世纪30年代开始,赵元任、罗常培、李方桂等一批现代著名语言学家,深入民族地区,调查民族语言,他们的论著中有不少关于民族语言与社会、历史、文化等方面的记录和论述。

4.语言规划的实践和研究

近百年来,我国先后开展了一系列有关语言规划的实践和研究,如白话文运动,大众语运动,北方话拉丁化新文字运动,国语罗马字运动,国语运动,大规模的文字改革,推广普通话,现代汉语规范化,少数民族文字的创制、改革和推行,等等。

罗常培20世纪30年代开始用现代语言学的方法研究汉语方言和民族语言。他十分注意语言与社会、文化的关系,其论著中记录了大量的方言地区和民族地区的民歌、俗语、谚语、故事和会话资料,为社会语言学研究保存了丰富的资料。他的《语言与文化》是中国社会语言学的开创之作,开拓了我国语言研究的新领域,标志着我国社会语言学进入了预备、草创阶段。

总的看来,20世纪70年代以前的研究,虽然积累了丰富的资料,取得了一定的研究成果,但尚未形成体系。

(二)20世纪70年代以来的社会语言学

1.社会语言学的引进

20世纪70年代末80年代初,国外的社会语言学理论开始传入我国。1978年开始到80年代初期,《语言学动态》《国外语言学》等杂志译介了欧美社会语言学的一些论著,如英国彼得·特鲁吉尔的《社会语言学导论》等。《社会语言学译文集》和《国外社会科学著作提要》(第27辑的社会语言学部分),翻译了有代表性的社会语言学论著,介绍了国外社会语言学的性质、研究内容、研究方法、基本概念等。还有学者陆续译介了美国、英国、苏联、日本等国的社会语言学专著。这些译介对社会语言学理论的引进起到重要作用。

2.我国社会语言学的建立

我国社会语言学的兴起有其深刻的社会原因和学术背景。第一,引进国外新学科,促进了学界观念转变。由于国家实行解放思想、改革开放的政策,学术环境宽松自由,科学研究机构及高等院校可以接触并引进国外学术资料,可以翻译介绍国外社会语言学的理论和方法,于是出版了相当一批国外社会语言学方面的译著译文,大大开阔了视野,转变了学人的语言观念。第二,语言政策规划需要学术支持。语言文字工作决策,需要听取专家的意见,需要获得学术支持,社会语言学中的语言规划理论和实践,可以满足这种需求。第三,一大批著名语言学家积极倡导,有的招收了社会语言学方向的研究生;有的认真从事组织队伍建设,开设社会语言学课程。多种因素推动了我国社会语言学研究的建立。

陈原的研究对中国社会语言学的建立和发展具有开创意义。他于1980年出版了《语言与社会生活》小册子,1983年出版的《社会语言学》则是我国最早的社会语言学专著,其从社会生活的变化观察语言的变化,从语言变化探索社会生活的图景,把语言与社会生活的"共变"关系作为社会语言学的研究主题,填补了我国社会语言学的学科空白,具有开创之功。

20世纪80年代中期,我国社会语言学逐步建立起来。具体表现在:(1)从事社会语言学研究和教学的人员越来越多,形成了一支专业性研究队伍。(2)成立了专门的研究机构。国家语委语言文字应用研究所的社会语言学研究室1984年成立,在汉语口语研究、语言与文化、语言变异、行业语研究、语言规划、港台语言研究等方面取得了丰硕的成果,并完成了"北方话基本词汇调查",承担了"中国语言文字使用情况调查"。中国社会科学院中国少数民族语言研究中心也设有社会语言学研究室。(3)学科建设方面取得一定进展。一些大学开设了社会语言学课、招收了社会语言学方向的研究生,编写、出版了教材,如陈松岑的《社会语言学导论》等。(4)开拓了研究领域,主要是通论性专题。陈建民《汉语口语》是口语研究方面较早的一部著作。胡明扬《北京话初探》以实际调查的语言材料分析北京话因时代和社会的变迁所发生的变化情况。据统计,这一时期发表的社会语言学论文和报告有四百多篇。(5)召开重要学术会议。1987年12月第一次全国性的社会语言学学术研讨会在北京成功召开,这"标志着我国社会语言学的建立并从建设阶段跨入了发展阶段"(陈章太,1998)①。

3.我国社会语言学的发展

20世纪80年代中期以后,我国的社会语言学进入了发展阶段。

(1)对我国社会语言的调查更广泛、更深入,获得了大量宝贵资料。主要包括:北方话词汇调查,编纂了《普通话基础方言基本词汇集》;中国民族语言使用情况和文字问题调查研究;北京口语调查,北京语言学院建成了"北京口语语料库",胡明扬著有《关于北京话语音、词汇的五项调查》,陈松岑等调查了北京城区两代人对上一辈非亲属使用称谓的情况、北京售货员使用礼貌用语情况以及北京话"你""您"使用情况;社会用语规范调查;我国当前社会用字情况调查;语言使用及规范问题调查;地名生僻字调查;上海浦东新区普通话使用状况和语言观念调查;广东境内粤、闽、客方言地区语言文字使用情况和问题调查;方言与地域文化的调查;我国民族新创文字、改进文字试验推行情况调查;1999—2001年"中国语言文字使用情况调查"(目的是比较准确地了解我国国民使用语言文字的实际状况、习惯和态度,填补了我国国情调查中语言文字使用方面的空白,也是我国首次大规模的语言调查)。

(2)向纵深方向发展,取得更多数量、更高水平的研究成果。专题研究涉及语言与民族、双语双方言、语言变异、语言与文化、语言与交际、语言规划、行业语、网络语言以及言语社区、城市语言调查、语言景观等。综合研究包括学科的基本问题和基本理论,如社会语言学的性质、内容、方法、语言观、研究综述等。出版了一批专著和教材:刘焕辉《言语交际学》(1986),周振鹤、游汝杰《方言与中国文化》(1986),张清常《胡同及其他——社会语言学探索》(1990),申小龙《社区文化与语言变异——社会语言学纵横谈》(1991),祝畹瑾《社会语言学概论》(1992),戴庆厦《社会语言学教程》(1993),徐大明、陶红印、谢天蔚《当代社

---

① 对此学界有不同看法,董琨(1999)认为1980年陈原《语言与社会生活》一书问世,标志着社会语言学在中国的建立。周庆生(2010)认为1983年陈原《社会语言学》一书问世,标志着社会语言学在中国的建立。

会语言学》(1997)，王洁《法律语言学教程》(1997)，于根元《广告语言教程》(1998)，郭熙《中国社会语言学》(1999)，陈建民《中国语言和中国社会》(2001)，陈松岑《语言变异研究》(2001)，于根元《网络语言概说》(2001)，邢欣《都市语言研究新视角》(2003)，丁石庆《社区语言与家庭语言》(2007)、《社区语言与家庭语言及相关分析》(2012)，付义荣《言语社区和语言变化研究——基于安徽傅村的社会语言学调查》(2011)，王玲《城市语言调查教程》(2021)，等等。

(3) 学术研讨。教育部语言文字应用研究所组织的"全国社会语言学学术研讨会"和中国语言学会社会语言学分会组织的"中国社会语言学国际学术研讨会"最具影响。1987—2005年，全国社会语言学学术研讨会先后召开了4届(1987,1989,1992,2004)，围绕言语交际、语言与文化、语言规划的理论与实践等议题展开了讨论，并且出版了论文集。2002—2005年，中国社会语言学国际学术研讨会也先后召开了4届(2002,2003,2004,2005)，就中国社会语言学的理论建设与实证研究，言语社区理论及研究，社会语言学与语言教学、语言交际等主题进行了讨论。2006年12月，全国社会语言学研讨会和中国社会语言学国际学术研讨会合二为一，合为"第五届中国社会语言学国际学术研讨会暨第五届全国社会语言学学术研讨会"在北京大学举行。会议的议题是语言与认同、领域语言研究，以后每两年举办一次。至2022年，全国社会语言学研讨会已举办11届，第11届主要围绕中国共产党百年语言政策与实践，中国语言规划学的理念，中华民族通用语的民族变体，大规模语言调查的成就与启示，海外华语传承话语体系建构与事业推进，作为文化惯习建构机制的语类场、语类化，当代中文发展趋势，个体、群体、社区与语言规范，应急语言服务的学科属性，区域国别研究视角下的语言能力，21世纪以来我国国别区域语言政策研究，网络空间语言治理的生态与规划问题等主题展开。中国社会语言学国际学术研讨会则举办了13届，第13届的议题是："一带一路"沿线国家语言资源、网络语言文化研究、语言资源与语言服务研究、语言政策与语言规划研究等。

2003年第二届中国社会语言学国际学术研讨会召开的同时，成立了中国社会语言学学会,并着手编辑出版《中国社会语言学》杂志。该杂志是展示中国社会语言学较高水平研究成果的重要园地,在推动中国社会语言学深入发展方面发挥了重要作用。

2001年5月,北京语言文化大学举办"海外著名语言学家讲习所",邀请拉波夫等学者做了社会语言学方面的专题演讲。拉波夫讲座的内容:What sociolinguistics has discovered, How sociolinguistics is done, What sociolinguistics is good for。

2005年和2007年,教育部语言文字应用研究所等单位发起、中央民族大学等单位承办了两次"全国社会语言学研究方法暑期讲习班",课程主要有社会调查研究方法、社会统计学基础、数据分析与统计软件应用、社会语言学个案研究、社会语言学前沿研究、自选课题研究方案设计等。

4.台湾、香港、澳门地区的社会语言学研究

(1)台湾地区的社会语言学研究[①]。台湾地区的社会语言学研究自20世纪70年代开始,80年代以来有较多成果。谢国平是"带动台湾宏观社会语言学研究的拓荒者",其博士论文(1980)《语言规划与台湾中等学校英语文教育》1987年在台北出版。荷兰人范登堡(M.E.Van den Berg)是"第一位在台湾真正从事社会语言学田野调查工作的人","第一个把台湾住民依据所使用的语言以及历史文化背景分成四大族群(外省人、闽南人、客家人、原住民)的人,也是第一位应用语言迁就理论(language accommodation theory)来研究台湾闽南人语言使用情形的人"。黄宣范《语言·社会与族群意识:台湾语言社会学的研究》是"第一部以中文深入探索台湾语言社会学的著作,书中提供了丰富的语言与政治生态、语言与经济活动之间关系的描述"。詹惠珍是美国乔治城大学的社会语言学博士,学位论文《台湾的语言转移及其社会政治因素》(1994)是台湾地区第一部以大规模问卷调查及面谈的资料为依据写成的著作,主要调查项目为台湾地区闽南族群语言转移的情形以及产生这种转移的社会与政治因素。20世纪70年代以来,曹逢甫既有微观社会语言学方面的

[①] 关于台湾地区的社会语言学研究可参考曹逢甫(1998)。

研究,更有宏观社会语言学的研究,如 1994—1995 年与詹惠珍合作对台湾地区的三大族群(闽南人、客家人、原住民)的语言转移以及产生这种转移的社会与政治因素进行了大规模的调查,1995—1996 年与连金发合作从事新竹市语言分布与语言互动的调查。

(2)香港地区的社会语言学研究。主要有语言问题和语言政策研究,双语、多语关系与对比研究,普通话、英语、粤方言之间的关系和语言态度的研究,语文水平与语文能力的调查研究,普通话教学与测试问题,词语变异和规范的研究,等等。

(3)澳门地区的社会语言学研究。澳门地区先后举办过多次相关的学术研讨会,如 1992 年澳门过渡期语言发展国际学术研讨会,1993 年语言风格学与翻译写作国际研讨会,1996 年语言与传意研讨会,1996 年方言与共同语国际研讨会,会后都出版了论文集。先后于 2003 年举办第二届中国社会语言学国际学术研讨会暨中国社会语言学会成立大会、2019 年举办"澳门特区成立 20 年社会语言状况回顾与展望"学术研讨会等。澳门社会语言学研究主要包括澳门语言现状与语言规划、语文规划与前景、双语与多语关系、语言态度与语言认同、普通话推广等。

(三)社会语言学研究的主要类型

我国的社会语言学研究,概括起来,主要有:

1.理论社会语言学和应用社会语言学

前者注重社会语言学的理论建设,如阐述社会语言学的语言观,明确研究对象、研究方法,确定专门术语,发展学科理论,分析学科性质;后者注重社会语言学的应用问题,如研究社会对语言的影响,语言的社会分化,社会语言学理论的各种具体应用。

2.宏观社会语言学和微观社会语言学

关于二者的研究内容、区别与联系,前文已有介绍。与这一分类相近的还有大社会语言学和小社会语言学,广义社会语言学和狭义社会语言学。

3.共时社会语言学与历时社会语言学

前者研究不同的社会政治、经济、文化条件下某个具体的现代语言的各种变体及其功能,各种变体之间的相互关系,当代国际通用语言在国际生活中的社会功能等问题。后者主要研究语言社会功能的发展和变化,各种社会因素对语言发展的影响,各语言之间在发展过程中的相互影响和作用,预测语言内部结构的发展演变,并在此基础上对语言的发展进行规划。

4.描写社会语言学与动态社会语言学

描写社会语言学的首要任务是识别各种语言集团(这些集团都具有使用某种语言的共同方法),或者在许多成员是操双语的集团里识别两种或多种语言的使用方法。另一任务是描写语言集团内被普遍承认的一种或几种语言的社会结构(谁,在什么时候,为什么目的,用什么样的语言变体,对谁,讲什么话)。社会集团成员在语言用法和语言行为方面的表现不总是相同的,这是描写社会语言学的一个基本发现。动态社会语言学,力求解释一个语言集团长时期内在语言选择和使用方面的变化。

5.一般社会语言学与个别社会语言学

对人类语言与社会的普遍关系进行研究的是一般社会语言学;研究某一具体的语言与其所处社会的关系的社会语言学可以称为个别社会语言学或具体社会语言学。

第三节 语言接触

一 概说

语言接触(language contact),指不同民族、不同社群之间由于社会生活中的相互接触和影响而引起的语言接触关系,这种关系有多种,如语言影响、语言兼用、语言转用、语言冲突等。语言接触,可以分为自然接触和非自然接触。自然接触是指同一空间不同语言的相互接触。在我国,汉族地区有其他民族聚居,其他民族地区有汉族居住,汉语和其他民族语言在相同地区进行的接触属于语言的自然接触。隋唐时代日语和中国北方汉语的接触、六朝时日语和中国南方汉语的接触则属于非自然接触,这种接触不是在同一空间展开的,而是在不同空间通过文字传播或文献翻译展开的。(陈保亚,1996)

多种语言(包括方言)处于同一国家、同一地区内,语言接触更为突出,更为复杂。如我国除了汉语,还有多种民族语言(具体地说,中国境内的语言,按系属可以分为汉藏语系、阿尔泰语系、南亚语系、南岛语系和印欧语系共五个语系,语言数量超过 130 种。其中属于汉藏语系的语言近 80 种);汉语又有多种方言,如香港地区使用粤语、普通话、闽南话、客家话等。

语言接触,必然会出现语言影响,引起语言演变。这种演变包括两个方面:一是语言结构的变化,如词汇的变化,语音、语法的变化;一是语言功能的变化,如语言功能的升降,语言兼用、语言转用等。

二 语言影响

(一)语言影响的类型

某一语言受到另外语言的影响,有不同的特点和方式。我们可以从不同的角度去考察语言影响(language influence)的类型。

1.从影响的程度看

从影响程度来看,语言影响可分为浅影响和深影响两类。较浅较小的影响,只出现在词汇层面,涉及少量的借词。如汉语和英语之间相互借用了一些词语:汉语借用英语的"沙发""维他命""托福"等;英语借用汉语的"tea(茶)""tofu(豆腐)""kungfu(功夫)"等。有的语言,由于受到另一语言的强烈影响,在语言要素的各方面都有反映。如白语受到汉语的影响,词汇系统中有一半以上借用汉语;壮语受汉语的影响,从汉语中引进了一些语序。更深的影响可能引起语言类型的变化。

2.从影响的时间看

从影响时间长短来看,语言影响可分为长型和短型两类。影响时间的长短,与影响程度的大小密切相关。一般来说,时间长的,影响较深。语言影响早的,堆积起来的语言影响物与固有成分交融在一起,不容易划清哪些是该语言固有的哪些是该语言从别处借来的,这成为研究语言关系的一个难题。如壮侗语、苗瑶语中存在大量的与汉语"貌似"的"关系词",是同源词还是借词有的较难区分。

3.从影响的方式看

从影响的方式来看,语言影响可分为口语型和书面型。口语型的语言影响指不同民族、不同社群由于杂居、交融而产生的影响,又称"自然影响型"。如我国其他民族与汉族长期居住在一起,语言之间自然接触,各自从其他语言里吸收所需要的成分来丰富自己。汉语中不同方言之间的接触也属于这种类型。书面型的语言影响指通过书面语或文字的传播而进入另一语言,不是直接的口语接触而形成的。汉语受英语的影响属于这一类型。而普通话对汉语方言、其他民族语言的影响,有的是通过口语接触进入的,有的是从书面语进入的。

4.从受多少语言影响看

从受多少语言影响来看,有的可能受到多种语言影响,有的可能只受到一种语言影响。如从汉语史看,汉代以来,汉语受到各民族语言、印度语等的影响;就现代汉语而言,借词中有英语、俄语、日语等的影响。汉语中所积淀的别种语言的影响痕迹较为复杂。被影响的语言中所保留的别种语言的痕迹及其历史层次,往往反映了民族关系和民族文化交流的历史,包含了重要的历史文化价值。

(二)语言影响的内容和范围

语言影响的内容主要涉及语言要素(语音、词汇、语法)和语言应用。一般来说,词汇的影响比较突出,语音次之,而语法、语用较少受到影响。

1.词汇影响

词汇影响的主要表现是词汇借用。不同的语言,词汇丰富程度不同,语义场的分布也有差异,在语言接触过程中,一种语言会从另一语言中吸取自己所缺少的词语。

词语借用的多少，不同语言差别很大。有的语言中的外来词多，如朝鲜语、白语、土家语等，吸收汉语借词的数量超过其词汇总量的一半以上；英语中一半左右的词语是外来词，多数借自法语。有的语言中的外来词则相对较少，如汉语、维吾尔语、景颇语等的借词只占词汇的一小部分。外来词被称为"异文化的使者"，反映了民族之间的接触，记录了文化交流的历史，如汉语中的"葡萄""石榴""佛""菩萨""和尚""胡同""站（车站）"等都有这样的特点。

从借词层次看，大多数语言只借用本语言词汇系统中缺少的词语，大多是表示新概念、新思想的新词和术语。但也有一些语言（如我国有的民族语言），某些概念本语言里虽然有对应词语表达，但还是吸收了另一语言的借词，形成本语言的词语与借词并用的同义词群，不过这样的一组同义词在使用频率及语用环境方面有一定区别。

借词进入另一语言的词汇系统后，有的具有构词能力，能与固有的语素构成合成词，这是借词成分与固有成分进一步交融的反映。如汉语中源自梵语的"塔"，组成了"塔吊""塔林""塔楼""塔钟""宝塔"等；汉语中源自英语的"的士"，随着使用频率的增加，"的"表现出较强的构词能力，组成了"的哥""面的""打的"等。

2. 语音影响

语音影响最常见的是新音位的借用，即从另一语言吸收新的音位，包括辅音、元音、声调。借用某个新的音位，要有相当数量含有这一音位的借词为基础。如景颇语、哈尼语原来没有[f]音位，在吸收汉语借词的同时增加了这个音位。语音影响还表现为增加新的音位结合方式。如侗语中[p^h]、[t^h]、[k^h]等送气音原来只是不送气音的音位变体，现在受汉语的影响已经成为独立的音位。

3. 语法影响

语言的语法特点一般比较稳固，不容易受到其他语言的影响。但如果语言接触频繁，语法也会受到影响，主要表现在增加虚词、出现新的语序等方面。我国其他民族语言有的受到汉语语法规则的影响，增加了新的语序和新的虚词。如壮语受到汉语的影响，从汉语中引进了一些语序，壮语中名词修饰名词的固有语序是"中心词+定语",但受汉语影响又增加了"定语+中心语"的语序。

(三)语言影响的制约因素

语言影响的制约因素,有语言外部的和语言内部的两个方面。

1.语言外部因素

语言影响的外部制约因素主要是社会因素,如政治、经济、文化、人口、民族关系等。一般来说,两种语言相互接触时,政治经济力量强大、文化先进的民族使用的语言以及使用人口较多的语言,具有较强的影响力,如历史上汉语比较多地影响了其他民族的语言。民族关系的状况也在一定程度上对语言影响产生作用,民族关系和谐时期,语言影响的幅度相对较大,速度较快,反之则小、慢。

历史上,宗教文化的传播对语言影响也产生了不可忽视的作用。以佛教为例,其在汉语语词增加、词义变化等方面影响较大。汉语中"佛""阿弥陀佛""菩萨""罗汉""魔""阎罗""塔""涅槃""刹那"等都借自梵语。另外,佛经翻译对汉语的倒装句、长修饰语等句法结构也有一定影响;同时从梵语翻译而来的佛经还使古人认识了不同于汉字的拼音文字,对音韵学家的研究也有启发。

2.语言内部因素

同语言影响的深度、幅度、方式等有关的重要因素是语言文字本身。有亲缘关系或类型相近的语言之间,互相吸收对方的成分有其天然的便利。如汉语对我国同属于汉藏语系的民族语言影响较大,这一方面与社会因素有关,另一方面与语言结构皆属于分析型有关。另外,没有文字的语言,相对来说比较容易受到有文字的语言的影响,如历史上汉语对日语、朝鲜语、越南语的影响。

三 语言兼用

(一)语言兼用的性质

语言兼用是指一个语言社团(如民族、国家或地区)或个人除了使用自己的母语,还同时使用另外的语言。语言兼用是民族接触的产物,人们通过兼用另一民族语言来弥补只懂母语的不足，从而适应社会的发展和交际的需要。语言兼用大多是只兼用一种语言，也有兼用多种的，如在瑞典、荷兰等欧洲国家，许多人除了掌握本国语言外，还会使用英语、法语、德语等。

语言兼用，又称双语现象（bilingualism）。不过，"语言兼用"和"双语"这两个术语使用时有一些区别。"双语"有广义和狭义之分。狭义的"双语"，指同时使用两种不同的语言，这是语言兼用中比较常见的。至于兼用多种语言的，兼用外语的，兼用其他方言的，也可以称为"双语"，这为广义的理解。

社会语言学把广义双语进一步区分为社会双语、个人双语和国家双语。社会中双语并用的情况叫作社会双语，这种现象在许多国家或民族是比较普遍的，如马耳他人除了说马耳他语外，多数人还会说英语、意大利语等。个人使用两种以上语言称为个人双语，这是社会双语的具体表现。国家的官方语言有两种或两种以上的情况叫国家双语，如在菲律宾，菲律宾语和英语都是官方语言。

(二)语言兼用的类型

语言兼用是一种复杂的语言现象，受到多方面因素的影响。所以，语言兼用可以从不同角度来进行分类。

1.从兼用语使用范围看，可分为全民型和局部型

全民型双语指一个民族或社会的全部或大多数人兼用另一语言。如云南景洪的基诺族都熟练地使用自己的母语，同时普遍兼用汉语。在基诺族村寨内、家庭内多使用基诺语，而在学校、机关、商店、集市等场合与其他民族交往时则普遍使用汉语。局部型双语指一个民族只有部分人兼用另一语言。他们的双语能力与地区、教育水平、交际范围、族际婚姻家庭状况等相关。一般是教育水平高的、出外多的、族际婚姻家庭的多操用双语，如藏族中的双语人。有的则因所处地区不同而有所不同，如聚居在大小凉山的彝族人，一般只会彝语，但散居在云南、贵州、广西的彝族人，由于跟汉族人杂居，多数是操彝语和汉语的双语人。

2. 从掌握程度上看，可分为熟练型和半熟练型

一个人对两种语言熟练到什么程度才能算是一个双语人呢？有两种标准可以参考：一是两种语言的熟练程度都达到母语的水平，这个标准比较高；二是一种语言的熟练程度达到母语水平，而另一种语言的熟练程度达到可以与以该语言为母语的人进行一般交际的水平。我国少数民族属于熟练型的双语者，大多是受过中小学汉语文教育的，还有一些是长期与汉族杂居的居民；而有的少数民族兼用汉语时，只能对付日常生活用语，不能进行较为深入和复杂的交际，这是半熟练型。不过在实际划分时，二者的界限往往难以界定。

3. 从兼用何种语言来看，有境内型和境外型

境内型指一国之内一个民族兼用另一民族的语言。一般是少数民族兼用主体民族的语言，也有的是一个少数民族兼用另一个少数民族的语言。境外型指兼用另一国家的语言。

4. 从兼用时间看，有的时间长，有的时间短

如我国的白族，兼用汉语的现象根据史籍记载可推至汉代，时间长。有的民族兼用另一语言的时间则比较短，如独龙族、怒族，其大批人兼用汉语的现象起于 20 世纪 60 年代。

(三) 语言兼用程度的制约因素

语言兼用程度，一方面与语言自身特点有关，另一方面与语言环境、人口、民族关系以及人们的职业、年龄、性别等诸多因素有关。从语言环境看，杂居的民族或与别的民族相邻的，学习另一民族语言有其天然的便利，语言兼用能力比较强，兼用人数比较多；从人口数量看，人口少的民族，大多有比较强的语言兼用能力，语言兼用的人口也比较多；从职业看，文化程度高的人、从事商业贸易活动的人，语言兼用能力相对比较强。

四 语码转换

(一) 语码转换的性质

语码指人们用于交际的语言系统，包括语言或语言的各种变体(包括地域变体、时代变体和社会变体)。也就是说,语码可以是一种语言,也可以是一种方言、语体或语域。所谓语码转换(code-switching),即在同一次言语交际中说话人从使用一种语言转换到使用另一种语言的现象。具体地说,它不仅指不同语言之间的转换,也包括从同一语言的一种方言转变到另一种方言,或在同一语言的不同语体(如随便语体和正式语体)之间转换。

语码转换最初的研究几乎全是围绕会话性语码转换进行的,研究的对象一般是双语或双方言社区会话交际的第一语言和第二语言、标准语与方言的交替使用现象。事实上,书面语中母语和外语之间的转换现象同样也应该是语码转换,书面语语码转换也应该研究。因此,从这个意义上说,语码转换指说写者在具体的言语交际活动中,根据交际的需要,从使用一种语言转变到使用另一种语言的现象。

语码转换,不是交际者语言能力缺陷带来的结果,而是一种既复杂又可熟练运用的语言策略,双语者可以用来传递言语本身所没有的社会信息。

(二)语码转换的类型
语码转换的类型可以从不同的角度进行划分。
1. 情景型转换和喻义型转换
甘柏兹1972、1982年提出并阐述了语码转换的两种类型:情景型转换(situational switching)和喻义型转换(metaphorical switching)。

(1)情景型转换,指那些由于改变话题、参与者、场合等情景因素而引起的语码转换。这类语码转换意味着:"只有一种语言或语言变体适合在某个特定的情景中使用,讲话人需要改变自己的语言选择来适应情景因素的改变,从而最终维持讲话的合适性。"我们不妨举例说明:如果两个中国大学生用汉语普通话交谈时来了一位英国留学生,两人便转用英语与留学生交谈。这就是说话人根据情景因素的变化进行了语码转换。

(2)喻义型转换,指那些在情景不变的情况下,交际者为了表达一定的交际意图,为了改变说话的语气、重点或角色关系等而采取的语码转换。这不是语言环境因素造成的,而是与说话的目的有关,往往是说话人想创造另一种气氛或通过语码的转换来达到一定的交际效果,如表示强调、引人注意、表示某种情感、传递某种信息等。交际对象在理解时需要付出一定的精力来对语码转换的用意进行推理。

甘柏兹的这种分类强调了交际者的主观因素和交际环境的客观因素这两个方面,回答了交际者为什么要转换语码,但却没有回答为什么交际者从语码 A 转换到语码 B 而不是转换到语码 C。

2.句间转换、句内转换和附加转换

帕普拉克(Poplack)1980 年发表了一篇关于语码转换类型的论文,主标题为 Sometimes I'll start a sentence in Spanish Y TEMMINO EN ESPANOL:Toward a typology of code-switching,1993 年又发表题为 Variation theory and language contact 的论文,提出了基于变异理论的语言接触和语码转换理论。由于其变异学派的传统背景,在研究语码转换时她将重点放在语言结构的层次上。她的分类如下:(1)句间语码转换(inter-sentential switching),转换发生在两个句子或分句的分界处。(2)句内语码转换(intra-sentential switching),句子内部词汇或短语层次上的转换,此类又称"语码混用"。从语法结构角度看,句内转换容易出现在两种语言词序相同的成分上。(3)附加语码转换(tag switching),在单一语言表达的句子或分句中插入另一种语言表述的附加成分。比如在讲某一种语言时,加上英语"OK?"这样的附加成分,就形成了向英语的语码转换。

帕普拉克 1987 年提出的顺畅转换(smooth switching)和不顺畅转换(flagged switching,或译成"标记性转换",也可直译为"插旗式转换")理论发展了自己的语码转换类型。顺畅转换是两种语言片段之间的顺畅的转换,没有初始口误、犹豫或长时间的停顿,无特殊的语义标记作用,显示出语码转换者对两种不同语码的同等态度和高度的转换技巧。不顺畅转换正好相反,往往有某种语义标记作用或者修辞作用,语码转换者在做这种转换时有意提醒听话人注意不同语码的象征意义。

3.从语码转换所涉及的语言成分看语码转换的类型

从所涉及的语言成分看,语码转换通常体现为字母、词汇、短语、句子和语

篇等不同层次上的转换,但是这些不同层次上发生的语码转换的具体频率不尽相同。语码转换的出现频率和语篇类型之间可能存在一种相关性,就语篇类型看,时装语篇、计算机语篇、娱乐语篇等的语码转换出现频率较高,而其他语篇中的出现频率则相对较低。

(三)语码转换的制约因素

双语或多语者在谈话的某一时刻使用某一语言而不使用其他语言,或从使用一种语言(或方言)转换到另一语言(或方言),都有特定的成因。语码转换涉及众多因素,有主观的也有客观的,有社会的也有心理的,还涉及文化、认知等因素。下面从参与者、场景、话题、语码等方面来阐述语码转换的制约因素。

1.与交际参与者有关的主观因素

这方面的因素包括:交际参与者的语库、角色、地位、年龄、经历等,交际参与者之间的关系以及相关社会因素,交际参与者的社会、文化特征,交际者自身的因素如交际目的等,交际者当时的心理状态等。

当说话人不想让在场的某个或某些人知道所讲的内容时,会转用他们所听不懂的语言。如钱锺书《围城》中,方鸿渐与苏小姐通电话时,办公室的同事们在场,为了避开在场的第三方,他只好临时另择语码,用半生不熟的法语向苏小姐解释他另外爱一个女人,求苏小姐一千个原谅。

交际者个人及其所在社区或言语社团对某种语言的看法、价值评价及其行为倾向,即语言态度,对语码转换有明显的制约作用。人们对语言的态度是赞成、喜欢还是反对、厌恶,必然会影响到他对这种语言的选择和使用。

2.与场景有关的客观因素

这方面的因素包括交际的时间、地点、场合(正式的、非正式)等。比如一个教师在课堂这样的场合,他应该尽量选择标准普通话来上课或跟学生交流,而在课下他可以选择不太标准的普通话或者方言跟学生交流。

3.交际过程中所涉及的话题或内容

话题往往会影响语码选择,比如,在谈到某个话题时,由于想不起或缺少适当的表达方式而转用另一种语言，一般讨论某些专业问题时会出现这种现象。

4.语码因素

语码因素，即语码自身的价值或功能。语码的价值大致可分为四个方面：语义价值、关系价值、情感价值、风格价值。交际者之所以要转换语码，是由于要达到某种交际目的或为了适应当时语境的某种要求；交际者之所以要从语码 A 转换到语码 B 而不是语码 C，是因为语码 B 能更好地达到交际者的目的，或更能符合当时语境的要求。

语码转换的制约因素，主要可归纳为上述参与者、场景、话题、语码四大因素，以及这四方面相互影响所产生的综合作用。不过，具体语境中它们所起的制约作用大小不同，影响某一次具体语码转换的最主要因素只有一个。比如，曹禺《日出》人物台词中的语码转换，主要与剧中人物有关；《傅雷家书》中的语码转换主要受话题制约，而参与者和场景是次要因素。

(四)语码转换的交际功能

语码转换是交际者为了实现自己特定的具体交际目的而采用的一种积极主动的交际策略，语码转换的交际功能主要有：

1.实现说话人的交际意图

(1)标志身份和社会地位。如中国香港居民通过英语和粤语之间的语码转换表明他们的双语和双文化的特质。在某些场合使用外语可能比母语更能显示使用者的地位或权势，如《日出》中作者运用语码转换刻画了当时上流社会之虚伪、卖弄、崇洋媚外。

(2)区分言语交际参与者之间不同层次的人际关系，实现交际参与者之间的趋同与求异。说话人既可以不断调整自己的语码以顺应对方，也可有意使用与对方不同的语码以保持距离，还可采用语码转换的策略有效分解话语的接受对象，对第三方保密。

(3)显示交际者的言语交际风格。有时可使表达委婉，如口语交际中，如果一方想指出对方或他人的缺点或错误，借助语码转换，既可实现交际者的交际愿望,又不会使对方难堪,可以让对方容易接受乃至乐于接受。此外,语码转换有时可起到掩饰、避讳的作用,有时可使表达幽默风趣,而有时说话人故意进行语码转换用以炫耀自己的博学。

2.帮助说话人获得有效的言语表达形式

(1)便利。实现便利功能的大多数是单词的转换,其中不少是专有名词。比如用原文来表达专有名词要比译文更便利。

(2)引用。在转述和引用时,采用原讲话人所使用的语码,原文照录,可以更明确地、更有效地传递信息。比如在中文语篇中直接引用他人的英文语句,在说普通话时直接引用他人的方言语句。

(3)复述。比如在中文语篇中同一观点、同一信息先后用中外两种语言表达,一方面可以更准确地传递信息,一方面可以收到同义强调的表达效果。

(4)突出。说话人可以直接运用语码及语码转换自身的交际价值以突出相关信息。一方面,语码本身可以传递一定的情感,如在普通话和方言之间转换,普通话表达的是整个中华民族的情感,宏大而庄严,但不如方言表达的情感那样具体、丰富、亲切。一方面,转换语码这一做法本身可以突出相关的言语形式,引起听读者的特别注意。

五 语言转用

语言转用(language shift)指一个民族或一个民族的一部分人放弃使用母语而改用另一个民族的语言的现象,又称语言替换、语言替代或语言更换。语言转用是语言影响的进一步结果,随不同民族之间的接触及进一步融合而产生。有的民族是自觉放弃本民族语言而转用另一语言,这是自愿转用;有的民族是因为经济、文化等方面的需求被迫转用其他语言,这是被迫转用。

世界上许多民族都发生过语言转用现象。如美洲、非洲、澳洲等许多民族或土著,在历史发展进程中放弃了本民族的语言,改用了英语、法语、西班牙语等欧洲语言。语言转用在中国历史上较为多见,春秋战国时期的所谓东夷、南蛮、北狄、西戎诸民族经过会盟、战乱、兼并、散居等,发生民族的融合和语言的融合,这些民族都转用了汉语。两汉以后,北方的匈奴、鲜卑、羯、氐、羌等民族,隋唐以后的契丹、女真等民族也在同汉族的交往中被融合,汉语成了这些民族的共同语言。

(一)语言转用的类型

1.整体转用

整体转用即一个民族全体转用另一个民族的语言。如中国的回族转用汉语即属整体转用。不过,中国的回族转用汉语后,回族这个民族还保留着,汉语成为汉族人和回族人的共同交际工具。有的民族转用汉语后,民族成分也随之消失。如南北朝时的鲜卑族,在中国北方建立了北魏政权,汉族和其他民族被鲜卑族统治,但由于经济、文化以及人口的因素,鲜卑族必须向汉族学习,主动被同化,北魏孝文帝主动提倡学习汉语,规定在朝廷上不能说"北俗之语"(即鲜卑语),要求讲"正音"(即汉语)。后来,鲜卑人转用汉语,其民族成分也融入了汉族。再如,党项人曾于公元1038—1227年建立西夏王朝,不仅有自己的母语——西夏语,还有自己的文字——西夏文,留下了相当丰富的历史文献。但随着西夏王朝的覆灭,西夏人逐渐转用了汉语,其民族成分也随之消亡。契丹人在转用汉语后,其民族也被汉族同化了。属于整体型的语言转用,其母语已经消亡或接近消亡,这是语言使用功能的质变。

2.主体转用

主体转用即一个民族的主体或大部分人转用另一种语言。如满族中除了黑龙江省黑河市爱辉区和齐齐哈尔市富裕县极少部分人能说满语外,大部分人已经转用汉语。再如土家族,除了湖南湘西土家族苗族自治州一些偏僻山区的人会说土家语外,大部分人转用汉语或苗语。

3.局部转用

局部转用即一个民族的某个局部地区转用其他语言。属于这一类型的民族比较普遍。由于社会历史等各种原因,世界上许多民族,都或多或少地有一部分人转用其他民族的语言,如东北地区的蒙古族人转用汉语,云南通海地区的蒙古族人转用彝语。属于局部型的语言转用,其母语仍有活力,这是语言使用功能在量上的变化。

(二)语言转用的条件

语言转用是由社会历史决定的,具体地说,有民族的融合、民族分布的变迁、民族关系的变化等原因。

1.民族的融合

由于民族的融合,两个或多个民族融合为一个民族时,需要一种共同的交际工具。政治、经济、文化、生产力先进的民族的语言往往成为被融合的民族学习和转用的语言。如我国魏晋以后,北方许多民族如匈奴、契丹、鲜卑、党项、女真等,在同汉族融合时,都转用了汉语。

2.分布的变迁

民族分布的变迁,由聚居变为杂居、散居,也促使语言转用。一般说来,大块聚居的人群容易保持母语,而分布处于杂居环境中或散居在其他民族之中,容易出现语言转用。历史上,汉族周边的一些民族转用汉语,都是这些民族从聚居转变为散居在人数占优势的汉族人中的缘故。如湖南常德的维吾尔族因战争而定居此地,由于人口少,加上同汉族、回族等民族杂居,因而转用汉语。

3.脱离民族主体

部分人群脱离民族主体,移居到另一个人口较多的民族之中,这样容易出现语言转用。分布在云南自称"卡卓"的蒙古族就是一个例子。距今700多年前,忽必烈率10万骑兵进攻云南,这部分云南官兵后来在云南定居,并与当地主要民族彝族的女子通婚。由于人数少,后代又继承彝族母亲的语言,很快就出现了语言转用。

4.民族间的通婚

民族之间的通婚,也能促使语言转用。仡佬族中的大多数人都已转用汉语,主要原因之一是与汉族通婚,仡佬族与汉族组成的家庭一般都使用汉语。

六 与语言接触相关的其他社会语言问题

(一)语言冲突

语言跟民族有着不可分割的关系,语言是民族的标志,许多民族都非常重视保护、推广本民族的语言,这样,在一个多民族、多语言的国家或社会中必然会发生语言冲突。因语言地位引起的语言冲突,是民族地位和社团地位的冲突在语言上的反映。每一个民族或语言社团都想为自己的语言争取一定的语言地位。在多民族、多语言的国家,在解决语言冲突、进行语言地位规划时,要从实际出发,一方面要实现语言平等以体现民族平等,另一方面要重视各民族的共同交际语的地位规划,以有利于各民族的沟通和团结。

比较典型的语言冲突是加拿大的法语和英语之争。加拿大属于国家双语国,英语和法语都是官方语言。魁北克省80%的人讲法语,该省的法语意识特别强烈,却长期受到说英语的人的歧视。随着法语势力的扩张,该省的独立运动也发展起来,一些说法语的政治领袖为该省谋求过独立,以致1995年举行了全省公民投票,公决是否脱离加拿大(因未达到规定票数而未果)。

新加坡的语言问题也比较复杂而敏感。新加坡是一个多语言的地区,1965年新加坡共和国独立,宪法规定马来语、华语、泰米尔语、英语四种语言为官方语言,其中,马来语是国语,华语是华人的民族共同语,泰米尔语是新加坡印度人的民族共同语,英语是新加坡行政、教育、贸易和各族人民之间的交际语言。新加坡在语言冲突问题的解决上采取以英语为主、多语并存的双语制(多语制)的语言政策,对语言冲突的解决很有启发意义。

我国的语言政策也是十分成功的。我国是一个以汉族为主的多民族国家,语言上采取的是以汉语普通话和规范汉字为国家通用语言文字,各民族语言平等发展的语言政策。《中华人民共和国宪法》既明确规定"国家推广全国通用的普通话",也明确规定"各民族都有使用和发展自己的语言文字的自由"。

(二)语言濒危

语言濒危、语言消亡,自古有之。春秋战国时期,史籍中就有我国古代民族东夷、南蛮、西戎、北狄的记载,但后来许多古代民族及其语言在史籍中消失了(也有可能被别的民族所融合)。在国外,已经消亡的古代语言有梵语、巴利语、哥特语、高卢语等。现在,随着全球经济一体化的到来,语言功能的竞争较为激烈,语言濒危的问题已经成为一个全球性的突出问题。据"中国濒危语言志"丛书记录,我国的130多种语言中,有68种使用人口在万人以下,有48种使用人口在5 000人以下,有25种使用人口不足千人,有的语言只剩下十几个人甚至几个人会说,濒临消亡。联合国教科文组织的调查数据显示,世界上现存约6 700种语言,其中约40%的语言濒临消亡。① 任何一种语言的消失,都是人类社会的损失,是人类文化的损失,是对人类文化多样性、语言多样性的破坏。1993年,联合国教科文组织将这一年定为"濒危语言年",此后召开了多次有关濒危语言的学术会议。自2001年起,联合国教科文组织成立了濒危语言特别专家组,2003年专家组提交了保护和抢救濒危语言的纲领性文件《语言活力与语言濒危》。2001年中国民族语言学会和《民族语文》杂志社也联合召开了"中国濒危语言问题研讨会"。研究濒危语言有着重要的理论价值和应用价值,对待濒危语言需要有科学的态度。

(三)语言干扰

语言接触后对语言的一个重要影响是产生干扰。一般认为语言干扰指母语(或第一语言)对第二语言的影响,这种语言干扰也叫语言迁移,是第二语言习得研究的重要课题。也有人认为,语言干扰是指两种语言在语音、词汇、语法和语用各方面相互干扰、相互影响、相互吸收彼此的语言成分,有时两种语言产生混合。

语言干扰可以发生在语音、词汇、语法等各个层面上,以词汇、语音上的干扰最为明显。语音干扰,指双语者根据第一语言的规则来识别并再现第二语言的语音。如送气音和不送气音在汉语中区别对立明显,而在英语中没有区别价值,说英语的人在学汉语时往往发不准送气音和不送气音。词汇干扰主要体现在词语的借用上,语法干扰包括词形干扰和句法干扰等。

除了语言影响、语言兼用、语码转换、语言转用、语言冲突、语言濒危、语言干扰之外,与语言接触相关的社会语言问题还有语言混合、语言联盟、语言维

---

① 以上数据来自《光明日报》,2022年5月25日。

持、语言消亡等。① 语言混合是语言接触所产生的特殊形式,主要有皮钦语和克里奥尔语两种形式。语言联盟,指几种没有亲属关系的语言,由于长期共处于一个地区,密切接触,从而在语言结构上产生共同特征的现象。语言联盟与双语社会中出现的语言融合不同,语言融合是由一种语言替代了另一种语言,而语言联盟则是有关语言继续存在,只是它们之间产生了系统的共同的结构特征。

第四节　语言变异

一　语言变异与变异学派

(一)语言变异

语言变异(language variation)现象,是社会语言学一个最主要的研究对象。变异理论是微观社会语言学的基本观点,语言变异是社会语言学研究的核心。

语言变异是指语言因各种社会因素影响而产生的种种差异,它既包括某个特定语言项目在共时分布上的差异,也包括该语言项目在历时流程中的变化,也就是说,指语言项目在实际使用着的话语中的状况。这个"语言项目",可以是某个音位,也可以是某些语音的组合或聚合规则;可以是某个语义,也可以是某些语义的组合或聚合规则;它还可以是音、义结合而成的语素或词,也可以是某个语法范畴或语法手段,或某项语法规则。

在使用过程中的语言符号,对不同的人或不同的语境,总是以各种变异的形式存在。不同社会集团的成员所掌握的语言变异形式是不一样的。社会中的人,如果在性别、年龄、所受教育程度、职业、生活所在地区等任一方面有共

---

① 需要说明的是,语码转换谈的是交际者同时使用两种以上语言时不同语言成分的具体运用情况,与此处所论语言影响等语言接触诸类现象不属于同一逻辑层面。

同的社会特征,他们就会构成一个不同于其他人群的社会次文化集体,每一个社会次文化集体,都可能有一套区别于其他社会次文化集体的语言变异系统。简言之,语言以变异形式存在。

(二)变异学派

20世纪西方语言学界的主流学派把语言作为一个同质体来研究,认为只有"共时"的"语言"状态才能形成系统,语言是"同质"而"有序"的。而以拉波夫为学派领袖的"变异学派"指出,语言是一个异质有序的符号系统,这是一种富有新意的语言观,20世纪50年代以来的社会语言学研究已经积累了大量的能够支持这一观点的证据。

变异学派以语言变异为首要研究对象,以语言社团为基本研究单位,发展了一整套调查语言社团、搜集语言素材以及进行定量分析的研究方法,不断充实语言变异的理论,逐步形成了一套完整的体系。从语言变异的性质、成因、分类和它们在语言系统中的不同作用,到这些共时变异与语言的历时变化的关系等都有新的观点。早期的语言变异研究多集中于语音方面,20世纪90年代以来已经逐渐扩大到语法、语义、话语分析等语言研究的各个方面。

二 语言变异的分类

(一)从语言变异的成因来分

1.来自语言结构系统内部的变异

语言内部各成分之间是互相联系的,其中任何一个成分的改变,都可能引起连锁反应,产生一连串的语言变异。由于语言结构中某个成分的改变而产生的变异,都可以叫作来自内部的变异。比如:从中古时期的藏文经典和现在藏语的某些方言来看,藏语本来是没有声调的,后来由于浊声母的清化和韵母中辅音韵尾的简化而产生了声调。所以,藏语声调变化的出现是一种来自内部的变异。

由于客观条件的限制,目前国内的社会语言学研究,多偏重于语言使用、语言态度以及某些词汇的变异,对来自内部的语音变异、语义变异、语法变异研究相对较少。这容易使人产生误解,以为社会语言学对来自语言内部的变异不感兴趣。实际上,社会语言学不是不研究语言结构内部的各种因素,而是要联系与它们相关的社会因素来研究。

2.来自语言结构系统外部的变异

这种变异是受语言结构系统之外因素的影响而产生的变异,即由于社会因素引起的变异。与语言变异相关的各种外部因素,主要有年龄、社会阶级和职业、文化程度、种族、性别、交际场合、交谈对象、交谈话题、交谈者之间的关系、语言载体等。按照它们是否出现在不同说话人身上,可以区分为个体之间的变异、个体内部的变异和"纯粹自由"的变异三个小类。

(二)从变异在语言系统中出现的范围或层次来分

1.系统的变异

这种变异往往表现为整个语言结构系统都受到这一变异的影响,从而有别于另一个语言结构系统。北方方言(其中的西南次方言除外)一般都分别有舌尖前和舌尖后的擦音和塞擦音,而南方的许多方言则只有舌尖前而无舌尖后的擦音和塞擦音。系统的变异,常常构成民族语言之间或地域方言之间的区别。

2.分布的变异

不同语言变体中,都具有某个语言成分,但是这个语言成分在不同的语言变体中有不同的分布条件。这种变异,不是有与无的区别,而是如何分布的区别。如北京话和上海话都有[ŋ]这个音位:上海话中,它既可以出现在元音之前,也可以出现在元音之后,还可以自成音节;北京话中,它只能出现在元音之后做韵尾,不能出现在元音之前当声母,也不能自成音节。[ŋ]对上海话和北京话来说,就是一个分布上的变异。

3.实现中的变异

这种变异是同一个语言系统体现在不同说话人或同一说话人的实际言语上的变异。比如汉语方言中的文白异读,是这种变异的一种表现形式。

(三)从变异在社会中的作用来分

1.言语社团的象征

这是指个体或集体的民族、地区、阶层等社会特征在语言中的体现。这类变异比较持久,而且不随语言环境的不同而变化。如操粤方言的人,在说普通话时,往往在句末加上语气词"啦",音拖得比较长。这种象征性的语言变异,不仅可以表现在语音层面,而且在词汇、语法层面也有,如四川人常说"啥子",而湖南人则说"么子"。

2.语体的标记

这种变异,往往显示了同一个说话人在风格、语体上的不同。如在正式场合会比较注意措辞合乎规范,在非正式场合就比较随意;再如书面语中用"逝世",而在口语中则有"死了""走了""老了"等不同的变体形式。

3."陈规"或"偏见"

这种变异可能是某个语言变体中存在过而现在已经消失的变异,可是人们仍然认为它是某个语言变体的象征或标记,在某些特定的情况下出现。例如,区分尖团曾是苏州方言的典型特点,但是这种语言变体现象现在已经消失了,只是会出现在少数说唱苏州评弹的演员口中,这种特殊的语言现象就是"陈规"或"偏见"。

分类的标准不同,语言中的同一个变异形式可能同时归入不同的类别中。对变异进行分类的目的,在于揭示它们不同的成因以及对语言结构的不同影响,说明它们与哪些社会因素相联系。

语言变异理论最关心的是由各种社会因素引起的、分布不均衡的变异,其中包括在某个言语社团内部,受一定社会因素制约的集体的变异,以及由各种社会特征所造成的个体之间的变异。

三 语言变体

(一)语言变体的性质

语言变体(variety in language)是指具有类似社会分布的一组语言项目。

所谓"一组语言项目",可以是整个(甚至不止一个)语言结构系统,也可以是某个音、某个词,或是某项语法规则,也可指语言系统的各个层次。比如:它可以统指某个多语社会中所使用的多个语言;也可以只是指"汉语",或是"汉语的某个方言系统";还可以仅仅是"北京话中第二人称代词",或是"河北某次方言中表示名词复数时均可加'们'这一个特殊的语法形态"。"具有类似社会分布"是指这一组语言项目出现的社会条件是基本相同的。这些社会条件指的是:说话人、听话人的社会特征,言语发生的交际场合,谈论的话题的性质,交谈者双方之间的关系等。"类似社会分布",可以只是指该语言项目具有一个类似的社会条件,也可以指它们具有几个类似社会条件的组合。"社会分布",指相应的语言社团,一群接受和使用某一些语言项目的人。比如,新加坡的华人社会是一个多语社会,那里的华人,经常在不同的情况下,分别使用华语、英语和汉语的闽、粤、客家方言,从而构成新加坡华人言语社团语言变体。他们使用的华语、英语和汉语的闽、粤、客家方言就是一组语言项目,几乎每个人都在不同的情况下使用不同的语言变体就是他们的"类似社会分布"。

(二)语言变体的分类

1.从说话人本身的社会特征来分

按说话人本身的社会特征可以把语言变体分为:双(多)语变体和民族语言变体,地域方言变体,社会方言。

社会语言学一般不研究民族语言变体和地域方言变体本身,而是研究它们在不同言语社团中的使用情况,在不同社会条件下的功能,它们内部的分化以及相互之间的影响。

2.从说话人对语言的使用来分

语言不但随着说话人的社会特征的不同而分化为不同的语言变体,而且即使同一个说话人也会因说话的场合、交谈的对象、说话的目的等的不同,而使语言分化。这样分化出来的语言变体叫作语言的功能变体。

拉波夫在调查中,按照说话人对自己言语付出的注意力的多少而将它们划分为四等,分别用朗读词表、朗读短文、正式谈话、随意聊天四种调查方式来获取样本。因为,说话人在朗读词表时,注意力最集中,所得到的语言样本正式性也最强;而随意聊天时,说话人几乎不注意自己的言语本身,所以,这时获得的样本的正式性最低。

(三)地域方言与社会

一般认为地域方言是由地理或地域上的差别所造成,并在使用上局限于特定地区的一种语言变体。但实际上,地域方言的形成、扩展、传播都有深刻的社会历史原因。

1.地域方言与社会方言

地域方言和社会方言虽说都是语言的变体,但是变异的形式不同,二者的性质也是有区别的。第一,地域方言对当地人来说是全民通用的语言,而社会方言只是在部分人之中使用,不具备"全民性"。第二,地域方言是一个自足的、完整的语言系统,而社会方言往往只有语音的、词汇的或某些表达方式上的差异,语言的基础成分是多种社会方言共有的。第三,地域方言的语言系统是经过长期的演变和整合而形成的,虽然经常有变异,但在一定的时代总有个稳定的系统;而社会方言则往往不甚稳定,因人而异、因事而异,掺杂着语用的需要。

2.地域方言的形成与社会

地域方言即一般所说的"方言",它的形成与社会有着密切的关系。拿现代汉语方言及其次方言的形成来说,主要原因是社会的分离,人口的迁徙,地理的阻隔,民族的融合,语言的接触。人口迁徙是形成新方言的常见原因,几乎所有汉语方言的形成与人口的流动都有关系。不过,人口迁徙要形成新方言往往需具备三个条件:第一,要有一定批量的移民而不是零星的少数;第二,要集中聚居而不是插空散居;第三,移民的语言与原住地的语言或方言形成抗衡之势。比如,客家人自赣北下赣南、入闽西,后来又进入粤东和粤北,都是批量聚居的,而且都能够团结奋斗、艰苦创业,这些地区便成为后来的"纯客区",连原住民也跟他们说起客家话。相反,有不少客家零星移民穿插到闽中、闽南、闽东各地,由于当地闽语是强势方言,大家都改口学该地已有的方言,这些移民所说的客家话并未在那里立足。

3.地域方言的扩展与社会

地域方言形成的最初条件可能与地域有比较直接的联系,它形成之后,在一定的社会因素影响下,地域分布和功能都可能发生变化。如闽方言是形成于福建省和浙江省南部的一种地域方言,随着该地区居民的迁移,闽方言特别是闽南次方言的使用范围,扩大到了我国的海南、台湾和东南亚地区。

方言扩展的常见原因有:民间自发移民、外出谋生和官方组织的移民或征战屯垦等。其中,外出谋生造成了方言的自然扩展。汉语方言区域的自然扩展最典型的是官话和晋语的扩展。官话形成于黄河中下游和长江中下游的北岸。后来(主要是明清之后)扩展到东北、西南和西北地区,分布在数百万平方公里的土地上,使用人口数亿,成为汉语最大的方言区。其中河北人、山东人移居东北是最典型的谋生移民。东北原是满人居住地,清初满人入关后即明令限制汉人出关垦殖,直至太平天国运动之后才废除禁垦令。这时河北、鲁西大量人口出关进入三江平原,胶东人渡海登上辽东半岛。山西人向内蒙古草原移垦也是因为人口爆满,加以天灾人祸,生态破坏,难以维持生计,于是"走西口",从营商到定居,把晋语带到了口外。

4.地域方言的演变与社会

方言的演变同它所处的社会生活关系密切,社会生活是制约方言演变的外部因素。社会生活是安定繁荣还是动荡衰败,对方言演变的影响很大。动荡、战乱的时代,人口大起大落,长途迁徙频繁,因而方言差异大、分化多。安定繁荣时期,方言则多表现为整体结构相对稳定。

地理环境和经济生活状况也会影响方言的发展。平原地区的方言区往往范围比较大,山区则多歧异的小方言,这是由交往的多少决定的。交通方便的地方、商品经济发达的地方,方言区域大、内部差异小。

经济实力强、人口多、方言意识浓的方言是强势方言,其变化比较慢,受共同语及周边方言影响也小;反之,弱势方言受外界影响大,因而变化快。如粤语区经济发达、人口多、方言意识又浓,三者齐备,粤语在汉语各大方言中是最强势方言。客方言则是方言意识特强因而变化较慢的典型。

(四)语言的社会变体

1.语言的全民性与语言的社会变异

语言的全民性与语言的社会变异并不对立。一方面,语言是全民的交际工具,属于整个社会的全体成员,不为哪一个阶级所独有。语言对于社会全体成员来说是统一的、共同的,无论什么样的社会地位,每个人都要遵守社会的语言习惯。另一方面,语言在人们的使用中会出现不同的变异、不同的风格。语言随着社会的分化而分化,社会分化在语言中得到了各种反映,人们对语言的使用会表现出阶级性或集团性。

2.社会方言与社会集团、社会阶层、言语社团

(1)社会方言。社会中的人群由于性别、年龄、文化程度和社会分工的不同而分为不同的言语社团,在语言的使用上表现出一些不同于其他社团的特点。各种言语社团在全民语言的基础上会产生各有特点的语言分支或语言变体,这就是社会方言。也就是说,社会方言是同一种语言或方言在不同人群中的各种变体。如儿童语言、妇女语言,都有比较特殊的变异。又如因社会阶层或职业不同,形成阶层语言变体和行业语言变体。

社会方言是言语社团的一种标志。人们平常所说的官腔、干部腔、学生腔、娃娃腔等的"腔",都是对某一言语社团在言语表达上的一些共同特点的概括,这种"腔"就是一种社会方言。社会方言的特点在语言各要素语音、词汇、语法等方面都可能出现,但容易引起人们注意的还是一部分用词的不同。比如所谓"新新人类语言"(指城市中20世纪70年代末到80年代出生的年轻人群体)就是一种典型的社会方言,在用词方面有许多自己的特点。

(2)言语社团。言语社团,也叫言语共同体、语言集团、语言社团,是指在某种语言运用上持有某些共同社会准则的人们的集合体。人们为了共同的利益而组成的社会群体,就是通常所谓的社会集团,特定的社会集团会在语言上表现出共同的特点。但是我们应该看到,社会集团不一定就是言语社团,比如来自农村的进城务工人员可以看作一个特定的社会集团,但他们在语言上不具备整体的区别性特征,因而不能视为一个言语社团。

人们组成一个言语社团,不仅仅是因为他们具有一定程度上的相似的语言表现,更重要的是他们具有基本一致的语言态度,他们对某种语言有一种认同心理。语言态度,指人们(包括言语社团和言语社团成员)对某种语言或语言变体所持的态度,包括价值评价、情感和行为倾向等。与语言态度相关的还有语言感情、语言歧视、语言优越感、语言忠诚等。研究表明,从语言本身的角度看,无法说哪一种语言优于另一种。每一种语言都可以满足说这种语言的人的需要。然而,这一结论跟人们通常的直觉有很大的差别,人们通常会有一种价值观,认为语言是有好差之分的。这种观念并不是来自语言,它是社会态度的体现。表面上看是对语言的评判,实际上是建立在社会和文化价值基础之上的评判。某些群体比另一些群体更有地位,他们的语言或方言也就有了更高的地位。语言态度对语言使用、语言发展有重要的影响。

(2)社会阶层与语言变异。划分社会阶层是一个十分复杂的问题。有的社会分层理论可能对研究社会很有价值,但不一定都与语言的使用有十分密切的关系。改革开放以来,中国的社会结构格局发生了深刻的变化,出现了社会层次的分化。有人提出了以职业分类为基础,以组织资源、经济资源和文化资源的占有状况为标准来划分社会阶层的理论框架。据此划分出十个社会阶层和五种社会地位等级。其中的十个阶层是指:国家与社会管理者、经理人员、私营企业主、专业技术人员、办事人员、个体工商户、商业服务业员工、产业工人、农业劳动者、城乡无业失业半失业者。这为我国的语言社会变异研究提供了一个很好的参照标准。此外,工薪阶层、职业女性、小资、金领、蓝领、白领、教师、医生、军人、网民、股民、大学生、中小学生、农民工、下岗工人等,各自也在语言方面体现其社群特征。比如:"栓Q""社畜""嘴替""虾系男友""雪糕刺客""电子榨菜"这些社会流行语是大学生、白领阶层常使用的;"斑竹""恐龙""大虾""灌水""酱紫""瘟都死"是网民这一特殊社会群体常使用的,不经常在网上冲浪的人很难真正理解这些词语的意思。

拉波夫对纽约市居民的发音的调查可以说是最广为人知的社会语言学的研究,同时也被认为是开创性的对语言变异的研究。拉波夫研究了纽约市口音的好几个变异特点,其中元音后卷舌音的变异的社会阶层相关性最为显著。

这种语言变异,其社会阶层的区别性很强。纽约人对该变异的社会象征意义也格外敏感,地道的纽约人都具有根据谈话中的卷舌概率来理解其象征意义的能力。在拉波夫之前,研究纽约市英语的学者已经注意到当地人在讲 car、cart、four 等词时有时发出/r/音,有时不发。至于什么时候发什么时候不发,似乎没有什么规律。所以在描写纽约英语时就把这种元音后面时而出现的/r/音叫作"自由变体"。但是,拉波夫(1966)调查发现,这种/r/变异实际上有很强的规律性,在纽约市很少有人在各种场合一成不变地总是将这些元音后的/r/音发出来,也很少有讲话中完全不出现这种卷舌音的人。这种规律性还体现在概率性的量的区别上,而不是质的对比上。拉波夫把他在纽约调查的讲话人归入了几个不同的社会经济等级,社会经济地位越高的阶层,讲话中卷舌音的比率就越高。同时,无论是何种社会阶层,在越是正规的场合和注意自己语言给人的印象的场合,他们讲话时卷舌现象出现的比率就越高。可见,这种卷舌变异不仅与社会阶层相关,而且与社会场合相关,与讲话的语体风格有关。

根据对语言变异在城市社团的分布的调查结果,拉波夫提出了一个崭新的语言社团的概念。以往,人们认为一个语言社团最主要的特点就是社团成员的语言行为的一致性。拉波夫认为语言社团的一致性并不表现在语言行为的一致性上,而是表现在相同的语言态度上,即对于同样的语言现象有着大致相同的评价和基本相同的理解。这种用讲话人的主观判断来作为语言社团一致性的基础是在语言社团定义研究方面的一项突破。

3.语言与职业、行业

职业或行业影响着人们的语言使用。一定的职业或行业需要并形成适合其特点的"语言模式",这些"语言模式"主要有利于该领域的内部交流,同时也成为人们职业身份的"语言标记"。"三句话不离本行",职业或行业的语言特点在人们的言语交际活动中常常自觉或不自觉地流露。社会语言学主要从语言社团的角度研究语言的职业或行业变异。

(1)行话和秘密语。行话、行业用语,与特定的行业组织和专业相联系,有特殊的专业术语,还有一些固定习用的言语表达形式。行业用语的变异主要发生在语音和词汇方面,也会通过文字或其他符号进行变异。此外,行业用语,有的是某语言社群特别创造的,有的是将普通词语约定新的词义。例如股市语言中的"上市""退市""大盘""割肉""停牌""套牢""飘红""飘绿"等。

某些社会集团或群体为了一定的目的,在成员之间制造、使用的一些不为外人理解的语言形式,通常称为秘密语,或隐语、暗语。它只在语言社群内部使用,掌握某一社群的秘密语,是进入该集团、取得"合法"身份的重要标志。至于黑社会的秘密语,则是"黑话"了。

行业用语不为外人理解,是因为外人不从事这一行,它并不是排外的;而秘密语不为外人理解,是因为其社团故意不让外人懂。无论是行业用语还是秘密语,都没有自己独立而完整的语音、词汇、语法系统,只是在共同语或方言的基础上进行一些人为的变异,如组成一些特殊词语,或者赋予一些通用词语以特殊义项和附属色彩。

(2)领域语言。不同的语境代表着不同的交际领域或社会领域,不同领域对语言有不同要求,有需要解决的特殊的语言问题,有些领域甚至需要专门的语言政策,因此不同领域中的语言也必然会有不同的用语用字特点。譬如文学、科技、新闻(媒体)、法律、军事、医护、体育、商务、网络、广告等领域语言都有其用语用字的特点。

4.语言与年龄

(1)语言存在年龄差异是所有差异中最直观、最常见的。在与语言变异有关的社会变量中,年龄作为一个非常直观的变量,是诸多变量中最重要的参数。任何一个语言社团都可能由于年龄差异形成儿童语言变体、青年语言变体、老年语言变体等。一般情况下,儿童语言变体较为简单,较少有语体变化的特点;老年语言变体往往保留一些过时的语言特征;而青年语言变体则是对新的语言变化反应最快、最多的一种变体,甚至可以说他们就代表着语言变化的潮流。

(2)语言年龄差异的表现形式。语言年龄差异主要表现在语言结构和语言选择两方面。语言结构的年龄差异反映在语音、词汇、语法各要素中,并且交织在一起,以语音的差异最为常见。语音变异中比较常见的是使用音位多少的差异和音位分合的差异。如广东韶关本城话可按年龄的不同分出老派、新派:老派话声母18个,区分n和l;新派话声母17个,不分n和l;老派话有47个韵母,新派话有52个韵母,但少了4个入声韵。语言选择的年龄差异指不同年龄、不同辈分的人在选择使用什么语言时会有差异。一般来说,老一辈人在语言选择中常常持保守态度,坚持把母语传授给年青一代,希望他们能够忠实地保持下去,而青年人则易于接受第二语言。湖南湘西土家族苗族自治州的土家语已属濒危语言,那里有不少家庭内部出现了不同程度的语言差异,老年人使用土家语,中年人跟父辈讲话说土家语,同自己的孩子讲话则使用汉语,因为15岁以下的孩子主要讲汉语,会说土家语的极少。

5.语言与性别

男女在使用同一语言或方言时表现出一定的差异。这是人类语言生活的客观事实,是语言社会变体的常见表现形式。

(1)语言性别差异的具体表现。主要表现在四个方面:语言结构的性别差异,反映在语音形式、词汇选择、语法规则运用等各个方面;言语行为的性别差异,这可以从招呼、邀请、恭维、请求、道歉等方面来考察,男女在言语风格方面有明显差异,如文雅与粗俗的区别、谦恭与霸气的区别;语言能力的性别差异,就语言学习能力而言,人们通常认为,女性强于男性,不过这个问题比较复杂,也有调查并不支持这一说法;书面语选择和运用的差异,一个典型的例子是湖南江永的"女书"。

(2)语言性别差异的形成原因。语言性别差异的成因,可以从三个方面来考察。首先是社会地位的影响。如在中国封建社会,女性社会地位低下,在语言上有多种体现,如有妇女专用的贱称;女性对语言演变的适用和作用,相当复杂,面对新的语言潮流,为怕人笑话自己"土气",为了时髦,女性可能更敏感、更积极地接受新的形式,男性在顺应社会的压力改进语言习惯方面,可能不像女性那么积极。其次是社会文化的影响。男女社会分工的差异,往往造成语言使用的某些差异。社会对男女有不同的社会角色期望,对男女的言语行为起着一定的制约作用。比如男性使用的某些词语,女性若使用,可能会给人粗鲁、不得体的印象。若男性像女性那样轻声细语,可能遭到人们的嘲笑。再次是社会价值取向的制约。社会的道德观念和价值取向,对人们的言语行为产生一定约束力。如口语交际时,是否控制话题,占用时间的长短,是否使用礼貌语言和委婉语,是否打断别人的话,等等,对男性和女性的要求是有区别的。

6.语言与社会诸因素

社会阶层、职业、年龄、性别、文化程度等因素对语言的影响,并不是单独起作用,往往是社会诸多因素共同影响着社会方言的形成和具体表现。比如社会流行语,即某个时期在某些人群中或某些领域广泛流行的语言形式,它有明显的时代特征、地域特征、社团特征、年龄特征等。最有代表性的社会流行语是民谚民谣,其次是青少年流行语。

(五)语言的功能变体

语言的功能变体,常见的有口语变体和书面语变体。口语有正式语言变体、随意语言变体、亲密语言变体等类型。正式语体,如正式的社交场合、礼仪场合,语音清晰,用词准确,语句之间连贯性强,句子结构完整,重复和停顿现象少。而随意语体,如家庭成员、亲友之间的日常谈话,语句简短,有插话,有重复和停顿现象。书面语变体由于使用的范围、目的、形式等的差别可以再分为政论、科技、公文、文艺等语体,也有诗歌语言变体、戏剧语言变体、科技语言变体等类型,有学者称之为"语域"。

四 语言的扩散与语言的跨境变体

(一)跨境语言

1.跨境语言的界定

跨境语言(language across borders)是指分布在不同国境中的同一语言。有狭义和广义两种不同的理解。

狭义的跨境语言指相接壤的不同国家中的同一语言,如朝鲜语主要分布于朝鲜半岛北部、朝鲜半岛南部和我国吉林省延边朝鲜族自治州,这三个地区分属三个不同的国家——朝鲜、韩国、中国。从地理分布看,朝鲜分别与韩国和中国接壤;从语言和民族情况看,是同一民族使用的同一语言。这种跨境语言,是由于历史上的民族迁徙、国界线的确立等诸多因素而形成的语言分布,这种分布一般是成群成片的。

广义的跨境语言还包括在非接壤国家中的同一语言,如英国英语和美国英语,中国境内的汉语和新加坡华语。这种跨境语言形成的原因,是同一个民族的人或者操同一母语者因某种原因大规模迁移到他国定居,并在当地能够形成一个相对聚居的、有特色的社群。至于因种种原因零星移居他国者所使用的原住国的语言,因为没有一个特定的社群作为该语言所依托的社会环境,一般不看作跨境语言。

2.跨境语言的一般特点

同一语言跨国境而分布是世界上常见的一种语言现象。跨境语言在分布、使用、跨境时间、语言差别等方面的情况各不相同。

(1)跨两国或跨两国以上。如怒语只跨中国和缅甸,而傣(泰)语则跨中国、越南、老挝、缅甸、泰国五国。

(2)同名或异名。大多数跨境语言的名称是一致的,少数跨境语言的名称在他称或文字的表达上不一致。如泰国主体民族所使用的语言,在我国写成"泰语",以区别于中国境内的傣语。由于二者分化时间比较长,差别比较大,也有学者认为可看成两种不同的语言。

(3)相邻或不相邻。多数情况下,使用跨境语言的民族相邻而居,这种跨境语言的分布在地理上是连续性的,如蒙古语、朝鲜语。少数情况下,使用跨境语言的民族不相邻而居,这种跨境语言的分布是跳跃性的,如中国境内的苗语与分布在美国和加拿大的苗语。

(4)差别大或差别小。这与跨境时间的长短、人员之间接触的疏密、周围其他语言影响的大小等因素相关。

(5)时间长或时间短。有的语言跨境历史比较短,如中国西南地区与越南、老挝、泰国、缅甸等国的国界都是19世纪末20世纪初才划定的,而该地区的民族分布地域在国界划定前后基本未变,因而该地区的民族语言也是随着国界的划定而成为跨境语言的,距今不过百余年的历史。有的语言跨境历史则比较长,有的甚至已经由当初的跨境语言发展为各自独立的语言了,如英语和德语就是由原始日耳曼语分化而来的。

3.跨境语言的变异

跨境民族、跨境语言是随着国家的产生、民族的发展等引起语言的扩散而出现的一种社会现象。分布在不同国家的同一语言,尽管具有历史上相同来源而留下的共性,但也出现了变异。变异小的出现土语差异,变异大的出现方言差异,乃至演变成不同的语言。因跨境而引起的语言差异,既不同于因地理分布而引起的地域方言差异,也不同于因社会阶层、行业不同而引起的社会方言差异。跨境语言的研究为语言变异的研究提供了一个新的视角。

跨境语言的变异程度,由多种因素决定,主要有跨境时间的长短、跨境语言所在国之间的关系、跨境各国居民交往的频繁度、跨境民族与周围其他民族的关系、跨境民族受所在国主体民族影响的大小等。跨境时间长的、跨境民族交往少的、受主体民族影响大的、与周围其他民族接触频繁的、国与国之间缺乏联系的,语言容易产生变异,而且变异比较大,反之则小。

跨境语言的变异在语音、词汇、语法、文字等方面都有体现,其中,在词汇方面的表现最为明显。

(二)语言的扩散与英语的分布

1.语言扩散的模式

从形成原因看,语言的扩散可分为三种模式:

(1)语言扩散的人口模式。人口模式指语言扩散是由人口扩散引起的。如操英语的居民迁移到新西兰,使英语扩散到新西兰。

(2)语言扩散的经济文化模式。经济文化模式指语言扩散是由经济和文化等因素引起的。如作为伊斯兰教的宗教语言,阿拉伯语因伊斯兰教的传播而不断传播、扩散。

(3)语言扩散的帝国模式。帝国模式指语言扩散是由政治上的统治造成的。如古代希腊和罗马帝国的强盛使希腊语、拉丁语广泛传播;近代,由于英国的强盛,英语在亚洲、非洲、美洲等地(如印度、尼日利亚、美国等)得到扩散。

2.英语的世界分布

英语虽然不是使用人口最多的语言,却是分布最广的语言,遍及欧洲、亚洲、非洲、北美洲、大洋洲等。官方语言是英语的国家主要有英国、美国、加拿大、爱尔兰、澳大利亚、新西兰等;非洲原殖民地如加纳、利比里亚、乌干达和津巴布韦,北美洲原殖民地、大洋洲原殖民地的一些国家和地区如巴哈马、斐济等,官方语言也是英语。英语同其他语言一起使用的国家主要有非洲的坦桑尼亚(同斯瓦希里语一起使用)、喀麦隆(同法语一起使用)、南非(同阿非利加语一起使用)、尼日利亚(同一种以英语为基础的克里奥尔语一起使用)等,亚洲的新加坡(同马来语、泰米尔语、汉语一起使用)、菲律宾(同菲律宾语一起使用)、印度(同印地语一起使用)、巴基斯坦(同乌尔都语一起使用)等,大洋洲的萨摩亚(同萨摩亚语一起使用)等。

英语广泛扩散的一个重要结果是英语通过与世界各地语言接触而产生了许多海外体英语。不仅以英语为母语的国家有着不同的英语变体,如英国英语、美国英语、加拿大英语、澳大利亚英语、新西兰英语等,而且许多以英语为第二语言的国家也有着各自不同的英语变体,如喀麦隆英语、新加坡英语、尼日利亚英语等。这些变体之间既有着英语的共同特征,也存在着一些系统的差别。

(三)汉语的跨境变体

海外华人社会所使用的汉语与本土汉语之间出现了不少差异,形成所谓的"域内汉语"和"域外汉语"。广义的"域外汉语"是中国以外的国家或地区所使用的汉语的各种变体的统称,既包括普通话,也包括汉语的各种方言(如流行于北美、东南亚等地的广东话、闽南话、客家话)。狭义的"域外汉语"是指上述一些相关国家或地区所使用的"华语",即现代汉民族共同语——普通话的域外变体。汉语在域外的名称有多种,例如,域外的许多华人尤其是东南亚各国如新加坡等一些国家的华人社区把自己使用的汉语共同语称为"华语",不仅用来区别各自原来所使用的不同的汉语方言,同时也用来作为自己在所在国的华族身份的标志;就世界范围来说,也有不少华人分别用"普通话""中文"

"国语""汉语"等名称指现代汉民族的这一共同语,而用粤语、闽南话、客家话等称各自的方言,或用"汉语"通称汉民族共同语和汉语各种方言。域外汉语的出现,与域外华人社会的形成有直接的关系。对海外华人来说,汉语具有特殊的文化传承的情感功能,是增强海外华人内部凝聚力的重要纽带。

海外汉语的使用通常有这样几种情况:使用者为华侨或海外华人(含华裔),汉语是其第一语言,有的以汉语的某种方言为第一语码,有的以汉民族共同语的标准语为第一语码;使用者为华裔,汉语是其第二语言,家庭的语言环境是汉语标准语或汉语方言;使用者为非华人,汉语是其第二语言或第三语言。

汉语在世界上的分布越来越广,各地的汉语之间在趋同的同时,也出现了明显的差异。即使是很多人都认为等同于普通话的"华语",也有不少差异,甚至可以说它正在成为汉语的一种新的方言。如马来西亚华语,既受到中国内地的影响,也受到中国台湾的影响,还有原来各自方言的影响以及英语和马来语的影响。它与普通话之间的差异在语音、词汇、语法、语用等方面都有具体表现。比如,语音方面,马来西亚华语有入声,无轻声和儿化;语法方面,有的结构是普通话所没有的,如"有+V"(你有吃吗),"V+O+一下"(关灯一下)。

中国经济的快速发展和国际地位的日益提高,给海外华人社团的汉语使用注入了新的活力,汉语通过它在世界各地的变体丰富着自己。

(四)语言传播

许多国家对语言传播(language spread)都相当重视。美国、英国、法国、西班牙、德国、日本等国,多年来都在有计划地实施英语、法语、西班牙语、德语、日语等的国际传播战略。美国、英国等主要是通过贸易、媒体、教育、文化等途径向世界倾销英语;法国努力协调法语拥有特殊地位的34个国家和3个国家的部分地区的所谓法语区的语言问题;西班牙在利用"西班牙世界"这一概念向世界进行语言传播。

国家走向世界,其语言一定要走向世界。国家成为强国,也要求其语言成为强势语言。随着中国综合国力的逐步增强,汉语的国际地位也在不断提高,因而必须加快汉语国际推广的步伐。这样,我们除了要关注国内的语言问题,还应该关注海外华人社区的语言和汉语的国际传播,研究中国走向世界的过程中应采取什么样的语言方略。

思考题

1. 试比较社会语言学与结构主义语言学的语言观。
2. 简述社会语言学的研究方法。
3. 举例说说社会语言学的应用价值。
4. 谈谈社会语言学兴起的原因。
5. 简述中国社会语言学的历史和现状。
6. 简述语言接触与语言演变的关系。
7. 交际者为什么要进行语码转换?
8. 为什么说词语借用在语言影响中最为明显?
9. 举例说说社会阶层与语言变异。
10. 年龄差异在语音、词汇、语法方面有哪些具体表现?请举例说明。
11. 搜集近几年的流行语,分析它们在使用者年龄上的差异。
12. 语言的性别差异有哪些具体表现?做一个有关语言性别差异的小型调查,描写差异的具体表现,并分析其产生原因。

第五章 语言规划和语言调查

第一节 语言规划的性质和原则

一 语言规划的性质和特点

(一)什么是语言规划

语言规划(language planning)又叫语言计划,是政府或社会团体为了解决语言在使用中出现的问题,使语言文字更好地为社会服务,而有目的、有计划、有组织地对语言文字及其使用进行干预和管理的各种工作。

语言规划不是对语言进行有计划的加工和改造,而是对语言的发展和使用进行人工干预,使其向着规划者期望的方向发展。语言是人类最重要的交际工具,但这个工具不是静止不动的,而是处于不断发展变化之中的。语言的发展变化受到各种各样的因素如政治、经济、文化、地域、宗教乃至社会习俗、社会心理等方面的影响,这些影响使得语言不断产生变异。如果变异太多,就会造成交际的困难和障碍,从而影响交际效果,语言作为交际工具的使用价值就不能充分实现。语言规划就是对语言发展和使用中的各种变异现象进行研究,对同时存在的一些变体或变异现象进行选择,选择对交际有利的一种,研究其发展变化的各种规律,从而建立与之有关的标准和规范,使得交际更为有效,获得语言交际效益的最大化。

语言规划工作古已有之,我国秦代实施的"书同文"政策就是一项很重要的语言规划措施。然而,"语言规划"作为应用语言学的一个分支学科的确立却是很晚的事。1957年,语言学家威因里希(Uriel Weinreich)首先提出"语言规划"这个概念,1968—1969年,美国福特基金会组织专家对以色列、印度尼西亚、印度、巴基斯坦、瑞典五国的语言规划工作进行跟踪和对比研究,并于1969年在夏威夷召开会议总结这次研究的成果,会上系统地探讨了语言规划的各种问题,提出了语言规划的理论框架,标志着"语言规划"成为一门正式的学科。

作为一门学科,语言规划的主要任务是研究如何通过人工干预和管理提高社会语言交往的效率,促进全社会的语言凝聚力。其研究对象是社会语言集团以及语言集团之间和内部的各种语言关系。

(二)进行语言规划的原因

为什么要进行语言规划?从根本上说,进行语言规划就是为了完善语言这一人类最重要的交际工具,是为了更好地发挥语言的社会交际功能。但具体到某一个国家或社会集团,进行语言规划的原因(或动机)并不完全相同,归纳起来,大致有如下几种:

1.统一社会的需要

统一的社会需要有社会成员共同交际语,特别是在一个幅员辽阔、人口众多的国家,由于时空以及经济文化等方面的差异,往往会造成语言上的差异,不利于社会成员之间的交往,因此,确立标准、规范的社会成员共同交际语,是一个统一的社会必须要做的工作。例如,我国地域辽阔、历史悠久、五音杂陈、方言众多,所以我国宪法规定"国家推广全国通用的普通话"。

2.国家主权和民族尊严的需要

语言是民族文化的载体,是民族尊严和国家主权的象征。除非历史遗留,否则一个独立的民族和主权国家都希望有自己独立的语言,并为维护自己民族语言的健康发展而努力。如以色列建国后,立即恢复已经几近消亡的希伯来语作为自己国家的语言;面对英语的强势"入侵",法国、意大利等国家立刻采取相关的语言政策和措施,以保证自己民族语言的健康发展,维护民族的尊严。

3. 民族间平等交往的需要

在多民族的国家和地区,民族间的交往十分频繁,确立各民族语言的地位和民族间的交际语是十分重要的。这关系到各民族语言感情问题,会影响到民族间的平等交往和民族团结。例如,我国有56个民族,我国法律在规定国家推广普及国家通用语言文字的同时,还规定"各民族都有使用和发展自己的语言文字的自由"。很好地处理了各民族语言的地位和关系,充分体现了民族平等原则,加强了民族团结。印度也是一个多民族的国家,历史上,由于没有处理好各民族语言间的关系,导致了民族间的矛盾,影响了民族团结,造成民族冲突不断,在"不得已"的情况下,印度采用对各民族来说具有"中立性"的英语作为官方语言,实行所谓的"3±1"的语言模式,得到了认可。

4. 民族或区域自治的需要

在民族自治或区域自治的地区,往往会形成一个相对独立的语言集团,在一个大的统一的社会中,这些地区属于较为特殊的语言社区,处理这些特殊社区的语言关系,也需要进行科学合理的语言规划。如加泰罗尼亚是西班牙的一个自治地区,该地区的人主要操加泰罗尼亚语,在该地区确立加泰罗尼亚语的地位一直是政治家们关注的问题。

5. 政治经济文化交流的需要

世界上各语言集团政治经济文化的发展是不平衡的,相对落后地区而言,政治经济文化高度发达的语言集团居于语言强势地位,一些政治经济文化落后的地区为了融入发达的集团中去,往往本着实用主义的态度对本民族和本地区的语言进行规划,确立强势语言在本民族和本地区的地位,有的甚至放弃本民族语言而使用强势语言。如第二次世界大战后许多独立的国家把英语定为自己的官方语言,我国古代北魏孝文帝要求鲜卑人放弃鲜卑语而改说汉语等,都是由于这个原因。

对一个国家和地区来说,进行语言规划的具体原因往往不是单一的,并且不同的国家和地区的情况有时也比较复杂,所以它们进行语言规划的原因也可能各不相同。

(三)语言规划的性质

从目前人们的认识和所做的工作来看,语言规划具有如下一些性质:

1.组织性

语言规划是政府或社会团体的行为,不是个人的行为。语言规划通常是由政府或社会团体作出并组织实施的,一般都是通过一定的组织机构来贯彻执行和监督管理的。它体现了政府或社会团体对社会语言的根本态度,也表现出语言规划的社会性特点。

2.目的性

任何语言规划都有一定的目的,尽管各个国家或地区进行语言规划的最初动机可能不尽相同,但进行语言规划的根本目的应该是一致的,那就是解决在语言交际中出现的问题,以促进语言的社会交际功能的高效发挥。语言规划就是立足现在、面向未来,从正面引导和规范语言的运用。这是语言规划交际目的性的表现。

3.综合性

语言规划的内容很多,不仅仅涉及语言自身的问题,它与民族、社会政治经济、文化教育、科学技术、宗教、社会心理等关系都十分密切。语言规划工作还涉及与语言有关的不同专业和不同学科。所以语言规划是一项系统工程,需要综合各方面的因素和条件,统筹兼顾,合理安排。

4.持续性

语言规划是一项长期的社会活动,往往需要进行长期的积极稳妥的工作,不可能一蹴而就。语言规划和一个国家或地区的社会生活密切相关,它往往会涉及社会各方面的问题,受到各个方面因素的影响,要经历非常曲折而艰苦的过程才能成功。由于语言规划是长期的持续性工作,它也必须与时俱进,必须随着社会的发展变化和语言自身的演变及时加以调整和完善。

5.权威性

语言规划一般是由知名人士和政府提出和倡导的,他们的社会知名度就是语言规划的权威性所在,也是语言规划成功的关键所在。语言规划的机构也需要有较高的社会声望,这种声望不仅需要规划机构展示高超的学术水平,也需要政府的领导和支持。

二 语言规划的原则

语言规划是一项系统而又复杂的工程,涉及语言和语言生活甚至社会生活的方方面面。它要受到一个国家的社会生活、政治经济、文化教育、科学技术、社会观念、社会心理、民族宗教等方面的影响。所以,语言规划必须遵循语言及语言生活发展变化的客观规律,体现国家的意志,符合社会发展的需要,符合人民群众的意愿,使语言具有完善的交际功能,能承载所有必要的信息内容,充分发挥语言的交际工具作用,并引导语言生活健康有序地发展。因此制定和实施语言规划必须遵循一定的原则。

(一)科学性原则

语言规划的科学性原则指的是制定和实施语言规划,要符合语言发展规律和语言生活的特点,以及与之相关因素的实际,符合社会和群众的需要,使语言具有完善的交际功能,并正确有效地引导语言生活的健康发展。科学性原则具体包括如下几个方面的内容:

1.求实性

求实性是指制定、实施语言规划,要从语言及其使用的性质、特点出发,从社会生活的实际需要出发,并符合本民族或本语言社区的实际。

我国历史悠久,地域广阔,各民族语言及方言纷繁复杂,语言生活丰富多变,而社会的发展和现代化建设要求社会语言生活既要统一又要富有活力。因此,我国确定由历史形成的普通话和规范汉字为国家通用语言文字,并在全社会推广普通话,推行规范汉字;同时又规定各民族语言一律平等,各民族都有使用和发展自己语言的自由。这就是遵循了求实性的原则。

2.动态性

动态性是指制定和实施语言规划,要有一定的灵活性,要根据时空和其他相关因素的变化而有所变化。语言存在于社会,随社会的变化而变化;语言是人类社会最重要的交际工具,而交际活动是随着人和交际内容的不同而不同的,语言的形式和内容必然会因为人的变化而变化,会因为时空的不同而改变,语言的价值和人们对语言价值的认识也必然会因此而不断变化。这就决定了语言规划必须具有动态性,在不同时期有不同的目标和规定,对不同环境和不同群体要有不同的要求,而且要有一定的灵活性和回旋余地,并有一定的预见性;确定的目标、制定的标准、规定的要求、采取的措施可以视社会需要和语言生活的变化加以调整、修改和完善。

比如,我国在20世纪50年代制定语言规划时,确定"促进汉字改革、推广普通话、实现汉语规范化"为当时语言文字工作的三大任务;但到80年代中期,国内形势已经发生了很大变化,因此,在制定新时期语言文字工作的方针和任务时,就把新时期语言文字工作的任务调整为"做好现代汉语规范化工作,大力推广和积极普及普通话;研究和整理现行汉字,制定各项标准;进一步推行《汉语拼音方案》,研究并解决实际使用中的有关问题;研究汉语汉字信息处理问题,参与鉴定有关成果;加强语言文字的基础研究和应用研究,做好社会调查和社会咨询、服务工作"。进入新时代,我国的语言文字工作的指导思想,进一步调整为"以推广普及和规范使用国家通用语言文字为重点,加强语言文字法治建设,推进语言文字规范化、标准化、信息化建设,科学保护各民族语言文字,构建和谐健康语言生活,传承弘扬中华优秀语言文化,提升国家文化软实力,为铸牢中华民族共同体意识、建设社会主义现代化强国贡献力量"。不仅内容大量增加,工作的侧重点也有了较大的调整,充分体现了语言规划的动态性。

3.人文性

人文性是指制定、实施语言规划,要充分考虑与语言关系密切的社会、文化、心理、观念、伦理、习俗等人文因素,以及语言使用者的因素,充分体现人文精神。

语言规划是一项社会性、群众性很强的事业,制定和实施语言规划,要充分体现以人为本的精神,尊重人民群众的意愿,充分体现人文性,更好地满足人们交际的需要,让人容易接受并乐于实行。过去,我国进行现代汉语规范化所坚持的"约定俗成"的指导思想就是这一原则的具体体现。再如外来词的规范,不管采用音译、意译、音译加意译或意译加原字母,都要尽量选择、确定适合本国、本民族语言、文化、观念、心理的译法。

4.系统性

系统性是指制定、实施语言规划,要充分考虑语言内部的系统性及外部相关因素的系统性,充分体现语言规划的连续性,所制定的规划是一个有机的系统。

语言规划是一项系统工程。首先,在制定、实施语言规划时不仅要充分考虑语言内部各要素之间的系统性,还必须考虑与之相关的社会、政治、经济、文化等因素。例如,我们在处理繁体字和简化字的问题时,就必须考虑内地与港台的差异,考虑境内使用和境外使用的区别,同时也应该考虑包括中、日、韩在内的汉字统一性的问题。其次,制定和实施语言规划要充分考虑政策的连贯性和发展的持续性。语言规划是政府对语言生活的干预行为,政治干预的影响很大,由于政权的更迭,容易造成语言规划工作的断裂和非连续性。所以,语言规划就应该确定长远的总体目标和短期的可操作性目标。总体目标是发展持续性的保证,但只有通过短期连贯性的工作才能逐步接近总体目标。此外,在制定和实施语言规划时还应该考虑语言规划的层级性。从宏观的角度说,要进行全国性的语言规划,也要进行地方性的语言规划、区域性的语言规划、行业性的语言规划、不同民族的语言规划等;从微观的角度看,要制定语言系统内部诸要素如语音、词汇、语法等方面的使用规范和标准。

5.可行性

可行性是指语言规划及其实施可操作性较强,有效性较高,特别是对它的实施,要有各种实际可行的具体规定和办法,便于人们运作和操作。如我国目前推广普通话,就对不同行业和地区提出了不同的目标和要求,根据人们对普通话掌握的程度,将普通话水平分成不同的等级,制定了每个等级的测试标准。这就使普通话测试具有较好的可操作性,实施起来也方便有效。

(二)政策性原则

语言规划的政策性原则指的是制定、实施语言规划要贯彻、体现国家语言政策的重要规定和主要精神。语言政策是国家和政府根据国情或其辖区内的实际情况制定的关于语言地位、语言作用、语言权利、语际关系、语言发展、语言文字使用与规范等方面的重要规定和措施,是政府对语言问题的态度的具体体现。语言规划则是国家和政府语言政策的具体体现。二者关系极其密切,所以制定语言规划应坚持政策性原则。政策性原则具体包括如下几个方面的内容:

1.政治性

政治性指的是制定和实施语言规划时,要充分考虑和妥善处理语言及其使用中所涉及的政治因素,正确处理与政治关系密切的语言问题。如语言规划要有利于维护国家的统一、民族的团结。特别是在多民族的国家,语言问题处理不好,常常会伤害民族感情,引起民族矛盾,导致民族冲突。语言规划应该很好地协调不同民族间的语际关系,为促进民族团结发挥作用。另外,语言规划还应该维护国家和民族的独立与尊严。任何国家的语言规划,都是该国政治意志的体现,具有很强的政治性。例如第二次世界大战后,一些新独立的国家,改变原宗主国语言的官方地位,选择、确定本国家的民族语言为法定语言,这样的语言规划就体现了独立国家的民族政治,具有较强的政治性。

2.群众性

群众性指的是制定和实施语言规划时,要充分考虑政策所依赖的群众因素,尊重人民群众的意愿,满足人民群众的需要,并依靠人民群众去贯彻执行。语言是全民的交际工具,是活在人民群众之中的,其存在和发展本身就离不开人民群众,具有很强的群众性。语言规划的各项政策和措施,最终也要靠人民群众去实行。因此,制定和实施语言规划,必须坚持群众性,否则,就会遇到障碍,难以成功。如在我国清朝初期,满人入关时,也曾想以满语作为官方语言,但由于没有各族人民的广泛支持,最终不得不放弃这种政策。

3.理论性

理论性指的是制定和实施语言规划要有与政策有关的理论依据。语言规划是政府行为,一个国家国体和政体所依赖的政治理论和哲学理论应成为语言规划的主要理论依据,同时,还应有一定的操作性的理论如系统论、控制论等理论依据。例如,我国是社会主义国家,应该以马克思列宁主义、毛泽东思想、邓小平理论、"三个代表"重要思想、科学发展观作为指导思想,新时代语言文字工作更应以习近平新时代中国特色社会主义思想为指导,其哲学理论的核心是辩证唯物主义和历史唯物主义。这些理论对我国语言规划具有指导意义,是我国语言规划的主要理论依据。

(三)稳妥性原则

语言规划的稳妥性原则指的是制定和实施语言规划要符合语言发展规律,符合社会需要和约定俗成的特点,把握尺度,做到循序渐进,既不守旧,也不冒进,同时还要保持一定的延续性,不能朝令夕改。稳妥性原则包括以下几个方面的内容:

1. 传承性

传承性指的是制定和实施语言规划要考虑语言发展的历史继承性和语言使用的延续性,要保持国家和专家对语言生活干预的连贯性,以保证社会生活稳定而有序地发展。

语言规划必须立足现实,承认历史,既要维护语言的健康,又不能造成语言使用上的障碍。例如,我国的香港地区过去长期处于英国殖民统治之下,由于英国统治者实行语言殖民政策,使得英语在很长的时期内成为香港的官方语言。1997年7月1日,香港回归祖国,语言规划成为香港社会生活的一件大事。新时期的香港语言规划一定要使香港居民具有民族认同感,所以必须确立汉语在香港作为正式语言的地位;但也不能不考虑在过去的历史时期中香港居民所形成的语言使用习惯,因此还不能突然地完全废除英语。所以,香港目前实行的是"中英并重"的语言规划政策。《中华人民共和国香港特别行政区基本法》第九条规定:"香港特别行政区的行政机关、立法机关和司法机关,除使用中文外,还可使用英文,英文也是正式语文。"这样就保证了香港的社会语言生活不至于因为语言使用上的断裂、缺失而导致混乱。

2. 宽容性

宽容性指的是制定和实施语言规划要有一定的弹性,留有余地。语言和语言使用是不断地发展变化的,对发展和变化中的现象在短时间内人们未必能够清楚其规律性,因此在进行规划时,就需要坚持实事求是的态度,凡是看不准的现象就不能急于规范。同时,由于语言是丰富复杂的,并且总是处于不断发生变异的过程中,对语言的规划就不能有过多的规定性内容,而应该有一定指导性内容,要有一定的灵活性。如在制定、实行语言文字规范标准时,所定语音标准、文字标准一般比较严谨,要求比较严格,规定性内容较多;词汇、语法标准相对较少,要求一般比较灵活,指导性内容较多。此外,在推行规范标准的同时,对不同地区、不同行业、不同人群、不同的场合要有不同的处理方式和要求,体现语言生活的和谐性。如我国推广国家通用语言文字,对"学校、机关、新闻出版、广播影视、网络信息、公共服务等系统相关从业人员,国家通用语言文字应达到国家规定的等级标准",尤其是教师和播音员、节目主持人的普通话水平必须达到一定等级标准,而对其他行业、部门的人员及社会一般人只是提倡说普通话。这样的语言规划都体现了宽容性,有利于语言的健康发展和语言生活的丰富多样。当然,随着社会的发展,就必须"大力提高国家通用语言文字普及程度",按照"聚焦重点、全面普及、巩固提高"的新时代推广普通话工作方针,做到分类指导,精准施策,进一步加强民族地区和农村地区的国家通用语言文字的推广普及水平。

3.渐进性

渐进性指的是制定和实施语言规划要根据语言发展循序渐进以及语言生活发展的延续性特点,因势利导,扎实稳步地进行工作,不能急于求成。

语言的发展变化是一个长期的、渐变的过程,语言生活的发展变化也是连续的,语言规划应该遵循语言发展的这一规律,谨慎行事,要在充分调查研究和反复酝酿的基础上逐步推行和完善规划方案,不能贸然行事,进行突变式改革,否则规划就会失败。例如,我国的汉字改革和《汉语拼音方案》的制定,以及某些少数民族文字的创制和改革,都是经过几代人的努力和较长时间的酝酿、准备才顺利进行的,是成功的典范。而我国在20世纪70年代推行的第二批简化字方案则因缺乏规律、准备仓促,未经讨论,未广泛听取群众意见而成为失败的典型。

(四)经济性原则

语言规划的经济性原则是指制定语言规划方案要科学合理、实施起来要简便易行,能够收到良好的社会效益和经济效益。经济性原则具体包括以下几个方面:

1.简便性

简便性指的是制定和实施语言规划要尽可能简洁明了,易于操作,便于贯彻执行。语言是全民的交际工具,语言规划的方案自然要靠全体语言使用者来执行,因此语言规划方案一定要科学合理、简单方便,以便人们乐于接受,愿意并能够很好地执行,这样才能收到最佳的效果。我国把普通话作为标准语言,确立普通话的标准为"以北京语音为标准音,以北方话为基础方言,以典范的现代白话文著作为语法规范",就体现了简便性这一原则。

2.适用性

适用性是指制定和实施语言规划,要适合社会各界和语言规划接受者的需要和要求,便于大范围实施,便于更多人使用,便于运作,便于检验实施效果。

首先,语言规划要能够满足社会各界的需要,使得规划能够在最大范围内实施。例如,新加坡是一个多语地区,曾归属于马来西亚联邦,主要讲英语、汉语、马来语和泰米尔语,但由于马来西亚联邦规定只能以马来语作为官方语言,不允许新加坡保留其他语言,使得二者产生了激烈的矛盾。新加坡于1965年脱离马来西亚联邦,成为独立自治共和国。从人口构成来看,新加坡华人占78%,马来人占15%,印度人占5%左右,新加坡宪法规定英语、汉语、马来语、泰米尔语为官方语言,并定马来语为国语,这样既尊重了历史,又满足了各民族成员的需求。其次,语言规划要便于规划者的运作和使用者的操作,便于检验实施成效。这就要求规划不仅要有指导性的意见,也要有一些指令性的标准。指令性的标准必须简明,并尽量做到整齐划一,指导性的意见要具有一定的倾向性,要有一个总的方向。例如我国推广普通话,就制定了一些明确的语音、词汇和语法标准,这些标准便于人们学习,也便于考核和检测,具有很强的适应性。

3.效益性

效益性是指制定和实施语言规划,要使语言更加规范、好用,充分发挥其社会交际功能,获取良好的效果与声望,并增强其社会效益和经济效益。

语言是人类最重要的交际工具,语言规划主要目的之一是提高这一工具的使用效率,以期最大限度地发挥其效能。因此,语言规划要选择和确定最好的语言形式并对其进行规范和加工,使其变得更加好用。同时,语言还是一种特殊的社会资源,具有非常重要的社会价值和市场价值,所以语言规划还要充分激发并保持语言的活力、使语言的价值能够最大程度地实现。例如,20 世纪五六十年代,在政府的主导下,我国对汉字进行了简化和整理工作,制定了与汉字有关的各项标准,收到了很好的社会效益和经济效益。而 70 年代末仓促推出的"第二次汉字简化方案"由于效益性不强而被很快终止执行。

第二节 语言规划的内容

一 语言文字的地位规划

语言文字的地位规划就是确定某种语言文字在社会语言中的地位及其和其他语言文字之间的关系。这种规划一般要在政府的主导或支持下,运用行政或法律的手段才能进行。

(一)制定语言政策

制定语言政策是指国家和政府制定关于社会语言生活方面的大政方针以及有关的法律法规,以引导和规范社会成员的语言行为。

在制定语言政策时,涉及对待社会各种语言或方言的态度。在不同的国家,出于不同的社会生活或政治生活的需要,政府对待各种语言往往采取不同的态度。有的采用同化政策,以该社会中占主导地位的语言同化其他语言,如美国。美国是一个多语种的国家,但自19世纪下半叶,许多州制定法律,要求学校只讲英语。1923年美国最高法院规定,少数民族社区的居民如果确实想讲母语的话,可以在私下范围内讲,但不能在学校和大众场合讲。有的国家则采取多元化的政策,如加拿大。加拿大也是一个多语种的国家,1969年加拿大国会通过了《官方语言法》,宣布法语和英语为两大官方语言。1971年加拿大政府又宣布实施多元文化政策,并于1988年行文重申《加拿大的多元文化政策》,明确规定:"有鉴于加拿大宪法与官方语言法规定,英语和法语是加拿大的官方语言,但不会取消或贬低其他任何语言所享有的权利和特权;在加强加拿大两种官方语言的地位与使用的同时,加拿大保护和促进英语和法语以外的各种语言的使用。"

(二)选择确定标准语、共同语或官方语言

在多语种或多方言并存的国家和地区,一般需要选择一种或几种语言或方言作为全社会共同交际的语言或官方语言,这些语言将成为学校教育、官方文告以及社会成员在一般公众场合交际时使用的标准语言。

一些新独立的国家往往把选择和确定标准语、共同语和官方语言作为社会政治生活的一项重大问题来处理。如在苏联时期,各加盟共和国都以俄语作为官方语言,苏联解体后,从原苏联独立出来的国家纷纷重新确立自己的官方语言,大多选择、确定本民族语为标准语和官方语言。再比如,位于南美洲的秘鲁,是一个多民族多语种的国家,其中比较大的语种有克丘亚语、艾马拉语和普基纳语等。在印加帝国时期曾规定克丘亚语为官方语言,而成为西班牙殖民地后,西班牙殖民者推行西班牙语。1821年秘鲁独立后以西班牙语作为官方语言,1975年秘鲁共和国颁布法令规定克丘亚语为官方语言,但在执行中失败。1979年秘鲁颁布宪法,该宪法规定西班牙语为唯一的官方语言,同时也允许克丘亚语和艾马拉语在正式场合使用,充当一定区域内的官方语言。

(三)创造、改革文字

语言地位规划的另一项重要内容就是创造、改革文字。

创造文字是指原先没有文字的民族创造出适合该民族语言、社会、文化特点的文字。如我国古代北方民族契丹、女真、党项先后建立了辽、金、夏三个国家,它们在建国后分别创造了契丹字、女真字和西夏字;再如 1949 年中华人民共和国成立后,在政府的主持下,先后为壮族、布依族、侗族、哈尼族、纳西族等民族创制了文字。改革文字是对已有的文字进行改革或改进,以便它们能够更好地发挥文字功能,包括文字的形体改革和文字制度改革等方面。我国对汉字进行简化就是对汉字的形体进行改革。1945 年越南废除汉字,使用越南拼音文字,1948 年朝鲜废除汉字使用"谚文",这就是改革了文字制度。现在,韩国使用汉字和谚文混合体,日本使用假名加汉字文字体制,但都对汉字进行了简化和精简。

(四)协调语言关系

一个国家或地区往往是多种语言并存,不同语言之间由于受民族文化、宗教信仰、社会政治经济、社会心理等因素的影响往往会产生各种矛盾甚至冲突。语言的地位规划可以通过适当的政策和措施协调语言关系,化解矛盾。

在历史上,加拿大就长期存在英语和法语之间的冲突,操英语的英裔加拿大人和操法语的法裔加拿大人一直为语言问题而长期斗争。19 世纪中期,一些地方的教育部门提出要同化讲法语的加拿大人,当时英裔人口占优势的安大略省和马尼托巴省拒绝用法语教学,而在法裔人口占优势的魁北克地区,英裔加拿大人的学校中却用英语教学。这种做法引起了操法语的加拿大人的强烈不满,不断地为维护法语的地位而斗争,尤其在二战以后,在魁北克省掀起了一场旨在提高法语地位的法兰西化运动,迫使联邦政府不得不重新考虑加拿大的语言政策,并于 1969 年通过《官方语言法》宣布法语和英语拥有平等地位,均为官方语言。至此,加拿大的语言纷争才告结束。

(五)保障公民的语言权利

公民的语言权利包括公民对本民族语言的选择和使用权,接受用本民族语言进行教育的权利,用本民族语言进行诉讼的权利等。语言规划要保障公民的这些权利,这也是语言地位规划的主要内容之一。如我国《宪法》规定"国家推广全国通用的普通话",也规定"各民族都有使用和发展自己的语言文字的自由","各民族公民都有用本民族语言文字进行诉讼的权利。人民法院和人民检察院对于不通晓当地通用的语言文字的诉讼参与人,应当为他们翻译"。

二　语言文字的本体规划

语言文字的本体规划就是对语言文字本身进行改造和完善的工作,使其规范化和标准化,维护语言文字本身的健康发展,增强语言的社会交际功能,使其更好地为人们的社会交际服务。语言的本体规划主要包括如下几个方面的内容:

(一)全民共同语和民族标准语的推广与规范

推广全民共同语和民族标准语是语言本体规划最重要的方面。在多语言或多方言的国家,这项工作通常是语言规划的首要工作。工业革命后,西欧和北美各国都十分重视这项工作,法国、美国、意大利等国在推广全民共同语方面都不遗余力。在这方面做得最为成功的要数日本,由于日本民族相对单一,方言之间差异较小,明治维新后只用了20年左右的时间就普及了以东京话为标准的国语。

我国自清朝末年开始开展国语运动,五四运动后国语开始推行。1949年中华人民共和国成立后,将汉民族共同语定名为普通话,并确立普通话的标准为"以北京语音为标准音,以北方话为基础方言,以典范的现代白话文著作为语法规范",1956年专门成立普通话推广工作委员会,开展了轰轰烈烈的推广普通话运动。1982年把"国家推广全国通用的普通话"条文写进宪法,使得推广普通话工作有了法律的依据。2000年10月31日《中华人民共和国国家通用语言文字法》获得全国人大常委会的通过,为我国的国家通用语言文字的推广普及与规范工作提供了法律保障。

制定并推行共同语和标准语的各项规范标准,也是语言本体规划的重要内容。这包括文体改革,书面语的口语化,制定并推行语音、词汇、语法的规范标准,编纂规范性词典和标准语法书,对方言词语、外来词语、新词语进行规范等。在这方面,我国做了大量且卓有成效的工作,如五四以后我国实现了言文统一,确立了普通话的标准,编写了《现代汉语词典》,制定了普通话水平等级标准以及汉语水平等级标准,在各级学校里加强汉语规范化教学等。当然,从目前来说,我们还需要对这些已有的标准进行更进一步的完善,同时,随着社会的发展,还有一些新的语言应用领域要求我们研究,并要求制定相应的规范标准。

(二)文字规范和标准的制定与推行

制定文字规范标准也是语言本体规划的一个重要方面。这包括文字形体的选择与确定,字量、字形、字音、字序的规范,正字法和正词法的制定等方面的工作。在这方面我国和日本做得比较突出。

中华人民共和国成立后,我国政府就把汉字的整理和规范工作作为一项重要的工作来抓,成立专门的组织机构——中国文字改革委员会,主持领导语言文字工作。1985年中国文字改革委员会更名为国家语言文字工作委员会。在文字改革委员会和语言文字工作委员会的领导下,我国在文字规划方面开展了大量的卓有成效的工作,取得了丰硕的成果:1955年发表了《汉字简化方案(草案)》和《第一批异体字整理表》,1956年起先后发表了《普通话异读词审音表初稿》正编、续编和第三编,1960年拟定《通用汉字字形表(草案)》,1964年公布《简化字总表》和《印刷通用汉字字形表》,1981年制定了《信息交换用汉字编码字符集——基本集》,1983年拟定《统一汉字部首表(征求意见稿)》,1985年发表《普通话异读词审音表》,1988年发布《现代汉语通用字表》,2002年发表《第一批异形词整理表》,2013年在整合《第一批异体字整理表》《简化字总表》《现代汉语常用字表》《现代汉语通用字表》的基础上,制定了《通用规范汉字表》,2017年发布《〈通用规范汉字表〉楷体字形规范》,2021年发布《通用规范汉字笔顺规范》《古籍印刷通用字规范字形表》,2022年发布《汉字部首表》(修订)等。这些成果体现了我国语言文字规划工作取得的突出成就。

日本也很早就重视文字规划工作,为了解决汉字读音混乱的问题,日本创制了拼音文字"假名",并开展了"假名"运动,主张不用汉字,全用假名。明治维新前后,日本又开始掀起"罗马字运动",主张采用罗马字。1947年日本文部省发表《罗马字教育指针》,1949年成立日本罗马字教育研究会,罗马字进入学校教育,影响逐渐扩大,成为与传统文字并用的一种辅助文字。另外,日本还加强了汉字的规范化和标准化工作。1946年公布"当用汉字表",收汉字1 850个;1981年公布"常用汉字表",收汉字1 945个(包括225个简化汉字)。通过采用"假名——汉字互换"的方法,日本成功解决了日文的计算机处理问题。现在,日本已形成了以假名加汉字的文字体系为主、以罗马字为辅的文字使用格局。

(三)科技术语的标准化

科技术语是科学技术发展的必然产物,是人类科技活动与研究在语言词汇系统中的结晶。对科技术语进行规范化和标准化也是语言本体规划的一个重要组成部分。科技术语的标准化对科学技术发展、文化交流、经济建设、语言交际都有重要意义,所以历来受到人们的重视。

奥地利科学家维斯特(E.Wüester)1931年写成了第一篇关于术语规范的论文——《在工程技术中(特别是电工学中)的国际语言规范》,提出现代术语学的基本原则和方法,阐述了术语系统化和规范化的指导思想,奠定了现代术语学的理论基础,被誉为现代术语学的奠基人。现在,科技术语标准化问题受到各国政府和一些国际组织的普遍关注。(冯志伟,2000)国际标准化组织(ISO)专门成立术语标准化技术委员会,负责协调术语标准化工作。我国早在1919年就成立了科学名词审定委员会。1950年成立了学术名词统一工作委员会,下设五个小组:自然科学、社会科学、医药卫生、艺术科学和时事名词,专门负责各学科的术语标准化、规范化工作。1985年全国自然科学名词审定委员会成立,该委员会的主要任务是:确定工作方针,拟定全国自然科学名词统一工作计划实施方案和步骤,负责审定自然科学各学科名词术语的统一名称并予以公布。2001年又成立了语言学名词审定委员会,负责语言学名词的审定工作。

国家质量监督检验检疫总局设立的全国术语标准化技术委员会和全国自然科学名词审定委员会共同管理我国的术语标准化工作，经常公布科技术语审定成果，是我国术语标准化工作的主要管理机构。2001年中国术语信息网正式开通，向全社会免费提供服务。

科技术语标准化是一项庞杂、长期的工作，需要政府很好地组织协调、社会团体及权威专家积极参与才能取得成功。目前我国的术语标准化已经取得丰硕的成果，不仅完成了多项国家标准，还开发建立了"中国术语国家标准数据库"。但是，我国的术语工作还有许多亟待解决的问题，如：只注重应用，缺乏理论建设；大陆和港澳台等地之间的术语差异过大等，这些问题都给科技和经济的发展带来了不良的影响。因此，我们必须抓住机遇，努力工作，力争在尽可能短的时间内缩小术语研究方面与发达国家间的差距。

(四) 新词语的整理与规范

语言是一种社会现象，它随着社会的产生而产生，随着社会的发展而发展。在语言的发展过程中，词汇是最敏感、最积极的要素，新事物的出现、原有事物的变化都会通过词汇反映出来，其直接的结果就是产生大量的新词语。新词语的产生是语言发展的积极因素，但同时，新词语的新用法也对语言规范化产生巨大的冲击。因此新词语的整理和规范工作也是语言本体规划的一项重要内容。

新词语的产生往往会突破已有的规范标准，这也恰恰是新词语的活力所在。新词语的规范既要建立一个标准，又不能扼杀新词语的生命力，因此，整理、规范新词语应当采取求实、谨慎、宽容的态度。新词语的整理与规范一般要遵守四个基本原则：

第一，需要原则。主要看新词语在社会交际中是否必需。可以从三个角度来看：一是看是否表达新事物、新概念，二是看是否比原有的词语更经济、更简洁，三是看是否符合修辞的需要、是否更有表现力。只要能够满足一个方面的需要即符合需要原则。

第二，明确原则。主要看词语的意义是否明晰准确。新词语是否能被接受,意义是否明确至关重要。

第三,普遍性原则。又叫约定俗成性原则,主要看是否为广大的社会成员所接受。有些新概念新事物在产生之初往往有两个或多个词语表示,最后流传开的往往是被广大社会成员普遍接受的。

第四,动态原则。又叫发展性原则,即以发展的眼光来看待新词语的规范问题,不把新词语的规范标准绝对化。

整理和规范新词语,要成立一个权威性的组织或机构,在充分监测和认真调查研究的基础上,定期或不定期地公布经过严格选定的新词语,向社会推荐使用,并编写、出版规范性、权威性的新词语词典,供社会遵循使用。在这方面,我国自改革开放以来做了大量的工作,取得了不少成就。但由于目前我国仍处于社会急剧变革时期,新事物、新现象不断涌现,新词语也随之不断产生,因此,对我国来说,新词语的整理和规范工作仍任重而道远。

第三节 我国语言文字规划的历史和现状

一 我国古代的语言文字规划(1892年以前)

我国自古以来对语言文字工作就十分重视,我们把1892年以前统称为我国语言规划工作的古代期。这个时期的语言文字规划属于自发规划时期,总的特点是一些封建统治者出于实用的需要,颁布和实施某些语言文字方面的政策或措施,或者是少数有识之士提出一些设想或建议,没有科学的理论指导,也缺乏全面系统性的规划方案。虽然由于史料等方面原因,我们还无法详细了解各朝代在语言文字方面的具体政策,但从一些历史著作和其他文献的零星记载中,还是可以看出古人在这方面所作的努力和贡献。

(一)先秦两汉时期的语言文字规划

我国最早的、史书上有明确记载的语言文字规划是秦始皇实施的"书同文"政策。秦统一全国以后,宣布废除六国文字,以小篆作为统一的文字,使我国古代的文字第一次有了规范的标准。汉朝建立以后,尽管我们现在无法明确知道汉初的统治者是否制定或实施了具体的有关语言文字方面的政策和措施,但由于在官方文件中使用隶书,客观上起到了把隶书作为标准文字加以推广的作用,使汉字的形体产生了根本性的改变。

我国很早就有民族共同语存在。据《论语》记载,孔子就曾用"雅言"进行教学。至晚到西汉时期,我国就出现了第一本以"雅言"作为标准语的规范词典——《尔雅》。据陆德明《经典释文》解释:"尔,近也。雅,正也。言可近而取正也。"可见,从书名来看,该书就是为了促进当时语言的标准化而作的。

汉代在语言文字规划方面作出突出成就的有西汉的扬雄和东汉的许慎。扬雄(前53—18),字子云,西汉著名的文学家、哲学家、语言学家。他第一次对汉代的方言进行了大规模的调查,完成了不朽的巨著——《方言》。许慎(约58—约147),东汉著名的经学家、语言学家。他对秦汉时期的文字进行了充分的研究,编写了我国第一部起到正字作用的字书——《说文解字》。

(二)魏晋南北朝及隋唐宋元时期的语言文字规划

在中国历史上,第一次全面、大规模进行语言文字规划的是北魏孝文帝。孝文帝把汉语定为官方语言,要求鲜卑人学汉语,写汉字,实现了我国古代第一次大规模的语言融合。

隋朝的音韵学家陆法言编写了我国第一部音韵学著作——《切韵》。关于该书创作的目的,作者在《切韵》"序"中说:"吴楚则时伤轻浅,燕赵则多涉重浊;秦陇则去声为入,梁益则平声似去。……欲广文路,自可清浊皆通;若赏知音,即须轻重有异。"可见,该书是为确立当时的标准语音而作的,可以看作我国第一部正音辞典。

到了元代,我国北方地区的语音和《切韵》时代相比已经有了很大的变化,音韵学家周德清从当时语言实际情况出发,又写了一部新的正音专著——《中原音韵》,作者在"自序"中说:"言语一科,欲作乐府,必正言语;欲正言语,必宗中原之音。"即以"中原之音(即北方话)"作为标准语音,把北方话作为"正语"。

他在《作词十法》中提出"造语,可作乐府语、经史语、天下通语","不可作俗语、蛮语、谑语、嗑语、市语、方语、书生语",主张作"天下通语"实际上是把北方话作为民族共同语来推广,反映出作者思想的先进性。元代的统治者为了维护其统治,也规定学校要教学"天下通语",蒙古儿童要学说"中原之音"。

(三)明清时期的语言文字规划

明朝建立以后,乐韶凤等人"奉敕"以北京音为标准编了一本"官书"——《洪武正韵》,规定人们说话、写作都要合乎"官书"所定的语音规范。这是以国家名义正式规定并拿出具体依据推广标准语的开始。为了规范书面语,嘉靖初年又从科举考试的试卷中选取"中式文字纯正典雅"的文章 110 篇,编订成书,印刷出版,"刊布学官","以为准则"。值得一提的是,明朝中后期,大批外国传教士来到中国,为了学习语言和传教的需要,他们开始研究汉语,并拟制汉语拼音方案。1605 年,意大利人利玛窦(Matteo Ricci)在北京出版了《西字奇迹》一书,第一次用拉丁字母拼写汉字读音。1626 年法国耶稣会传教士金尼阁(Nicolas Trigault)在杭州出版了《西儒耳目资》。这是一部最早用音素字母给汉字注音的字汇。他的拼音方案是在利玛窦方案的基础上修改而成的,人称"利、金方案"。这两个方案是最早的汉语拼音方案,是以"官话读书音"为标准写的,适合拼写北京音。它"引起了汉字可以用字母注音或拼音的感想,逐渐演进,形成二百年后制造推行注音字母或拼音字母的潮流"(转引自宋柏尧,1995)。

清朝入关后,曾希望用满语作为官方语言,但很快发现行不通,于是放弃满语采用汉语。18 世纪初,雍正皇帝在接见群臣时,发现福建广东一带官员说话很难听懂,就下了一道《谕闽广正乡音》的圣旨,命令两地教习通用语,"不得仍前习为乡音"。随后,清政府在福建、广东两省设立"正音书院",教授官员和想当官的读书人学习京音。据清人俞正燮《癸巳存稿》记载:"雍正六年,奉旨以福建、广东人多不谙官话,著地方官训导,廷臣议以八年为限。举人生员贡监童生不谙官话者不准送试。"这是我国最早的由政府强制推广民族共同语的工作。当然,由于缺乏科学的理论指导,也没有人对民族共同语进行专门的研究,仅靠政府官员来实施这样的工作,所以并没有取得很大的成绩。

二 我国现代的语言文字规划

中国现代语言文字规划运动,或者叫"语文现代化"运动,开始于1892年。我们把1892—1949年的这一阶段划归为我国语言文字规划的现代期。这个时期的语言规划工作主要是在一些专家学者和社会名流倡导、推动和主持下进行的,政府机构扮演的是次要角色。这是我国语言文字规划工作的重要历史时期,专家学者们运用科学的理论对汉语言文字进行了全面研究,取得了丰硕的成果,并且设计了各种规划方案。这些成果和方案成为1949年后进行语言规划工作的前提和基础。

(一)19世纪末20世纪初的语言文字规划

1892年,卢戆章(1854—1928)写成第一个中国人自己创制的字母式拼音文字方案——《一目了然初阶》,发起切音字运动。这可以看成我国现代语言文字规划的开端。卢戆章认为,切音为字,就可以做到"字话一律""字画简易"。从而,人们可以"省费十余载之光阴,将此光阴专攻算学、格致、化学以及种种之实学,何患国不富强也哉"(转引自宋柏尧,1995)。他把推行切音字看作国家"振兴之本",主张"切音字与汉字并列",并认为通过切音字"可无师自识汉文"。

1900年,切音字运动的另一主将王照(1859—1933)发表了《官话合声字母》,提出了中国最早的汉字笔画式的官话音拼音方案。

1905年,劳乃宣(1843—1921)修改补充《官话合声字母》,增加南京、苏州、福州、广州等地方言字母,制定了《增订合声简字谱》。劳氏主张先学方言拼音,然后统一国语。

1906年,朱文熊创制《江苏新字母》,提出"与其造世界未有之新字,不如采用世界通行之字母"的观点。他也是最早提出"普通话"("各省通行之话")的人。

1908年,刘孟扬出版《中国音标字书》,这是切音字运动中第一个拼写官话的拉丁字母式方案。

1910年,切音字运动的最后一年,江谦等32人联名提出《质问学部分年筹办国语教育说帖》,要求把"官话"正名为"国语",揭开了国语运动的序幕,国语运动一直持续到五四时期。1911年,清朝学部召开"中央教育会议",通过了《统一国语办法案》,为统一国语提出了比较具体的措施。

(二)五四运动前后的语言文字规划

辛亥革命后,1912年中华民国成立,召开中央临时教育会议,会上决定召开读音统一会。1912年7月10日,教育部总长蔡元培在北京召开中央临时教育会议。8月7日,通过"采用注音字母案"。作为切音字运动的继续,注音字母运动开始。

1913年2月15日,读音统一会在北京召开,5月22日闭幕。会议议定了6 500个汉字的国定读音,称为"国音"。接受鲁迅、许寿裳等人的提议,制定出一个注音字母方案,定名为"注音字母",并议决《国音推行方法七条》。具体措施包括:请教育部通知各省设立国音传习所,各县派人学习,回去传播推广;请教育部从速公布注音字母;制国音唱片,以便教学;请将初等小学国文科改为国语科;中小学语文教员,必须用国语讲课;小学课本和通告、公告等文件,一律于汉字旁添注国音。1918年11月23日正式公布"注音字母"。从此,注音字母以法定形式正式成为拼切汉字的工具。

为了解决国语统一问题,1916年8月,北京86位教育界人士组成了"中华民国国语研究会"。1917年,国语研究会委托黎锦熙拟定了《国语研究调查之进行计划书》,详尽地规定了音韵、词类、语法三个方面的调查研究计划。

五四时期是我国语言文字规划运动发展史上的第一个高峰。当时的一些进步知识分子和语言文字工作者除继续进行国语运动外,还先后发起了白话文运动、国语罗马字运动、简化汉字运动,语文现代化运动全面展开。

1917年1月,胡适在《新青年》第二卷第五号上发表《文学改良刍议》;2月,陈独秀在《新青年》第二卷第六号上发表《文学革命论》,打出了文学革命的旗帜,提倡新文学、反对旧文学,提倡白话文、反对文言文。他们的倡议得到了钱玄同、刘半农(刘复)等人的响应,白话文运动正式开始。1918年5月,《新青年》从第四卷第五号起完全改用白话文,白话诗作也增多了,并出现了以鲁迅的白话小说为代表的彻底反封建的新作品。

1919年,国语统一筹备会召开第一次大会。刘半农、周作人、胡适、朱希祖、钱玄同、马裕藻等提出《国语统一进行方法》的议案。1920年1月,教育部训令全国各国民学校先将一、二年级国文科改为语体文。1920年4月,教育部又发一个通告,明令国民学校除一、二年级国文科改为语体文外,其他各科教科书亦相应改用语体文。白话文运动取得了彻底的胜利。

五四时期的白话文运动,不但在文体改革上是一次革命,而且作为新文化运动的组成部分,也促进了新文学运动和国语统一运动以及汉字改革运动的发展。

1918年,钱玄同在《新青年》第四卷第四号上发表《中国今后的文字问题》一文,主张废除汉字,采用拼音文字。陈独秀、胡适、傅斯年等人发表文章表示支持,从而开始了国语罗马字运动。

1923年,《国语月刊》出版特刊《汉字改革号》,发表了钱玄同的《汉字革命》、黎锦熙的《汉字革命军前进的一条大路》、赵元任的《国语罗马字母的研究》等文章,使汉字改革的讨论达到高峰。这些论文在理论和技术上为制定国语罗马字和开展国语罗马字运动打下了基础。同年,钱玄同向教育部国语统一筹备会提出《请组织国语罗马字委员会方案》,主张在推广注音字母的同时,兼用罗马字母。1926年9月,刘半农等拟定了一份《国语罗马字拼音法式》,呈交教育部。1928年9月,大学院院长蔡元培正式公布《国语罗马字拼音法式》。

五四运动以后,在国语罗马字运动兴起的同时,简化字运动也得到发展。1920年,钱玄同在《新青年》第七卷第三号上发表文章,提倡简化字。从此,一些学者就开始了简化字的研究和整理工作,并于30年代发表了一些研究成果:1934年出版了杜定友的《简字标准字表》和徐则敏的《500俗字表》;1935年,钱玄同主编的《简化字谱》草稿完稿,共收2 400多字。这些都是我国早期简化字工作的重要成果。

(三)20世纪三四十年代的语言文字规划

到20世纪30年代,作为五四时期语文现代化运动的继续,我国又开展了拉丁化新文字运动、手头字运动和大众语运动。

1929年和1930年,瞿秋白分别发表了《中国拉丁式字母草案》和《中国拉丁化字母》。1931年9月26日,在海参崴召开中国文字拉丁化第一次代表大会。会议通过了《中国汉字拉丁化的原则和规则》和1932年内以拉丁化字母完全扫除远东华工文盲的决议案;选出远东边区新字母委员会,作为远东地区扫除华工文盲的执行机构。利用《中国汉字拉丁化的原则和规则》在旅苏的10万中国工人中进行扫盲和普及教育的工作。很快,拉丁化新文字运动就转入国内。1940年11月7日,陕甘宁边区成立新文字协会。1940年12月25日,边区政府颁发了《关于推行新文字的决定》,规定:(1)从1941年1月1日起,新文字与汉字有同等法律地位;(2)从1941年1月1日起,一切上下公文、买卖账目、文书单据等,用新文字写与用汉字写同样有效;(3)从1941年1月1日起,政府的一切法令、公文、布告,一律新文字与汉字并用。除陕甘宁边区外,其他解放区也推行新文字。

1934年,在文学创作领域兴起了大众语运动,主张文学创作应采用大众的语言形式。这次运动,不仅实现了书面语和口头语的高度统一,更重要的是通过对大众语标准的讨论,人们对大众语有了基本一致的认识,即大众语应该是以一种流行最广的方言为基础的,习惯上全国各地共同使用的,大众能说得出、听得懂、写得来的人民大众的口语,它是更具有普遍性的"国语"和更接近人民口语的"白话文"。这种"大众语"实际上就是普通话。

20世纪30年代,拉丁化新文字运动和大众语运动相互配合而蓬勃发展的时候,简化字运动也进入了群众实际推行阶段,这便是手头字运动。1935年春,上海的文字改革工作者组织手头字推行会,选定第一批手头字300个,2月间由文化界200人和《太白》《世界知识》《译文》等杂志社共同发表《推行手头字缘起》。1936年10月,容庚出版了《简体字典》,并且在燕京大学开设简体字课进行实验。同年11月,陈光尧的《常用简字表》出版。1937年5月,字体研究会发表了《简体字表》第一表,收 1 700 多字。

20 世纪 40 年代,由于特殊历史原因,除了在解放区进行了一些新文字的推广工作外,我国的语言现代化工作没有突破性的进展。

三 我国当代的语言文字规划

1949 年以后,我们称为我国语言文字规划的当代期,这一时期语言文字规划工作受到党和政府的高度重视。从 20 世纪 50 年代开始,这项工作被当作政治任务来抓,我国的语言文字工作很快就取得了丰硕的成果。同样,也由于政治原因,我国的语言规划工作走了一些弯路,直到改革开放以后才又获得稳步健康的发展。

(一)20 世纪 50 年代及 60 年代前期的语言文字规划

20 世纪五六十年代是我国语言文字规划的兴盛期。中华人民共和国刚一成立,便于 1949 年 10 月 10 日在北京成立了中国文字改革协会,组织对拉丁化汉语拼音文字方案的研究。1951 年 6 月 6 日《人民日报》发表社论《正确地使用祖国的语言 为语言的纯洁和健康而斗争!》。1952 年 2 月 5 日,在中国文字改革协会的基础上,成立了中国文字改革研究委员会。1953 年 10 月 1 日党中央又成立了中央文字问题委员会。

1954 年 10 月,周恩来总理提议设立"中国文字改革委员会"。10 月 8 日,第一届全国人民代表大会常务委员会第二次会议批准设立中国文字改革委员会,作为国务院直属机构。

1955 年 10 月 15—23 日,教育部和中国文字改革委员会联合召开了全国文字改革会议,讨论并通过了《汉字简化方案修正草案》和《第一批异体字整理表草案》。这是中国历史上第一次全面地讨论文字改革问题的会议,它标志着新中国文字改革工作研究准备阶段的完成并进入了全面实施阶段。

1955 年 10 月 25—31 日,中国科学院在北京召开了现代汉语规范问题学术会议。对普通话和规范化的含义作了说明,指出"普通话以北方话为基础方言,以北京语音为标准音","规范化并不是限制语言的发展,而是根据语言发展的内部规律,把语言在其发展过程中所产生的一些分歧适当地加以整理,引导它向更加完善的方向发展"。

1956年1月28日,国务院全体会议第23次会议通过了《关于公布〈汉字简化方案〉的决议》(简称《决议》)。1月31日,《人民日报》发表了国务院的《决议》和《汉字简化方案》。

1956年1月31日,中国科学院语言研究所成立了普通话审音委员会,开始审订普通话异读词的读音。1956年2月6日,国务院发布《关于推广普通话的指示》,要求在全国推广普通话。

1956年3月20日,教育部和高等教育部发出《关于汉语方言普查的联合指示》,各地开始进行方言普查。

1958年1月27日,第一届全国人民代表大会第五次会议开始讨论《汉语拼音方案草案》。经过讨论后,2月11日,第一届全国人民代表大会第五次会议正式批准《汉语拼音方案》,并通过了《全国人民代表大会关于汉语拼音方案的决议》。

1958年1月10日,周恩来总理在政协全国委员会上作了《当前文字改革的任务》的报告,提出了文字改革的三大任务:简化汉字,推广普通话,制定和推行汉语拼音方案。

1964年,中国文字改革委员会编印了《简化字总表》,公布《印刷通用汉字字形表》。

总之,五六十年代我国在简化汉字、推广普通话、制定和推行汉语拼音方案等方面取得了突出的成绩,奠定了我国当代语言文字规划的基础。

(二)20世纪60年代后期及70年代的语言文字规划

20世纪六七十年代是我国语言文字规划的衰落期。1966年6月"文化大革命"开始,中国文字改革委员会被迫停止工作,多数委员和专家受到迫害。语言文字的应用在社会上出现了混乱局面,语言文字工作基本瘫痪。

1972年春,根据周恩来总理的指示,从五七干校调回部分从事语言文字工作的干部,开始恢复文字改革工作。1972年,各地开始恢复推广普通话工作。

1975年5月,中国文字改革委员会提出《第二次汉字简化方案(草案)》,报送国务院审阅。1977年5月20日,中国文字改革委员会将《关于〈第二次汉字简化方案(草案)〉的请示报告》送国务院审批。1978年3月2日,教育部发出《关于学校试用简化字的通知》,决定全国统编的中小学各科教材自1978年秋季起一律试用《第二次汉字简化方案(草案)》第一表的简化字。

1978年12月5—14日,在青岛举行的全国汉字编码学术交流会,开始汉字编码的研究工作。

(三)20世纪80年代以来的语言文字规划

20世纪80年代以后,我国的语言文字规划进入繁荣发展时期。1984年年底中国文字改革委员会召开了文字改革工作座谈会。经过充分讨论,会议认为:在新的形势下,文字改革诸项任务中推广普通话的工作应该提到首位。会议还明确指出:在今后一个相当长的历史时期内,汉字将在中国语文生活中继续发挥重要作用,它将与汉语拼音相辅相成,共同为现代化建设服务。

1985年12月16日,国务院决定将中国文字改革委员会改名为国家语言文字工作委员会(简称"国家语委")。

1986年1月6—13日,全国语言文字工作会议在北京隆重召开,国家语言文字工作委员会主任刘导生代表国家语委作了题为"新时期的语言文字工作"的报告。会议确定了新时期语言文字工作的方针和任务。新时期语言文字工作的方针是:贯彻、执行国家关于语言文字工作的政策和法令,促进语言文字规范化、标准化,继续推动文字改革工作,使语言文字在社会主义现代化建设中更好地发挥作用。当前语言文字工作的主要任务是:做好现代汉语规范化工作,大力推广和积极普及普通话;研究和整理现行汉字,制定各项有关标准;进一步推行《汉语拼音方案》,研究并解决实际使用中的有关问题;研究汉语汉字信息处理问题,参与鉴定有关成果;加强语言文字的基础研究和应用研究,做好社会调查和社会咨询、服务工作。

此后,在语言文字规划方面,国家语委做了大量的工作。全国语言文字工作会议后不久,国家语委便向国务院提交了《关于废止〈第二次汉字简化方案(草案)〉和纠正社会用字混乱现象的请示》,并于1986年6月24日得到了批准。1986年12月2—6日,在北京主持召开了"汉字问题学术讨论会"。1987年3月27日,国家语委和中国地名委员会、铁道部、交通部、国家海洋局、国家测绘局联合颁发《关于地名用字的若干规定》。1987年4月1日,和广播电影电视部联合颁发了《关于广播、电影、电视正确使用语言文字的若干规定》。1987年4月10日,和商业部、对外经济贸易部、国家工商行政管理局共同发布了《关于企业、商店的牌匾、商品包装、广告等正确使用汉字和汉语拼音的若干规定》。1987年6月22—26日,在北京主持召开了汉语拼音学术讨论会。1988年5月7日,和国家新闻出版总署联合发布了《现代汉语通用字表》。同年7月,和国家教育委员会联合公布了修订后的《汉语拼音正词法基本规则》。国家语委这一阶段的工作不仅使我国的语言规划工作重新回到健康发展的轨道上,也为下一阶段的工作打下了坚实的基础。

1991年,国家民族事务委员会向国务院上报《关于进一步做好少数民族语言文字工作的报告》,提出新时期民族语文工作的方针和任务。其方针是:坚持马克思主义语言文字平等原则,保障少数民族使用和发展自己语言文字的自由,从有利于各民族团结、进步和共同繁荣出发,实事求是、分类指导,积极、慎重、稳妥地开展民族语文工作,为推动少数民族地区政治、经济和文化事业的全面发展,促进我国的社会主义现代化建设服务。其任务是:贯彻党和国家的民族政策,加强民族语文法制建设,搞好民族语文的规范化、标准化和信息处理,促进民族语文的翻译、出版、教育、新闻、广播、影视、古籍整理事业,推进民族语文的学术研究、协作交流和人才培养,鼓励各民族互相学习语言文字。

1994年10月30日,国家语言文字工作委员会、国家教育委员会和广播电影电视部联合发布了《关于开展普通话水平测试工作的决定》,标志着推广普通话进入了新阶段。

1997年12月教育部和国家语委召开第二次全国语言文字工作大会,根据跨世纪国家、社会发展的需要,对新时期语言文字工作的具体任务进行了适当的调整。确定推广普通话的方针为大力推行、积极普及、逐步提高,目标是:(1)2010年前全国初步普及普通话,2050年前全国普及普通话;(2)对汉字简化应持极为谨慎的态度,使汉字形体保持相对的稳定,并对现行汉字进行定量、定形、定音和定序,加强社会用字管理,改变社会用字混乱现象,到2010年汉字的社会应用基本实现规范化;(3)强调汉语拼音的实际作用,进一步扩大汉语拼音的使用范围;(4)加强语言文字信息处理方面的宏观管理,逐步实现中文技术产品的优化、统一;(5)加强汉语和少数民族语言文字规范标准的研制,开展中国语言文字使用情况调查。

1997年,国务院第134次总理办公会议决定,自1998年起,每年9月的第三周在全国开展"推广普通话宣传周"活动。同时批准"中国语言文字使用情况调查"立项,由国家语委组织实施,该项目自1998年起正式启动,历时六年基本完成。2005年之后,国家语委开始发布中国语言生活年度绿皮书——《中国语言生活状况报告》。

2000年10月31日第九届全国人民代表大会常务委员会第十八次会议审议通过《中华人民共和国国家通用语言文字法》,自2001年1月1日起施行。这部法律确立了普通话和规范汉字作为国家通用语言文字的法定地位,具有划时代的意义,从此,我国语言文字工作有了法律的依据和保障。

对社会语言应用和需求的关注、语言观念的转变也是这一时期的鲜明特征。1998年,中国语言文字使用情况调查在全国范围内开展,为制定语言文字政策提供了重要依据。2008年,中国语言资源有声数据库建设启动,中国语言资源监测与研究中心等建立,监测结果和数据定期向社会发布,"中国语言生活绿皮书""汉语盘点"活动等定期发布并受到社会关注和欢迎。语言文字科学研究得到前所未有的重视和加强。

党的十八大以来,习近平总书记高度重视语言文字工作,多次发表关于语言文化的重要论述,对语言文字工作作出重要指示,为新时代语言文字事业指明了前进方向、提供了根本遵循。

这一时期,一系列文件、工程相继出台和实施,编织了语言文字事业的远景规划和路线图。

2012年教育部、国家语委发布《国家中长期语言文字事业改革和发展规划纲要(2012—2020年)》(简称《语言文字规划纲要》),这是21世纪我国第一个中长期语言文字事业改革和发展规划,是今后一个时期指导全国语言文字工作改革和发展的纲领性文件。

2013年,国务院发布《通用规范汉字表》,这是适应新形势下社会各领域汉字应用需要的重要汉字标准,体现现代通用汉字在字量、字级和字形等方面的规范,是新中国成立以来汉字规范工作的集大成者。

2016年8月23日,教育部、国家语委发布《国家语言文字事业"十三五"发展规划》(简称《"十三五"规划》),提出到2020年,在全国范围内基本普及国家通用语言文字,全面提升语言文字信息化水平,全面提升语言文字事业服务国家需求的能力。为支撑各项任务顺利完成,《"十三五"规划》明确,将着重实施国家通用语言文字普及攻坚工程、中华优秀语言文化传承与保护工程等五项重点工程。

2020年是"十三五"规划收官之年和"十四五"谋划之年,也是全国文字改革会议召开65周年,在这样一个重要的时间节点,中华人民共和国成立以来第四次、新时代第一次全国语言文字会议在北京召开。会议进一步明确了语言文字事业在党和国家发展全局中的战略地位,确定了当前和今后一个时期语言文字工作的目标和任务,标志着我国语言文字事业改革发展进入了新的历史阶段。

同年,为推进新时代语言文字事业改革发展,国务院办公厅印发了《关于全面加强新时代语言文字工作的意见》,这是中华人民共和国成立以来第一次以"国办"名义下发的全面加强新时代语言文字工作的指导性文件,对当前和今后一个时期的语言文字工作作出了全面系统的部署。

此外,在推进语言文字规范标准和信息化建设方面,《通用规范汉字表》《公共服务领域英文译写规范》等若干涉及国计民生的语言文字规范标准先后出台,九批外语词中文译名发布,《国家通用盲文方案》《国家通用手语常用词表》为全国3 300多万听障视障人员的特殊语言文字权利、受教育权利提供了保障。国家语委语言资源网、通用汉字全息数据库、全球中文学习平台建成,汉字简繁文本智能转换系统研制完成并免费向社会提供,智能语音、智能写作等中文信息处理关键技术取得突破。

四 现阶段我国语言文字规划工作所面临的问题

经过70多年的努力,我国的语言文字事业取得了历史性的成就。然而,语言文字规划是一项长期的、复杂的工程,以往的成就只能作为我们继续这项事业的基础。随着中国特色社会主义事业进入新时代,国内外环境发生了广泛而深刻的变化,语言文字事业也面临着一些新的问题需要解决,主要有以下几个方面:

(一)要坚定不移地推广普及国家通用语言文字,牢固确立国家通用语言文字的主体地位

"十三五"时期,国家通用语言文字普及攻坚工程和推普脱贫攻坚行动计划深入实施,国家通用语言文字推广普及取得历史性进展,全国普通话普及率达到80.72%,实现了国家通用语言文字基本普及的目标。但仍然存在普及不平衡不充分的突出问题,16个省份的普通话普及率超过85%,9个省份低于80%("三区三州"才61.56%左右,最低的不到50%)。民族地区、农村地区基础薄弱,其中学前儿童、教师、青壮年劳动力、基层干部等人群仍是国家通用语言文字普及的重点难点。此外,普及率较高地区,也存在普及质量不高,发展不充分的问题。

《关于全面加强新时代语言文字工作的意见》提出要按照"聚焦重点、全面普及、巩固提高"的新时代推广普通话工作方针,分类指导,精准施策。聚焦民族地区、农村地区,聚焦重点人群,加大国家通用语言文字推广力度,继续推进国家通用语言文字普及攻坚,大幅提高民族地区国家通用语言文字普及程度。强调要全面加强民族地区国家通用语言文字教育,在民族地区中小学推行三科统编教材并达到全覆盖,深入推进国家通用语言文字授课。另外要大力提高农村普通话水平,助力乡村振兴。创新开展全国推广普通话宣传周和常态化宣传活动,增强全社会规范使用国家通用语言文字的意识。开展全国普通话普及情况调查和质量监测,建设一批有示范引领作用的国家语言文字推广基地。

(二)要推动语言文字信息技术创新发展

科技发展和社会思潮的演变都给语言文字事业带来了很大的挑战。现实空间和网络空间深度融合,人机共生的社会悄然而至。语言信息时代如何进行规划,需要什么样的规划,我们的经验还不够。过去只需要考虑人的文字规划,现在必须考虑机器,语言智能化给语言文字信息处理带来了很多挑战,但目前相关技术相对落后,未能跟上时代步伐,还不适应信息化尤其是人工智能的发展需求。今后要大力推动语言文字与人工智能、大数据、云计算等信息技术的深度融合,加强人工智能环境下自然语言处理等关键问题研究和原创技术研发,加强语言技术成果转化及推广应用,支持数字经济发展。充分发挥语言文字信息技术在国家信息化、智能化建设中的基础支撑作用,提升语言文字信息处理能力,推进语言文字的融媒体应用。

(三)要推进语言文字工作治理体系和治理能力的现代化

《关于全面加强新时代语言文字工作的意见》提出,到2035年,要基本实现新时代语言文字工作治理体系和治理能力现代化。但目前我国语言文字规划体制机制不够科学、规划政出多门力量分散、规划部门权威性有限,与其他社会规划协调不够,有继续完善提升的空间。(陈章太主编,2015)因此要完善语言文字工作体制机制,健全完善"党委领导、政府主导、语委统筹、部门支持、社会参与"的管理体制,建立分工协作、齐抓共管、协调有效的工作机制。另外要加强党对语言文字工作的领导,各级政府要高度重视语言文字工作,切实把语言文字工作纳入政府议事日程和相关工作绩效管理目标,省级人民政府语言文字工作重要事项要及时向国家语委报告。综合运用法律、行政、教育、科技等手段,履行政府依法监管语言文字应用和提供语言文字公共服务职责,加快推进语言文字工作治理体系和治理能力现代化。

第四节　语言调查

一　语言调查的目的和类型

(一)语言调查的目的

语言调查的目的有宏观和微观之分。微观目的是某一单项调查活动的具体目的。微观目的纷繁复杂,难以一一列举,我们这里主要从宏观的角度进行介绍。从宏观的角度来看,语言调查的主要目的有:

1.描写语言结构

语言调查的主要目的之一是弄清某一(通常是陌生的)语言的内部特点和结构状况。描写语言学关于某种语言或方言的音系、词汇、语法结构等调查都属于这一目的;我国的方言调查、少数民族语言调查等主要是为了描写方言或少数民族语言的语言结构。

2.了解语言的分布

世界上有许多种语言,诸多语言的分布状况,要靠语言调查才能弄清楚。这项语言调查的主要目的是弄清某一地区不同语言或方言的分布情况,为语言研究、语言分类、语言教育、推广共同语提供依据。

3.了解语言的内部差异

某种语言或方言在不同地域或语言社团中往往有一定的变异,通过语言调查可以了解各种变异情况,为进一步研究语言变异(地域变异和社会变异)的规律、机制、原因等提供基础。

4.了解社会语言生活状况

通过语言调查可以了解社会成员使用语言的情况,如称谓语使用、敬谦语使用、网络语言使用、时尚语言使用、礼貌用语使用等。

5.了解人们对待语言的感情和态度

通过语言调查可以了解某一特定社区人们的语言价值观和对待某一(或

某些)语言的认同(或排斥)情况,从而为制定语言政策提供相应的依据。

(二)语言调查的类型

与调查目的相对应,语言调查通常可以分为如下几种类型:

1.语言内部结构调查

这类调查主要是用音标或某种文字把某种语言的声音记录下来,然后分析其语音、词汇、语法等方面的特点和结构规则。

2.语言分布调查

这类调查主要是对一个国家或特定地区的不同语言的存在和分布状况进行调查。通常是对不同民族语言使用情况进行调查,分析不同民族语言的类型或谱系归属以及地域分布。

3.方言调查

这类调查主要是对某一语言的地域分化情况进行调查。通常是通过对不同地区语言在语音、词汇和语法方面所体现出来的特点进行调查,并对调查的结果进行分析归类,总结出方言的种类和地域分布等方面的情况。对某一特定方言的语音、词汇、语法等方面的特点和结构的记录和描写也是方言调查的主要工作内容。另外,方言调查还包括对语言的社会方言的调查。

4.社会用语调查

社会用语调查的内容非常广泛,包括不同人群的语言使用差异情况调查、不同行业语言文字使用特点调查、民族共同语和地域语言使用情况的调查、国家语言文字方针政策执行情况调查、语言教育教学情况调查、多语社区的语言使用状况调查等。

5.语言观念调查

语言观念调查又叫语言态度调查,主要调查人们对语言的看法、态度、情感和评价。通常是对特定区域的人们或特定人群就某一特定语言进行调查,了解人们在语言方面的价值取向,对语言维持和语言规划的态度等。

二 语言调查的基本原则和步骤

(一)语言调查的基本原则

语言调查是人们了解语言存在和发展状况以及社会语言生活情况最根本的手段和途径,必须保证调查具有高度的科学性,必须保证调查的结果真实、可靠、有效。因此,语言调查必须遵循如下原则:

1. 目标明确

每一项语言调查必须有明确的任务,必须要有确定的调查对象,以及因特定的任务和调查对象而采用的特定的调查手段和方法。

2. 客观真实

调查必须以事实为依据,尽量不要受主观臆测或主观偏见的影响,收集的材料或数据必须是客观的、真实可靠的。

3. 推理有据

对材料的归纳和整理要准确、全面,推理要符合逻辑。不能凭借个人的直觉和内省体验,也不能仅凭少量的调查数据和材料就作出断言。

4. 程序公开

调查的方法和程序要公开,调查的材料和结论要具有可复核性。对运用的程序、所测的变量和使用的度量方法等必须予以详细的说明,对提出的命题、假设、使用的概念或术语必须给出清楚的说明和明确的界定,以便其他的研究者能够依照同一程序、同一方法核实其数据、检验其结果。

(二)语言调查的基本步骤

成功的语言调查通常都要按照合理的程序展开。一般来说,一项完整的语言调查通常遵循如下几个基本步骤:

1. 选择课题

选择课题是完成语言调查的第一步,选择有价值和可行的课题是十分重要的。语言现象是纷繁复杂、千差万别的,但是有的差异有社会意义,有的差异没有社会意义。没有社会意义的差异就没有必要作为调查的课题。如在北京，人们把"u"音有时读成[u]，有时读成[v]，但并不用来区别意义，也没有群体性差别。如果选择这样的课题来调查，就显得十分琐碎，没有太大的价值。还有一些语言差异可能有一定的研究价值，但由于受各种条件的限制，暂时还无法进行调查，这些语言差异也不能作为调查的课题。如在没有一定的物质和技术保障的情况下，对生活在非洲丛林中的一些部落的语言调查就不能正常进行。

研究课题通常有两条途径可以获得：一是来自个人的经验和兴趣。个人在学习和研究的过程中可能会对某些语言现象有一定的体会或感受，从而产生研究的兴趣或愿望。这种情况下，人们通常选择自己比较熟悉的语言变异现象展开研究。二是来自前人的研究。前人的研究可能留下一些没有解决的问题，也有可能给了后来的研究者一定的提示或启发。因此，通过对前人研究成果的学习，也可以寻找到有价值的课题。由于已经有了前人的研究做基础，这样的课题可以有更多的理论依据，但所要研究的对象未必是研究者自己所熟悉的，因此也更具有挑战性。

课题的选择不仅要进行价值预测，还要进行可行性分析。可行性分析要考虑到课题组的构成，成员的知识结构、能力，经费和后勤保障，自然环境、人文环境甚至政治环境等多方面的因素。这些方面的任何环节出问题，都会导致调查的失败。

一个课题通常应有如下特征：课题应就两个或更多变量之间的关系提出问题；课题应该明确地而不是含糊地提出，通常是以疑问的方式提出；课题应该是可以用调查或实验的方法（收集数据的方法）来检验的。

2.提出假设

在正式调查开始之前，一般要对调查的情况或调查的结果有一定的预想，这便是假设。假设一般是根据已有的知识经验或资料经过周密的考虑或论证提出来的，用以解释或分析说明客观现象之间的内在联系。假设一般涉及两个变量：自变量和依变量（也叫"因变量"）。自变量又叫刺激变量或输入，是起影响作用的变量；依变量又叫反应变量或输出，是受影响的因素。如我们知道某人是某方言区的人，我们通过该人所说的方言去研究那个方言的特征，前者就是自变量,后者则是依变量;同样,如果根据某人说话所具有的方言特征,来判断此人所属的方言区,则变量关系正好颠倒过来。因此,建立假说的首要问题是要确立自变量和依变量。尤其重要的是确立自变量,因为影响自变量的因素很多,如果不给自变量划定一个范围,则会影响到对调查结果的评估和判断。

另外,假设要具有可测性。假设的内容要具体明确,可以通过调查得到验证。调查的主要目的实际上就是搜集材料以检验假设是否正确可靠;调查的过程就是检测假设的过程。如果假设无法检测,调查也就失去意义。

3.制定调查大纲

制定调查大纲是正式调查前的重要准备工作之一,是语言调查最重要的基础工作。调查大纲是统观全局的,主要包括调查目的、调查范围、调查内容、调查步骤和调查方法等方面的内容。调查大纲设计是否科学合理、细致周密,是语言调查成败的关键。好的调查大纲应该目的明确,范围具体,内容适当,方法可行,有相当的高度和深度,有一定的预见性。在调查的过程中还要根据具体的主客观条件作出适当的完善和补充。

4.确定调查对象

在调查目的的确定以后,就需要确定合适的调查对象。调查对象通常是和调查目的相关的具有内部同一性的群体。确定调查对象实际上就是给群体划定一个有效的范围,在这个范围内可以对群体的每个成员进行逐个调查,也可以进行抽样调查。

5.实施调查

包括收集资料和整理资料。下文将作为重点单独介绍。

(三)语言调查的基本方法

语言调查属于社会调查的一种,由于社会成员较多,不可能采用逐一调查的方式,因此语言调查一般都是抽样调查。所谓抽样调查就是按照一定的计算方法,从全体中抽取部分单位或成员作为研究样本,通过对样本的个案研究来推断相关整体的性质或特点的调查方法。抽样调查的首要问题是确定样本数。样本数的大小取决于这样几个因素：一是被调查对象的总体差异程度，也就是标准差。如果所调查的对象是同质性的，需要的样本数量可少一些；如果所调查的对象是异质性的，需要的样本数则大。二是容许误差的大小。容许误差越小，即抽样的平均误差越小，把握程度越大，抽样的数目就越大；反之，容许误差越大，即抽样的平均误差越大，把握程度就越小，抽样的数目就越少。容许误差的大小取决于调查的目的、要求、经费和力量。三是抽样的方法。抽样的基本方法有重复抽样和不重复抽样两种。重复抽样指的是把抽出的样本放回去再抽，重复抽样的样本数要比不重复抽样的样本数多。

抽样调查可分随机抽样和非随机抽样两大类。

1. 随机抽样调查

所谓随机抽样，就是调查者事先没有主观的倾向性，按照纯客观的方式进行抽样。常见的有以下几种：

(1)简单随机抽样（又叫纯随机抽样）。这是随机抽样中最基本的办法。通常的做法是将调查范围内的所有成员进行编号，从中任意取出若干个号码，所抽取的号码就是总体的样本。这种抽样的不足之处是有可能造成样本分布不均。同时从语言调查的角度来看，一个语言社团往往是成员众多的庞大的集体，因而其中的变量很多，如果样本不够大，往往不能代表某些变量。为了保证样本能够充分代表整体，往往又采用分层抽样的方法。

(2)分层抽样（又叫类型抽样）。其基本做法是将总体根据属性或某些标准分成若干个层组或类型，然后从各层组或类型中随机抽取一定数量的单位构成整体的样本。分层抽样有两种：一是同等分配，即每个层组的抽样是一样的；二是按比例分配，即根据每个层组的数目按比例决定抽样数。运用分层抽样可以得到比简单随机抽样较为准确的结果，但前提是分层必须均匀，各层组或类型之间一定要界限分明，层组内的单位要保持同质，层组间的成员要保持异质。否则，也不能得到理想的结果。

(3)等距离抽样（也叫系统抽样）。具体做法是先采用随意的方式给调查对象的所有成员编上号，然后按照相同的数字间隔抽取号码，以此来确定样本。这种方法的不足之处在于不便于对样本进行分类，有时会选入一些无用的样本。

（4）整体抽样。基本做法是先采用随意的方式将总体分成若干群，然后以群为单位从中随机抽取若干群作为整体的样本。其优点是操作和组织起来比较方便，不足之处是会影响到总体中各单位分配的均匀性。

（5）阶段抽样。当调查的对象是更庞大的群体时，人们在调查时往往不能直接或一次性地抽取总体的样本，只好分批次地进行抽样，这就是阶段抽样。阶段抽样适宜用于大规模的调查，但应注意各阶段的连贯性。

2.非随机抽样调查

非随机抽样就是按照调查人员的主观意图或取样的方便进行抽样。常见的有以下几种：

（1）偶然性抽样。偶然性抽样指调查人员在特定情况下把偶然遇到的对象作为样本。这种取样对调查者来说十分方便，但由于偶然性大，得到的材料未必可靠。

（2）滚动式抽样。滚动式抽样指对已有的样本进行处理时，推及与之相关的调查单位，并抽取样本，逐步扩大调查范围。这种抽样是随着调查的深入而逐步展开的，有利于进行充分、全面系统的调查。

（3）判断抽样。判断抽样指由调查人员来判断调查单位的代表性，然后在其认为具有典型性的调查单位中抽取样本。这种抽样对调查者的知识经验和判断能力依赖很大。

非随机抽样具有很强的主观色彩，难以用客观的标准来衡量，所以往往无法计算抽样的误差和可信度，因而只能作为辅助的调查手段。

三 资料数据的收集和资料的整理分析

（一）资料和数据的收集

语言调查通常需要收集如下几个方面的资料和数据：(1)被调查者的背景资料，包括被调查者的身份、民族、性别、年龄、籍贯、职业、受教育程度等；(2)言语资料，也就是被调查者在被调查过程中所说的话语；(3)被调查者的语言态度和语言能力等资料，包括被调查者对特定语言变体的看法、情感和行为意向等。

收集资料和数据的方法通常有访谈法、观察法、问卷法、实验法等几种类型,这些方法是应用语言学研究的常用方法。

语言调查是一项比较复杂的工作,总会遇到方法上的困难。被调查者的有意或无意的不合作,或者是意识到调查者的目的而有意或不自觉地调整自己的言语行为或言语方式,都会影响到调查的顺利程度和所收集资料的可靠性,所以在具体调查时,调查者有必要根据具体的情况,综合采用多种方法,以期获得最自然、最准确的资料。

(二) 资料的整理和分析

语言调查直接得来的资料是原始的、粗糙的,需要进行必要的整理和分析。整理和分析资料的方法主要有两种:定性分析和定量分析。就语言调查而言,定性分析相对较为简单,定量分析则复杂得多,难度也较大。这里我们重点介绍定量分析。

1. 资料量化的方式

为了研究的方便,必须要对原始调查材料进行量化,使其成为数据化的材料。常见的量化方式有如下两种:

(1)定类性。调查者根据调查的目的,对调查所得的有关材料进行分类,并给不同类型的材料加上不同的标注或代码进行区分。这种方法适用于离散型变量。所谓离散型变量,就是两个相邻变量之间没有中间数值的变量。在进行社会调查时,有时研究对象的量度层次是比较分明的,如语言变量,这样就容易得到一些离散性的资料。通过定类性分析,可以把不同变量归入不同的类。

(2)定序性。当人们面对那些层次并不分明、无法进行非此即彼的划分的变量时,就不容易进行准确的定类性分析。因为这些变量之间不是有无的对立,其各形式之间是连续不断的,相邻的两个值之间可以进行无限的切分,人们一般把这种变量称为连续变量。对这种变量只能采用级差分析的方法进行定序。通常是根据各变量间所体现出来的大小、高低、强弱关系进行排序。当然,根据调查者的目的或需要,有时也可以把定序性转化为定量性。

2.资料统计

资料统计是社会调查最重要的后期工作之一,是在对调查材料进行定性和定量处理之后研究者所面临的主要任务。资料统计常用如下一些方法:

(1)平均值。平均值是指样本内的各个变量值所达到的平均水平。通过计算平均值可以反映分布的集中趋势,平均值的计算方法是用所有观察值之和除以所有观察数。如果我们用 X 表示变量,用 n 表示所有观察数,用 Y 表示平均值,则:

$$Y=(X_1+X_2+X_3+\cdots\cdots X_{(n-1)}+X_n)/n$$

即:$Y=\dfrac{\Sigma X_n}{n}$

(2)方差与标准差。假定有一组数,已知其平均数,我们就可以计算每一个数值和平均数之差,那么这些差的平均数就可以反映这些数值和平均数值之间的距离。但是实际执行的结果是这些差有正值,也有负值,而且它们加起来刚好等于零。所以我们必须把这些差乘方后再累加起来,然后再除以数值的个数 n-1,这就是方差。方差的计算公式为:

$$S=\dfrac{\Sigma x^2-(\Sigma x)^2/n}{n-1}$$

方差开平方就是标准差。标准差是用以测定离中趋势的标志变异指标。离中趋势是指在数列中各变量值的离散度和变异度。标准差和平均值之间的关系为:标准差越大,平均值的代表性越小;标准差越小,平均值的代表性越大。

(3)概率。概率就是期望的结果和各种可能出现的结果之间的比例。概率是用来描写某种现象出现的可能性的大小的数量表达。在条件不变的情况下,如果反复观察或实验,某种看似偶然的现象往往会呈现一定的规律性。通过不断的实验统计,人们就可能得到这种现象出现的概率。具体做法是,在相同条件下,做若干次同样的实验,观察某事件出现的次数。如果用 A 表示事件,用 n 表示实验的次数,用 μ 表示 A 出现的次数,那么事件 A 出现的概率就等于 μ/n,随着实验次数的增加,μ/n 的值稳定在某个数值 P 附近波动时,这个数值 P 就是事件 A 出现的频率。

(4)正态分布。考察正态分布是进行概率统计和分析最常用的一种方法。正态分布是对称的、钟形的(两头小,中间大)的一种分布。概率的常态分布应该呈正态曲线图形(如图 5-1)。正态分布取决于平均值和方差这两个参数,这两个参数决定曲线的走向,平均值和方差的不同组合对应于不同的正态曲线。只有当纵轴将曲线分成完全相等的两部分时,概率的分布才完全是正态分布。

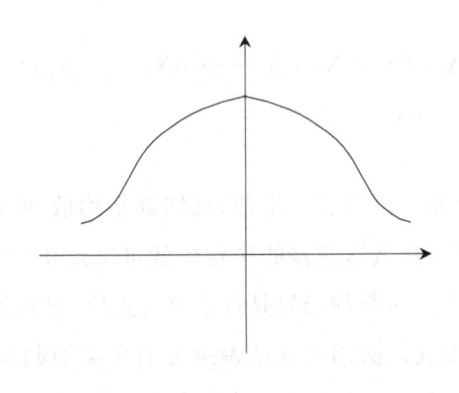

图 5-1

思考题

1. 什么是语言规划？语言规划有什么作用？
2. 语言规划包括哪些内容？语言规划应该遵守哪些原则？
3. 中华人民共和国成立后,我国语言文字工作的方针和任务经历了哪几次变化？为什么要变化？
4. 为什么要进行语言调查？语言调查有哪些常见类型？
5. 语言调查有哪些基本步骤？有哪些常见的方法？
6. 在调查过程中,如何收集资料和数据？如何对资料和数据进行整理？

第六章 计算语言学

第一节 计算语言学概说

一 计算语言学的研究对象与性质

(一)计算语言学的研究对象

计算语言学(computational linguistics)研究自然语言在计算机中的处理,即研究如何让计算机自动理解自然语言和生成自然语言。计算语言学也被称为自然语言的计算机处理。从这个定义出发,我们可以知道计算语言学的研究对象包括两个主要的方面:一是自然语言,二是计算机处理(或者简单地说就是"计算")。

自然语言是指日常生活中人们所使用的语言,如汉语、英语、法语、俄语、阿拉伯语等。计算语言学既然要研究自然语言在计算机中的处理,那么自然语言的特性和规则就成为其研究的主体。计算语言学不仅要研究自然语言的书写系统——文字,更要研究自然语言的各级语言单位——音素、音位、语素、词、短语、句子、句群、篇章等的组合规则以及这些语言单位与语义产生联系的各种规则。

了解和掌握自然语言的特性和规则只是完成了初步的工作,要让计算机能自动理解和生成自然语言,就必须要用计算机所能接受的方式来描写和刻画自然语言并把它表示在计算机中。计算机是以数值处理的方式来处理信息的,它以二进制数0和1为基本的操作符号,在此基础上建立起一整套形式化处理的方法来进行运转,因此要让计算机能够理解和生成自然语言,自然语言的特性和每一条规则必须要以形式化的方式表示出来。

自然语言的规则是错综复杂的,而且规则的数量也非常多。有了自然语言各种规则的形式化表示,并不能保证计算机就能够正确有效地理解和生成自然语言,要想让计算机能够正确有效地处理自然语言,还需要研究自然语言规则之间的关系及其处理策略,并且也要用形式化的方式表示出来。

有了以上这些基础,人们才能够选择计算机程序设计语言来设计和编写处理自然语言的软件程序,才能最终实现自然语言计算机处理的目的。

以上四个过程可以简单地概括为:知识挖掘、形式表示、算法设计、软件编制。知识挖掘和形式表示涉及语言学的众多理论问题,首先是语言观问题,然后是语言研究的方法论等问题;而算法设计和软件编制则更多涉及语言处理的实际工程问题。

(二)计算语言学的学科性质

计算语言学是一门交叉性的学科,它是由语言学和计算机科学相互交叉而产生的学科。从事计算语言学研究的人员的知识结构应该是复合型的,既要有语言学的知识,又要有计算机科学的知识。从事计算语言学研究的人员对语言的认识应该有别于传统的从事语言学研究的人员,因为计算语言学的研究目标与传统语言学的研究目标是有很大差异的;同样,从事计算语言学研究的人对计算机的运用也应该有别于其他计算机学科的人对于计算机的运用,因为二者利用计算机来处理的对象完全不同。

语言,这种我们习以为常的社会现象,人们可以从不同的角度来加以认识,而研究目标不同就决定了我们应该采取不同的认识角度。为了更好地认识计算语言学这一交叉性的学科,我们对计算语言学和其相关学科进行简单的比较。

1. 计算语言学与传统意义上的语言学

计算语言学是语言学的一个分支,但它跟以往的语言研究有所区别,这是因为计算语言学的研究目标有别于传统意义上的语言学。

(1)计算语言学对自然语言规则的表述都是为了能在计算机上让程序运行,这就必须具有可操作性。要有可操作性就必须说明每一步操作的具体条件,操作都是在特定条件的基础上进行的,没有特定的条件就很难进行有效的操作。例如下列例句中,如何确定"把"的词性,就需要表述判断的条件:

①他把桌子擦干净了。(这个"把"是介词)
②他把一把椅子搬走了。(前一个"把"是介词,后一个"把"是量词)
③这位老中医来给她把一把脉就走了。(这两个"把"都是动词)
④他虽然中弹了,但是还是紧把着舵不放。(这个"把"是动词)

我们在以上句子的后面指明了句中每个"把"的词性,因为这对人来说是很容易识别的,可是要让计算机识别,就必须说明识别的条件,尤其是例②和例③中的"把",出现的环境看起来形式相同,但是实际却不同。如果没有明确的条件,那么计算机很可能对它们作同样的处理。而传统意义上的语言学在进行语言研究的时候一般只指出语言中的不同现象,至于造成不同现象的条件则较少过问。对以上句子中"把"的不同词性,传统的语言学研究会指出它们有几种词性,并会在每个句子中指明每个"把"的具体词性;可是对于计算机处理自然语言来说这是远远不够的。

(2)计算语言学研究自然语言是着眼于语言的整个系统,对自然语言中的任何一个十分细小而平常的规则都需要加以研究并作形式化表示,因为计算机本身没有任何语言知识,需要人们经过研究并以形式化表示的方法教给它进行自然语言处理所需要的全部知识。从这个目标出发,计算语言学研究自然语言十分讲究系统性描述。系统性描述可以作两方面的理解:第一,语言现象无论特殊还是一般,都需要进行描述。传统的语言研究虽然也有系统的框架,但是在对具体语言规则的描述中,更多地关注语言中的一些特殊现象,而对人们习以为常的现象则并不一定进行详细的描述。例如,在传统的汉语语法研究中,人们已经用了数百篇的论文来研究"把"字句的构成以及句法特性,而对于如何识别一个句子中的"把"是介词、动词还是量词则很少关注,因为这样的识别对人来说比较容易,但对计算机来说则并不容易。第二,计算语言学对规则的把握需要从系统出发,需要在对现象作整体把握的前提下,对具体的操作说明条件。像上面例句中,如果只考虑例②而不考虑例③,那么我们可能会得出"'把'的前面如果出现数词'一','把'就是量词"这样的结论。这样,例③中的"把"就会被理解错。传统意义上的语言学研究,限于研究手段的制约,存在对现象观察不够全面的问题,时常会犯盲人摸象的毛病。

(3)计算语言学挖掘自然语言知识的过程是把语言单位由小到大进行分析的过程,经过分析获得理解,因为计算机对自然语言的理解是要在分析的基础上实现的;而传统意义上的语言学对语言现象的分析往往是在理解的基础上加以分析。因此,两者对自然语言知识的表述会有所不同。

计算语言学从一个崭新的角度来研究自然语言,它对自然语言的研究可以加深人们对自然语言的了解,也可以帮助人们更全面地把握自然语言,同时还可以扩展自然语言的应用领域。它是语言学的一个新的研究领域,而且是一个充满挑战的研究领域。

2.计算语言学与计算机科学

计算语言学处理自然语言是从计算机的硬件和软件条件出发来进行的,计算机科学的基本思想和基本方法影响着计算语言学对自然语言的处理。从事计算语言学研究的人必须了解计算机处理语言的原理,应该懂得计算机科学的基本思想,尽可能掌握计算机科学的基本方法。

计算机从1946年诞生以来经历了巨大的变化,世界上第一台计算机是由电子管作主要元器件,此后计算机的主要元器件变成晶体管、大规模集成电路和超大规模集成电路。20世纪70年代以后,计算机的硬件在中央处理器、内存储器、外存储器等方面有了极大的改进,视频、音频和网络设备都成为计算机的组件,而且不断得到改善。随着计算机硬件的巨大变化,计算机的软件也相应地在变化。最初的程序语言与硬件有着直接的联系,如汇编语言使用起来缺乏友好的人机界面,而后来的程序语言则越来越以面向对象为目标,有了越来越友好的人机界面。再如 Visual Basic、Visual C++、Visual J++等。对于从事计算语言学研究的人员来说,并不需要像早期从事计算机科学的研究人员一样去考虑计算机硬件的设计和革新,也不需要去考虑计算机程序设计语言的研发和改进,但是需要了解计算机硬件和软件的工作原理,最好能用计算机程序设计语言进行自然语言处理程序的设计和编写。当然,仅仅做到这一步是远远不够的,计算语言学工作者应该更多地考虑如何从计算机硬件和软件的工作原理出发来有效地进行自然语言的知识挖掘或者获取,并且需要进一步考虑对挖掘和获取的知识进行形式化表述,以便研制适用于计算机的语言处理系统。

自计算机诞生以来,越来越多的学科都用计算机做工具,使其自身学科的研究进程得以加速推进、使研究的效率得到了加倍的提高。计算语言学同样要用计算机作为研究工具,但是计算语言学还要把自身的研究成果应用于计算机的改进和发展,因为计算语言学的目标是要让计算机能够像人一样具有使用语言的能力。通常认为人具有高级智能,而其他动物的智能则十分低下,其关键的区别在于人有语言而其他动物没有语言。所以,计算机最终是否具有人的智能,在多大程度上具有人的智能,这很大程度上依赖于计算语言学的研究成果。

可见,计算语言学要以计算机科学为基础,研究成果除了可应用于社会生活各个方面之外还可以应用于改进计算机本身。从某种意义上说,计算语言学也是当代计算机科学的一个分支研究领域。

3.计算语言学与其他相关学科

计算语言学是语言学与计算机科学交叉结合的产物,而语言学还跟其他许多学科交叉结合,产生出许多交叉学科,这其中有些学科跟计算语言学紧密相关。

(1)语言学与认知科学交叉结合,于是有了人工智能这一学科,各种各样的专家系统是人工智能对人(专家)的智能模型用语言系统构造设计并应用于计算机的结果。专家系统离不开对人的认知特征的研究,也离不开对人的语言知识的提取,更离不开把构造设计的模型应用于计算机这一人工智能的物质载体。因此,计算语言学与人工智能有着十分密切的联系,从某种意义上说，计算语言学也是人工智能的一个分支。

（2）语言学与数学交叉结合，于是有了数理语言学，其中由于采用数学方法的不同，也就有了不同的交叉分支：语言学与统计数学（概率论、数理统计等）交叉结合就有了统计语言学；语言学与离散数学（集合论、数理逻辑、图论等）交叉结合就有了代数语言学。统计语言学和代数语言学从不同的方面为计算语言学提供获取自然语言知识的研究方法和描述自然语言规则的表达形式。统计语言学以经验主义的归纳为特征，以统计数据为归纳基础，从中获取自然语言的规则或知识；代数语言学以理性主义的演绎为特征，以公式推导为表述特征，把已经获取的自然语言的知识以严密的推导形式表述出来。统计语言学的作用体现在计算语言学处理自然语言过程的第一个阶段，而代数语言学的作用则体现在第二个阶段。统计语言学以计算机为使用工具，而代数语言学则以计算机为应用对象，两者都离不开计算机。从某种意义上说，数理语言学是计算语言学的一种工具。从计算语言学的立场出发，可以把数理语言学看作它的一个分支。

（3）语言学与物理学的声学交叉结合，于是有了声学语音学。传统的声学语音学借助于一些特殊的声学仪器对人的声音进行研究，目的是要从物理特性上认识人类语音的特征。自从计算机安装了音频处理设备，声学语音学就以计算机为主要研究工具，而且研究重点也转向了计算机对人类语音的自动识别与合成。而这种研究实际上已经成为计算机处理自然语言的一个组成部分，所以，如今声学语音学已经成为计算语言学的一个分支。

可见，计算语言学确实是一门多学科交叉的学科，交叉的核心是自然语言和计算处理。

二 计算语言学的研究内容与应用领域

（一）计算语言学的研究内容

计算语言学是计算机对自然语言的处理，涉及自然语言的各个方面。由于研究侧重点的不同，计算语言学可以形成计算语音学、计算词汇学、计算语法学、计算语义学等分支学科。

1. 计算语音学

最初的计算机不涉及声音的问题,但是自从有了音频设备之后,让计算机能够像人一样发出自然的声音、也像人一样能够理解人的语音就成了计算语言学研究者们追求的目标。要让计算机识别与合成人的语音信息,首先要深入分析人类语音的声学特征和变化规律,并且将其数字化,可以让计算机对其进行计算处理。

2. 计算词汇学

词汇是理解句子的基础,计算机要理解语言首先要会分析、理解词汇,这正是计算词汇学研究的内容。不同的语言词汇的形式表现可能不同,对汉语来说,书写句子的汉字按照句子来连写,词与词之间不加分隔,不像印欧语那样是按词来连写,词与词之间有空格。所以,汉语的计算词汇学首先要处理汉语的分词问题。汉语的自动分词系统中一般都包括一个数量庞大的词表,用于对词进行自动切分的参照。汉语的自动分词研究从20世纪80年代开始到现在已经有了40多年的历程,取得了一定的成效。一些比较实用的自动分词技术已经被应用,这些分词技术在精确度以及分词速度上能够满足人们的一些基本需求,但在一些特殊需求上需要进一步提升精确度和分词速度。英语的计算词汇学不需要进行自动分词处理,但是英语也有自身的问题,英语词的形态变化,影响计算机对具有不同词缀或词尾的词的同一性识别,因此对英语进行自动词法分析的系统需要包括一部词干词典和一套描述词形变化和构词的规则系统。分词研究和词的同一性识别只是计算词汇学的初步工作,它更需要研究词义系统在计算机中的表示,还要研究词义在句子中是如何确认的等问题。

3. 计算语法学

要理解自然语言的句子,必须对句子的语法结构进行分析。计算机分析句子结构是在对词进行辨识的基础上进行的。句子输入的时候,只是一串词串,计算机需要分析一个词与其前后相邻的词能否直接组成一个句法结构。如果能,组成的又是什么结构?这个结构又如何进一步跟其他相邻的词或词组组成句法结构?如果不能,它是否将跟别的成分组合?如果可以,它将跟什么样的句法单位进一步组合？又将组成什么样的结构？对这些问题的分析，可以采取不同的分析策略，这些不同的分析策略通常被称为不同的算法，如自顶向下分析法、自底向上分析法、厄尔利算法、富田胜算法、线图分析法等。不同算法的提出和设计总是在一定句法理论的指导下进行的，从乔姆斯基短语结构语法理论问世以来，针对计算机句法处理的需要，已经出现了近十种语法理论，这些语法理论能否使其句法处理的算法顺利实现，还需要真实的语言材料来验证。

4. 计算语义学

自然语言的形式分析最终总是要落实到语义上，语言形式与语言意义始终是紧密结合的两个方面，分析自然语言形式的目的是要理解自然语言的意义。音素、音位、语素、词、词组（短语）、句子、句群、篇章，语言形式从小到大，都以一定的形式与意义产生联系，计算语义学就是要让计算机能够分析不同层级的语言形式如何与语言意义产生联系，从而达到理解自然语言的目的。语言单位如果层级较低（如音位），它与意义产生的联系相对简单，而语言单位如果层级较高（如句子），它与意义产生的联系则相对复杂。要让计算机理解意义，系统需要有一定的资源。例如，词具有多义性，针对句子中的每个词，系统如何判定它表示哪个义项，就需要有一个语义网络系统给予支持，这个系统应该能够描述不同词义的实现环境。对于句子语义的分析一直是语法研究关注的焦点，专门研究句子语义理解策略的语义理论已有不少，如威尔克斯(Y.Wilks)的优选语义学、菲尔墨(C.J.Fillmore)的格语法、商克(R.Schank)的概念依存理论、西蒙斯(R.F.Simmons)的语义网络理论、蒙塔古(R.Montague)的蒙塔古语法等。

此外，在进行自然语言知识的获取过程中，面对浩瀚的自然语言材料，人们借助计算机强大的计算能力，通过设计机器自动学习模型或者通过建立语料库的方法使计算机获得自然语言的知识，而学习模型本身的设计和语料库的构建有很多需要研究的地方，因此，机器自动学习和语料库语言学也成为计算语言学的分支学科。

5. 机器自动学习

自然语言中的知识是十分丰富的，面对浩瀚的语料，每一个知识点都要由人工来挖掘和获取并形式化地表述出来,这需要花费大量的人力和时间。对于某个具体工程的实施,这样的人力和时间恐怕花费不起,因此,需要借助计算机的强大运算能力,根据已有的一些语言知识,设计一个语言分析模型,并对可能产生的错误情况设计出自动纠错和知识获取的系统,在这个语言分析系统运行时,计算机能在出错的过程中逐步获取和积累一些语言处理的专门知识,并能很快地以形式化的方式表述出来。这样可以达到节省人力和时间的目的。机器自动学习可用于专家系统的改进,也可用于语料库的加工标注等方面。

6.语料库语言学

理性主义在进行自然语言的处理时,通常先设计模型,然后拿语言材料进行验证,对发现的不足之处进行修正,然后进一步验证。而经验主义在进行自然语言的处理时,首先关注的是语料。语料库语言学是经验主义者们为了挖掘和获取语言知识而建立起来的。经验主义相信大规模的真实文本的语言材料能够为计算机处理语言提供必要的知识,而他们挖掘和获取大规模真实文本中潜藏的丰富语言知识的主要手段是利用一定的统计处理模型获取真实文本中相关语言知识的概率数据,以此建立计算机所需的知识系统。大规模语料或超大规模语料是语料库语言学的研究对象,而统计模型的运用是语料库语言学的研究方法。在计算机处理自然语言知识缺乏的情况下,语料库语言学有着极大的应用前景。

(二)计算语言学的应用领域

计算语言学的应用领域十分广泛,凡是涉及计算机处理自然语言的方面都是它的应用领域。主要有以下这些:

1.机器翻译

利用计算机将一种语言自动地翻译成另外一种语言,这就是机器翻译。例如把英文网站的内容自动翻译为汉语,以便不懂英语的人浏览,把英语的计算机使用手册自动翻译成其他多种语言等,机器翻译是最早出现的计算语言学的应用领域。

2. 语音自动识别、语音自动生成

利用计算机对人发出的语音作出分析、辨认和判断，这就是语音的自动识别。语音识别的研究是计算机硬件发展到一定的阶段才有的，但在深度学习技术兴起与大数据时代到来的背景下，语音识别技术已经突飞猛进，到2016年时，语音识别的错误率已经降至5.9%，意味着系统的识别能力已经与人类的识别水平持平。如今，依靠语音识别技术的语音搜索、个人数码助理、游戏、起居室交互系统和车载信息娱乐系统等应用场景，已经迅速实用化并流行开来。随着语音识别和互联网技术的进步，其研究领域和应用范围将进一步拓展至语种识别、声音转换、多语种言语识别、言语情感识别、口语水平自动测试、声乐演唱水平评价等。

利用计算机的数字信号处理技术并根据人的语音特征来产生人类的语音，这就是语音自动合成，语音的自动合成技术可以用于自动话务员系统等方面。2000年前后，很多单位开展了基于HMM参数语音合成方法的研究，如清华大学、微软亚洲研究院等，尤其是中国科学技术大学及科大讯飞公司近年来在若干次国际语音测评中取得了突出成绩，其研发的语音合成系统已广泛使用。

3. 自动文摘

利用计算机将原文本的主题思想和重要内容自动概要地表述出来，表述的句子可以摘自原文本，也可以用新的句子概括表述，这就是自动文摘。在当前大数据环境下，人们急需一种有效的方式从海量文本中迅速、准确、全面地获取自己想要的信息，自动文摘技术正是应对这一问题的利器。

4. 自动校对

利用自然语言信息处理技术自动查出并纠正文本中的输入错误，也称"文本校对"。自动校对可以帮助发现键盘录入、语音识别、光学字符识别（OCR）、手写识别过程中的输入错误，主要用于出版业。

5. 自然语言理解

让计算机理解和运用人类的自然语言，使得计算机懂得自然语言的含义，并对人类提出的问题通过对话的方式用自然语言进行回答。这方面的研究被称为计算机的自然语言理解,也叫问答系统。自然语言理解系统可以用作专家系统、知识工程、办公室自动化的自然语言人机接口,还可用于帮助进行医疗诊断、帮助研究药物交互作用、帮助律师和法官寻找案例等,有很大的实用价值。目前国内问答系统的开发势头十分迅猛,中国科学院基于百科知识开发了智能问答系统,搜狗公司开发了搜狗汪仔智能答题机器人等,还出现了面向特定领域的问答系统,如面向医学领域、面向教学领域、面向图书馆领域,以及特定环境下的信息咨询等。(刘云、肖辛格,2019)

2022年11月30日,美国OpenAI发布了聊天机器人程序ChatGPT,它能够通过学习和理解人类的语言来进行对话,还能根据聊天的上下文进行互动,真正像人类一样聊天交流,甚至能完成撰写邮件、视频脚本、文案、翻译、代码、论文等任务。上线两个月,月活用户就达到1亿,成为火爆全球的智能问答系统。

6.情报自动检索

利用计算机从众多的文献资料中找出符合特定需要的文献或情报的过程就叫情报自动检索,也叫信息自动检索。科学、技术、军事等方面的现代化建设离不开情报的自动检索。互联网信息的爆炸式增长以及人们快速查找信息需求的旺盛,推动着信息自动检索技术趋向成熟,目前智能搜索引擎、交互式搜索等随之发展,一些互联网应用产品也应运而生,且功能越来越完善,如苹果公司的Siri、微软公司的Cortana、谷歌公司的Google Now等。

7.术语数据库

利用计算机巨大的存储容量,把海量的科学技术术语和概念存贮在计算机中,并且设计相应的查询系统,这就是术语数据库。术语数据库在标准化研制、科学技术文献翻译、图书出版等方面具有实用价值。

8.计算机辅助教学

按照一定的教学目标和教学方法利用计算机进行课堂教学、课外操练和教学辅导等,这就是计算机辅助教学。早在1958年,美国IBM公司的沃斯顿研究中心就开始了计算机辅助教学的研究。计算机辅助教学可以用于各种课程的教学,目前可以见到的有数学、工程、医学、商业、外语、哲学、音乐、计算机等课程的辅助教学系统。

此外，计算语言学的应用领域还涉及电子词典、汉字的自动识别、文献的自动分类、言语统计、信息过滤等。

三　计算语言学的研究方法

关于计算语言学的研究方法，我国计算语言学界流行着"规则的方法"和"统计的方法"之称，通常认为按照演绎的方法来分析语言就是规则的方法，而按照概率统计的方法来分析语言就是统计的方法。

这种对计算语言学研究方法的称说不够严密。科学的研究方法的特征不外乎归纳与演绎两种。以归纳为特征的方法也可称为经验主义的方法，而以演绎为特征的方法也可称为理性主义的方法。不管是归纳还是演绎，规则的探求和表述是两者共同的目标。因此若把"规则"与"统计"相对而言，似乎"统计"就不关心"规则"了，其实不然。统计的方法，是从获取的概率数据中导出规则，而演绎的方法是从已知的前提中导出规则。所以，在计算语言学的研究方法中应该有"经验主义方法"和"理性主义方法"的区分，或者有"统计方法"和"推导方法"的区分。

经验主义的归纳以数据统计为手段。在计算机广泛应用的今天，统计主要依靠计算机来完成。统计方法直接面对大规模语言材料，对各种语言特征的统计分析需要通过建立语料库来完成。一般的做法是：先选取少量语料建立一个训练语料库，然后对训练语料库进行语言学的人工加工和标注，再获取加工后的语言特征的概率信息，以此为基础写出语言规则，并根据这些规则设计算法、编写程序，把程序应用于更大范围的语料，对语料进行自动加工，然后对自动加工的语料进行必要的人工干预，进一步获取加工后的语言特征的概率信息，并以此为基础修正已有的算法和程序。统计方法是计算语言学进行语言知识获取的主要方法，在自动分词、词性自动标注、句法自动分析、语义自动排歧等领域得到了广泛的应用。

理性主义的演绎以形式推导为手段。从已有的语言学知识出发，在分析各种语言规则之间关系的基础上，构建出各种语言形式相互推导的规则系统，在最大程度上寻求实现规则在计算机中的有效运行。由于自然语言的纷繁复杂,构建的规则系统推导方法的努力目标是要让系统能够理解和产生所有合法的句子并且能够排除所有不合法的句子,但是要做到这一点却十分不容易。自从乔姆斯基语法理论问世以来,理性主义的研究方法在计算语言学的研究中一度占统治地位。这种方法关心的不是语言知识的挖掘而是语言知识的形式表述和语言规则的算法设计,它大量地被应用于计算机语言处理形式系统的构建上。

计算语言学的研究过程包括知识挖掘、形式表述、算法设计和程序编制几个阶段。经验主义的方法可以在第一个阶段发挥更大的作用,而理性主义的方法可以在第二个和第三个阶段发挥更好的作用。在计算语言学的整个研究过程中,这两种方法都有各自应有的作用。而且在各个不同的阶段,这两种方法的应用不应该是互相割裂的,虽然在不同的阶段可以有不同的主次之分,但是两者的有机结合应该贯穿于整个过程中。

四 计算语言学的发展历程

计算语言学最早是由应用性研究促发而来的。1946年第一台电子计算机诞生后不久就有人尝试把计算机应用于自然语言的处理,其中机器翻译是计算机与自然语言的第一个结合点。研究的方法就是简单地把机器翻译的过程与密码解读的过程相类比,试图通过查询词典的方法来实现词对词的机器翻译。这种研究由于严重忽视了机器翻译在词法分析、句法分析和语义分析等方面的复杂性,几乎所有译文的可读性都很差,难以付诸实用。1964年美国科学院语言自动处理咨询委员会(Automatic Language Processing Advisory Committee,ALPAC)的一份报告几乎彻底否定了机器翻译的可行性,使机器翻译进入短暂的萧条时期。此后,人们开始探索在对自然语言进行词法分析、句法分析和语义分析的基础之上实现语句的对译,从而促发了基础性研究的广泛开展,语言知识的自动分析、提取以及形式化研究得到了空前的重视,越来越多的学者开始认识到,能否有效地解决语言知识问题是语言信息处理的一个瓶颈问题。机器翻译由此经过了复苏期而进入了蓬勃发展的时期。

继机器翻译之后，情报检索、篇章理解、自动文摘、自动校对、词典自动编纂、计算机辅助教学、语音自动识别与合成、文字自动识别等领域都在不同程度上要求计算机具备自动分析、理解和生成自然语言的能力。自20世纪90年代中期以来，国际互联网迅速扩展，网络上的信息资源加速度增长，在信息爆炸面前，人们迫切希望计算机能够具备自然语言的知识，能够帮助人们准确地获取所需的网上信息。要让计算机具备自然语言的知识，人们首先要全面系统地把人的语言知识用形式化的方式清楚地表述出来。

在形式化表述方面，乔姆斯基的形式语言理论对早期计算语言学的句法理论有很大的影响。他提出的上下文无关语法（Context Free Grammars）或叫短语结构语法（Phrase Structure Grammar，PSG）广泛应用于自然语言的自动分析和生成，但是人们在应用中发现短语结构语法的分析能力有限，而生成能力却过强，因此，后来就有了转换生成语法、扩充转移网络等。

20世纪80年代以来，集中出现了不少新的语法理论，如：词汇—功能语法（Lexical-Functional Grammar，LFG）、合一语法（Unification Grammar，UG）和功能合一语法（Functional Unificational Grammar，FUG）、广义短语结构语法（Generalized Phrase Structure Grammar，GPSG）、中心词驱动的短语结构语法（Head-driven Phrase Structure Grammar，HPSG）、范畴语法（Category Grammar，CG）和链语法（Link Grammar，LG）等。这些语法理论的共同特征是采用复杂特征集和合一算法，它们在自然语言知识的形式化表述方面进行了有效的探索，使自然语言的形式化表述达到了很高的水平。然而，形式化表述是要在人对自身语言知识清楚认识的基础上进行的，事实上，人们对自身具备的并且能为计算机所用的语言知识的认识是十分有限的。面向计算机，人们需要不断加深对自身语言知识的认识。

为了获取适用于计算机自然语言处理的语言知识，人们把注意力从语感的内省方式转向从语料库中获取知识。语料库的建立开始于20世纪60年代，而大规模语料库的开发和应用主要是从90年代开始的。人们通过建立树库（Tree-bank）的方法来获取句法自动分析的知识。树库是指在对词作了词性标注的基础之上，再对语料库中的每个句子加注符号表明句法关系的语料库。从树库中可以提取出大量有用的句法分布信息,它可以为句法研究提供坚实的基础。英语树库已经面世的有英国的 Lancaster-Leeds 树库,美国的 Penn 树库项目、APHB 树库(The American Printing House for the Blind Treebank)、AP 树库(The Associated Press Treebank)、IBM 手册树库(The IBM Manuals Treebank),加拿大的议会议事录树库(The Canadian Hansard Treebank)等。其中两个比较著名的工程项目是英国的 Lancaster-Leeds 树库项目和美国的 Penn 树库项目。

人们在语料库建设的同时进行语言知识库的构建工作。美国普林斯顿大学的智能科学实验室(Cognitive Science Laboratory)开发的英语词汇语义数据库 Wordnet 于 1990 年在互联网上公布之后引起了广泛的关注,许多研究人员用它来进行英语语料库的语义标注和词义辨识。在 Wordnet 之后,FrameNet 工程启动,该工程由美国国家科学基金 NSF 支持,由加州国际计算机科学研究所和加州大学伯克利分校语言学系联合开发。此外,微软(Microsoft)公司也抓紧开发 MindNet。在欧洲,荷兰的阿姆斯特丹大学(University of Amsterdam)于 1996 年开始开发荷兰语、意大利语、西班牙语的多语词汇语义数据库 Euro Word Net。这些工程的开发为语义知识体系的构建进行了有益的探索。

第二节 中文信息处理

一 中文信息处理的主要任务

中文信息处理是计算语言学的一个分支,它是专门研究汉语在计算机中的处理。这种处理是用计算机对汉语(包括书面语信息和口语信息)进行输入、存储、转换、分析、合成、传输、输出等加工。中文信息处理涉及汉语语言形式的各个层级,主要包括"字"处理、"词"处理和"句"处理等几个方面。

(一)"字"处理

汉字在计算中的处理需要进行编码,计算机的汉字编码分四种:汉字输入码、汉字机内码、汉字输出码、汉字交换码。汉字输入码是为了将汉字输入计算机而编制的代码,又称外码。汉字机内码是计算机内部处理汉字信息时所采用的代码,其形式取决于机器本身。许多计算机在输入汉字之后要将汉字输入码转变成汉字机内码。汉字输出码是计算机将汉字信息处理的结果显示到屏幕或输出打印所用的代码,一般也取决于具体的机器或设备。它保存的是字形信息,也称"数字化字模"。汉字交换码是用于计算机之间汉字信息交换的代码,它处于一台计算机的出口与另一台计算机的入口之间。汉字交换码可以和输入码、机内码、输出码一致,也可以不一致,这取决于处理系统的具体情况。我国在1981年公布了国家标准《信息交换用汉字编码字符集——基本集》(GB 2312—80),共收录了6 763个汉字,分为两级汉字,一级为常用汉字3 755个,二级为次常用汉字3 008个。这6 763个汉字被分成若干个区,每个区包含94个汉字,这样每个汉字就可以用一个确定的四位数来表示,如:"计算机"可以表示为"2838、4367、2790"。后来又相继出台了多个版本的汉字编码字符集,其中2022年发布的新版《信息技术 中文编码字符集》(GB 18030—2022)强制性国家标准,共收录汉字87 887个,比上一版增收了1.7万余个生僻汉字,不仅收录《通用规范汉字表》全部汉字,同时覆盖我国绝大部分人名、地名用生僻字以及文献、科技等专业领域用字,基本解决了汉字的计算机输入问题。

汉字的计算机处理主要包括三个方面的内容:汉字输入、汉字存储和汉字输出。

1.汉字输入

计算机技术发展到今天,文字的输入方法可以分键盘输入、语音输入和光学字符识别输入三大类。

计算机的键盘是用来输入文字信息的,但是现有的计算机键盘是为直接输入英文字母设计的,汉字要输入计算机里面,就必须研究如何利用键盘的英文字母和数字来进行输入。可以让键盘上的某个英文字母或者数字代表汉字的某一个要素:声音(声母、韵母、声调)或者笔形(点横竖撇捺等),把这些要素组合起来代表汉字。这样就达到了汉字键盘输入的目的。通过键盘输入汉字是最早进行汉字输入的方法,迄今为止,键盘输入法已有数百种。不同的汉字输入法对汉字进行编码的方法不同,有的完全根据汉字的字型来编码,有的完全根据汉字的字音来编码,有的则结合字音和字型来编码。

王永民的五笔型汉字输入法是字型编码的代表。这种输入法以汉字字形结构为基础,将笔画、部件、字型有机地结合起来。笔画分横、竖、撇、点、折五种,部件是由笔画构成的用于组成汉字的构字单位,字型分左右结构、上下结构和其他三种。五笔型汉字输入法为汉字输入制定了编码规则,根据编码规则就可以向计算机输入每一个汉字。该输入法从发明到现在经过多次改进,在输入速度和规范性等方面有了很大的改善,具有输入速度快、重码率低等优点,成为使用范围最广的汉字输入方法之一。

智能 ABC、微软拼音输入法等是字音编码的代表。这类输入法以汉字的读音为编码的基础。编码的方式主要有两种:一种是全拼,就是完全按照汉语的拼音字母在键盘上找到对应的键输入;另一种是双拼,就是用键盘上的某个键代表一个声母或者一个韵母,用两个键(声母和韵母)就可以输入一个汉字。但是这种输入法有一些局限:第一,这种输入法的使用要求使用者有汉语拼音基础。我国方言复杂,只会方言而不会普通话的人就不太适合使用这种输入法。第二,汉字的同音现象十分普遍,以单字的方式输入汉字重码字较多,需要时间来加以选择,从而影响到输入速度。第三,如果使用者不知道要输入的汉字的读音,那么必须查字典或者词典以后才能输入。

音形结合编码方法是综合考虑汉字的形和音来进行编码的,但是不同的输入法在考虑形和音的比例上会有所不同,主要根据字形的可以称为"形音码",主要考虑字音的可以称为"音形码"。

在研究汉字输入的初始阶段,人们考虑的首先是将汉字进行单字输入,但是大量同音字的存在影响输入的效率。所以,后期的输入法在"字输入"的基础上积极探索"词组输入"和"句输入"的方法。"词组输入"和"句输入"的方法可以减少输入码的长度、减少"重码"率,从而提高汉字输入的速度。

汉字的键盘输入方法有一定的局限性,不管是字型输入还是字音输入都需要掌握键盘的布局和每个键的位置。对于不熟悉英文字母的人来说,使用起来总是不方便。于是,人们进一步利用语音和光学字符识别的方法来输入汉字。

汉字的语音输入需要计算机安装声卡、麦克风等音频设备,计算机利用接收到的声波分析语音的声学特征进而识别话语中的每个汉字。对于不会利用键盘操作的人来说,这种输入方法应该是十分方便的。IBM 公司于 20 世纪 90 年代开发的 Via Voice 输入系统就是语音输入系统。使用语音输入系统需要首先进行口音适应训练,使用者要对着麦克风读上 50~200 个句子的发音,建立起该用户的个人语音模型,然后才能达到较高的语音识别率。目前,语音输入的准确率已大幅提升,但仍会存在一些问题,如近音词的出错率非常高;语音语料库中存储的语言模型以新闻语体、论述类语体等书面交际语体为主,日常口语类材料以及学术类语言材料相对缺乏等。要使语音输入系统做到真正好用,还有很长的路要走,还有很多实际的问题需要研究。目前也很少有人真正利用语音输入来进行文字输入。

汉字的光学字符识别输入(OCR)是通过扫描仪器先把有汉字的书页扫描成图片,然后对汉字的图像进行模式匹配,再在字库里找出相应的汉字,达到汉字输入的目的。常用的扫描输入汉字的系统有清华紫光、尚书等。这类输入的先决条件是要有已经印刷好的汉字,如果没有这个条件,就无法输入。而且,印刷品上汉字字符的清晰度直接影响识别的结果。最初的汉字扫描识别输入主要是研究印刷体字形的识别,而现在已经扩展到对手写体汉字字形的扫描识别上,因此,现在的计算机可以利用一块写字板,让用户在上面手写汉字进行识别。手写汉字输入的系统,比较有名且常用的有汉王笔等。

2.汉字存储

计算机是以二进制数的形式(0 和 1)来存储信息的。汉字在计算机中的存储最终也是要用二进制的形式。计算机中通常用 8 位的二进制数来表示一个字符(一个字母或一个数字等)。在计算机发明时,硬件和软件的设计都是根据英语的特点作出的。英语使用的拉丁字母（包括大小写）一共 52 个，加上数字和一些常用符号，一共才 100 多个。8 位的二进制数可以区分 256 个不同的符号。因此，英语字符在计算机中可以直接用一个二进制数表示，而且只需要 7 位就足够了。ASCII 就是为英文字符在计算机中的表示而制定的标准。对于汉语来说，汉字数量庞大，常用的汉字有七千多个，另外还有各种各样的符号，8 位的二进制数就不够表示所有的汉字了，因此，汉字的存储得用 16 位二进制数作为一个存储空间。通常人们把一个 8 位的二进制数叫作一个字节(byte)，这样，一个汉字需要用两个字节来表示。

3.汉字输出

汉字输入计算机以后，要先转换成由相应的计算机系统所确定的机内码，然后再还原成汉字进行输出。汉字的计算机输出有两种形式，一种是屏幕显示输出，一种是打印输出。当要输出汉字时，数字化字模可以让汉字以点阵的方式在屏幕上显示出来或者通过打印机打印出来。为了使输出的汉字规范和统一，达到汉字字体的正确性、汉字字形的一致性、书写笔画的清晰性、笔形部件的规范性和使用效果的美观性，有关部门研制和规定了统一的汉字字形（包括宋体、仿宋体、楷体、黑体等）的点阵标准，并制作了点阵字库。常见的点阵字库的规格有 16×16、24×24、32×32，此外还有 128×128、256×256 的高精度点阵。点阵字库有很多优点，突出的优点是制作方便，输出速度快；但也有缺点，那就是不能随便放大缩小。为解决这个问题，人们研究发现，汉字的每一笔笔画，其周围的轮廓，都可以看作数学上的一个矢量。这样汉字的笔画也就可以用数学上的矢量来描述。用矢量描述的汉字字模称为矢量字模，由矢量字模构成的字库称为矢量字库。由于矢量字库可以任意放大缩小，显示的字形美观，而且每个字模所占的信息量较小，所以就更好地满足了人们对数字化字模高质量、高精度的要求。

（二）"词"处理

"字"处理只是解决了计算机接受汉语形式的问题，只是为汉语的信息处理奠定了一个基础，接踵而至的是"词"处理的问题。由于汉语在书写时字与字是连写的,而语句的理解是以词为基础的,要达到计算机理解汉语句子的目的,必须让计算机能够自动确定词的边界,自动识别词,从而理解词义。于是汉语的计算机自动分词研究就成了中文信息处理的一个重要任务。自动分词研究实际包括两个方面的内容,一个是分词,另一个是词性标注。

1.分词

在把汉语输入计算机时,计算机接受和存储的是一个个字串,要让计算机自动分出词,就是要把一个个字串变成一个个词串,具体的做法是在每一个词的前后加上空格。如"从小学电脑……"这么一个字串,经过分词处理后,可以成为"从 小 学 电脑……"。这样,在进一步的句法分析时,"从"和"小"就可以先组合,而"学"和"电脑"也可以先组合;然后"从小"和"学电脑"组成一个状中短语,意思就可以理解。否则计算机把它分成"从 小学 电脑……",那么,"小学"和"电脑"就要先组成定中短语,然后"从"与"小学电脑"组成介宾短语。这两种分法的意思是很不相同的。因此,如果不进行分词处理,句法分析就缺少基础,句子意思的理解就很难确定。

2.词性标注

自动分词不但要研究词的边界划分,还要研究词性的自动识别。在识别了词性的词后面加上一定的标记,这就是词性的自动标注。汉语中有的词,词形和读音相同,而词性却可能不同,即兼属不同的词类,例如:把握(动/名)、编辑(名/动)、保险(形/名)、典型(名/形)、分散(动/形)、辩证(形/动)、比较(动/副)、朝(介/动)等。汉语中的词兼有多种词性的情况非常普遍,特别是名词、形容词、动词之间的兼类情况十分突出。

对于具有多种词性的词,必须要确定它在句子中的具体词性,这样句法分析才有了依据,才可以确定短语和句子的句法结构。如:"把握"在"他没有把握这个机会"中是动词,而在"他对能否做好这件事情没有把握"中则是名词。不但句法分析需要确定词性,对词语进行词频统计也需要确定句子中每个词的词性。

相同词形的词,其在句子中的不同词性,人们可以从它出现的环境来加以判断,因此,自动词性标注目前使用的主要方法是通过考察每个词与其相邻的词共同出现的概率数据建立起词类的共现矩阵。根据矩阵数据和相关规则，计算机就可以自动给每个词标注词性。

(三)"句"处理

"字"处理难题解决之后，汉语的自动分词和词性标注也有了突破性的进展，到 20 世纪 90 年代中期分词和词性标注软件相继问世，分词和词性标注的准确率达到了较高水平，虽然还不能做到完全正确，但是研制的软件不少都投入了实际应用。这样，中文信息的"句"处理任务就摆在了眼前。"句"处理就是要自动分析、理解和生成句子，要进行汉语语义的自动分析和加工，要进行汉语篇章的自动处理等。

这种研究使中文信息处理达到了较高的层次，也使它更加接近于中文信息处理的目标，然而它面临的问题也更多更复杂。句子是由词、短语或小句构成的，句子是表述单位，具有交际的功能。要理解一个句子就首先要理解句子的句法结构、句子的句法意义，还要进一步理解句子的语用意义。要完成这一任务，计算机信息处理系统必须能够在词串的基础上识别短语的结构边界、识别短语结构的内部构成关系（即结构关系）、识别短语结构的外部功能类型（即功能类型）、识别相同词性序列词语串可能包含的不同结构关系（即歧义短语）、识别句子的句型等。要是计算机能够正确理解句子，需要研究的问题还涉及不同层面的语义问题，如多义词的语义辨识、词语之间的语义关系、词语之间的组合意义等，还涉及话题、焦点等语用因素对句子意义理解的影响等。要完成这个阶段的任务，中文信息处理系统需要具备大量的语言知识、百科知识，要让计算机对人脑处理中文信息的过程进行模拟，因此，给处理系统装备大量的语言知识库是"句"处理研究的基础工作。"句"处理是中文信息处理中不可回避的、富有挑战性的任务。

二 中文信息处理的主要难题

中文信息处理从无到有，经历了许多艰难困苦。它面临的难题很多，有的已经被克服,而有的还摆在眼前。

(一)汉字的输入、存储、显示、打印

在计算机发明之初,汉字在计算机中既不能输入和存储,也不能显示和输出。那时,中文信息处理的主要任务就是要突破计算机自身的限制,让汉字进入计算机并能在屏幕上显示或者打印输出。计算机硬件突飞猛进的发展为汉字进入计算机提供了可行的基础,到20世纪70年代末期这个难题基本得到了克服。如今计算机不但能输入、存储、显示和打印常用汉字,而且可以做到字体多样、字形美观,输入速度也可以超过英语的输入速度。

尽管如此,汉字输入、存储、输出、打印的难题并没有完全得到解决,因为汉字数量庞大,计算机能处理的汉字数量还不能达到这个规模。《信息技术中文编码字符集》(GB 18030—2022)虽然收录汉字 87 887 个,包括《通用规范汉字表》全部汉字,同时覆盖我国绝大部分人名、地名用生僻字以及文献、科技等专业领域用字,但它并没有囊括自古到今的所有汉字。微软公司从推出Windows2000 操作系统开始为用户提供了超大字符集中文字体,包括的汉字数是 65 531 个,其中包括韩语和日语中使用的汉字,同时还收进了中国港澳地区使用的一些独特的汉字,但同样没有囊括所有汉字,并且它的使用是基于微软的 WinWord 软件,在数据库软件中并不能使用这个超大字符集。

在计算机越来越普及的今天,古代文献的信息化已经成为现实的问题,而现有字库中找不到的古汉字的处理则成为古籍计算机处理的一大难题。另外,在实际的教学中,教师要在计算机中处理学生写错的汉字也十分困难,因为这些错字并不包含在计算机的汉字字符集中。因此,如何让计算机能够处理更多的汉字依然是当前中文信息处理的一大难题。

(二)汉语在计算机中的分词处理

让计算机对汉语进行自动分词处理是中文信息处理特有的难题。在过去几十年的时间里,汉语自动分词工作虽然取得了很大成绩,不同软件所称的分词和词性标注的正确率达到了 85%～95%,但是自动分词准确率还没有达到完全正确的水平,自动分词所面临的难题并没有从根本上得到解决。

1. 分词规范

目前计算机在对汉语进行分词时主要依靠分词系统中的词表。通常一个分词系统包括若干个词表，其中有一个是基本词表（或者叫通用词表），包括的词都是日常社会生活所需要的。另外有一些附加的词表，这些词表包括人名表、地名表、专有名词表、组织机构名表、缩略语表、专业术语表等。要给出这样的词表并不是一件容易的事情。首先，汉语的语素与词、合成词与短语之间的界限不分明，许多词在实际使用中可分可合，如"放假""吃苦""帮忙""发财""相信""看见"等，在实际的使用中可以是"放了假""吃点苦""帮个忙""发了大财""相不相信""看没看见"。这给词表的收词造成很大的麻烦。不仅如此，汉语中有些语素构词能力超常，如"者"，一般的构词是"劳动者""建设者""作者""读者"，但是又可以说"坚强勇敢者""持有两国护照者""经历苦难而最终获得幸福者""第一个走进塔克拉玛干大沙漠者"。要是都把它们当作词来收，那么词表该有多大？《信息处理用现代汉语分词规范》(GB/T 13715—92)收词的原则是"结合紧密、使用稳定"，这只是一个抽象的标准，要认定某一个字串是否可以当作一个词，需要在真实文本语料中加以考察，而且有些结合紧密、使用稳定的字串也未必就是词，如"这是""每一""再不""不多""不在""这就是""也就""对不起""看不起""日月星辰""春夏秋冬"等。如何确定一个合理的词表，需要有一个好的分词规范，而好的分词规范需要在对真实语言材料有了较为全面把握的情况下才能做出。虽然，我们目前有了一个分词规范标准，但是实际使用起来问题还是很多，分词规范仍然是需要研究的难题。

2. 切分歧义

20世纪80年代后，人们在进行汉语文本的自动分词研究中发现，对字串的切分会遇到两种切分的歧义。一种是交集性（交叉）歧义，如："我对他有意见"和"总统有意见他"中"有意见"是交集性歧义字段，在前一句中应该切分为"有 意见"，而在后一句中应该切分为"有意 见"。类似的歧义字段非常多，再如"研究生命""白天鹅""和平等""为人民""需求和""中国产品质量"等都有歧义切分的问题。另一种是组合性（多义）歧义，如："我马上就来"和"他从马上下来"中的"马上"就是组合性歧义字段，在前一句中"马上"是一个词，而在后一句中"马"和"上"是两个词。再如"她们一起去"和"出了一起交通事故"中的"一起","学生会组织召开了联欢会"和"上课时学生会主动提问吗"中的"学生会"也都是组合性歧义。在真实文本语料中,交集性歧义的字段要远远多于组合性歧义字段。

歧义字段有真和伪的区别,有些理论上可以是歧义的字段,但是在真实的语料中却不成歧义,这就是伪歧义。如:同属交集型,"地面积"为真歧义("这几块 地 面积 还真不小""地面 积 了厚厚的雪"),"和软件"则为伪歧义(虽然存在两种不同的切分形式"和 软件"和"和软 件",但在真实文本中,无一例外地应被切分为"和 软件");同属组合型,"把手"为真歧义,"平淡"则为伪歧义。

人们对歧义字段虽然有了较深刻的认识,但是如何排除歧义却一直是研究的难题。在真实的语料中有时会出现非常复杂的歧义切分字段。如"公路局正在治理解放大道路面积水问题",其中"治理""理解""解放""放大""大道""道路""路面""面积""积水"都是词,这就使得这个句子可能的歧义切分结果非常多,即所谓"组合爆炸",需要采用的分析算法非常复杂。再如"南京市长江大桥",可以切分为"南京市 长江 大桥",也可分为"南京 市长 江大桥",如何判定哪个是正确的,光靠本句的信息似乎解决不了。可见,切分歧义依然是中文信息处理的一个难题。

3.未登录词的识别

分词系统需要词表支持,但是目前的系统所收的词总是有限,在真实语料中常常会有在词表中没有收入的词,这些词就叫作未登录词。为了识别未登录词,人们采取的办法是不断扩充词表。2000年《信息处理用现代汉语分词词表》研制完成,收词达到9万多条,如今这个词表还在不断修改、补充和完善中。除了基本词表外,人名表、地名表、专名表、组织机构名表应该包括多少词条都是需要研究的问题。理想的状态似乎是词表越大越好,但是,词表过大必然使系统的运行时间大大增加,系统的效率就会降低。况且,新词、缩略语会不断涌现,人名、地名、专名、组织机构名的数量也没有什么限制。词汇是一个开放的系统,不管词表多大,未登录词总是难免的。计算机是否可能并且应该把所有的词都收尽,这是中文信息处理面临的难题。其实,我们不能要求一个分词系统解决所有的分词任务,分词所面对的真实文本的语域会有所不同,使用分词系统进行分词的目标也可能有所不同,因而分词系统内部的词表也应该有所不同。未登录词的识别,除了词表,是否还有更好的策略?这是人们正在思考的问题。

(三)汉语词性的自动标注

汉语词性自动标注主要是借鉴了英语词性自动标注的方法,目前采用的标注方法有n元语法、隐马模型、错误驱动的学习方法等。看起来,这方面的研究比较成熟,然而,汉语词性自动标注的难题主要不是算法,而是实际语料中汉语词性表现的复杂性。由于汉语词类划分尚未取得统一意见,词的归类及词性自动标注还存在同形词、兼类词等多类词排歧的困难。北京大学计算语言学研究所从1999年以来加工标注了《人民日报》1998年和2000年的语料,这是非常可喜的成果,它为了解汉语词性的复杂表现提供了坚实基础。但是,要更好地把握汉语词性自动标注,还需要做很多研究。

(四)汉语句子的理解和生成

汉语句子的理解和生成也是中文信息处理面临的难题。要理解汉语的句子,首先要进行句法分析,就是要弄清先后出现的词与词之间的关系。汉语的句子不像印欧语有形式上的标志。如英语中的动词在进入句子之后会有形式的变化,充当谓语核心的动词以一种确定的形式出现,这样找出定式动词,句子的结构也就容易把握了。而汉语动词不管出现在哪儿,词的形式不会改变,因此,一个句子中如果有若干个动词出现,要把握句子结构就困难重重。虽然,国外计算语言学的研究已经为我们提供了很多进行句法分析的语法理论和具体算法,但是能否适用于汉语的句法分析,还需要我们进行大量的实践。

冯志伟在分析汉语句法结构难题时指出了以下这些现象:汉语句子的词序比较灵活,这使得自动分析规则写起来非常困难;汉语中名词词组结构复杂,分析时常出现结构歧义;连动和兼语式使句子结构变得十分复杂,系统难以把握中心动词;汉语句子中的主语常常被省略,这使得主语成分的确定变得非常棘手;汉语的被动句常常不用"被",这使得主动形式与被动形式没有明显差别;汉语中的主谓谓语句使得它与后面的成分边界不清;汉语中形容词做谓语时常常不用"是",这给汉英翻译造成了很大困难;汉语中名词可以直接做谓语,这也使得主语与后面名词的边界不清;汉语中有"把"字句,但是"把"的管辖领域很难确定;汉语中的紧缩复句也给分析带来很大困难。(冯志伟,2001)

在实际的语言自动分析中,遇到的困难远远不止这些。涉及语义分析的层面时,困难似乎更多:汉语常用词多义现象普遍,多义词的判断规则十分烦琐,很难有一个简单的规则;汉语的不同语法结构常常会在词性序列上呈现出相同的排列(如"削苹果的皮"和"削苹果的刀"),这种相同词性序列的短语,它的句法结构的组合层次并不相同,因此语义也就不同;相同的句法结构也有不同的语义解释(如"我吃米饭"/"我吃大碗"/"我吃食堂","吃"的后面都是宾语,但是表达的分别是对象、工具、处所,各不相同);语义组合层次和关系的不同都可能造成歧义(如"小张的教练当得有水平""他连你也不相信")。

这些难题都影响汉语的自动理解与生成,为了获取有关这些难题的知识,人们构建树库,以推动相关研究的进一步发展。

三 中文信息处理的发展历程和新挑战

(一)中文信息处理的发展历程①

根据不同时期所面对的不同核心任务,中文信息处理的发展历史一般可以划分为"字"处理、"词"处理、"句"处理三个发展阶段。而从学科的整个发展脉络来看,中文信息处理则大致经历了起步期、发展期、成熟期、繁荣期等不同的时期。两种划分方式实际上存在着内在的一致性,"大体上'字'处理阶段、'词'处理阶段可以分别归入起步期、发展期,'句'处理阶段则跨越了成熟期和繁荣期"(刘云、肖辛格,2019)。

---

① 关于中文信息处理的发展历程,主要引自李宇明(2019)为《中文信息处理发展简史》所作的序——《计算机正改变着我们的语言生活》。

1. 起步期(20世纪50年代—80年代)

中文信息处理一开始是处理书面语,遇到的第一个大问题便是汉字。在解决汉字信息处理问题时,它取得了很多成就:对汉字的使用频率进行了大规模统计,在此基础上,总结出了"汉字效用递减率",制定了第一个汉字编码国家标准 GB 2312—80。汉字键盘输入的编码方案"万马(码)奔腾",汉字自动识别技术、汉字存储技术及输出技术发展迅速。特别是汉字激光照排系统,使汉字印刷告别了铅与火的时代。在汉字处理期,信息检索也有进步,主题词表、文献库、全文检索、自动标引、自动文摘等方面都取得一定成绩。

2. 发展期(20世纪80年代—90年代)

汉字进入计算机的难题逐步被攻克,词语处理成为亟待解决的问题,其基本任务是自动分词和词性标注。汉语书面语不像英语、法语、俄语、德语等语言以词为单位排列,而是以字为单位排列。信息处理是以词语为识别单位,所以需要制定信息处理的分词规则,建立分词词表,妥善处理表外的"未登录词"。汉语形态不发达,词类兼类现象较为普遍,需要制定适合信息处理的词类系统,建立词类标注规范,确立词性标记集。为支持词语处理,信息处理学界还建立了"语言工程"理念,建设了一些知识库、语料库,进行大规模的词频统计。在词语处理期,汉语语音处理技术(尤其是语音识别)、机器翻译、计算机辅助语言教学与测试等也都有进步。中文信息处理技术整体迈入实用化、商业化阶段。

3. 成熟期(20世纪90年代—21世纪初)

词语处理进展到一定阶段,句处理的任务就紧迫起来了。句处理需要进行句法分析和语义分析,还有更多的语用问题需要解决。句处理其实就是真实的自然语言处理,对于语言资源的需求也更为急切。为支持句处理工作,一批高质量、大容量的大型通用汉语语料库建立起来,如国家语言文字工作委员会、清华大学、北京大学、北京语言大学等都建立了自己的大型语料库。各类知识库也先后被开发出来,如汉语虚词知识库、汉语事件知识库等。在句处理期,机器翻译研究呈现新面貌,在语料库语言学的指导下,基于实例的翻译方法和统计翻译方法得到广泛运用,网上机器翻译系统发展迅速,口语机器翻译取得突破。互联网的进步和网络技术的发展,大大地促进了信息检索技术的发展,信息检索、文本分类、信息抽取、文本摘要等的研究价值充分显现出来。计算机学界与语言学界合作紧密,中文信息处理呈现出蓬勃发展的态势。

4.繁荣期(2010年前后)

2010年前后,中文信息处理扫除诸多中文处理的特殊困难,与国际自然语言处理更加同步。此时,"深度学习""知识图谱""大数据"等概念流行起来,中文信息处理走上了"数据驱动"之路。词向量技术带动着语义分析领域的进展,机器翻译、信息检索、人机对话、机器写作、虚拟主持人、社会计算等领域都有突破性进展,情感分析、知识图谱、机器语言行为等也受到关注。当前,社会对于包括中文信息处理在内的人工智能特别关注,国家制定了人工智能发展规划,一批人工智能、语言智能的研究院、学院相继建立起来。语言信息处理进入一个新的繁荣期。

(二)中文信息处理面临的新挑战[①]
1.要进一步拓展与深化新的应用领域

"技术的进步给自然语言处理及相关领域都带来了大量的机遇,特别是深度学习所带来的机器学习新浪潮,无数技术人员和研究人员纷纷投入其中,挖掘其中蕴含的巨大潜力,进一步促进自然语言处理应用领域的拓展与深化。"(刘云、肖辛格,2019)中文信息处理领域同样也面临着新的挑战,需要促进应用领域的扩展与深化。比如,新时代,即便深度学习技术的成功运用已经将语音识别的准确率提升至新的高度,但由于有了真实世界任务的需求,因此语音识别领域研究的问题比过去已经解决的问题要难得多,特别是在自由发音、高噪声、同时发音、远端声场等环境下,机器识别的性能还远远不能让人满意。于是,远端语音识别、多语种、小语言、方言识别,不流利的自然语音,变速的或带情绪的语音识别,带口音的语音识别等新的语音识别任务也开始得到关注,并将会在接下来的语音识别研究中成为重要的挑战。要使语音识别在这些困

---

① "中文信息处理面临的新挑战"部分主要引用了刘云、肖辛格(2019)中的相关论述。

难且实际的条件下变得更加有用,就必须要继续探索新的技术进展或者更精巧的工程设计。

2.要与认知科学及脑神经科学相结合

由于基于神经网络的深度学习方法在一定程度上模拟了人脑的认知功能,因此深度学习的成功从某种意义上来说是研究者模拟人脑所取得的阶段性成果。同时,借助神经科学、脑科学与认知科学的研究成果,研究大脑信息表征、转换机理和学习规则,建立模拟大脑信息处理过程的智能计算模型,最终使机器掌握人类的认知规律,在近年来逐渐成为各国研究的热点。(焦李成、杨淑媛、刘芳等,2016)面对新的发展形势,将中文信息处理和脑神经科学进一步结合的呼声也越来越高。

3.要走多模态信息处理之路

在当今信息爆炸的时代,汇聚在互联网上的海量视频、图片、文本等各类型的信息资源都可以轻而易举地被用户所获取并加以利用。然而,随着信息检索技术和多媒体技术的飞速发展,传统基于文本知识的索引方法已显现出它的局限性,对不同类型的多媒体信息进行检索和索引,已经成为用户对信息检索和多媒体技术的新需求。(张宇,2016)当面对大量的实时的或非实时的、模糊的或确定的,相互补充或相互冲突的信息时,人们如何能够便捷地从中获取到全面系统、准确、新颖及时的信息,更是成为亟待解决的问题。因此,要满足人们日益多样的信息需求,中文信息处理的研究势必会进一步朝着多模态信息处理的方向发展。

新的历史时期,中文信息处理尽管已经取得了令人欣喜的成就,然而总的来看,"目前计算机处理汉语的能力仅仅停留在'处理'层面,还远达不到'理解'的水平"。计算机要从中文信息"处理"走向真正的"理解"还有很长的路要走,至少有三道鸿沟需要跨越:"建立符合中文语言特点的自然语言处理理论体系;设计更加有效的机器学习算法和模型;揭示和发现人类大脑理解语言的基本机理。"(宗成庆,2016)要真正跨越这几道鸿沟,任务十分艰巨且充满挑战。

第三节　语言的自动理解与生成

一　语言自动理解与生成的基础

(一)语言知识库

计算机要像人一样理解和生成语言,必须像人一样具备感知语音、辨别音位、识别语素和词、区分短语、理解句子、联结篇章、融合语境等能力。计算机需要具备语音知识、音系知识、词汇知识、句法知识、语义知识、语用知识和情景知识等。计算机所需的知识可分成静态知识和动态知识。对人来说,知识从零岁开始获取和积累,在整个生命过程中,知识是不断积累和更新的,已经获得的知识可以算作静态知识,即时面对的知识是动态的知识。人的知识是在动态知识不断转化为静态知识的过程中积累起来的。我们期望计算机具备人的语言知识,是期望它具备成人的语言知识,而且是具有相当高知识水平的成人的语言知识。把人需要在几十年的过程中积累起来的语言知识用形式化的表述方式建成知识库存入计算机,这就成了计算机的静态知识,而计算机的动态知识需要在实际处理的对象中去获取。构建计算机的知识库是语言自动理解与生成的基础。

知识库应该是由各种各样的规则及其使用条件的说明组成,当一个句法分析系统在分析一个句子产生错误的时候,就显示了这个系统知识的欠缺。如,有一个句子已经经过了分词和词性标注,用现有的句法分析系统对它进行句法结构分析,得到以下结果:

[zj [fj [dj [np [np [np 蓝天/n 绿地/n] 碧海/n] 青山/n] [vp [vp 是/v [mp 一/m 种/q]] 存在/v]] ;/w [dj [np 白云/n [np [np [np 小/a 草/n] 浪花/n] 泥石/n]] [vp [vp 也/d [vp 莫/d [vp 不/d [vp 是/v [mp 一/m 种/q]]]] 存在/v]]]。/w]

以上画线的部分分析产生了错误。前面两种情况是连续出现的名词的结构分析,名词与名词可以组成定中结构也可以组成并列结构,并列结构是可以几个成分一起处在同一个层次上的,而现在的这种分析显然打乱了并列结构的层次。后面一种情况是"存在"这个词的词性标注为动词使分析系统把数量短语"一种"与其割裂开来。正确的组合应该是"一种"与"存在"为直接组成成分。要避免以上这样的错误,计算机的句法分析系统必须具备足够可用的知识库,没有足够的规则和使用条件的说明,自动分析要想达到较高的水平是不可能的。

语言知识库是规则与使用条件的集合,这些规则要进行运行,需要设计各种算法、进而建立起各种分析系统。算法的设计离不开计算机的工作原理,根据计算机的工作原理,人们为计算机产生句子和识别句子建立了形式语言理论和自动机理论。

(二)形式语言理论

形式语言理论也叫形式语言学,它研究一般的抽象符号系统,运用形式模型对语言(包括人工语言和自然语言)进行理论上的分析和描写。在形式语言理论中,语言被看作一个抽象的数学系统,语言是按照一定规律构成的句子或者符号串的有限或者无限的集合。按照形式语言理论可以设计形式语法,形式语法的定义是 $G=<V_n, V_t, P, S>$,其中,S 表示起始符,V_n 表示非终端语符集,V_t 表示终端语符集,P 表示重写规则集,它由有限的规则组成。形式语法具有高度形式化和抽象化的特点,它实际上是一套演绎系统,是根据计算机的工作原理设计的一条算法。形式语法有四种基本的类型:0 型文法(短语结构语法)、1 型文法(上下文有关文法)、2 型文法(上下文无关文法)、3 型文法(正则文法)。从 0 型文法到 3 型文法,逐渐增加限制条件。类型级别每增加 1,限制逐渐增加,语法的生成能力反而随之减弱。3 型文法的限制最多,其生成能力最弱。在自然语言的描写中,人们喜欢采用 2 型文法。

(三)自动机理论

自动机理论为句子处理设计了自动机。自动机是一种理想化的机器,因为它只是抽象分析的工具,并不具备实际物质形态。它是科学家们定义的一种演算机器,用来表达某种不需要人力干涉的机械性的演算过程。它可以用来对输入的符号序列进行检验和识别。如果输入的符号序列是合格的句子,就予以接受;如果是不合格的句子,就予以拒绝。这是一种语言的识别装置。在计算语言学的发展过程中有过的自动机有:图灵机、下推自动机、线性有界自动机、有限自动机四种,它们的构成和功能都有所不同。

(四)语言规则的形式化表述

语言规则的形式化表述是实现语言自动理解与生成的基础,而形式化表述的方法总是受一定语法理论的支配。随着语法理论的发展,形式化表述的方法也会不断改进。20世纪50年代,乔姆斯基首先提出了短语结构语法,受到了计算语言学界的高度重视,但是由于短语结构语法的生成能力过强,分析时难以排除大量的不合语法的句子,因此到了50年代末期,他提出转换生成语法试图来克服短语结构语法的这种局限性。但是,转换生成语法本身也有局限性,生成能力依然过强,所以到了80年代乔姆斯基就提出了管辖与约束理论,试图以此来限制转换生成语法过强的生成能力。此后,他又提出了最简方案来改进他的转换生成语法。计算机语言学界最初采用了乔姆斯基的转换生成语法,在80年代后,实际研究计算语言学的研究者们转过来采用短语结构语法。为了对短语结构语法进行改进,于是就出现了各种增强型的短语结构语法。如词汇功能语法、功能合一语法、广义短语结构语法、中心词驱动的短语结构语法等。这些语法的共同特点是采用复杂特征结构来改进短语结构语法,采用合一运算来改进以往的集合运算。这些语法有效地克服了短语结构语法的缺点,保持了它的优点。

以上这些语法是基于短语结构的语法,采用的是基于上下文无关文法的规则。在使用这类语法构造系统时,如果有一条规则有错误,那么与这条规则有关的句子在分析时就会出错。而范畴语法、依存语法、链语法等则是基于词汇的语法,这种语法把关于语言的所有知识都记录在词典中,一个单词的描述只对包含这个单词的句子的分析产生影响。这种语法比较便于用来构造大型的语法系统,对于特殊的不规则的词语的描述比较方便。

计算机所需求的人的语言知识要求颗粒度十分精细,而我们以往面向人进行教学的语言知识在颗粒度上则显得十分粗糙。理性主义者主要依靠对自身语言的内省来把握人的语言知识,而对没有"语感"的计算机来说,这些知识是远远不够的。经验主义者则主张依靠计算机用语料库语言学的方法来加深人对自身语言的认识,以提取计算机所需的可以形式化的语言知识。人在对真实文本语料进行分词、词性标注、句法结构标注、语义结构标注甚至语用结构标注以后,实际上,人已经把自身的语言知识记录在加工过的语料库中了,接着,人们可以用一定的程序获取语料库中的知识,构建起不同层次的语言知识库。这样,语言的自动理解和生成就有了基础。

二 句法分析方法

(一)句法分析方法种种

计算机处理自然语言,首先要进行词法分析,然后就要进行句法分析。自动句法分析是计算语言学的一个核心技术,同时也是一直困扰学界的一个难题。研究语言自动理解与生成的关注焦点一直是自动句法分析技术。一般来说,一个句法分析系统通常由两部分组成:形式语法体系和分析控制机制。形式语法体系主要有前面提到的基于短语结构的语法和基于词汇的语法两大类。分析控制机制主要就是算法,主要有早期的模式匹配技术、基于短语结构语法的分析算法、基于扩充转移网络的分析算法、链分析算法等。

模式匹配技术在早期的机器翻译中使用比较广泛,它的实质在于把输入的句子作为一个整体来看待并给以相应的解释,而不去分析句子中单词与单词之间或者词组与词组之间的结构关系,模式匹配的结果并不能展示句子的内部结构,有很大的局限性。

基于短语结构语法的各种算法是对短语结构语法的一种改进,因为短语结构语法难以处理分析过程中的各种句法歧义问题,所以不少新的理论(如广义短语结构语法、词汇功能语法、功能合一语法、基于中心词驱动的短语结构语法等)采用复杂特征集和合一运算的处理机制来克服短语结构语法的缺点。

厄尔利分析算法、富田胜分析算法、线图分析算法、确定性分析算法等就是采用了复杂特征集和合一运算的处理机制,这些分析算法中,富田胜分析算法和线图分析算法是比较适合分析自然语言的算法,很多系统都采用了这样的算法。

基于扩充转移网络的句法分析曾被认为是一种比较成功的分析算法,它的优点在于所定义的操作接近人在理解语言时所采用的步骤,缺点是随着结点的增多,计算的复杂性就会急剧增加,修改十分困难。

链分析算法是针对链语法设计的算法,对于汉语来说,使用链语法来描述会有很大的困难,因为汉语词与词之间的关系并不是简单地用链就可以确定的。

(二)分析策略

以上各种算法在实际操作时都会用到一些分析策略,综合各种算法所用的分析策略,大致有以下一些分析策略值得注意:

1.回溯与并行处理

在现代汉语(即汉语的自然语言)中,存在许多兼类词,就是说一个词常常有多种词性,同时,在句法结构中也有许多歧义,因此,一个句法分析器在分析一个句子时,需要在多种选择中作出判断,这种选择处理的策略有两种:一种是回溯,另外一种就是并行处理。回溯的策略就是先按照一种选择搜索分析下去,直到最后发现分析不能圆满完成,于是再回过头来找到先前的某一个结点,按照另一种选择搜索分析下去。一个句子可能要经过多次回溯才能分析成功,句子结构越复杂,回溯的次数可能越多,通常把这样的算法称为深度优先算法。并行的策略与此不同,通常被称为广度优先算法,它同时搜索所有可能的路径,最后选择一个正确的结果,从而完成分析。

2.确定性算法与非确定性算法

在句法分析过程中,不需要进行回溯的算法被称为确定性算法;而需要进行回溯的算法被称为非确定性算法。确定性算法是一种典型的无回溯的处理方法,它最大的特点是在任何情况下,任何结构一旦构造出来便成为最终输出的句法结构的一个部分,也就是说,在任何情况下只有一个确定的分析路径,分析器只做一种选择,而且不进行回溯。这种确定性算法的效率要高于非确定性算法,但是面对复杂多变的自然语言,要想做到完全不回溯很难,实际上,人在进行自然语言的理解时也时常会采用一些回溯的策略。

3. 自顶向下分析法与自底向上分析法

根据重写规则,从初始符号开始,自顶向下地进行搜索,构造推导树,一直分析到句子的结尾为止,这样的方法叫作自顶向下分析法(top-down parsing method)。从输入句子的句首开始顺次取词向前移进并根据语法的重写规则逐级向上归约,直到构造出表示句子的整个推导树为止,这样的方法叫作自底向上分析法(bottom-top parsing method)。

现在我们以"学生写计算机程序"这个句子为例,分别用自顶向下分析法和自底向上分析法来进行简单的分析。

$$G=< V_n, V_t, P, S >$$

S=S(S 就是句子)

Vn={S, NP, VP, N, V}

Vt={学生,写,计算机,程序},

P 的重写规则如下:

(1) S →NP VP

(2) NP→N

(3) VP→V NP

(4) NP→N N

(5) N→学生

(6) V→写

(7) N→计算机

(8) N→程序

我们先用自顶向下的分析方法,运用这些重写规则可以产生下面的结果:

搜索目标	输入句子中的遗留部分	操作
(1) S	学生 写 计算机 程序	

(2) S →NP VP	学生 写 计算机 程序	运用规则(1)
(3) NP VP→N VP	学生 写 计算机 程序	运用规则(2)
(4) N VP→VP	写 计算机 程序	运用规则(5)
(5) VP→V NP	写 计算机 程序	运用规则(3)
(6) V NP→NP	计算机 程序	运用规则(6)
(7) NP→N	计算机 程序	运用规则(2)
(8) N→	计算机 程序	运用规则(?)

运行到第(8)步,程序就运行不下去了,因为如果运用规则(7),抹去"计算机",那么还剩下"程序",而这时目标已经变成空的了,可是句子还有剩余部分,显然分析没有完成,因此,这时就需要回溯。可以先回溯到第(7)步,继续做下去：

(7) NP→N N	计算机 程序	运用规则(4)
(9) N N→N	程序	运用规则(7)
(10) N→(结束)	（分析完成）	运用规则(8)

自底向上分析法采用移进、归约、拒绝、接受这四种信息操作的方式,移进—归约算法的信息存放于栈(stack)中,以此来记录分析过程中的历史信息,根据历史信息和当前正在处理的符号串来决定究竟是移进还是归约。上面这个句子用自底向上的分析法来分析,可以进行以下操作：

	栈	输入句子中的遗留部分	操作
(1)		学生 写 计算机 程序	
(2)	学生	写 计算机 程序	移进
(3)	N	写 计算机 程序	用规则(5)归约
(4)	NP	写 计算机 程序	用规则(2)归约
(5)	NP 写	计算机 程序	移进
(6)	NP V	计算机 程序	用规则(6)归约
(7)	NP V 计算机	程序	移进
(8)	NP V N	程序	用规则(7)归约
(9)	NP V NP	程序	用规则(2)归约

(10) NP VP	程序	用规则(3)归约
(11) S	程序	用规则(1)归约
(12) S 程序		移进
(13) S N		用归则(8)归约
(14) S NP		用归则(2)归约

此时，规则集中已经没有什么规则可用，分析无法进行下去。于是返回到第(8)步，先不进行归约，而是继续移进使分析能够继续下去：

(8a) NP V N	程序	回溯
(15) NP V N 程序		移进
(16) NP V N N		用规则(8)归约
(17) NP V NP		用规则(4)归约
(18) NP VP		用规则(3)归约
(19) S		用规则(1)归约

分析到第(19)步，栈中只剩下初始符号 S，而输入符号串已经为空，因此分析完成。

自顶向下分析法与自底向上分析法都能达到分析的结果，但是它们所要求的工作方式和所用的工作结构是很不相同的。以上这些分析策略在某种具体的算法中可以结合起来运用。

三 语义分析方法

(一)语义分析的重要性

在进行了词法分析和句法分析之后，紧接着就要进行语义分析。

词是有意义的，而且一词多义的现象很常见，如："他让我去买东西"中的"让"有"使"的意思，而"他让我骂了一顿"中的"让"有"被"的意思。如果不考虑句子中词语的具体语义，机器翻译就无法进行。

词性序列相同的词串，句法结构看起来相同，可是由于语义的不同，句法结构也就不同。如："I saw a boy with a telescope"和"I saw a boy with white shirt"这两个句子的句法结构是可能不同的。前一句是个歧义句，有两种分析的结构:[I [saw [a boy [with a telescope]]]],[I [[saw [a boy]][with a telescope]]]。结构不同,语义也不同。而后一句则只有一种分析结果:[I [saw [a boy [with white shirt]]]]。

有时候,句法结构相同的句子,语义却可能有很大的不同。如:"他写汉字"和"他写毛笔",这两个句子的句法结构是一样的,但是"写汉字"和"写毛笔"的意义却不同:"汉字"是"写"的对象,而"毛笔"则是"写"的工具。所以,不进行语义分析,理解与生成句子的目的就难以达到。

(二)语义分析方法

要对上述例句中的语义进行判断,就要考察单词所具有的语义特征以及单词在句子中所处的位置。语义分析的主要任务就是要找出词汇语义的确定义项和词语之间的依赖关系。在现有的自然语言处理系统中,对语义分析采用了不同的处理方法,有的系统采用"先句法后语义"的方法,有的系统采用"句法语义一体化"的方法,而有的系统则采用"完全语义分析"的方法。所谓"先句法后语义",就是在自然语言的分析系统中,首先进行独立的句法分析,得到表示输入句子的句法表示式,然后再经过独立的语义分析,获得输入句子的语义表示式。在句法分析中,虽然也要利用附加在词和词组上的某些必要的语义信息,但是主要依据词法和句法信息。所谓"句法语义一体化",是指在自然语言分析系统中,不独立进行句法分析,而是句法分析与语义分析同时进行,或者根据某些语义模式直接从输入的句子中求出其语义表示式。所谓"完全语义分析"就是不进行句法分析,完全采用语义分析。在一些机器翻译系统中曾被采用过的语义分析方法主要有:格语法、语义网络、义素分析法、优选语义理论和蒙塔古语法。

1.格语法

格语法(Case Grammar)是由美国语言学家菲尔墨(Charles Fillmore)提出的一种语法理论。格语法的发展可以分为两个阶段:第一阶段以菲尔墨的《"格"辨》(*The Case for Case*)(1968)等论著为代表,这个阶段只是用格作为分析工具,把句子的底层语义表达跟句子描述的情景特点联系起来,不考虑深层语法关系平面;第二阶段以《再论"格"辨》(The Case for Case Reopened)和《词汇语义学论题》(Topics in Lexical Semantics)等论文为代表,这个阶段除了格分析平面之外,还增加了深层语法关系平面来解释语义和句法现象。格语法理论是从转换语法学派分裂出来的,是从句法语义关系方面对转换语法的标准理论进行了修正。菲尔墨指出,乔姆斯基在转换生成语法中描述的深层结构关系,如主语、直接宾语、间接宾语等,实际上还是属于表层结构的概念,真正的深层结构所需要的是格关系,如施事、受事、工具、处所等。每个名词短语在深层结构中都属于一定的格,经过转换,它们才在表层结构中成为主语、宾语、状语等句子成分。菲尔墨提出的格主要有:

(1)施事格(agentive):表示由动词确定的动作能察觉到的典型的有生命的动作发出者。

(2)工具格(instrumental):表示对由动词所确定的动作或状态而言作为某种因素而牵涉的无生命的力量或客体。

(3)承受格(dative):表示由动词确定的动作或者状态所影响的有生物。

(4)使成格(factitive):表示由动词确定的动作或者状态所形成的客体或有生物,或者理解为动词意义的一部分的客体或有生物。

(5)方位格(locative):表示由动词确定的动作或者状态的处所或空间方位。

(6)客体格(objective):表示由动词确定的动作或者状态所影响的事物。

(7)受益格(benefactive):表示由动词所确定的动作为之服务的有生命的对象。

(8)源点格(source):表示由动词所确定的动作所作用到的事物的来源或者发生位置变化过程中的起始位置。

(9)终点格(goal):表示由动词所确定的动作所作用到的事物的终点或者发生位置变化过程中的起始位置的终端位置。

(10)伴随格(comitative):表示由动词所确定的、与施事共同完成动作的伴随者。

格是格语法解释语义和句法关系的基本工具,可是自然语言中应该有多少个格,要开出这样的清单还十分困难,菲尔墨也没有列出一个完整的清单。这是格语法的缺陷,尽管如此,格语法对计算语言学仍产生了较大的影响。

2. 语义网络

语义网络(Semantic Network)由美国心理学家奎廉(M. R. Quilian)于1968年在研究人类联想记忆时提出。1972年,美国人工智能专家西蒙斯(R. F. Simmons)和斯乐康(J. Slocum)首先将语义网络用于自然语言理解系统中。1977年,美国人工智能专家亨德里克斯(G. Hendrix)提出了分块语义网络的思想,把语义的逻辑表示与格语法结合起来,把复杂问题分解为若干个较为简单的子问题,每个子问题以一个语义网络表示,把自然语言理解的研究向前推进了一步。

语义网络通过由概念及其语义关系组成的有向图来表示知识、描述语义。一个语义网络由一些以有向图表示的三元组(结点1,弧,结点2)连接而成。其中结点表示概念,弧是有方向的,指明所连接结点的语义关系。如:

$$\boxed{A} \xrightarrow{R} \boxed{B}$$

在这个图中,A结点指向B结点,弧上的标记R表示两个结点之间的关系。每个结点还可以带有若干个属性,可以用语义标记表示。如:

$$[水中生活][有鳍]\boxed{鱼} \xrightarrow{IS-A} \boxed{动物}[会动][吃食物]$$

这个图就表示"鱼是一种动物"。其实,语义网络三元组就相当于一个二元谓词。语义网络能表示事物之间属性的继承、补充、变异及细化等关系。这样,既可以把事物的属性表示出来,又可以实现信息的共享,避免重复描述,节省存储空间。

语义网络可以表示各个概念之间的关系,可以表示"具体—抽象"的关系,用谓词IS-A;可以表示"整体—部分"的关系,用谓词PART-OF;可以表示一个结点是另一个结点的属性,用谓词IS;可以表示"具有"或"占有"关系,用谓词HAVE;可以表示事物间的时间先后次序关系,用谓词BEFORE、AFTER、AT等;可以表示事物之间的位置关系,用谓词LOCATED-ON、LOCATED-UNDER、LOCATED-AT等。语义网络也可以表示一个事件,当它表示事件时,结点与结点之间的关系可以有施事、受事、时间等。语义网络还可以表示事物之间复杂的语义关系,常见的有:分类关系、聚焦关系、推论关系、时间及位置关系。

3.义素分析法

在 20 世纪 40 年代初期,结构主义丹麦学派的代表人物叶尔姆斯列夫(L. Hjelmslev)就提出了义素分析的设想。50 年代,美国人类学家在研究亲属词的含义时提出了义素分析法。60 年代初,美国语言学家卡茨(J.J.Katz)和弗托(J.A.Fodor)提出了解释语义学,将义素分析法引入语言学中,用来为转换生成语法提供语义特征。

义素是意义的基本要素,它就是词的理性意义的区别特征。词的理性意义是一束语义特征(即义素)的总和。例如:汉语中的"男人"的理性意义是[＋人][＋成年][＋男性]语义特征的总和,"女人"的理性意义是[＋人][＋成年][－男性]语义特征的总和。"男人""女人""男孩""女孩"这一组词的义素可以用下面的义素矩阵来表示(纵坐标表示词,横坐标表示义素,纵横两坐标的相交点上"＋"号表示具有这个特征,"－"号表示不具有这个特征):

	[人]	[成年]	[男性]
男人	＋	＋	＋
女人	＋	＋	－
男孩	＋	－	＋
女孩	＋	－	－

义素矩阵反映了这组词的基本语义特征,义素分析法是语义形式化描述的一种办法。在自然语言的计算机处理中,机器词典的建造是个十分重要的工作。用义素分析法来建造机器词典显示出一些优点:首先,在机器词典中,词条不再以词的义项来存储,而是以义素来存储,这样就可以使用较少的义素对大量的、难以穷尽枚举的词义进行形式化的描述。其次,通过对机器词典中不同义素集合内的各个义素的分析比较,计算机可以比较容易地找出不同单词在词义上的细微差别。再次,通过义素分析法,计算机可以了解词与词搭配时在语义上要受到什么样的限制。

4.优选语义理论

优选语义理论是美国斯坦福大学威尔克斯(Yorick Wilks)在20世纪70年代初研制一个英法机器翻译系统时建立的。这个系统完全运用语义分析,用语义公式表示词的意义,突破了以句子为处理单位的界限,扩大到以成段文章为处理单位。在语义分析上,采用优选的方法,同时解决语义内容和结构的形式问题。

优选语义理论由三个部分构成:语义元素、语义公式和语义模式。语义元素是语义的基本单位,共有60个,用大写字母表示,分成实体、动作、性状、种类、格五大类,每个大类又有具体的小类。语义公式由若干个语义元素组成,用来表示词的意义。一个语义公式表示词的一个义项,多义词用多个公式表示。表示方法是用嵌套的成对括号来表示不同的层次,在每一对括号内,左边部分从属于相应的右边部分。语义模式主要用来确定每一个切分语段中词与词的关系,它是由一个"实体—动作—实体"的三元组构成。

5.蒙塔古语法

蒙塔古语法(Montague Grammar)由美国著名数理逻辑学家和语言学家蒙塔古创立,它形成于20世纪70年代初。

自然语言的语义可以随所指、处所、时间及语境的不同而发生变化,要描写这些变化莫测的语义并使之形式化确实不是一件容易的事。然而蒙塔古提出,自然语言和高度形式化的人工语言(逻辑语言)在理论上没有什么区别,这两种语言的句法和语义完全有可能在一个理论体系中得到描写。因此,他认为自然语言研究必须是数学的一个分支。

蒙塔古语法主要由三个部分组成:句法、翻译和语义。句法部分包括一套语类和一套句法规则。语类给基本词语规定一个句法范畴。句法规则的作用是将基本词语变成短语,然后再将较小片段短语结合成较大片段短语,反复运用规则,直至生成句子。翻译部分包括一套翻译规则,用来将短语翻译成内涵逻辑表达式。语义部分是蒙塔古语法的精髓,它主要是要解决语义指向的问题。它有一套语义规则,运用这套语义规则可以求出内涵逻辑表达式在特定模型中的语义所指。句法、翻译、语义三个部分是三位一体的,三大规则是一一对应的。

语义分析领域的一大突破即词向量（Word Embedding，也称"词嵌入"）的运用。在自动提取语义关系或构建分类法时不可避免会涉及如何用计算机对词语进行表示的问题。传统的处理方法是给每个词语分配一个数字编号，但利用这种方式表示词语时，词语是离散的，任意两个词之间彼此孤立，很难看出词语与词语之间的关系，特别是同义词，从数字编码上完全无法看出它们的意义相同。而词向量可以利用语言数据大样本中的分布属性来量化和分类语言项之间的语义相似性。它可以将词映射转换到一个独立的向量空间，词与词之间的语义相似度就可以通过两个词在向量空间中距离的远近来衡量。此外，词向量能够包含更多信息，每一维都有特定的含义，这对机器学习来说非常有帮助。在词语被映射到某个向量空间之后，人们就可以在空间中应用各种机器学习方法。（李跃鹏、金翠、及俊川，2015）

四 机器翻译

（一）机器翻译的研究

机器翻译是借助计算机来进行不同语言之间的翻译，计算机通过自身的语言处理系统把一种自然语言（源语言）的文本转换成另一种自然语言（目标语言）的文本。这种转换涉及自然语言的理解和生成，机器翻译是自然语言理解与生成研究的最早的应用领域。

从20世纪50年代后期到90年代初期，机器翻译中占主导地位的一直是基于规则的翻译方法。源语言句子分析、源语言到目标语言的转换和目标语言的生成都是由基于规则的方法完成，而所有的规则都是由通晓双语的语言学专家总结、编纂获得。[①] 这一现象从1990年前后开始逐渐发生变化，这时的机器翻译受到语料库方法的影响，进入了新纪元，其重要标志就是，在基于规则的技术中引入语料库方法，其中包括统计方法、基于实例的方法、通过语料加工手段使语料库转化为语言知识库的方法等。这种建立在大规模真实文

---

① 中国中文信息学会《中文信息处理发展报告》，2016年。

本处理基础上的机器翻译,是机器翻译研究史上的一场革命。正是借助从语料库能够轻易获取统计数据和获取实例的双重便利,基于语料库的机器翻译系统迅速发展,并取得了突出的成绩,大量机器翻译系统先后被研制出来并实现了商品化。

随着网络技术的蓬勃发展,世界各地的人们联系更加紧密,依托于互联网而构建的多语言网络世界,使人们对翻译的需求空前强烈。21世纪,互联网上多语言的机器翻译正在迅猛发展。比如截至2018年,Google翻译服务已经实现超过100种语言两两之间的免费互译,而且有赖于深度学习方法,机器翻译的译文质量有了很大的提高。机器翻译系统已经可以较为充分地满足各类不同的应用场合了。

2014年底开始,简单的端到端的神经网络翻译方法逐渐成为一种全新的机器翻译范式,并迅速引起学术界和产业界的广泛关注和跟踪。在2016年针对欧洲语言的国际机器翻译测评中,基于端到端的神经网络翻译方法在7个测评任务中以明显优势击败了统计机器翻译系统。目前谷歌和百度公司都已在部分翻译语言上采用端到端的神经网络翻译方法替代原来的统计翻译方法,取得了相对较好的翻译效果。(刘云、肖辛格,2019)

(二)机器翻译的方法

从机器翻译产生以来,人们主要使用过以下几种翻译方法:

1.直接翻译法

直接翻译法是从原文句子的表层出发,将单词或者词组、短语甚至句子直接置换成译文的对应成分,然后做必要的调整,最后生成译文的句子。这种方法忽视对源语言进行分析,如果源语言与目标语言的词汇、词序等差异较大,翻译的结果就很不理想。这种方法把翻译过程看得过于简单,是机器翻译产生初期的方法,目前已经没有人使用。

2.基于转换的方法

基于转换的方法的翻译过程有三个阶段:第一阶段把源语言转换成源语言的内部表达,第二阶段把源语言的内部表达转换成目标语言的内部表达,第三阶段再根据目标语言的内部表达生成目标语言。基于转换的翻译系统一般都具有词法分析、句法分析、语义分析、语境分析、转换和生成这些内容。

3.基于中间语言的方法

基于中间语言的方法首先对源语言的句子进行分析,用中间语言表示分析结果,其次由中间语言表示形式生成目标语言。中间语言是完全独立于源语言和目标语言的一种表达式,而源语言的分析过程与目标语言没有关系。这种方法能产生流利准确的译文,对自然语言的表达比较深入,易于理解,在受限的领域里翻译效果较好,但也有一致性不好等缺点。

4.统计的方法

统计的方法是一种基于语料库的机器翻译方法。它试图通过大规模收集互为译文的双语语料,并基于这些语料进行双语之间复杂共现和分布概率的计算,根据计算统计的结果获取知识,进行双语翻译。但是语料的覆盖面和精确性直接影响翻译的效果。

5.基于实例的方法

基于实例的方法也是一种基于语料库的翻译方法,这是由日本著名翻译家长尾真提出来的。他认为,人们在翻译一个简单句时并没有作深层的语言分析,而是首先将句子拆分为适当的片段,然后将这些片段翻译成目标语言片段,最后将这些目标语言片段组合为一个完整的句子。其中,每一个片段的翻译都是采用适当的例子作为参考,通过类比的原则来翻译,输入句与例子之间的相似度是最为重要的。

6.基于端到端的神经网络翻译方法

端到端的神经网络翻译方法采用一个神经网络框架完成源语言文本到目标语言文本的直接转换。该思想由英国牛津大学的 Kalchbrenner 等人于 2013 年最先提出,后经 Sutskever 等与 Bahdanau 等分别在 2014 年和 2015 年进行了改进和扩展。① 端到端的神经网络翻译方法的训练过程都包含在神经网络内部,不再分成多个模块处理,输入端直接到输出端,中间由神经网络作

---

① 中国中文信息学会《中文信息处理发展报告》,2016 年。

为一个黑盒子自成一体。端到端神经网络翻译方法采用非线性模型取代了统计机器翻译的线性模型，用单个复杂的神经网络取代了隐结构流水线。结合了深度学习技术和端到端神经网络翻译架构的机器翻译新技术也引领了自然语言处理领域其他应用的跨越式发展。（李真，2020）

第四节　语料库语言学

一　语料库语言学的产生与发展

（一）国外语料库的建设与发展

语料库语言学（Corpus Linguistics）主要研究机器可读的自然语言文本的采集、存储、检索、统计、词性和句法标注、句法语义分析，以及具有上述功能的语料库在语言定量分析、词典编纂、作品风格分析、自然语言理解和机器翻译等领域中的应用。语料库产生于20世纪50年代末与60年代初，美国布朗大学布朗语料库（Brown Corpus）在弗朗西斯（N.Francis）和库塞拉（H.Kucera）等语言学家和计算机专家的共同努力之下于1961年建成，收词100万。到了80年代，随着计算机硬件的不断改善，一大批语料库相继建成，先后投入使用的语料库大约有50个，呈现出迅猛发展的趋势和空前繁荣的景象。著名的LOB（The Lancaster-Oslo/Bergen）语料库在里奇（G.Leech）的领导下，于1983年建成，规模与布朗语料库相当。布朗语料库和LOB语料库都分别进行了词性的自动标注，前者用推理规则的方法，而后者用统计的方法。1989年约翰逊（S.Johansson）和霍夫兰德（H.Hofland）根据带有词性标记的LOB语料库编辑出版了英语词频和词类频率的统计结果。布朗语料库和LOB语料库已成为语料库建设的经典之作。80年代，还有一个收词在2 000万的COBUILD语料库，由英国的柯林斯出版公司和伯明翰大学合作建成。1987年柯林斯出版公司在COBUILD语料库的支持下，编纂出版了 *Collins CO-BUILD English Language Dictionary*，开启了计算词典学的先河。90年代语料库的规模不断扩大,千万词级语料库和上亿词级语料库已很常见,前者如赫尔辛基历史英语语料库(The Helsinki Corpus of Historical English),后者如法语语料库(Tresorde la Langue Francaise)。加工的深度也从词性标注扩展到句法和语义的标注,美国宾夕法尼亚大学的 Penn 树库(The Penn Treebank)就是一个经过句法标注的语料库。未来语料库的规模将是百亿词级,语料库的应用前景也将越来越广阔。

(二)我国语料库的建设与发展

1. 汉语语料库建设的起步与发展

在我国,语料库的建设起步于 20 世纪 80 年代初,当时的语料库建设十分艰难,语料的积累都是靠手工从键盘上输入。80 年代建成的语料库主要有:武汉大学的"中国文学名著语料库"(250 万字,1983 年)、北京语言学院的"现代汉语词频统计语料库"(182 万字,1985 年)、北京师范大学的"中小学语文课本语料库"(106 万字,1985 年)、北京航空航天大学的"现代汉语词频统计语料库"(2 500 万字,1986 年)。这一时期的语料库,语料的存储形式基本上是纯文本,最多做一些分词加工,还没有进行词性标注等加工。

20 世纪 90 年代是汉语语料库建设快速发展的时期。1993 年黄昌宁在《语言文字应用》(第 2 期)发表《关于处理大规模真实文本的谈话》,认为以大规模真实文本为基础的语料库及其语言研究和知识自动获取在国际自然语言处理领域受到了高度重视,这是一个重大的变化。这种变化和发展反映了现代语言学研究中经验主义思潮的复苏,在语法研究方面将促动从宏观到微观的回归,将给语言文字研究带来巨大影响。该文引起了国内语言学界的关注,在这前后,不断有建成的语料库问世。

2. 常见的汉语语料库

20 世纪 90 年代以来,国内有近 20 个单位先后进行语料库的建设工作,值得注意的有:

(1)新华社:1990 年新华社等单位完成"现代汉语新闻语料库",采集新华社国内外新闻电讯稿共 1 亿 2 千万字,语料全部经过自动分词,统计出不同词条156 434条,经审定后筛选70 030条建立"新闻汉语词库"。

(2)人民日报社:人民日报社专门成立了一个研究中心负责把创刊以来的《人民日报》全部输入计算机中。这项工作在20世纪90年代基本完成。

(3)北京语言文化大学:①当代北京口语语料库(1992年),收录80年代北京口语录音(378人),转写语料170万字,其中40万字进行了分词和词性标记;②现代汉语语法研究语料库(1995年),生语料2 000万字,分词和词性标注语料200万字,其中还有部分句法标记;③汉语中介语语料库系统(1995年),从来自96个国家和地区的1 635位留学生的5 774篇语料中抽取740人的1 731篇语料,共44 218句,1 041 274字,语料进行了分词和词性标注及一些特殊的语言学标注;④现代汉语句型语料库(1995年),该项目对400万字的语料进行了句子切分,对34万字的语料进行了句型分类统计的粗加工,对28万字的语料进行了句型分类和句法结构分析的精加工。

(4)清华大学:①清华大学智能技术与系统国家重点实验室在研究现代汉语自动分词系统和信息处理用现代汉语词表的过程中积累了超过10亿的纯文本语料;②与北京语言文化大学联合研发了人工标注语料库HuaYu(1998年开始,200万汉字),该语料库不但进行了分词和词性标注,而且已加工成为树库;③清华大学中文系还建立了现代汉语句型研究语料库——"TH大型通用汉语语料库"(1989年10月至1994年6月),共有4 000万字纯文本语料,从中总结出209种汉语句型。

(5)山西大学:①汉语新闻语料库(1988年),250万字;②标准语料库(2000年),70万字;③还有多个为研究人名地名自动识别的专用语料库。

(6)上海师范大学:①当代汉语语料库(300万字,分词和词性标注);②现代汉语短语语料库(100万字,进行了短语结构的标注);③8亿字的纯文本语料。

(7)北京大学计算语言学研究所:该研究所于1999年与日本富士通公司(Fujitsu)合作,加工了1998年全年的《人民日报》语料,加工内容包括词语切分、词性标注、专有名词(专有名词短语)标注,还对多音词进行注音。此后,按同样的方式又加工了2000年全年的《人民日报》,拥有了汉语最大规模的分词与词性标注语料库。

(8)香港城市理工大学:该大学语言资讯科学研究中心建立了 LIVAC (Linguistic variety in Chinese communities)语料库,其宗旨在于研究使用汉语的各个地区语言使用的异同。从 1995 年 7 月到 1997 年 6 月的两年内,该语料库所收集的资料总字数为 15 234 551 字,经过自动切词和人工校对之后总词数约为 8 869 900 词。截至 2018 年,此语料库已处理 6 亿字语料,累计 200 万词条。

(9)国家语委:国家语委从 1991 年开始开发国家级汉语语料库,计划规模达到 7 000 万汉字,到 2 000 年完成了纯文本的录入,并完成其中 2 000 万字的校对。2000 年以后,国家级语料库开始进行分词和词性标注等深加工,语料库规模也有所扩大。到 2015 年底,已完成 1 亿字的生语料和 5 000 万字的标注语料。该语料库的建设和加工工作还在继续进行。

此外,我国还有很多语料库(如口语语料库、双语语料库、少数民族语言语料库等)从 90 年代以来得到了开发。随着 OCR 技术的成熟和 INTERNET 的普及,纯文本语料的获取变得比较容易,语料库的深加工也比以往有了更好的条件,语料库建设的发展越来越快。

二 语料库的类型与开发

(一)语料库的类型

语料库的建设首先要有总体设计。总体设计的不同,语料库的类型也就不同。语料库的类型,从不同的角度出发,可以分为静态的和动态的,可以分为平衡的和专用的,也可以分为小型的、中型的和大型的。

1.静态语料库与动态语料库

按照一定的标准,选取一定规模的语料建成语料库,以后就不再增加或更新语料,这样的语料库就可以称为静态语料库。大部分语料库属于静态语料库。两个经典的语料库布朗语料库和 LOB 语料库都应该属于静态语料库。静态语料库可以收共时的语料,以反映一个特定时期的语言面貌。若两个语料库取材同时期但是用的不同地域的语料,还可以进行语言内部的异同比较。

比如布朗语料库所收的是美国的语料,而 LOB 语料库所收的是英国的语料,就可以做这样的比较。静态语料库也可以收跨越一定历史时期的语料,这样的语料能够反映一定历史时期的语料总体面貌,英国语言学家夸克(Quirk)等人建立的 SEU 语料库就是这样的一个语料库。静态语料库可小也可大,如具有一亿词级的英国国家语料库也是一个静态语料库。

语料库建成一定规模之后并不停止,随着时间的推移,根据一定的标准,新语料将不断增加到已有的语料库中,或者在加进去的同时清除一些旧的语料进行更新,这样的语料库可以称为动态语料库。一个动态的语料库可以帮助我们观察到语言成分的用法随着时间的推移而呈现出来的变化,可以让我们观察到新的语言结构的变化或者某些旧的搭配方式所产生的新的变化等。总之,动态语料库可以帮助把握语言在任何一个时期的变化状态。由英国语言学家辛克莱(John Sinclair)领导建立的伯明翰语料库就是一个动态语料库。该语料库始建于 1980 年,所收语料出版时间从 1960 年开始。刚建成的时候只有 2 000 万词,可是到 1997 年该语料库的容量已达到了 3 亿词。

2.平衡语料库与专用语料库

建立语料库时充分考虑到语料的种类和构成比例,并能按照一定的比例来选择建立语料库,这样的语料库可称为平衡语料库。建立平衡语料库要从总体上了解语言的面貌,把握语言的特征,抽象出语言的规则。布朗语料库和 LOB 语料库就是平衡语料库,这两个语料库都选择了 500 个样本,每个 2 000 词。比如布朗语料库把语料分成信息类文本(374 个)和创作类文本(126 个)两大类,其中第一类分九个小类(报刊:新闻报道,报刊:社论,报刊:评论,宗教,技能和爱好,通俗的知识,纯文学,混杂类,教科书),第二类分六个小类(一般小说,侦探小说,科幻小说,冒险与西部小说,浪漫爱情故事,幽默),每个小类又分若干个更小的类。中国国家语委的 7 000 万字语料库也是一个平衡语料库。

建立平衡语料库要做到语料真实、有效,就要考虑语料的代表性问题,但是怎么样才算有代表性,人们的理解会不尽一致。如下一些区别性因素是可以考虑的:小说与非小说,书刊与报纸,正式语体与非正式语体,同时要考虑作者的年龄、性别和来源。要使语料库做到绝对平衡恐怕不可能,要做到相对平衡也有很多复杂的问题要考虑。

有些语料库的建设是专门为某种特殊的研究或者是为某个领域的语言研究而建立的,这样的语料库可以称为专用语料库。比如,为了编写词典可以专门建立一个词典编写用语料库,为了研究口语可以专门建一个口语语料库,为了研究语言变化可以专门建一个历史语料库,为了研究语言习得可以建一个语言习得语料库(如中介语语料库),为了研究方言可以专门建立方言语料库等。

3. 小型语料库、中型语料库与大型语料库

语料库规模可以小,也可以大。一般来说 20 世纪 80 年代以前的语料库称为早期语料库,早期语料库的规模都不大,一般能达到百万词级就很不容易了,从目前的标准看,这样的语料库可以称为小型语料库;而 80 年代的语料库一般是千万词级,可以称为中型语料库;到了 90 年代以后,语料库的规模要超过一亿词并不难,像英国国家语料库和伯明翰语料库,都可称为大型语料库。

语料库的规模大和小各有特点,一般来说语料库的规模越大反映语言的真实面貌可能越全面。但是单纯的语料数量并不能说明问题,除了数量还要考虑语料的代表性、真实性、有效性和平衡性等。过多的语料会造成处理的时间过度增加,这样就会降低研究的效率。

建立语料库的目的是给语言的调查和分析提供基础,因此建什么类型的语料库得根据研究的目标来确定。如果是为制定语言的规范,那么平衡语料库是不可少的;如果要研究网络时代的语言变化现象,那么语料库的语料选择就必须要有网络上的语言;如果只是为了研究一个小的问题,那么不一定要用大型语料库。

(二)语料库的开发

有了语料库的总体设计,接下来就要采集和整理语料。采集语料的方法有手工键盘输入、OCR 扫描输入、从网络上下载、从电子出版物中获取等。在 20 世纪 90 年代以前,语料的采集基本依靠手工的键盘输入,因此语料库的规模不可能很大。90年代以来,OCR技术走向成熟,文字输入计算机的速度加快,同时国际互联网飞速发展,网上的语料也越来越多;另外,作为信息化的结果,出版的电子书籍越来越多。因此,大型语料库越来越多。

采集了足够多的语料之后,就要进行分类、整理并记录有关信息,只有这样才便于检索和使用。如国家语委的语料库在进行整理时使用的对文本描述的信息有:总号、分类号、样本名称、类别、作者、写作时间、书刊名称、编著者、出版者、出版日期、期号(版面号)、版次(初版日期)、印册数、总页数、开本、选样方式、样本起止页数、样本字数、样本总数、简繁字。

三 语料库的加工与管理

(一)语料库的加工

语料采集完成并进行了分类整理、记录描述信息之后,下一步就要进行加工。语料库的加工通常按照加工的深度分成各种等级。在汉语语料库的加工中,人们把纯文本语料称为0级语料,而把分词语料称为1级语料,词性标注语料称为2级语料,句法结构标注语料称为3级语料,语义标注语料称为4级语料。

1.分词和词性标注

根据上述次序,对纯文本的加工第一步是进行分词。分词就是用空格隔开每一个词,使词的界限有形式标记。分词以后就要进行词性的标注,词性标注需要用一定的符号加在被标注的词的后面,而且要用一定的符号指明标注符号。现在较常见的做法是把分词和词性标注一体化处理,同时进行。下面是一个分词和词性标注的样本:

如果/c 你/r 刚/d 一/d 到达/v 就/d 递/v 过去/v 一/m 张/q 钞票/n ,/w 以/p 此/r 表示/v 自己/r 对/p 服务员/n 的/u 一点/m 心意/n 和/c 对/p 他/r 工作/v 的/u 鼓励/vn 是/v 比较/d 合适/a 的/y 。/w

这里每个词后面有一个斜杠"/",它指明后面的符号是词性标记,这个斜杠也可以用竖杠"|"代替。标记一般用拉丁字母来代表,不同的处理系统区分

词类的多少和采用的符号可能都不一样。加工之前要有一个加工规范,详细说明加工的过程和各种标记符号的含义。

2.句法结构标注

在完成分词和词性标记加工后,就可以进一步进行句法结构的标注了,下面是一个做了句法结构标注的样本:

[zz [jc 在/p [fw [dz 当今/nt [dz [zl 这个/r]mp 世界/n]np]np 上/u]np]pp ,/w [zz 竟然/d [jy [db 有/v [dz [zc [zw [dz 各/r 方/j]np [zz 都/d [zz 不/d 反对/v]vp]vp]jp 的/u]np 人/n]np]vp 存在/v]vp]vp]vp ,/w [zw 这/r [zz 真/d [db 是/v [dz 个/q [dz [zc 有趣/a 的/u]np 现象/n]np]np]vp]vp]jp 。/w

这里,每个短语的两边各有一个方括号,它标明短语的边界,通过方括号可以看清短语层次。方括号后面紧跟着的拉丁字母指明短语的结构和功能类型。"["后的字母指明短语的结构类型,"]"后的字母指明短语的功能类型。

在句法结构标注的基础上,还可以进一步标注词或句法成分的语义。

在汉语语料库的加工过程中,标注符号和标注方式都由加工者设定。加工可以是人工进行,也可以使用软件进行自动标注。面对大规模的语料,一般的方式都是用软件先进行自动标注,然后再进行人工校对。北京大学的《人民日报》分词和词性标注语料库就是采用这样的方法加工而成。清华大学计算机系在进行汉语树库加工的过程中也是先采用软件对文本进行自动标注,然后再借助另一个软件工具对自动标注过的文本进行校对。

不同的加工者使用不同的标注符号,这导致了语料库的通用性较差。为了使语料库能够通用或者共享,制定统一的标注规范十分必要。

(二)语料库的管理

语料库加工完成后,需要制作一定的软件用来管理。如果加工好的语料库没有良好的管理,那么这个语料库就等于废物。语料库的管理系统应该提供对语料进行检索、统计和维护的功能。对不同等级的语料库应该具备相应的检索、统计功能。

对于纯文本语料来说，检索并抽取包含关键字词的例句是常见的功能。通常的做法是把检索得到的例句排成关键字词居中的格式显示到屏幕上，这种做法照顾了关键字词的居中而忽略了例句的完整性。它首先是在英国的语料库上使用，国内也有人使用这种方法。后来，国内有人使用完整句检索，同时把关键字词用醒目的符号标注出来。此外，汉字字频检索、统计可以在纯文本语料库中完成。

对于分词和词性标注语料，检索、统计工具要能够计算词频、计算词性的二元矩阵的概率值，也要能够检索和抽取一定格式的词性串等。

对于句法结构的标注语料，检索、统计工具要能够抽取任何一种句法结构或者句法功能的实例，还要抽取能反映词性序列与句法层次的关系的实例等。

语料的维护则要保证语料不受损坏，使语料的调用能符合研究目标并做到准确无误。

四　语料库的实际应用

语料库的建设蓬勃发展绝不是无缘无故的，它是因实际的需求而触发的。这种需求主要来自两个方面：计算语言学界和传统语言学界。

(一)在计算语言学界的实际应用

计算语言学界最早关心的是机器翻译，但是机器翻译屡遭挫折，其根本的原因是计算机所需要的语言知识缺乏，于是人们想到了从真实文本中去获取语言知识，而且获取的方法是让计算机自动学习。到了20世纪90年代，语料库建设变得相对容易，因此人们利用大规模语料库来进行知识获取的工程也越来越多。

比如，利用20世纪80年代建成的现代汉语语料库，人们发现了汉语自动分词处理中的两种切分歧义类型以及这两种切分歧义在真实语料中所占的比例。《信息处理用现代汉语分词规范》就是利用这一时期的语料库做出的。再如利用20世纪90年代的语料库，人们发现了汉语分词中的真歧义与伪歧义现象，还发现了人名、地名的用字规律及其判别算法。利用《人民日报》语料库，人们获取了现代汉语的词频概率数据和词性序列 N 元矩阵的概率数据等。有学者还利用树库获取了汉语句法结构的基本构造方式及其概率数据，利用语料库设计了汉语词义排歧模型，利用语料库研究了汉语基本名词的自动抽取等。

（二）在传统语言学界的实际应用

传统语言学界一直重视真实语料在语言研究中的地位和作用，引用实例说明规则的方法一直被人们所遵守。语料库的不断构建为传统语言研究提供了很好的调查与分析的材料。北京语言大学的《现代汉语频率词典》是在 20 世纪 80 年代的语料库的基础上产生的，它对此后的语言教学，特别是国际中文教育产生了很大的影响。再如有学者在 20 世纪 90 年代初对 100 万字的语料进行了句型自动分析和分布统计，从中总结出 209 种汉语句型。也有学者利用一亿字规模的纯文本语料库统计分析了现代汉语 AABB 重叠式词的构成基础。更多的研究者利用语料库提供的丰富的实例不断深化对语言的认识。

传统语言学界除了重视利用语料库进行语言研究之外，还重视利用语料库帮助进行语言教学。语料库可以为教学提供丰富的用例。在实际的语言教学中，教师难免会因为一时找不到恰当的例子而着急，有了语料库提供的大量的用例，这个问题就迎刃而解了。对有些在教学中需要辨析的词语，有了语料库的实例考察，模糊的感觉会变得清晰起来，讲解也会恰到好处。语料库中充足的语料，也能为教材的编写、试卷的编制、习题的编排提供文本来源。随着多媒体教学的普及，语料库还能支持多媒体教学。

总之，语料库应用范围广阔，除了语言研究、语言教学研究，语料库还可应用于语言测试、语料处理工具的研制、机器翻译及文本校对、话语辨认与话语合成等方面，也能为文学的研究、文化的研究甚至社会学的研究提供帮助。

思考题

1. 为什么说计算语言学是一门交叉学科？它跟传统意义上的语言学有何异同？
2. 计算语言学的主要研究内容包括哪些？
3. 有学者认为语言学（尤其是语法学）面临着计算语言学的挑战，你是如何看待这一问题的？
4. 目前中文信息处理中存在的主要问题是什么？你如何看待中文信息处理的未来？
5. 计算机处理自然语言的句法分析和语义分析的方法有哪些？
6. 人们常常憧憬机器翻译可以代替人的翻译，谈谈你对机器翻译的看法。
7. 语料库可以从不同角度分类，请说说不同类型的语料库的特点和作用。
8. 举例说明语料库在语言研究中的应用价值。

第七章 儿童语言发展

第一节 儿童语言发展概说

一 儿童语言发展研究概说

儿童语言发展又称语言获得,是指儿童对母语的产生和理解能力的获得(主要是指对口头语言中的说话和听话能力的获得)。语言是一种非常复杂的结构系统,按其构成成分来说,包括语音、语法、语义三个方面。此外,语言作为一种交际工具,要使它有效地发挥作用,说话者和听话者都必须掌握一系列的技能和规则,这就是语用技能。儿童在语言发展过程中必须逐步掌握以上四者的一些基本规则才能获得产生和理解母语的能力。因此,语言发展是一个极为复杂的过程。然而,大多数儿童都在出生后四至五年内未经任何正式训练就能顺利地获得听说母语的能力,其发展的速度是其他复杂的心理过程和心理特征所不可比拟的。

儿童语言发展研究是发展心理学中最令人振奋,同时又最富于挑战性的研究领域之一。通过对语言的产生、儿童语言获得过程及其规律、语言和思维的关系等一系列问题的探究,可以进一步解释和理解人类语言的内在因素以及儿童的智力发展。现今,儿童语言发展研究已成为一门横跨多门学科的交叉性学科,它和哲学、教育学、发展心理学、社会心理学、神经生理学等都有相当密切的关系。另外,它还对语言教学具有相当大的影响,包括母语教学和外语教学。可见,儿童语言发展的研究意义深远。

(一)几个基本概念

1.语言能力和语言运用

语言能力和语言运用两个概念是乔姆斯基提出的,它们与索绪尔(F.D. Saussure)所提出的"语言"和"言语"相联系。语言能力,即"语言",指的是在人的大脑中形成的一种能够按照本族语的语言规则把声音和意思联系起来的能力,是一套使用语言的规则。语言能力是一种抽象的东西,听不见,更不能录下来。语言运用,即"言语",则是语言能力的实际运用,是一种行为,包括说话和听话两大部分。而这些说话和听话的行为是复杂的生理和心理活动,并非语言能力的简单反映。语言和言语的关系非常密切,不懂得语言就无从研究言语;相反,要研究语言又离不开言语。

2.语言习得和语言学习

心理语言学家认为,每个人的母语都是在 1 岁半至 6 岁之间随着发育成长而在周围环境的作用下自然获得的,这就是语言习得(language acquisition)。语言习得不必经过正式的课堂学习,但一般人认为它有一个临界期,超过了 9～13 岁这个阶段,母语就很难习得。所谓语言学习(language learning)就是在儿童习得母语之后,在正式的场合(如课堂)里进行的获得第二语言或外语的过程,这个过程有成有败,和语言习得不同。

(二)研究方法

儿童语言学是一门实验科学,因此,儿童语言学对语言习得、学习和使用的心理过程所提出的种种理论都必须经过科学实验的验证或系统的自然观察,才能判明其是否有效。现对几种较常用的儿童语言习得的研究方法作简要介绍。

1.日记研究法

日记研究法是研究儿童早期语言表达能力的一种方法。在具体的研究过程中,研究人员以一个或几个儿童为对象,每天对儿童所说的话进行系统记录,然后对所作记录进行分析,从而发现儿童语言表达能力的发展规律及其特点。这种方法的优点是可以详细记录儿童说话时的语境,了解在某一个特定时期内,儿童说话所用词汇的变化,以及父母与儿童在不同时间内各自语言相互影响的情况;缺点是工作量大,而且研究者在记日记的过程中,很可能会夸大婴儿的语言能力。

2.临床法

研究3岁以上的儿童语言发展时,可采用皮亚杰(J.Piaget)的临床法。临床法既使用观察法也使用实验法,前者用于记录托儿所内儿童游戏时的"自发式"话语,后者用于检测儿童传递具体信息的能力。

实验法的具体实施过程是:首先问儿童某一个词(该词是研究人员研究的对象)的含义是什么;在儿童回答完后,研究人员根据他们的回答,再进一步提问,以明确儿童所回答的真正含义。可见,采用临床法来研究儿童的语言表达能力,可使研究人员充分理解儿童说话中所用词的真实含义。因为有时候,儿童话语中的词会存在一定歧义,如果成人想当然地确定其含义,就有可能对儿童所用词的真实意义产生误解。

3.引导产生法

所谓引导产生法,是指研究人员特设某一情境,要求儿童用自己的话对此情境加以描述,然后对儿童描述所用的语言加以记录并进行分析,从而了解儿童语言表达能力的发展水平。使用这种方法,研究人员可以根据实验目的设定不同的情境,但如果被试的描述过多,分析难度就会增加。

4.儿童语言测验量表

儿童语言测验量表,又称儿童言语测验量表,是心理学家通过一定程序编制的,以测验儿童的语言能力为目的的,由一定数量测验题组成的量表。大部分儿童语言测验量表往往和其他一些量表混合在一起使用或作为一些量表的分量表。常见的儿童语言测验量表有皮博迪图画词汇测验(PPVT)和言语障碍鉴别测验。国外还有一种麦卡锡交流发展问卷(the MacArthur Communicative Development Inventories),是用来向父母了解其孩子情况的。

当然，除上述这些较常用的研究方法外，研究儿童语言发展往往还会采用纵向研究法或横断研究法。纵向研究是对一个对象或一组对象的发展进行追踪研究，每隔一段时间进行观察和测量。横断研究则是在同一时间内按类型把对象分组，观察其某一方面的发展水平。各种研究方法相辅相成，使得我们对儿童语言的研究可以深入本质，最终发现其内部规律。

(三) 历史回顾

1.西方儿童语言学

1787年，德国生物学家蒂德曼（D.Tiedemann）首次尝试记录一个儿童的语言发展，目的是促使人们注意收集儿童发育的数据。达尔文（C.R.Darwin）于1877年发表了他对自己孩子学话和发育情况的观察，开创了运用进化论研究心理学的先河。首先把个体发展作为发展心理学研究中心的是普莱尔（W. Preyer），他于1882年出版的《儿童心理》，是对他儿子头三年语言发展的记录，他在书中系统地考察了儿童的意识、智力和意志的成长。之后，德国心理学家斯特恩夫妇（C.Stern & W.Stern）出版了《早期儿童心理学》《儿童语言》等著作，详尽地记录了他们三个孩子学话的过程，其中《早期儿童心理学》是第一本儿童心理学手册。

西方早期的研究主要局限于观察儿童学话和智力发展的关系，也就是说通过儿童学话了解其智力的发展。因此，儿童语言发展的早期研究从属于儿童心理学，其研究范围和方法都有很大的局限性。

20世纪以后，受盛极一时的结构主义语言学和行为主义心理学的影响，"心理语言学"虽然已出现，可始终未大踏步地前进。以华生（J.Waston）为代表的行为主义心理学诞生后再次掀起了儿童语言研究的热潮，之后，以托尔曼（E.Tolman）、赫尔（C.Hull）、斯金纳（B.F.Skinner）等为代表的新行为主义的发展使得这一时期的儿童语言研究完全局限在行为主义的框架内。这一时期产生的儿童语言习得与发展的理论包括：机械模仿说、选择模仿说、强化说、中介论等，它们大都只关注语言可以测量的外部结构，如语句的长度、词汇量等。

20世纪50年代以后，心理学和语言学终于真正结合在了一起，儿童语言的研究也摆脱了行为主义的禁锢,研究兴趣从儿童说些什么转向儿童对语言知道些什么,即通过观察儿童的言语行为,进而了解儿童语言能力获得的内在机制。从此,儿童语言学迈入了一个新的阶段。

2.国内儿童语言学

我国对儿童语言发展的研究,始于20世纪初陈鹤琴对其子陈一鸣的观察研究。观察始自陈一鸣出生之时,终止于3岁左右。陈鹤琴用日记法记录其言语的发展,并出版了《儿童之心理研究》一书。此外,黄翼也在他所著的《儿童心理学》中指出了儿童语言是一种社会现象,叙述了儿童语言发展的趋势。但是,这一时期国内的研究大都集中于个案追踪和对西方有关成果的验证和补充。黄翼的《儿童心理学》就是重复皮亚杰及西方学者的研究而获得的成果。国内儿童语言学的真正兴起应该是在20世纪80年代初期,1980年10月吕叔湘在中国语言学会成立大会上敏锐地指出:"幼儿学习语言的研究在国外已经很有成绩,在我们这里还几乎是空白,要急起直追。"1985年之后,儿童语言习得与发展研究吸引了越来越多的研究者积极参与,如朱智贤、吴天敏、朱曼殊、许政援、缪小春、彭聃龄、武进之、桂诗春、李宇明、周国光、孔令达、李向农等,这大大促进了我国儿童语言研究的发展。我国的儿童语言学起步较晚,正是这些拓荒者们的共同努力,逐步建立了反映我国实际,并具有我国特色的儿童语言学。

回顾我国儿童语言研究的发展历程,李宇明(1995)做了如下概述:"在近一个世纪的发展中,由大而化之的概述到深入细致的调查,由事实研究升华到理论探索,由心理学的孤军奋战到心理、语言两界联袂,由对正常儿童的研究到对特殊儿童的研究,有了较大的收获。对于西方和苏联的重要研究进行了引进,对于汉族儿童的语言发展有了一个粗线条的描绘,对语言的一些子系统的发展或特定的年龄段的语言发展,正在做较为深入的研究,并提出了一些理论问题。对特殊儿童的语言问题也已着手研究。同国外相比,差距还十分明显,但却有很大的进步。"

进入21世纪以后,国内学者聚焦正常儿童和特殊儿童语言发展进行研究,发表、出版了数百篇(部)研究论著。李宇明于2019年出版专著《人生初年:一名中国女孩的语言日志》,完整记录了一个女孩从出生到6岁的各种言语活动,是对儿童语言个体发展的全景记录,为儿童语言发展研究提供了丰富多样且连续的研究资料。我国儿童语言发展正朝着更深、更广的方向发展。

二 儿童语言获得理论

儿童能在出生后的短短几年里习得言语这种异常复杂的行为,确实是一件了不起的事。这使得各学派都倾心于探究儿童是如何获得语言的,因此也就出现了百家争鸣的现象。

(一)行为主义的环境决定论

行为主义的语言获得观来源于巴甫洛夫(I.P.Pavlov)和华生的基本概念,由斯金纳集其大成,并在20世纪20—50年代风靡一时。行为主义阵营内部主要理论包括模仿说、强化说、中介说等,现对其中的代表性理论作简要介绍。

1.模仿说

语言发展的模仿说是由行为主义学家奥尔伯特(Allport)提出的。他认为儿童语言的发展主要是通过对成人语言的临摹,儿童语言只是成人语言的简单翻版。奥尔伯特的观点完全否认儿童的主体性和创造性在语言获得中的作用。显然,早期的语言模仿研究将结果和过程混淆起来,他们看到成长着的儿童的语言与成人的语言越来越相似,就把这种结果归因于模仿。

很快,模仿说遭到乔姆斯基的批评:儿童的语言发展不是通过模仿获得的,而是他们主动获得的。对模仿说持反对意见的研究者们从两方面给出了证据:许多事实证明,如果要求儿童模仿的某种语法结构和儿童已有的语法水平距离较大时,儿童不能模仿;儿童经常在没有模仿范型的情况下产生和理解许多新句子,具有创造性。

后来,怀特赫斯特(Whitehurst)等人在奥尔伯特的基础上提出选择性模仿说。这种学说认为,儿童学习语言并不是对成人语言的机械模仿,而是有选择性的模仿。儿童能够把需要模仿的句子的语法结构应用于新情境中并表达新的意思,或者将模仿到的句子结构重新组合成新的句子结构。与传统的模仿说相比,选择性模仿说具有两个特点:一是示范者行为和模仿者反应之间具有功能关系。二是选择性模仿不是在强化和训练的情况下发生的,而是在正常的自然情境下发生的。模仿者行为和示范者行为的关系,在时间上不是即时的,在形式上也非一一对应的。

虽然,怀特赫斯特的理论中出现了儿童的主动性和创造性,但这只是看得见摸不着的影子,他仍然将模仿放在绝对重要的位置。

2. 强化说

20世纪40—50年代,新行为主义者斯金纳提出了语言获得的"学习—强化"说。斯金纳认为言语行为与其他行为一样,是通过操作性条件反射习得的,言语的操作性强化建立在由环境引起的、声音和声音联结的选择性强化的基础上。因此,斯金纳认为解释言语行为,最合适的模式是"刺激—反应"论,特别是工具型的条件反射论。斯金纳先后对其所主张的"强化"作了分析(1957,1974):第一,在某一场合下,儿童言语所受到的强化,对他们言语行为的形成和发展有着决定性的影响。因此,要观察言语行为就必须找出话语和产生它的环境之间的规律性,话语和对它作出反应的话语之间的规律性。第二,强化是儿童学习言语的必要条件,而且在儿童言语发展过程中,儿童会进行主动的自我强化,这一点对他们言语发展起了重要作用。另外,强化是渐进的。如果期望儿童学习一个复杂的句子,不必等到他们碰巧说出这个复杂句子后才给予强化,只要他们所说的稍微接近目标句子时,就给予强化。斯金纳的观点在20世纪60年代以前影响比较大,之后就受到了越来越多的批评。

3. 简要评述

这些理论虽然所强调的重点各有偏颇,但本质上是一脉相承的。

(1)行为主义将语言看作一系列对刺激的反应,强调语言可观察、可测量的一面。很明显,他们关心的只是话语的外部联系,而不是话语的内部意义,也就是将语言知识完全等同于言语行为。

(2)他们强调学习的重要性,认为语言是一项后天获得的功能,语言发展并不需要特别的机制,它只是更广泛的学习系统中的一部分。当然,我们不否认后天学习(如"强化")对语言获得的作用——后天因素是儿童语言形成中的先天因素及其潜在能力得以表现和显露的现实条件。克拉克(R.Clark)指出强化的功能有两种,一种是为了激发行动,另一种是为了提供情况,看行动是否合适。可惜的是,行为主义只注意到第一种。尽管行为主义者也承认语言是人类特有的,承认生理机制的作用,可是他们竭力贬低这种作用,抹杀人与动物之间的根本性差异。奥斯古德(C.E.Osgood)说:"人类把自己看作超越动物的纯粹理性生物,这是人类的自我欺骗和傲慢。"

从20世纪60年代开始,行为主义受到越来越多的批评:他们的理论不能充分说明儿童理解和使用语言时的惊人的发展速度;更重要的是它只是强调外部影响,忽视了儿童是一个积极的主体,而儿童的主观能动作用却是语言发展过程中一个非常重要的因素;另外,他们的实验研究很多是以成人或动物为被试,这就不得不让人怀疑所得结论能否扩大到儿童身上。

(二)心灵主义的先天决定论
1.乔姆斯基的观点

乔姆斯基提出的"转换—生成"学说就是这一理论的代表。他认为,儿童的言语发展虽然与强化模仿有关,但更重要的是儿童有掌握语言的内在倾向,或者说具有天生的语言能力。他设想人类有一个天生获得语言的体系,称其为"LAD"(语言获得装置),可以用下面的图式表示:

语言材料→ LAD→语言能力(理解和产生句子的能力)

那么,儿童怎样通过语言获得装置来掌握母语呢?乔姆斯基认为每一个句子都有深层结构和表层结构。深层结构显示基本的句法关系,决定句子的意思;表层结构则表示用于交际中句子的形式,决定句子的语音。而"LAD"便可以使儿童对他所广泛接触的语言材料进行处理,并逐步形成某种转换语法来认识这些语言材料。在这个过程中,儿童发现了语言的深层结构以及把深层结构转换为表层结构的规则,之后就能创造性地运用语言了。乔姆斯基指出儿童获得的是一套支配言语行为的特定的规则系统。这种规则系统不是像行为主义所假设的那样,是一大堆的具体句子,即不是表层结构,而是这些句子的实质——深层结构。

2.伦内伯格的观点

乔姆斯基的部分理论还得到了神经学研究的证明,人脑确实存在着语言中枢。伦内伯格(E.H.Lenneberg)的语言发展理论就是以生物学和神经学相关研究为基础的,其主要观点是:(1)遗传素质是人类获得语言的决定因素,因为人类大脑具有其他动物没有的专管语言的中枢,所以说语言是人类所独有的。语言是人类大脑机能成熟的产物,当大脑机能的成熟达到一种语言准备状态时,只要受到适当外在条件的激活,就能使潜在的语言结构状态转变成现实的语言结构,语言能力就能显露。(2)语言既然是大脑功能发育成熟的产物,那么语言发展就会存在关键期。已有的研究表明,语言发展的关键期大约从2岁开始,到青春期结束。过了关键期,即使给予训练,也难以获得语言。

3.简要评述

毋庸置疑,乔姆斯基及其追随者的学说是儿童语言学的一个里程碑,它使我们深化了对儿童语言能力的认识。从乔姆斯基开始,心理语言学家对语言学和心理学的关系就有了不同的认识:20世纪50年代的心理语言学家认为,只要懂得心理学就知道语言是怎么一回事。因此心理学的假设往往影响语言学的假设;60年代的心理学家则相反,他们认为,必须通过观察语言来了解人们的心理活动,因此要运用语言的外部形式去说明心理学的内在机制。然而,先天决定论的前提是先验性的,许多假定未经检验,这就必定会导致人们在欢呼之余提出质疑:(1)乔姆斯基提出的转换生成标准理论只对语法进行形式探讨,不考虑语境和意义问题。(2)乔姆斯基和伦内伯格都否定环境和语言交往在语言发展中的作用,过分强调先天性,随意给某些不易解释的现象贴上特殊的标签("先天行为"),似乎语言的预成性完全盖过了语句生成的创造性,儿童只要接触语言刺激,就可自动形成语法,无须多作探索和发现。这无疑是从与行为主义相对立的另一个极端来否定语言获得中儿童的主动性和创造性。(3)语言先天习得机制只是一种假设,要证实这个假设就必须观察那些既没有生理缺陷,又没有接触过语言的儿童。这样看来,似乎只有那些离群而又重新被发现的野孩或狼孩才能满足这两个条件。有限的观察结果表明,这些儿童在刚被发现时都不会说话,看来现实证据对先天决定论不见得有利。

(三)主客体相互作用论
1.皮亚杰的认知相互作用论

从心理语言学的发展史来看,当人们明确了描述语言发展不仅仅是记录下初学说话者言语输出的语法规则时,便兴起了对语言的构成基础的研究。在皮亚杰的影响下,许多人同意,婴儿在开始获得语言之前就已经建构了"意义的世界"。

皮亚杰从个体发生学的角度探讨这个问题。在逻辑或思维与语言的关系上,乔姆斯基把逻辑实证主义的主张颠倒了过来:逻辑不是从语言中派生出来,而应该是语言以理性的核心为基础。这一点得到了皮亚杰的赞同。但对于乔姆斯基认为此理性的核心是遗传的和天赋的,皮亚杰却表示反对。皮亚杰认为,儿童的认知结构是言语发展的基础;言语发展同认知结构一样是通过遗传、成熟和环境等相互作用而实现的。

皮亚杰的主要观点如下:(1)语言是儿童许多符号功能中的一种,符号功能是指儿童应用一种象征或符号来代表某种事物的能力。语言同延迟模仿、心理表象、象征性游戏、初期绘画等符号功能一样都出现在感知运动阶段的末尾,即1岁半~2岁之间。(2)认知结构是语言发展的基础,语言结构随着认知结构的发展而发展。由于儿童的认知结构发展顺序具有普遍性,相应地,儿童的语法结构发展顺序也具有普遍性。(3)个体的认知结构和认知能力既不是环境强加的,也不是人脑先天具有的,它来源于主体和客体之间的相互作用。

2.简要评述

"认知"论和"先天决定"论一样与"后天决定"论针锋相对,那么"认知"论和"先天"论之间是否存在相左之处呢?

(1)在儿童是否天生获得语言能力问题上:"先天"论认为有一种专门习得语言的天生的机制;而"认知"论则认为儿童只有一些天生的认知能力。

(2)在对待语言和思维关系的问题上:"先天"论认为语言结构是一系列规则,而且它的发展有其自身的规律,不受认知功能的影响;"认知"论却认为认知和思维是一种决定语言发展的基本功能。

(3)在看待语言的态度上:"先天"论只注意到语言结构,而忽略了它表现经验的作用;"认知"论认为儿童的语言能力是其认知能力的直接反映,但是却忽略了语言能力的不断发展也会促使认知能力发展。

认知相互作用观点假定语言本身不是先天的产物,而是在非语言的认知基础上构造出来的,从而避免了极端先天论的许多固有问题。然而,认知相互作用观点始终还停留在理论假定阶段,并没有得到很好的检验。而且,此理论的领军人物皮亚杰并不是将语言作为自身的主要研究领域,他关于语言方面的著作《儿童的语言与思维》也是众说不一。因此,在研究语言和思维的关系上,我们还有很长的一段路要走。

三　儿童语言发展过程

(一)儿童语言发展阶段

儿童的语言是以一定遗传因素为前提,一定生理发展为基础,随着环境因素的影响逐渐地、不断地发展的。在这一过程中,语言的诸多因素的发展既非均衡的,又非齐头并进的,不同的年龄阶段往往表现出某种因素发生数量或质量上突飞猛进的变化。因此,儿童语言的发展具有连续性、阶段性,同时,这些阶段的出现又具有一定的顺序性。就语音而言,儿童在最初的 2 个月发出的是单音节,到第 3、第 4 个月开始发出辅音,并有了个别双音,第 4~10 个月有复合元音以及多音节,直到第 10~13 个月才能正确模仿成人的语音,并能把某些语音与语义结合起来。也就是说,1 岁以前是儿童的语音发展阶段,发展心理学称这一时期为婴儿期。在词义方面,儿童在 1 岁以前还难以说出第一个词,在 1 岁半只能说少量的词,但在 2 岁以后词量急剧增加,词义的获得也是个渐进的过程。而且,现在很多研究将儿童语言获得过程中词汇数量随年龄增长的变化趋势作为个人掌握和使用语言水平的一种量度。在句子方面,儿童最先掌握单词句和双词句等不完整句。在语用技能的发展方面,2 岁的儿童能知觉到交流情境的困难并对谈话作出相应的调整，4岁儿童已具有适应听者而调整其谈话内容的能力，5岁、6岁的儿童能根据事物所处的具体情境而调节自己的言语，7岁的儿童能在比较复杂的条件下对自己的表达方式进行调整。

西方儿童语言学界通常将儿童语言发展的过程分为前语言阶段和真正语言阶段。前语言阶段又分为啼哭阶段、咕咕声阶段、呀呀语阶段以及过渡音阶段。1岁左右儿童开始说出第一批真正的词，从而进入语言发展的第二个阶段——真正语言阶段，这一阶段又分为单词句阶段、双词句阶段以及完整句阶段等。

国内也有许多研究者对儿童语言发展的阶段进行了探讨。许政援（1996）等在1955—1995年间，以3岁前儿童为被试，采用纵向研究法和横断研究法相结合的方式，观察并记录下儿童的语言发展情况。她认为儿童的语言发展是一个连续的、有次序的、有规律的过程，不断地由量变到质变。她将3岁前儿童的语言发展分为6个阶段：简单发音阶段（出生至3个月）；重复连续音阶段（4～8个月）；不同连续音节阶段（学话准备期，9个月～1岁）；单词句阶段（正式开始学话，1～1岁半）；简单句阶段（掌握最初的言语，1岁半～2岁）；复合句开始发展的阶段（掌握最基本的言语，2～3岁）。

史慧中（1990）以幼儿期（发展心理学指出，3～6岁、7岁为幼儿期阶段）儿童为被试，观察其语言的发展，结果发现：3～4岁，为词汇量迅速增长阶段；4～5岁，为言语交往异常活跃、发音明显准确阶段；5～6岁，为词汇和句子质量显著提高阶段；6～7岁，为讲述内容丰富、讲述层次明显清晰阶段。

李宇明（1995）认为儿童语言发展的阶段应根据语言学标准来划分，即儿童用什么样的语言形式（语言系统的标准）进行什么样的语言交际（语言运用的标准）。因此，他将儿童语言的发展划分为5个阶段：声音发展阶段（出生至6个月），被动语言交际阶段（6、7个月～1岁），特殊语言交际阶段（1～2岁半），目标口语发展阶段（2岁半～6岁），成熟阶段（6～14岁、15岁）。

周国光（1999）从语言单位组合的层级性以及儿童语言结构能力的发展状况的角度，将儿童语言的发展分为三个阶段：词语法阶段、词组语法阶段以及句语法阶段。在词语法阶段(1~1.5岁),儿童构成语言的句法单位是单词,其语言形式是单词句、双词句和电报句。在词组语法阶段(2岁开始),儿童构成语言的句法单位是词组,其语言形式的特点是出现了词组作为一个整体运用的现象。在句语法阶段(3岁开始),儿童构成语言的句法单位除了单词、词组,又增加了小句,出现了小句做句子成分的句子以及逻辑语义正确的复句等。

总之,尽管各学者对儿童语言发展的阶段划分存在分歧,但都认为儿童语言的发展有阶段性,而且不同阶段之间是连续的、循序渐进的,不能颠倒。儿童必须依次走完这些阶段,才能真正掌握语言。从不同民族儿童语言发展情况来看,这种阶段性总体上具有普遍性,表现出儿童语言发展的一般规律,读者可以从本章后面几节的介绍中对儿童语言获得的过程有更深入的了解。

(二)儿童语言发展的共同因素与一般规律

研究者们把语言获得的过程描述为"魔术般的"(布卢姆 Bloom)和"神秘的"(格莱特曼 Gleitman 和沃纳 Warner)。各种关于语言获得的理论虽然在某些方面有一定道理,但都不能对儿童语言的获得问题作出令人信服的解释。尽管如此,人类语言还是存在一些共同的因素和发展规律的。

1.儿童语言发展的共同因素

首先,儿童具有相同的先天因素,提供了他们语言发展的可能性。所谓先天因素就是儿童靠遗传就能展现出的一些与语言密切相关的因素。虽然儿童出生时不具备语言能力,但由于这些遗传因素的存在,使得儿童只要受到后天环境的作用,其语言就能够自然生成、表现或成熟。这些人类独有的生理基础包括:精细的、专门化的发音器官(包括肺、气管、喉头、声带、咽喉、鼻腔、口腔以及控制这些发音器官的100多条肌肉),大脑中的语言中枢,由发音器官和语言中枢所表现出的生理功能(如发出声音等)。这些先天因素还具有一定的与语言密切相关的潜能,如:发出声音;与思维结合,使之作为一种符号或象征物,表现某些具体或抽象的事物对象,即词;有某种倾向和能力,表达一种由简单到复杂的,甚至是一种自成体系的、较为简单的交际系统。

其次，儿童的语言发展需要丰富的后天因素，以便使先天因素所提供的可能性成为现实性。后天因素指儿童在出生以后能够影响他们语言产生和发展的社会环境，包括其所听到的语言、看到的生活场景以及所接受的对其心理、行为和语言产生影响的一切信息，特别是其中的人际环境的影响。

2. 儿童语言发展的一般规律

正是因为这些相对普遍而又共同的先天因素和后天因素使得儿童语言获得具有一些共同的一般规律：

(1)人类的语言能力是按照某种生物发展的时间表趋向成熟的。一般来讲，儿童语言的理解总是先于产生，儿童若听不懂具有某种句法结构的句子，便无法生成具有这种句法结构的句子。另外儿童语言发展受认知发展的制约，掌握简单的句子之后才能逐渐掌握和产生复杂的句子，掌握具体的词之后才能掌握抽象的词，儿童语法的发展是由不完善到完善的。

(2)人类的语言获得在某种程度上具有关键期。儿童期是生理及其功能迅速发展的时期，更是大脑语言中枢生长时期。当然，不是说语言的发展在关键期以后便完全中止，也不是说所有的机能都拥有同样的关键期（2～12岁或青春期），而是有更为复杂的情况，就一般而言，儿童在 12 岁以前的任何时候都可以熟练掌握第二语言。因此，我们不赞成确定一个固定的临界期，相反塞利格曼(Seligman)提出的多种临界期的假设倒是颇有道理的。

(3)人类的语言发展与认知发展有密切的关系。儿童认知能力的发展决定了其语言的发展，即儿童的语言获得与其认知发展水平一致。如果儿童没有发展出时间的概念，要使儿童掌握表征时间的词和时态变化的语法是不可能的。另外，从语言发展与思维发展的关系看，语言不是一种孤立的现象，它与个体智力水平，特别是思维水平相关联。智力水平和思维水平是语言获得的基本条件。因此，个体的语言水平是随着智力水平的提高而逐渐提高的。

(三)儿童语言发展的差异性

在很长的时间里，儿童语言发展的研究重点是发现和验证语言发展中的共同性和普遍性，即关注于完成语言学习任务时所有儿童似乎均相似的显著的表现方式。许多语言学家相信所有母语相同的人对其本族语的认识基本上是相同的,而语言获得理论家们也认为母语相同的儿童其语言习得过程基本相同。然而,儿童语言的发展既有普遍性也有差异性,即特殊性,我们在关注普遍性的同时绝不能忽略儿童所表现出的与一般语言获得模式不一致的迹象。

研究表明,儿童语言发展的差异性一般表现在语言获得的早晚和语言发展水平的高低上。(李宇明,1994)儿童语言的获得是在人脑和语言器官发育以及认知发展的基础上,经过成人言语教授(示范、强化、扩展、激励)和儿童自身有选择的模仿学习,并经概括而成的。那么,这种语言发展中的差异性就不难解释了:

首先,不同民族的语言具有普遍性,但相互之间也存在一些个性差异,如词汇变化和句法差异等。因此,不同语言的儿童在掌握语言的某些成分时有难有易,从而产生儿童语言获得上的时间差异。

其次,儿童在大脑、语言器官的发育和认知的发展上有早晚的不同,两者发展速度的匹配上也有所不同,这也是造成儿童语言获得差异的因素。

再次,儿童与成人的语言交际、成人的语言教授和儿童相应的模仿学习以及儿童本身的选择性和主动创造性也是影响儿童语言获得的重要因素。

儿童语言发展中的特殊性和异常性是儿童语言发展研究关注的重点之一。研究者们发现,特殊和异常现象,不但可以揭示普遍和正常现象,甚至比普遍现象更有说服力与解释力。

第二节 儿童语音的发展

一 儿童语音知觉的发展

语音是指语言的声音,也就是人说话的声音。在这里,我们取其广义,即包括婴儿所发出的一切声音。婴儿从呱呱坠地第一声啼哭,有了自己独立的呼吸系统开始,就进入了儿童语言发展的第一个阶段——语音的发展阶段。儿童语音的发展阶段是儿童语言发展的第一个关键时期,必须经过这个发展阶段,才能发展出完善的语音系统。

(一)语音听辨的产生

儿童语音知觉,也可以称为儿童语音听辨。根据心理学家的研究,婴儿对言语刺激是非常敏感的。出生不到3天的婴儿就能对语音作出与听到其他声音时不同的反应。如原先已经停止吸奶的婴儿,在听到一段语音后又开始用力吸,并且速率大幅度增加,但是如果听一段非语言的乐音,吸吮速率的增加就没有那么多。这说明,从生命的开始,语音就对婴儿具有无可辩驳的吸引力。同时,根据观察,从2个月开始,当听到成人之间相互交谈的时候,婴儿的非自控音和咕咕音就明显增多;而出现噪音时,婴儿则没有这种反应。艾姆(Peter D.Eimas)等用吸吮实验表明:1个月的婴儿就能区别辅音的浊音[bɑ]和清音[pɑ]。到了4个月,婴儿就能区别男声和女声,到了6个月,婴儿就会开始注意言语中的语调和节奏。

婴儿对言语刺激的敏感性还表现在婴儿具有语音范畴知觉上。从生命的早期开始,或许从一出生开始,婴儿就能够区分物理特征和声学特征上几乎相同但又属于不同语音范畴的声音。这种听辨能力,就是语音的范畴知觉。它赋予婴儿无价的开端,使他们能完成所学语言中的"分解语音码"任务。研究表明,1个月的婴儿就具有语音范畴知觉。这同样可以通过婴儿吸奶速率的变化来证明。首先给婴儿听一个单音[p],数次呈现给婴儿后,婴儿就会疲倦(习惯化),吸奶的速率就会下降。这时给婴儿呈现一个和[p]属于同一范畴的音,这个音的VOT(voice-onset-time,声音成阻时间,是区别音素的一个重要声学提示)值和标准的[p]的VOT值不同,但是还没有超越界限,仍然属于这一范畴;然后给他听另一个音,这个音的VOT值超越界限,是属于不同范畴的音[b](去习惯化);还有一个是和标准的[p]完全相同的音[p]。结果表明婴儿在听到[b]音时,吸吮速率增加,但是在听到其他两个音时,速率不增加。这说明婴儿能辨别不同范畴的语音。

语音范畴知觉在理解语言的过程中具有重要的作用。因为只有忽略大量的语音范畴内的变异才能使语言的理解成为可能。每一个人在发[p]这个音时，VOT值都会有所不同，但是，我们总能把它听成是同一个[p]，正是因为我们忽略了范畴内的变异，否则，这些细微的差别就会阻碍人们的交流。

(二) 语音听辨的发展

儿童较早就能听辨不同语音声学上的差别，但是，研究表明，音位的听辨则较难，发展得较晚。卡里科(Carrica)发现，直到2岁，儿童才能真正地掌握清辅音和浊辅音的区别。而且儿童在具备辨别语言中不同音位的能力后，这种音位的差别对儿童来说，其敏感性有先后的顺序。有的人还认为儿童音位系统的发展成熟也有一个先后的顺序。

另有研究表明，儿童记忆中的语音表象主要是按照成人的发音形式来储存的。儿童能识别成人说话时发音相似的词，但是自己说话时又混为一谈。一些观察发现，儿童能够识别自己尚不能发音的词。伯科(J. Berko)和布朗(Brown)在他们观察到的"fis"现象中对这种能力阐述得很清楚：一个儿童把他的玩具充气塑料鱼叫作fis(正确的应该为fish)，这时如果成人模仿儿童的发音，说："这是你的fis?"儿童答道："不，是我的fis。"儿童一直企图纠正成人对自己的发音模仿，直到成人说："这是你的fish?"儿童才说："是我的fis。"这表明儿童在发音上虽然不能区分[s]和[ʃ]的差别，但是能够听辨成人发音时[s]和[ʃ]的区别。这种现象在中国儿童中也得到了证实：儿童把"姑姑"发成"嘟嘟"，但是当成人说"嘟嘟"时，儿童又很茫然。直到成人发"姑姑"音时，儿童才能明白。

儿童由于生理不成熟，不能发出某些音，但是可以听辨。这表明，儿童对语音的知觉早于语音的产生。

塞奇(Sach)归纳了1岁婴儿对声音的反应和自己所能发出的声音，见表7-1。

表7-1　1岁婴儿对声音的反应(转引自桂诗春,2000)

年龄	反应
新生	大声引起惊跳;脑袋转向声音;人声可使之安静下来;母亲的声音比生人的声音更易于被接受;能区别言语中许多不同的声音
1~2个月	用微笑来接受大人对他的说话
3~7个月	用不同的语调(友好的、生气的)作出不同的反应
8~12个月	对名字和"不"作出反应;辨认一些游戏中的短语(如"娃娃多大");辨认日常生活中常用的词(如摇手表示"bye-bye")

二　儿童语音的产生与发展

(一)语音的产生

1.反射性发声阶段

婴儿呱呱坠地后的第一个行为表现就是啼哭。最初的哭是婴儿开始独立呼吸的标志,是对环境的反射性反应,纯粹是生理现象。1个月之前的婴儿的哭声是未分化的,也就是说引起婴儿哭的原因虽然不同,但是,这种哭声基本上是无差别的。谢尔曼(Shermen)做过这样的实验,把因为针刺、饥饿、手脚被捆和由高处迅速落下这些原因引起的婴儿的啼哭录下来,给教师、医生和学生听。实验结果表明这些哭声并没有差别,音调也差不多。

1个月以后,婴儿的哭声开始分化,沃尔夫(Wolff)(1969)把婴儿因为饥饿、疼痛、生气而发出的哭声录下来放给不知情的母亲听。当这些母亲听到婴儿因为疼痛而发出的哭声时,都冲进房间去看看自己的孩子是不是发生了意外,而听到另外的两种哭声时,则作出慢吞吞的反应。这说明婴儿的哭声已经有了分化,但是这种分化还是很粗略的。婴儿的哭叫声一般是源于他的不舒服的感觉。这些声音大多是尖声和鼻化元音,发自嘴的前部,且伴以脸部紧张的表情。母亲很快就根据其略有了分化的哭声来辨别其原因,如饥饿、疼痛、过冷、过热等。约从第5周开始,婴儿开始发出一些非哭叫的声音。先是发音器官的偶然动作,随后因玩弄自己的发音器官而发出一些非哭叫的表示舒服的声音,这是一种松弛的、较深沉的、没有鼻化的呜呜声,接着出现的是某些辅音。婴儿感到不舒服而需要发出更大的叫喊声,这些声音往往是突发的,每次停顿换气都会引起气流路的某部分受阻。

研究表明,1~2个月的汉语婴儿发音大多为简单的元音,类似于汉语单韵母[a][u][o][i][e]和少量的复韵母[ai][ei][ou][en],当打嗝、吞咽食物、吐唾沫以及发出笑声等会有少量类似于辅音的声音,如[m][h]等。处于反射性发声阶段的婴儿发出这些音,与舌、唇等发音器官欠发达有关系,而需要唇、舌复杂运动的音,如卷舌音,在这一阶段就没有出现。另外,在这一阶段,婴儿的语音基本上是没有交际意图的,它们不是一种灵活的、有目的的行为。如果婴儿的叫喊不能引起他人的注意,他们不会转而采取别的行为。

2.牙牙语阶段

婴儿在大约5个月的时候,进入了牙牙语阶段。他可以发出一连串的声音,而且是有节奏地、有语调地加以重复,好像自己在和声音玩游戏,如"gūgū"。牙牙语阶段可以延续到6~8个月,甚至更长。世界各地的婴儿在几乎相同的年龄阶段进入牙牙语的阶段,而且,其牙牙语听起来大同小异,并不受母语的影响。所以在这一阶段,婴儿的发音需要经过两个相反相成的过程:一方面要逐步增加符合母语的声音;另一方面又要逐步淘汰环境中不使用的声音。直到大约1岁,婴儿出现第一个与意义相联系的词,牙牙语的出现频率才会下降。

牙牙语的发音特征和早期语言的语音特征之间存在着连续性,牙牙语是以后说话的准备,它越来越接近成人的语音结构。这种现象不是用强化学习所能解释的,可能是婴儿发音器官的成熟以及周围人们对儿童发音的反应两个因素共同决定儿童早期语言的发展。

心理学家和儿童的父母都很重视牙牙语,在很大程度上正是由于牙牙语与最初的单词和语言之间存在可能的联系。但是,牙牙语出现的最大的意义是:通过牙牙语,儿童学会调节和控制发音器官,这是以后真正的语言产生和发展所必需的。

(二)语音的发展

在 10 个月左右,婴儿进入了规范化语音阶段。之后,婴儿不但能发出连续的音节,音调也接近真正的言语音调;儿童不厌其烦的重复也增多。

有的人认为儿童音位系统的发展成熟也有一个先后的顺序。雅可布逊(Jakobson)认为,儿童语音中的音位是按照固定的顺序呈现的,并且提出了语音发展的非连续性假说。他认为儿童在度过了杂乱无章的、无序的、不与特定的意义相联系的反射性发声阶段和呀呀语阶段后,进入了单词句阶段,这一时期的音位有了语言价值,与意义相联系,并且发音被限制在有限的范围内,因而发音急剧减少,而且这种发展表现出很强的规律性,即人类不同语言中共有的语音先习得,母语中特有的语音后习得。具体表现为:习得唇音/非唇音的对立先于塞音/擦音的对立,第一个辅音一般是双唇音;习得鼻音/口腔音的对立先于唇音/齿音的对立;前辅音的习得先于后辅音,清辅音的习得先于浊辅音;塞音、擦音、塞擦音这三组音的习得顺序是塞音,擦音,最后是塞擦音;元音的习得顺序是[a][i][u][e],然后是其他元音,鼻元音、边音最后习得。

国内学者吴天敏、许政援、张仁俊、朱曼殊、李宇明等通过对汉族儿童语音发展的研究,总结了汉族儿童语音发展的顺序:辅音发展的一般顺序是辅音部位由前后两端挤向中间,发音方法的习得顺序是鼻音、擦音、塞音先习得;元音的发展顺序是舌面元音早于舌尖元音、不卷舌元音早于卷舌元音、不圆唇元音早于圆唇元音、低元音早于高元音、前元音早于后元音。通过对我国 1～120天婴儿发音的观察,李宇明发现:婴儿辅音呈"由后跳前、挤向中间"的部位发音趋势,开始辅音集中在小舌、咽喉等发音器官后边,后来跳出双唇辅音;接着后部音推向舌根,双唇音后发展到唇齿;再后便是舌辅音的发展阶段。鼻音、擦音和塞音发展较快,塞擦音和送气音发展较迟。元音的一般发展趋势是:舌面先于舌尖,不卷舌先于卷舌,不圆唇先于圆唇,低先于高,前先于后。

可见,国内学者对汉族儿童元音与辅音发展顺序的观察与雅可布逊的预测基本一致。

表 7-2 列出了 1 岁婴儿能发出的非词的声音。

表 7-2　1 岁婴儿能发出的非词的声音(转引自桂诗春,2000)

年龄	声　　音
新生	叫喊
1~3 个月	对大人言语发出"呜呜"声;微笑;发出饥饿、生气、疼痛的叫喊声;对言语发出像言语的声音
4~6 个月	和某些声音,特别是单音节玩耍
6~8 个月	发出一些重叠音(bababa),咿呀学语;企图模仿某些声音
8~12 个月	发出一些有辅音或元音变化的音节,咿呀学语;发出一些像句子的语调

(三)语调与重音的产生与发展

在新生婴儿的叫喊中,可以听到升调的[a↑]和降调的[a↓],这是语调的萌芽,在 1~3 个月时,可以发出先升后降的长音[a↑↓],这说明儿童的语调有了初步的发展。婴儿能够区分语调也很早,摩尔斯(Morse)(1972)的实验表明:7 周的婴儿就能区别升调的[ba↑]和降调的[ba↓]。还有研究报道,10 个月的时候婴儿牙牙学语的音调已经接近真正的言语语调了。

重音的听辨也不晚,因为心理语言学家发现 1~3 岁的儿童在自发语言里很少有把主重音念错的。但是语调和重音与意思相联系,要听辨出表达不同意思的语调和重音却是稍晚的事情。韦尔(Weir)(1962)发现 2~3 岁的儿童仍然会用错语调。

同时,由于印欧语系语言不采用声调来区别意义,而以往关于儿童语言习得的研究又以印欧语系为主,因而有关儿童声调发展的研究相对较少。汉语是声调型语言,声调是汉语音节的构成要素之一,在汉语中具有重要的区别意义的作用。因而对汉族儿童来说,声调的习得是语言发展的一个重要方面。有人认为,汉族儿童声调系统的习得远远早于语音系统的其他方面因素的习得。儿童早期就能模仿母语的声调,对声调的发音控制在习得元音和辅音之前就已经完成。研究表明,汉语声调在儿童 9 个月的发音中就可以观察到,除阳平调外,其他三个声调都已经出现。

虽然研究者对儿童声调的习得顺序的认识不完全一致,但是都倾向于认为声调和语调在儿童语言习得的早期就已经出现,有的先于语音发生,也有的与语音同时出现。

三 影响儿童语音发展的因素

儿童语音的发展,受到生理因素、语言因素和环境因素等多种因素的影响,而且在不同的时期,这些因素的作用是不同的。

在儿童语音发展初期,决定儿童发音正确与否的因素无疑是儿童的生理因素,即儿童发音器官的成熟,而其他的因素影响较小。在儿童的发音器官还没有成熟的时候,对其进行难度较大的语音训练很难有好的效果。

随着儿童发音器官的成熟,儿童渐渐能发出需要唇、舌复杂运动的音。这时,社会环境和家庭环境对儿童正确发音的影响就变得很重要了。有研究表明,人类可以发出的音约有200个,而在环境的影响下,母语不用的音渐渐消失,多数人在成年后再学习母语中没有的音,也很难正确地发声。另外,如果家庭成员讲方言,则儿童很容易在语音语调上受到方言的影响。而在婴儿学会说话前,他们最先接触的是他们的照顾者的语言。所以,家庭在教育儿童正确发音上,应该注意这方面的影响。

第三节 儿童词汇的发展

一 最初的词

儿童语言的发生一直是哲学界、语言学界和心理学界研究的重点。研究者们普遍认为,儿童第一个词产生于10～13个月龄,当然,也存在个体差异,有的孩子8～9个月已经会说第一个词,而有的孩子则要等到14～15个月,不同的孩子说出的第一批词也不完全一样。儿童最初的词多是一个或两个音节,且常常是重复的两个音节,如[mama][dada]。关于婴儿何时获得第一

个词,以及在什么意义上、在什么标准下认定婴儿获得第一批词语等问题,不同的学者有不同的观点:

有一些学者认为,当婴儿经常地、一贯地、相当刻板地使用单个语音的时候,就算掌握了第一批词。例如,说出[mama]的声音表示各种请求,[da]表示向人指示某物,[bɔm]表示物体掉了。这意味着婴儿有了使用一种语声表示特定情境下的特定事物或事件的能力。但是他们还不能够区分不同的人、物、事件或性质。根据这个标准,一般可以认为婴儿在 9~10 个月龄时便获得了第一批词语。

另外一些学者认为,只有婴儿能够使用语声明确地指明特定的人、物、事件或性质时,才算是真正掌握了词汇。例如,婴儿说"灯"时只是指自己家里某个房间的灯,就不能说他已经掌握了"灯"这个词。只有当婴儿能够发出"灯"并表示各个场所的灯时,"灯"这个语声对这个婴儿来说才具有词的意义,这才能说婴儿掌握了真正意义的词。如果按照这个标准,婴儿掌握第一批词语的时间在 1 岁左右。

还有一些学者认为,婴儿只有用单个的词传递句子的意思时,才能认为婴儿掌握了词汇。例如,当婴儿走向厨房去找妈妈时使用[mama],意思是"我去找妈妈"。这时婴儿已经脱离了特定的情境,灵活地去理解和使用词语了。他们已经完全从受"情境限制"的水平中摆脱出来了。这些学者认为这种灵活运用言语的能力才能够作为婴儿掌握词汇的标准,也是以后语言和认知能力发展的有效指示器。(E.Bates,1988)按照这个标准,儿童要到 16~18 个月龄时才能获得第一批词语。

以上认定儿童获得第一批词语的标准虽然不同,但是这三种标准没有孰对孰错,它们都指明了儿童使用语声的指代性和参照性,标志了儿童此时对语声的符号作用的认识。

二　词汇量的发展

不同的学者对儿童词汇量进行了统计研究。一般认为:1 岁左右出现约 20 个词,2 岁左右出现 300~500 个词,3 岁左右接近 1 000 个词。史密斯

(Smith)研究发现,1岁的婴儿平均可学到3个词,1岁半学会22个词,到2岁时已学习272个,2岁半学会446个词,3岁时达到896个词,4岁时词汇量可达到1 540个,5岁时达到2 072个,6岁时总量可达到2 562个。(齐沪扬、陈昌来主编,2006)史慧中(1990)等人对十省市两千余名学前儿童的总词汇量进行统计,结果表明:3~4岁儿童的常用词有1 730个,4~5岁儿童的常用词有2 583个,5~6岁儿童的常用词有3 562个。从上面这些研究成果可以看出对儿童词汇量的统计差别并不大,但是还有一定的出入。有人提出了儿童最高词汇量和最低词汇量(如表7-3)。

表7-3　各年龄段儿童最高词汇量和最低词汇量(转引自齐沪扬、陈昌来主编,2006)

年龄(岁)	1.0~1.2	1.3~1.5	1.6~1.8	1.9~1.11	2.0~2.2	2.3~2.6	3.0~4.0
最高词汇量	58	232	383	707	1 227	1 509	2 356
最低词汇量	3	4	44	27	45	171	598

为什么不同学者报告的词汇量会有出入?首先,儿童语言能力的发展存在较大的个体差异,这与先天素质、语言环境以及所学语种本身都有一定的关系。其次,与不同学者采用的研究方法有关,纵向研究和横断研究所得到的结论自然有差异;研究者采样的频率不同,研究结论也会不同;对临时模仿的词、误说的词,不同研究者的统计处理方式不同,结论也会有差异。此外,不同研究者采用的掌握词的判断标准不同,也是造成结论差异的因素之一。

虽然儿童之间词汇量的发展存在着差异,但是我们仍然可以看出一些规律,即从总趋势来看,儿童的词汇量是随年龄的增长而不断增长的,但是增长的速度却不是匀速的,儿童在2~3岁词汇量的发展速度是最快的,3岁以后儿童词汇量的增长速度逐渐减慢。

三　各类词汇的发展

儿童一般先掌握实词,再掌握虚词。实词中最先掌握的是名词,其次是动词,再次是形容词,最后是数量词。据研究表明,儿童在6岁前掌握的实词占儿童词汇量的90%以上,虚词在儿童词汇中所占的比例是很小的,不足10%,

在儿童5岁以后虚词的数量逐渐开始增长。以下我们介绍几种词类在儿童语言发展中的变化。

(一)名词

名词可以分为具体名词和抽象名词两大类,在学龄前期的各个年龄阶段,这两类名词的词汇量相差均悬殊,具体名词词汇量总是超过抽象名词的数量,见表7-4。

表7-4 幼儿具体名词和抽象名词比率情况表(转引自朱智贤主编,1990)

年龄(岁)	名词总量	具体名词		抽象名词		显著性检验
		数量	比率%	数量	比率%	
3~4	935	795	85	140	15	$P<0.05$
4~5	1 446	1 211	84	235	16	$P<0.05$
5~6	2 049	1 675	81	374	19	$P<0.05$

但是两类名词的年增长率却是抽象名词高于具体名词。这说明幼儿的认知范围逐渐由具体形象的人和物向抽象的事物和概念发展。幼儿在学习语言时,生活内容是直接影响学前儿童使用名词词汇的关键因素,而且兴趣、观察、注意、思维等种种心理水平也都是影响词汇量的因素。因此幼儿不仅可以掌握许多与日常生活饮食起居直接有关的词,而且掌握了不少与日常生活距离较远的词,如与生活现象、工农业生产、技术、工具等有关的词。

(二)时间词

朱曼殊、武进之、应厚昌等(1982)对3~8岁的儿童理解三类时间词的发展过程进行了研究,结果发现:

1.表示动作顺序的词

3~4岁儿童对表示动作顺序的"先""后""同时"等词已经理解。对于"以前""以后"大多数儿童要到5岁时才能正确理解。

2. 表示时间阶段及其顺序的词

4~5岁儿童能够理解"昨天""今天""明天"及其先后顺序,而对于一天之内的时段词,如"早晨""上午""中午""下午"等词及其顺序的正确理解则要推迟一年。对于时段太长,生活中难以体验的"去年""今年""明年",一般要到6~6岁半才能理解。可见,儿童先理解"昨天""今天""明天",然后向一天之内较小的时间段词和以年为单位的较大时段词发展。

3. 表示动作时态的词

儿童首先理解"正在"(3~4岁),其次是"已经"(5岁),最后是"就要"(6岁)。这说明儿童首先理解现在,然后以现在为起点向过去和未来延伸,而表示将来时态的词比表示过去时态的词更难理解。

另有研究者对6~8岁儿童的时间副词理解能力进行了研究,发现:6岁和7岁儿童初步形成了对现在和过去时间词的理解能力,萌发了对将来时间词的理解能力;8岁儿童已经具有了对现在和过去时间副词的理解能力,基本上具有了对将来时间副词的理解能力。(毕鸿雁、彭聃龄,2004)

(三)空间方位词

张仁俊(1986)等研究了全国6个地区的2~6岁儿童对"上、下、里、外、前、后、中间、左、右"九个常用方位词的理解和产生,发现了儿童基本掌握(包括理解和产生)各方位词的年龄:"里"为3岁半;"上""下"为4岁;"后""前""外""中"为5岁,对于"左"和"右"直至6岁还没有基本掌握。因此儿童获得这些方位词的顺序大致为:里/上/下>后/前/外/中>左/右。

(四)动词

幼儿常用动词有三类:第一类反映人物动作和行为,第二类反映人物心理活动和道德行为,第三类反映趋向和意愿等活动和行为。史慧中等人对十省市儿童的研究发现:反映人物动作和行为的动词在学前期的各个年龄阶段均占各年龄动词总量的80%以上,其余两类比较小。这充分反映了具体形象思维占主导地位的幼儿的年龄特点。反映心理活动和道德行为的动词在学前期所占比例还是十分小的,但是它随儿童年龄的增长而逐渐发展着。到 6 岁这类动词的量已是 3 岁时的 2 倍。与成人不同的是,儿童经常使用非动词来表达需要和描述活动。比如儿童说"外外"是他想去外面玩,说"嘟嘟"可以表示"开汽车"。

(五)形容词

武进之、杨期正等和全国语言发展研究协作组在全国 6 个地区调查了 1 岁半~6 岁半儿童对 7 大类 365 个常用形容词的产生情况。研究结果说明儿童使用形容词的数量随年龄的增长有较快发展,从 4 岁半开始发展较为迅速。(朱曼殊主编,1990)

儿童掌握形容词的发展过程表现出以下特点:(1)儿童最早使用的是描述物理特征的形容词(2 岁),其中颜色词出现得较早;2 岁半开始使用描述动作、味觉和机体觉的词;3 岁可以使用描述人体的外形特征、情感和个性品质的词;在 4 岁半时开始使用描述事件情境的词。从出现频率来看,凡越早使用的词其出现频率也就越高,反之亦然。(2)儿童对形容词的习得和使用表现为从事物单一特征的描述到复杂特征的描述。以人体外形特征中的"胖、瘦"与"老、年轻"两对形容词为例,前者 3 岁半就能使用,后者到 4 岁半才先后使用。"胖"与"瘦"是单一的特征,而"老""年轻"是人外形的多种特征的结合。(3)从简单形式的形容词到复杂形式的形容词。儿童通常是先掌握形容词的简单形式,如"好""红",复杂形式的词,如"乱七八糟""红彤彤",大多要晚一至两年才能掌握。

(六)代词

1.指示代词

指示代词的指称对象是不固定的,需随语言环境的变化而变化。我国有关研究发现,幼儿对"这""这边"、"那""那边"的理解没有先后差异,而语言情景对指示代词的理解具有明显的影响。当幼儿与说话者坐在同一侧时,对指示代词的理解最好;坐在说话者对面时,理解成绩最差;当幼儿坐在两位交谈者中间时,理解成绩居中。研究结果表明:幼儿真正掌握这两对指示代词在各种语言环境中的相对指称意义是有较大困难的,即使7岁组的儿童,在和说话者面对面坐时,对这些指示代词的理解正确率还是很低。

2. 人称代词

人称代词具有明显的相对性,随语言环境和交谈者角色的变化而变化,要理解人称代词不仅要有相应的语言能力,还要进行复杂的智慧活动,要随时调整和转换理解的参照点。朱曼殊等人考察了儿童在各种情境下对人称代词的理解,结果表明,幼儿不论作为其他三人交谈的旁观者,或是自身实际参加三人交谈,充当受话者和第三者的角色,都对"我"理解最好,"你"次之,"他"最差。

3. 疑问代词

缪小春(1986)等对3~7岁儿童疑问词使用情况的研究结果发现:3岁儿童基本能够理解"谁""什么""什么地方"三个词;4岁儿童能大致上理解"什么时候""怎样";而对"为什么"则要等到5岁时才能基本理解。

(七)副词

副词是学前儿童较早就会使用的一类词。学前儿童运用副词的范围是比较广泛的,涉及速度快慢、事物重复及连续、事物范围及程度、肯定与否定等内容。例如,"又""也""再""还""最""都""真""不""没有"等都是4岁以前儿童掌握的常用副词。4岁以后,副词增加了表示强调、转折以及情势的内容,如"才能""刚好""反正"等。尤其是5~6岁的儿童,形象思维进一步发展,语言的感情色彩更加鲜明,副词的应用不但更经常,而且更多样更有质量。例如,"根本""到底""简直""大概""比较""经常""永远""其实"等都是5岁以后掌握的常用副词。

孔令达、傅满义(2004)研究了儿童对限制性副词、描摹性副词和评述性副词的掌握情况,结果发现:限制性副词的习得优于评述性副词、描摹性副词的习得,尤其是描摹性副词在儿童6岁时出现得也很少。同时他们还发现,儿童对积极义副词的习得优于对消极义副词的习得。

(八)量词

应厚昌测试了4～7岁儿童掌握个体量词、临时量词和集合量词的发展情况,发现:4～5岁儿童最初掌握个体量词,其次为临时量词和集合量词;到6岁时,临时量词反映的正确率已经超过了个体量词而跃居首位;在7岁组,儿童对临时量词仍然掌握最多,其次是个体量词,最后是集合量词,而且只能掌握测试词中的一到两个。

应厚昌还指出,量词的使用必须遵从"数词＋量词＋名词"的公式。在调查中可以看出,4岁儿童虽然已经运用这个公式和某些量词,但是他们还没有对特定名词和特定量词的正确搭配加以分化。5岁儿童已经开始注意到量词和名词的搭配,但还不能用适当的量词和名词配合,往往使用两种策略:一是根据名词所指事物的动作或使用特点,以动词作为量词与之搭配,从而出现了"数词＋动词＋名词"的组合方式,如"一开汽车""一飘云"等;另一种策略是根据名词所指事物的状态或形状,用形容词作为量词与之搭配,出现了"数词＋形容词＋名词"的组合方式,如把"一桶水"说成"一满水"等。6岁儿童已经能够初步根据事物的共同特征进行分类,因此不少儿童根据事物的类别来选择量词,如把"车""轮船"等交通工具统以"辆"来计量,也有儿童把凡是有轮子的物体都用"辆"来计算,如"一辆大炮"等。这个年龄的儿童已经开始了解到与名词搭配的量词有时需要借用容器的名词,掌握了临时量词的使用规则,因而使用临时量词的正确率迅速提高。量词的掌握并非只凭机械记忆,而是和儿童的认知发展分不开的。(朱曼殊主编,1990)

四 儿童词义的发展

儿童对词义的理解是个逐步深化、不断完善的过程,因此在幼儿时期他们所掌握的词义往往会表现出与成人不完全相同的现象。

(一)意义的重叠和过度扩大

儿童和成人词义之间的第一种可能的联系是有部分意义重叠,但是儿童所理解的往往同时超越和扩充了成人词义的范围。如女童圆圆(1岁3个月)把所有的鸟都叫作鸭子。而且特定词的过度扩大可能延续数月。

儿童对成人词义的过度扩大通常有两种方式：一种是单一的过度扩大，即仅选取物体的一至两种特征作为使用某个词的标准。如一个1岁3个月的儿童仅仅抓住月亮是圆形的单一特征，把见到的其他所有的圆形东西包括皮球、柠檬乃至信封上的邮戳都叫作"月亮"。另一种是混合的过度扩充，即以某个词原来所指对象在不同情境下所共有的某一特征为根据，过度扩大地使用该词。如一个1岁5个月的儿童开始用"踢"来指他自己踢一个静止物体，其中至少包括三个成分：挥动肢体，突然碰撞到一个东西，一样东西被推动。后来只要他看到符合这三个特征的动作，他都称之为"踢"，如飞蛾拍翅膀、自行车轮子撞击一个球等。

儿童词义扩大的根据是形状和功能。这两种根据在早期词汇中所起的作用不完全相同。形状特征被认为可能是词义扩大最初的主要根据，儿童更容易把"球"扩充到"苹果"，而较少把"汽车"扩充到"飞机"。当然，物体的功能，特别是某种普通的、在各种场合或情况中都存在的功能也常常被儿童用作扩大的工具。

由于儿童在词汇上还很缺乏，就会用自己仅有的词汇来称呼其他在形状上相似的物体。或者用类比的方式借用某个词来称呼在形状或功能上相似的东西，这有可能是隐喻用法在儿童言语中的最初迹象。儿童只是还没有掌握某个词来描述某物，而并不认为他所过度扩大的词都表示同一个物体。美国学者德·维利尔斯夫妇(De Villiers)记录了自己儿子的语料，儿子(1岁3个月)不会说"脚趾"，但是会说"海龟"，当他看到自己的脚趾从破袜子中露出，高兴地喊："海龟！"在词义的过度扩大中孩子忽略物体间的大量差异，而将注意力集中于它们的相似之处，这是我们成人运用隐喻的关键，儿童抓住了使用隐喻的实质。

(二)意义的重叠和过度缩小

虽然词义的过度扩大在儿童幼年语言中最为引人注目，但是儿童对一些词又表现出词义缩小,如"车子"只指自己家附近经常停的几种款式的车;"猫"只指自己家养的和在邻居家见过的猫。这时候儿童似乎已能辨别出成人所讲的"车""猫"的某些特征,但却将这些特征和一些无关的特征结合在一起,因而不能作出恰当的概括。这种意义范围的缩小可能是儿童获得某个新词的初期表现,以后由于接触同类物体的机会增多,加上成人在交谈中所提供的一些非言语和言语的线索,儿童逐渐能将其他的车也都归入"车"的名下,还有可能会出现上面所讲的过分扩大的现象,将它们扩充到其他的事物上去。

(三)无重叠的意义

有时儿童最初的词义和成人的词义毫无共同之处,也就是没有重叠的部分。例如,3岁的男童靖靖,平时听到妈妈喊爸爸"老公",一天,妈妈让他喊爸爸吃饭,靖靖走到爸爸面前说:"老公,吃饭。"他以为"老公"是爸爸的另外一个名字,他所理解的"老公"和成人理解的完全不同。

由此可见,早期儿童正确掌握词义是一个极为复杂的过程。根据各种研究资料,儿童学习早期词汇的过程可归纳如下:10～13个月,在理解中将成人的词和儿童的前概念相匹配;11～15个月,在产生中获得了少数仅限于在某种特定语境中使用的,或和概念中的动作——功能成分紧密联系的词;16～20个月,对一些老的概念产生新的词,并形成新概念以之和新的词相匹配,同时开始用词来对新的事例加以归类。

五 儿童词汇发展的差异

词汇发展存在比较大的个体差异,主要表现在以下几个方面:

一是儿童词汇量的差异。儿童词汇量的多少与儿童所处的环境、接受教育的程度和所学语言本身都有一定关系。

二是儿童掌握单词类型的差异。不同儿童所建构的早期词汇类型可能不同:一类是"指示型"的儿童,他们优先习得非生物界的物体名称,如"牛奶""积木"等;另一类是"表达型"儿童,他们则较少关注名称,而较多关注可用于社会交往的个人—社会关系词,如"想要""请""是""停"等。这两种儿童对语言的目的似乎有相对不同的看法,"指示型"儿童关注语言的信息方面,而"表达型"儿童更关心语言的人际使用。但是这种差异只是程度问题,而并不是绝对不同的两类,因为所有儿童都学习这两类单词。

三是性别差异。早期语言发展也出现一些平均的性别差异。平均而言,女孩比男孩更快习得最初的词汇,并且往往比男孩拥有更大的词汇量。女孩也更可能属于"指示型"儿童,但是这些差异是不大的,并且有许多例外。男孩和女孩的同大于异——这不仅表现在语言上,也表现在认知发展的其他各个方面。

四是跨文化差异。名词先出现的模式在学习英语的儿童中更为显著,而在其他语言中则不明显(这里仅限于曾研究过的语种)。例如,学日语的儿童在习得物体名词上比学英语的儿童慢,学韩语的儿童也是如此;反过来,学韩语的儿童在学习行动动词上则比较快。儿童间的这些差异,与不同文化中父母倾向于提供的语言输入类型上的差异有关。实际上,甚至在某种语言内,儿童在早期语言各个方面上的差异也与不同父母谈论方式上的差异有关。

六 儿童掌握词汇的特点

根据以上研究分析,儿童掌握词汇有以下特点:

第一,发展的顺序性以及对情境的依赖。儿童对各种词的理解和产生都有一个大致顺序,但没有绝对的年龄界限,同一个词常会因出现的情境不同,而有不同的反应。因此,在描述儿童词汇发展过程时,只能相对地说某一年龄发展阶段能在某种情境中理解或产生某个词。

第二,发展的不匀速性和阶段性。儿童对词汇的理解和产生随年龄增长而发展的速度是不均匀的,有时快,有时慢,有时甚至停滞不前。这种不匀速性和阶段性在各种词的掌握上也是不一致的。但总的来说,儿童的词汇掌握是随年龄的增长而增长的。

第三,词汇意义的逐步精确化和概括化。儿童对词义的掌握最初表现出两种表面似乎相反,而实际相同的情况:或者某个词义过分扩大而发生词与词之间的混淆;或者词义过分缩小,使某一个词只和某一对象联系。这些现象都说明他们还没有完全掌握词的全部语义特征,但是,随着儿童认知的发展,他们会对词的全部语义特征逐步精确化和概括化,最终习得词的全部语义特征。

第四,儿童对词的理解和使用是以儿童的认知发展,特别是概念的掌握为基础的。儿童的认知发展和概念掌握过程具有一定的普遍性,在理解语义中使用的策略也有普遍性。我国的研究和国外的研究大都一致,也有不一致的,这可能是因为语种不同,或者是社会生活条件、文化背景不同及研究方法和材料不同造成的。

第四节 儿童语法的发展

一 不完整句阶段

儿童语言发展中的不完整句阶段又可以分为单词句(独词句)阶段和双词句(电报句)阶段。

(一)单词句(独词句)阶段

1岁左右的儿童对一些经常接触的人或物已经能正确地称呼,如看见父母时能分别叫出"爸爸""妈妈";要大人抱时,会伸出两臂叫"抱抱"。随后不久,儿童会用单词来表达自己的愿望或要求。此时,儿童语言的发展正式进入了单词句阶段。

单词句阶段儿童所使用的单词已不限于词的指称功能,这一阶段的儿童用单词去表达自己的需要、愿望或情绪,或用单词来描绘周围的情境或事件。这些具有交流功能的发音,虽然形式上只是一个单词,但所表达的意思往往相当于成人所说的一句话,故称单词句。

儿童的单词句有以下几个特点:

第一,在儿童没有掌握一些语词之前,他们会发明一些语词来表示事物。

例如,将大公鸡称为"喔喔",将吃饭称为"啊唔"。儿童自己发明一些语词来表示事物,具有重要的意义。首先,这表明儿童不但通过模仿来学习语词,而且还创造性地使用语词;其次,还表明了儿童已经认识到要用同一种符号来表达同一类事物。

第二,和动作紧密结合。当儿童用单词句表达某个意思时,常伴随着动作和表情。比如说"不"的时候,会伴随着摇头或摆手,说"臭"时会伴随挤鼻子的表情。

第三,词性不确定。虽然儿童最先学到的是名词和动词,但在使用时并没有明确的词性分别,一个名词可以用来指物,也可以用来指动作、行为、事件等。如"帽帽"可以指帽子,也可以指戴帽子;"嘟嘟"可以指汽车,也可以指开汽车等。

第四,词义界限具有一定的模糊性。成人必须根据当时的情境和语调等线索才能推测出儿童的意思。如把所有四脚的动物都叫作"狗狗",管所有的年轻男子都叫"爸爸",这是词义扩大。相反地,还有词义缩小,如爸爸问儿子"鞋子在哪里",尽管房间里有很多鞋子,儿子却置之不顾,跑到妈妈的柜子里找出妈妈的鞋子。

(二)双词句(电报句)阶段

所谓双词句,是指儿童用两个词表达一个句子的意思。儿童一般到1岁半左右开始说出由两三个词组合起来的语句。这一阶段,儿童的语言是新颖的,是在没有范例的情况下自己创造出来的。例如一个儿童说"宝宝帽帽",此前他并没有听到这一类语句,听到的可能是"妈妈给宝宝戴帽帽""这是宝宝的帽帽"之类的话,他抽取了成人语言中两个最主要的成分构成了自己的语言。这一阶段是所有儿童都要经历的由单词句向完整句发展的重要过渡阶段,此阶段儿童所使用的词仍以名词和动词等实词为主,连词、介词、助词等功能词很少出现。在表意上,双词句以及经过有限扩展的多词句虽比单词句明确,但其形式是断续的,结构不完整,类似于成人的电报文本,所以又被称为电报句。

由单词句阶段发展到双词句阶段,是儿童语言发展的必由之路,也是又一次大的飞跃。两个阶段的本质差异不在于句子形式的长短,而在于双词句阶段,儿童使用的最小语言单位具有了词的资格,即具有了一定的组合功能。过去人们往往只要发现儿童所使用的语言单位是目标语言中的词组,就认为进入了双词句阶段。这种简单化的处理不太恰当。

布朗(Brown)发现儿童在双词句中所表达的意义具有高度的一致性,并总结了11种表达意义的形式,按性质可分为指称形式和关系形式两大类,具体见表7-5。

表7-5 双词句意义的表达形式(转引自朱曼殊主编,1990)

形式	表达意义	例句
指称形式	叫出名字	这狗狗
	反复	还要糖糖
	消失	球球没了
关系形式	施事和动作	妈妈抱
	动作和对象	开嘟嘟
	施事和对象	妈妈(穿)鞋鞋
	动作和位置	坐凳凳
	物体和位置	饭饭碗
	物主和所属物	妹妹娃娃
	物体和属性	好看衣服
	指示词和物体	这个娃娃

判定儿童是否具有词的组合能力,如下标准具有可操作性:当儿童听到一个含有A的词语时,他能主动地用一个语言单位B与A组合,形成具有语法组构关系和语义运算关系的AB或BA新组合。这时可认为儿童发展出了词的组合能力。例如:

1.给昊昊(1岁8个月)点眼药,昊昊不想点。

妈妈:"再淘气,打屁屁啦!还敢吗?"

昊昊:"不敢啦!"

2.睡觉前,昊昊(1岁8个月)的指甲划到妈妈脸了。

妈妈:"昊昊,说'对不起'。"
昊昊:"不对不起!"

从例子中我们可以看出,昊昊主动地用"不"同"敢、对不起"组合成"不+动词",这是状心结构关系,表达对动作和行为的否定。这种情况显然与单词句阶段的"不+动词"不同,可以认为此时昊昊已经发展出了词的组合能力,其语言发展已进入双词句阶段。

二 完整句阶段

儿童经过不完整句阶段的准备和调整,其语言逐渐向成人语言靠拢,进入了完整句阶段。在不完整句阶段,就表现形式和主要功能而言,不同母语的儿童,其语言发展表现出较强的一致性。但在完整句阶段,则体现出不同语言之间的差别和特殊性。比如在形态变化比较丰富的语言中,儿童语言的发展在语法方面会出现两种变化:一是句子的长度、结构的完整性与复杂性增加,开始按照一些基本的语义关系将单词组成完整句;二是单句中开始出现一些词形变化。而汉语是典型的分析性语言,缺乏形态变化。汉语儿童经过不完整句阶段后,其语法的发展过程与英语儿童存在着明显的差别。

(一)单句的发展

单句分为简单单句和复杂单句两种。句子根据语气可分为陈述句、疑问句、祈使句和感叹句四大类。儿童最初产生的大多为陈述句,其他句型的比例很小。

1.简单单句

多数1岁半到2岁左右的儿童在说出双词句时,也开始说出一些结构完整但几乎没有什么修饰语的简单单句。如"宝宝吃糖糖""拉屃屃"。

汉族儿童简单单句阶段的特点和明显标记是:儿童的单句从无修饰语到出现各种修饰语。约从2岁到2岁半,开始出现了一定数量的简单修饰语,如"两个娃娃玩积木""宝宝穿新鞋",并且有修饰语的语句表现出随年龄的增长而逐渐增多的趋势。从修饰语的类型看,定语较多,状语次之,补语最少;充当定语、状语、补语的有单词，也有短语；有单层的，也有多层的，而且多层定语的出现早于多层状语。如：

  我有一个小汽车，红色的小汽车。（3岁）

  我的肚子挺得老高老高的。（2岁）

  研究表明，儿童在3岁前虽已出现了复合句，但数量很少。据研究，儿童在2岁时绝大部分（96.5%）还是简单句，复合句只占所有句子的3.5%左右。之后，随着年龄的增长复合句所占的比例逐渐增长。

2.复杂单句

  复杂单句又称复杂谓语句，是由几个相互串连或相互包含的结构所组成的具有一个以上谓语的单句。它的特点是突破了简单句的主—谓、主—动—宾、动—宾等无修饰成分或只有简单修饰成分的模式，出现了复杂短语充当谓语或其他语法成分的结构。朱曼殊等研究发现，在2~6岁的儿童语言中出现了三类复杂单句：一是由几个动词结构连用的连动句，如"小朋友看见了就去告诉老师"；二是由一个动宾结构和一个主谓结构套在一起的兼语句，如"老师教我们做游戏"；三是句子的主语或宾语中又包含主谓结构，如"小朋友在画小白兔吃萝卜和青菜"。

  朱曼殊等归纳了儿童各种单句发展的一般顺序：不完整句；具有主—谓、谓—宾、主—谓—宾、主—谓—补等结构的无修饰语单句；简单修饰语单句、主谓双宾语句、简单连动句；复杂修饰语句、复杂连动句、兼语句；主语或宾语含有主谓结构的句子。

（二）复句的发展

  在汉语中，联合复句（并列复句）和偏正复句（主从复句）是复句中的两大类。虽然复句中的关联词语在大部分情况下是必不可少的，但在联合复句中可以省略关联词，而偏正复句则基本上要求保留关联词。这里简单介绍儿童语言中联合复句和偏正复句、因果复句及转折让步关系复句的发展情况。

1.联合复句和偏正复句

  一般复句中常包括以下几种关联词："还""不是……而是……""或者……

或者……""不是……就是……""只有……才……""如果……那么……"等。缪小春、朱曼殊(1989)探讨了儿童对含有这些关联词的复句的理解情况,结果发现:4岁儿童基本上能理解并列复句;6岁儿童基本上能理解递进复句和条件复句。但对选择复句,6岁儿童还没有达到基本的理解水平。由此可以看出,在这些复句中,儿童最易理解并列复句,最难理解选择复句。对于这种实验结果,研究者的解释是:儿童对复句理解的难易主要取决于各种复句所表现的关系的复杂程度;句子表述的方式也影响儿童对复句的理解。在表述合取关系的复句中,用"不但……而且……"作为关联词的复句理解起来比较困难,在选择复句中,以"不是……就是……"为关联词的句子又比用"或者……或者……"的句子难理解,应该是由于这两种句子中的"不"字使儿童误以为前一个分句是否定的意思。

2. 因果复句

因果复句是语言交往中使用极其频繁的一种复句。朱曼殊等人以小学1~5年级学生为被试,研究了他们对因果复句的理解情况。结果发现:小学生对实验中单义因果复句的理解水平呈明显的随年级而上升的趋势,但又深受句子复杂程度的影响;小学各年级学生对歧义因果复句基本上只能作单义理解,缺乏一果多因的推理能力;儿童在理解歧义因果复句和复杂的单一因果复句时,普遍表现出选择第一分句中主语名词的倾向,即采取了将第二分句中作为主语成分的人称代词"他"和第一分句中主语名词相对应的理解策略,例如,"张文骂李明,因为他不愿意看到做坏事",儿童经常将这里的"他"只理解为第一分句的主语"张文"。

3. 转折让步关系复句

在这种复合句中,从句承认一个事实,但主句把意思一转,说出相反的情况,故叫转折让步关系复句。"虽然……但是……"是一个典型的让步连接词,和它类似的还有"尽管……可是……""纵然……但是……"等。有研究者研究了儿童掌握让步连接词偏正复句的年龄特点,认为儿童掌握转折让步关系复句要经历三个阶段。

阶段一,完全错误的阶段。该阶段又有两种表现形式:(1)完全不理解转折关系,或句子表达的转折关系不明显。如:"尽管他工作怎么忙,他还是努力工作。"(2)把转折关系错当成因果关系,如:"虽然是傍晚了,院子里还是很黑。"具有上述特点的主要出现在二年级,以后随年级的上升,逐渐减少。

阶段二,初步的但往往不能确切掌握的阶段。如:"尽管天黑了,他还是努力工作。"意思似乎是对的,但又不很妥当。发生这些错误的多数是二年级到四年级的儿童,五年级相对少些。

阶段三,正确掌握阶段。这时儿童无论在形式上或内容上,已能真正地正确掌握转折连接词的用法。有的甚至能在比较深刻、抽象的水平上使用它。四年级后,儿童才能逐渐接近这个水平。

缪小春、桑标(1994)利用完成句子和判断句子正误等作业对儿童理解因果复句、条件复句和让步复句进行了研究。结果表明,5~8岁儿童对因果复句、条件复句和让步复句的理解水平逐年提高。其中6岁和7岁之间的变化尤为明显。6岁儿童基本能理解因果复句和条件复句,7岁儿童基本能理解让步复句。从完成作业角度来看,完成句子的成绩相对要好些,判断句子正误的成绩则相对差些。研究者认为,完成句子任务只要求儿童具有一般的语言理解能力,且对儿童的限制较少,因此比较容易;而判断正误要求儿童对呈现给他们的句子进行分析,在分析的基础上作出判断,并对错误的句子加以改正,这是以语言(句子)作为认识活动的对象,需要元语言能力,显然比较困难。儿童特别是5岁、6岁儿童这种能力还比较差,就必然不如完成句子任务的成绩。

(三)语法结构的发展

华东师范大学一些研究者以70名2~6岁儿童为被试,用录音机记录每一对象的自发言语两次,每次半小时,一次记录儿童在自由谈话活动中的谈话和当时的情景,另一次是看图说话。共收集简单陈述句3 459个。研究者从这些研究资料中归纳出儿童在陈述句中(包括简单句和复杂句)语法结构发展的一般趋势为:

1.混沌一体到逐步分化

分化过程表现在三个方面:从功能上说,早期的语言有表达情感的、意动的、指物的三个方面,最初三者紧密结合,而后逐渐分化,指物的和表达情感的功能越来越明显;从词类上说,幼儿早期的语词不分词性,稍后才能在使用中分化出名词和动词、修饰词和中心词等;从句子结构来说,最初是主谓不分的双词句,然后逐步发展到结构分明的句子。

2. 结构松散到逐步严谨

句子结构从简单到复杂。最初的双词句只是一个简单的词组,没有体现语法规则的结构。在出现了主谓、主谓宾、主谓补的简单句以后,才具有语法规则结构的基本框架,但句子中各成分之间的相互制约仍不明显。3岁半前儿童的话语经常漏缺主要成分。以后各成分间的相互制约性越来越严格。复合句结构的发展也是如此,最初是没有连词的两个单句的并列,后来才出现各种连词把各个单词联结起来。

3. 压缩呆板到逐步扩展灵活

幼儿的言语最初主谓不分,只有一两个词,而且常常不完整,漏缺句子成分或者句子成分排列不当,而后能分出句子的基本部分。但由于认知的局限性和词汇的贫乏,表达内容单调狭窄,往往只能说出形式上几乎相同的几个词的压缩词句,如"妈妈吃""妹妹睡觉觉"等,后来能逐步使用从简单到复杂的修辞句,使句子扩展。最后可以灵活运用句子中各种成分进行多种组合,从而产生形式多样的句子。这种发展趋势也很明显地表现在表达同一内容的句子上,如"糖糖→还要糖糖→爸爸买糖糖→爸爸挣钱买糖糖→爸爸挣钱买好多糖糖→过年回来,爸爸挣钱买好多糖糖给我吃"。

4. 平均长度由短到长

儿童语法的发展通常从两个方面来评价分析,一是句子的长度,二是句子结构的完整性和复杂性。

有研究者曾以字为单位来分析儿童句子长度的发展,结果显示:1岁半~2岁阶段以5字以下的句子为主;2~6岁以6~10字的句子为最多。以字为单位计算句子长度,方法简便,易于操作。但汉族儿童早期语言中有许多重叠词或叠音词,如"妈妈""抱抱"等,这将会影响到对句子实际长度的评定。

儿童语言发展中句子平均长度的研究,国外早在20世纪30年代就已出现,统计结果显示,不同年代儿童句子平均长度也有逐步增加的趋势。

儿童的句子发展过程始于单词句,以后随年龄增长句子中含词量增加,即句子的长度增加。因此,句子的平均长度(简称 MLU)通常被看作测量儿童早期语言发展的指标之一。欧美研究者根据印欧语系词素变化的特点,多以词素作为句子长度计算单位,如"boys"计为 boy 与 s 两个单位。"I running"计为三个单位。有研究者分析了 2～6 岁儿童的简单陈述句的平均长度的发展,也发现了这种增加的趋势(见表 7-6)。

表 7-6　2～6 岁儿童简单陈述句句子长度的发展(转引自朱曼殊主编,1990)

年龄	2 岁	2 岁半	3 岁	3 岁半	4 岁	5 岁	6 岁
句子长度(词数)	2.91	3.76	4.61	5.22	5.77	7.87	8.39

三　句式的发展

单句和复句是从句子结构角度划分出来的类别,通常称为句型。每种语言中还有特殊的构成标志或构成模式的句子,通常称为句式。在儿童句式发展研究方面,20 世纪 80 年代以来,取得了丰硕的成果,一方面丰富了人们对儿童语言习得规律的认识,另一方面不少学者通过对儿童句式发展情况的研究来验证、补充、修改已有的汉语语法研究的观点。下面仅以汉语儿童几种主要句式发展为例,说明儿童语言研究对汉语语法学理论的贡献。

(一)"把"字句的发展

"把"字句是汉语中很有特色的一种句式,研究成果也较多。对于这种句式的性质,传统上解释为通过介词"把"将动词的宾语提前,整个句子带有处置意义。但语言事实中有些"把"字句并不能还原为一般的"主—动—宾"句,也有些"把"字句用处置说不能作出令人信服的解释。通过对儿童"把"字句习得过程的分析,可以更好地解释这种句式。

关于汉语"把"字句的构成,通常认为必须具备以下几个条件:"把"字句中的动词不能是光杆形式,或前有状语,或后有补语,至少要有动态助词;动词带有处置性;"把"引导的对象通常是有定的;否定副词、能愿动词等只能出现于"把"前,不能出现于"把"字介词结构与动词之间。这几个方面的条件决定了儿童对"把"字句的习得只能在双词句以后的语言发展中才有可能出现。研究表明,"把"字句在2岁儿童中已经出现,4~5岁基本发展成熟。(李向农、周国光、孔令达,1990)这一阶段也是儿童完整句发展的高峰期。

周国光、王葆华(2001)通过调查与分析,发现:从2岁开始,儿童"把"字句的使用随着年龄的增长,"格式由简而繁,构成成分由少而多,句子长度由短而长",且"把+名词+动词+趋向动词""把+名词+动词+动词/形容词"及"把+名词+在/到+处所名词",一直是使用频率最高的基本结构,贯穿于整个发展过程。到4岁半时,儿童语言除了成人语言中的"把+名词+动词+了+动词"和"把+名词+动词+时量"两种格式未出现外,已与成人的"把"字句状况基本接近。

(二)疑问句的发展

疑问句的产生是在陈述句之后。它包括以下几种类型:是非问、反复问、选择问、特指问、简略问。

李宇明(1995)根据对两名儿童(男、女各一)产生各种问句的追踪记录材料进行分析研究,发现了儿童习得疑问句的一些特点和过程,具体为:

第一,2岁前后是儿童疑问句的主要发生期。此时期除选择问句之外,其他几个大类疑问句都已发生,故称2岁左右为疑问句的发生期。在发生期中,儿童的疑问句具有简略性特点,且主要表达婴儿的惊疑和不适应。他们对这些疑问句要求解答的意识并不强,如果成人没有回答,他们即转换话题,并不会因为没有得到答案而感到不满足。因此,此类问句是简单反应性的且高度依赖语境的,但这种依赖是不自觉的。真正自己配合语境的问句要在疑问句发展的后期才出现。

第二,2~3岁是儿童疑问句发展的关键期。从疑问句发生到3岁,儿童的疑问句飞速发展。除了极个别的疑问句格式外,绝大多数疑问句格式已经出现,且疑问句的内容逐渐复杂化。大部分疑问句出现了反问的方法,如"你画得像小白兔吗""这么好吃,谁不想吃啊"。研究者认为,这是儿童疑问句发展成熟的一个标志。

第三,3岁以后是对疑问句的完善期。此阶段疑问句的发展已大致完成。此时,儿童的疑问句主要是向语用性的方向发展。表现有两点:一是疑问句的非疑问用法,如"谁想吃糖都得在我这儿拿";二是在4岁左右,出现了以"什么""怎么""为什么"等疑问词开始的疑问句,这种疑问句通常是人们要求对客观事实作某种解释时的一种疑问句式。

(三)否定句的发展

否定句是一种重要的语言现象,它是人类认知系统的可逆运算在语言中的表现形式之一。在语法方面,我国儿童主要使用两种形式的否定句。一是否定词位于句子之外,构成"否定词+句子"或"句子+否定词"的形式,如"不睡觉觉"或"妈妈上班不去"。二是将否定词移入句子之内,如"书上没有图画"。从发展顺序说,第一种形式早在双词句阶段已出现,第二种形式多半在完整句中出现,以后二者同时存在。但在第一种形式中除多数(如上二例所示)是对句子的否定以外,还有一种复指形式。当成人抱着孩子从外面往家里走时,孩子说"不去外外(外面)",意思是不回家要去外面玩。当成人对儿童提出某种要求,儿童不但拒绝执行,而且自有主张时,就采用复指式否定句。成人只有根据语境、语气和儿童的表情才能鉴别复指式与对句子的否定式之间的区别。复指式在发展层次上要比对句子的否定式更高一些,出现也较晚。

有研究者研究了儿童对否定句的理解。结果发现:4岁儿童已能够理解单纯的谓语否定句(如"盘子里没有苹果")和有全称量词修饰的否定句(如"所有的盘子里都没有苹果")。(徐火辉,1990)根据笔者的观察记录,儿童在2岁时就已经能够使用单纯的谓语否定句。具体例子如下:

1. 昊昊(2岁1个月)拿了一粒花生米给奶奶吃,但掉到地上的水盆里看不见了。

    昊昊说:"没影啦!"

2. 奶奶给鑫鑫(2岁1个月)买了袋虾条,让鑫鑫到隔壁送给哥哥。

鑫鑫到了隔壁没有看见人，说："没人，没人！"

（四）被动句的发展

被动句和主动句在结构上是相对的，主动句中的语法主语和逻辑主语是一致的，而被动句中的语法主语却是逻辑宾语，语法宾语成了逻辑主语。"被"字句是被动句的典型句式。朱曼殊等人采用儿童表演法，研究了儿童对被动句的理解。结果发现：5岁儿童能够理解被动结构句的得分还比较低，即此时儿童对被动句的理解还比较差；6岁儿童基本能理解被动句。研究者推断6岁可能是儿童理解被动句的关键年龄。

（五）双重否定句的发展

双重否定句的理解，是比否定句更为复杂的转换过程。在语义上由肯定句到否定句是一次逆转，而从否定句到双重否定句是再次逆转的反演过程。儿童在产生和理解中往往将否定句和双重否定句混淆起来。当他们坚持要求做什么时，常说"我非要去"或"我非要吃"等，遗漏了表示双重否定的关键词语"不可"，此种语境甚至在小学阶段也时有出现。朱曼殊等通过主试演示任务，要求儿童根据演示说出相应句子的实验，研究了5～7岁儿童产生和理解双重否定句的情况。结果6岁组儿童的理解正确率为60%，产生正确率仅为50%；7岁组儿童的理解和产生正确率均达到80%以上。说明该年龄阶段儿童已能基本掌握简单的双重否定句。

四 篇章能力和连贯性语言能力的发展

语篇理解是心理学和语言学研究的重要内容。心理语言学创立并与认知科学合流后，这种重要性变得尤为显著。在语言学习中，语篇的理解至关重要。语篇是人类语言交际最重要的载体。大多数情况下，不管我们交流思想、信息还是情感，无论是否跨越时空，我们都在使用语篇进行交流。因此研究语篇理解对人类语言交际有着重要的学术和现实意义。

(一)篇章能力的发展

篇章是在词、句基础上由句子组成的,能自成统一体的意义单位,处于语言体系的最高层级。儿童在掌握语言中的语音、词汇和语法等语言成分的基础上,还要学习如何在各种不同场合下对它们加以运用。儿童语言能力的发展,除对词和句子的掌握之外,还表现在篇章能力的发展上。

谢晓琳、徐盛桓、张国仕(1988)研究了儿童篇章能力的发展情况,认为应该用两个标准衡量篇章的发展,即衔接、发展。

所谓衔接,是表现篇章内的前一个成分(如句子)与后一个成分的联系以及后一个成分的呼应。联系是衔接的方式,它为话语成为整体构架提供了可能性。呼应即通过词汇手段在"联系"提供的构架上将句子前后两部分或将句子与句子衔接起来,主要的联系方式有四种:(1)前一个成分(句子)的上半部与后一个成分(句子)的上半部联系;(2)前一个成分的下半部与后一个成分的下半部联系;(3)前一个成分的下半部与后一个成分的上半部联系;(4)前后两个成分整体发生逻辑关系。起呼应作用的主要有复现性词语、相关性词语和关系词语等。

所谓发展,是指使衔接起来的句子形成一种表达有序化的模式。他们将幼儿的语言归纳为三种主要发展模式:(1)平行发展,如"我叫某某,我今年三岁半,我是在中一班的";(2)延伸发展,如"某某喜欢打我们,我们谁也不理他,他睡觉也不认真";(3)集中发展,如"他在中一班,某某也在中一班,我也在中一班,我们几个都在中一班"。

研究者以4岁、5岁两个年龄组各60名幼儿为被试,要求他们在没有任何提示和帮助的情况下,看图独立说出一个关于蓝精灵的故事——蓝精灵乐队,限定在2分钟内完成。结果发现:(1)4岁组、5岁组基本都已达到衔接、发展的标准。(2)4岁组幼儿的篇章能力发展水平比较低,表现为思维联系不密切,思路不够清晰,整个篇章的整体性未能完成,篇章往往只涉及几个联系不紧凑的句子;5岁组幼儿的篇章能力有进一步发展,话语的整体性比4岁组的好,篇章的叙述有始有终,线索明确,篇章内有某些句子体现了篇章的核心,其余句子所表达的内容对这个核心起衬托作用。(3)两个年龄组中表现出一些共同点:第一,在使用词汇手段实现句与句的衔接上,多用代词,其中以代词"他"的出现频率较高;第二,两组幼儿的篇章结构均出现平行发展和延伸发展,但4岁组以平行发展为主,而5岁组则以延伸发展为主。从结构上来说,平行结构较延伸结构简单;从思维角度来说,平行结构所处的层次略低于延伸结构。

(二)连贯性语言能力的发展

连贯性语言能力是指能够连续地讲出几句话或一段话,其意思前后连贯,使听者理解其内容。连贯性语言的特点是句子完整,前后连贯,能够反映完整而详细的思想内容,使听者从语言本身就能理解所讲述的意思,不必事先熟悉所谈及的具体情境。情景语言和连贯语言的主要区别在于是否直接依靠具体事物作支柱。连贯性语言能力是篇章能力发展的基础。

范存仁等研究了4~7岁儿童连贯性语言的发展,要求儿童将所见所闻用自己的语言复述出来,他们分析了各年龄儿童语言中情景性语言和连贯性语言的比重。结果发现:随着年龄的增长,情景性语言的比重逐渐下降,连贯性语言的比重逐渐上升。到7岁时连贯性语言才占较大优势,具体见表7-7。

表7-7　4~7岁儿童连贯性语言的发展(转引自王甦、林仲贤、荆其诚主编,1997)

	4岁	5岁	6岁	7岁
情景性语言%	66.5	60.5	51	42
连贯性语言%	33.5	39.5	49	58
总句数	981	1 283	1 263	1 018

研究者们还发现,整个幼儿期就是情境性言语过渡的时期。在叙述中,绝大多数4~5岁儿童的句子形式主要还停留在简单句阶段,说话常常是断断续续的,对事物关系的叙述绝大部分只是说明现象及个别事物之间的关系,即只能说一些片段,还不能说明事件、过程之间的联系。6~7岁的儿童已能连贯地从叙述个别事物之间的联系过渡到事件、过程之间的联系,复合句有了显著

的发展,但其发展还是不完善的。

朱曼殊等人还研究了幼儿在看图说话时形成故事模式和语言连贯性的发展情况。他们发现儿童在按图叙述故事的发展过程中,逐渐形成了一种讲故事的模式。最初只能是逐幅描述人物活动直至结尾,如"妹妹跳绳、哥哥……他们在一起玩了"。第二阶段,儿童能从介绍图中人物开场,然后讲述故事,如"有一个妹妹,她在跳绳,有一个哥哥……一起跳绳了","有一天"等,然后再增加故事发生地点。如"有一天,在幼儿园的草地上……"。这就形成了一种讲故事的完整模式,即"时间+地点+主要人物+主要情节+结尾",这就构成了一个完整篇章。

儿童在讲述故事时语言的连贯性表现为四种水平:(1)不连贯,大多表现为和主试的简单对话(主试启发提问,儿童作答),或对画面上人物作列举式的描述,句子大多不完整或不明确,3岁前儿童多处于这一水平;(2)部分连贯,即全部叙述中有某一段话或某几句话的意思连贯,3岁半出现这种部分连贯;(3)基本连贯,即基本上能把故事情节连贯地叙述,但中间有些语句不连贯,4岁组大部分达到这一水平;(4)连贯,6岁组大部分达到这个水平。这一情况和范存仁等的研究结果不完全一致,他们认为要到7岁,连贯性语言才占较大优势,这应该是由于二者对连贯性语言的评定标准不完全相同所致。

思考题

1. 儿童语言发展研究有几种常见的研究方法?分别作简要介绍。
2. 儿童语言获得理论有哪些?其各自主要观点是什么?
3. 儿童语言的发展要经历几个阶段?儿童语言发展过程有哪些规律性和差异性?
4. 影响儿童语音发展的因素有哪些?
5. 儿童什么时候掌握第一批词?对此问题有哪几个标准?
6. 儿童掌握词汇的特点是什么?在掌握词义的过程中会出现什么现象?
7. 儿童语法发展的基本脉络是什么?

8. 儿童单词句发展阶段有哪些特点？
9. 儿童语法结构发展的一般趋势是什么？
10. 儿童篇章能力和连贯性语言能力的发展情况如何？

第八章 应用语言学的其他重要领域

第一节 心理语言学

一 心理语言学的研究对象

(一)心理语言学的研究分支

心理语言学是一门只有几十年历史的边缘学科。顾名思义,心理语言学是研究语言和心理的,但是语言和心理的覆盖面很广,人类的许多行为都与语言和心理有关。最近几十年来,越来越多的语言学家和心理学家认识到研究语言的重要性。语言学家想知道他们所描写的语言结构是否符合人们在心理上处理语言的实际过程。心理学家也想揭示他们所研究的言语行为的心理基础,特别是当他们摆脱了机械主义的刺激—反应论的影响后,更感到有此必要。因此,心理语言学的诞生并不是偶然的,而是语言学和心理学发展的结果。一般来说,心理语言学的研究主要是以认知为基础的语言习得和使用的心理过程,包括几个不完全相同但又有联系的分支:实验心理语言学(人们是怎样理解和产生语言的?即语言符号的编码、解码过程,如言语产生的过程和环节、自然语言理解的心理机制等),发展心理语言学(儿童是怎样习得母语的?即儿童语言习得),应用心理语言学(心理语言学的研究成果怎样应用到其他领域?即心理语言学的应用领域,如第二语言教学、人工智能等),计算心理语言学(怎么建立心理语言学的计算机模型？即通过计算机手段来模拟语言的心理过程)。

(二)心理语言学的研究目标

心理语言学感兴趣的是人们在习得和使用语言时必须具有的潜在的知识和能力，这些知识和能力是一种心理过程，看不见，摸不着。我们只能通过观察、研究一些表面的行为来进行推断，言语的听和说就是这些表面的行为，即言语行为。值得注意的是，我们所说的语言知识指的是一个人使用自己语言的能力，这种语言知识和言语行为属于不同的范畴，我们通常用语言(language)和言语(speech)这两个不同的概念来说明其区别。在汉语里，"言语"不但可做名词，亦可做动词使用；在英语里，speech 也有其对应的动词 speak。"言语"是每个人讲出来的话，不但听得见，而且能录下音来。"语言"指的是语言系统，系统是一种抽象的东西，听不见，更不能录下音来。语言系统是一套使用语言的规则，并非一种行为。汉语"语言"和英语"language"都是名词，并没有相对应的动词。乔姆斯基进一步提出语言能力和语言运用的区别：语言能力指的是在人的大脑中形成的一种能够按照本族语的规则把声音和意义联系起来的能力，也可称为语言知识；而语言运用则是这种语言能力的实际运用。语言和言语的关系至为密切。不懂得语言就无从研究言语；反之，要研究语言又离不开言语。心理语言学就是通过对人们言语行为的观察、分析、统计来研究人们在习得和使用语言时具有的知识系统。

这种知识系统是从我们使用母语的能力中转移过来的。米勒(Miller)指出，语言使用牵涉五方面的知识。前三种知识和语言结构有关，即语音、词汇和句法的知识。而后两种则与心理有关，一种叫概念知识(conceptual knowledge)，说话人必须对他所生活和谈论的世界有所了解；另一种叫信念系统(systems of beliefs)，说话人用以评估他所听到的东西。人们在使用语言时是依赖知识分层处理的，语言输入的各个层面上的结构，首先是语音。说话人从所储存的知识里提取语音规则来处理语音，产生音素的层面，一直到最后产生表征结构。所"储存的知识"放在长时记忆里，而"过程"就是短时记忆，即人脑的"中央处理器"。由此可见,语言处理和人的记忆分不开;人的记忆里储存了各种各样的知识,主要是陈述性知识和程序性知识两大类。所以我们说这个过程是以认知为基础的,研究语言使用的心理过程实际上是研究语言、记忆和认知三者的关系。这个过程相当于一个信息处理的流程,这个流程表现为如下一些特征:第一,信息处理的流程是一个开放性的系统,它和环境互相作用,体现为语言的输入和输出。第二,就这个流程本身而言,大脑的控制过程主宰了每一个环节,它既管辖了一些有形的生理机制(如眼、耳、口、手),也管辖了无形的心理机制(如感觉记录器、反应产生器、短时记忆和长时记忆)。第三,信息处理的核心过程是使用不同层次的记忆(处理视觉和听觉信息的感觉记录器、具有中央处理器作用的短时记忆、保存知识的长时记忆)来加工信息。第四,在这个模型里,过程就是结构之间的过渡,实现了一个结构就能转移到另一个结构。因此我们不但要考察这个模型由哪些结构组成,还要考察结构之间的过程。第五,这个过程实现了符号心理表征系统的要求,它是有序的,体现了可计算性的原则。

(三)心理语言学的研究范畴

心理语言学以语言习得和使用的心理过程作为主要的研究对象。这个特点使它和以研究结构为目标的理论语言学和以研究功能为目标的社会语言学区别开来。为什么在结构和功能之外,还要研究过程呢?因为结构、功能、过程是认识事物的三个主要方面,缺一不可。过程是使结构实现功能的手段,但是人们往往容易忽视过程,因为它不像结构和功能那么显露。心理语言学就是揭示人们语言习得和使用的心理过程的科学,主要包括如下一些研究范畴:语言的生理基础(语言进化论、语言能力的遗传性、大脑和语言、语言和智力、大脑和认知),语言的心理机制(记忆的功能、记忆的结构),母语习得(儿童语言习得过程、各种语言习得理论),心理词汇(心理词汇和书本词典、词汇和意义、词的基本元素、口头词语和视觉词语、心理词汇的研究方法、影响词汇提取的因素、词汇提取模型),言语产生(言语失误、言语计划、言语产生模型),言语听辨(言语听辨的研究手段、言语听辨的主要问题、言语信号、孤立的语音听辨、连续性语音的听辨、言语听辨模型），句子理解（以句法为中心的语言理解、语言理解的性质、句子的即时处理、语境中的句子理解、句子的记忆）。

二　心理语言学的发展历史

（一）初步成型的心理语言学（20世纪50年代）

心理语言学的建立有赖于语言学和心理学的结合。从20世纪三四十年代开始便陆续有人提出了"心理的语言学"（psychological linguistics）、"心理语言学"（psycholinguistics）、"语言心理学"（psychology of language, Linguistic psychology）这样的概念。"心理语言学"被广泛地使用是在20世纪50年代以后。1953年，卡罗尔（Carroll）发表了他对美国语言学和其他与语言学有关的学科的调查报告——《语言之研究》，在书中他不但交错地使用"心理语言学"和"语言心理学"这两个词，而且认为，要进一步研究言语行为就必须考察在交际行为中的语言结构。现代语言科学和心理学的学习理论的高度发展，有可能把这两门科学的研究结合起来，并且用之于研究各种学习和使用语言的心理现象。为了探讨这种结合的可能性，美国康奈尔大学于1951年召开了一次暑期研讨班，把一些心理学家和语言学家聚集在一起，以定义他们共同感兴趣的研究领域。两年后美国社会科学院的语言学和心理学委员会在印第安纳大学召开了一次学术讨论会，1954年讨论会的文件和报告被汇编成专集——《心理语言学：理论和研究问题的概观》，这个专集标志着心理语言学的问世。20世纪50年代以后，有三股力量结合在一起，致力于心理语言学的建设：

1. 以学习理论为代表的行为主义心理学

它强调了解输入（刺激）和输出（反应）的关系，强调了解它们的联系是怎样形成的（条件反射和巩固）。行为主义认为，心理学中唯一有效的东西是行为，而语言和其他的行为是一样的。这个时期所做的研究和实验多数是在巴甫洛夫的"条件反射论"和华生的"客观功能主义"影响下进行的。华生认为，任何有意识的经验都是主观的、个人的，不可能成为科学研究的对象。心理学要成为客观的科学,就只能研究表面的反应和引起这些反应的刺激,斯金纳认为除了巴甫洛夫所说的那种使狗闻铃响而分泌唾液的条件反射外,还有另一种使动物作用于环境而产生某些反应的条件反射,比如小鼠经训练后会扳动杠杆以取得食物。动物可以通过这种条件反射学会新的行为,人类也不例外,语言就是这样学来的。斯金纳1957年出版的《言语行为》就是一本颇有影响的代表作,它对言语行为作出了最系统的论述。他认为言语行为是对客观环境的刺激所作的反应,如果获得肯定的结果,它就得到"巩固"。

2. 以分布理论为研究方法的结构主义语言学

结构主义语言学的代表是布龙菲尔德和哈里斯,他们也奉行行为主义的立场。布龙菲尔德在1933年发表的《语言论》认为语言的研究根本不要考虑什么心理学的基础,如果真要有所考虑的话,那就应该采取机械主义的观点。因为在他看来,语言的研究只能停留在表面的语言结构上面,要想深入语言所表示的意思或是说话人心里所想的内容几乎是不可能的。比较有影响的行为主义语言理论是所谓"连接链理论"(associative chain theory)或"有限状态语法"(finite state grammar),这些理论认为一个句子包括句子中各个词语之间的连接链,每一个词语可以刺激下一个词语,所以整个句子从左到右进行。因此,这种理论的基础实际上就是信息论。

3. 以通信渠道效能为研究目标的信息论

信息论以申农(Shannon)和韦弗(Weaver)为创始人,研究目标是通信渠道的效能,涉及信息的计量、传送、变换、处理和储存。从信息论的角度来看,信息无非是从一系列可能事件中选择一个事件。一个最简单的例子是疑问句"今天早上会下雨吗",其答案只有两个:"会"或"不会"。如果我们对集合中的每一个事件都给一个信号,那么集合中所有可能的信号(在上例中是两个)就构成一个语码。这些信号的特定的排列就是消息,而用这种方法编码的消息通过一个频道,如电话线、声音振动等传播出去。信息可以量化,如果这两种可能性是一样的(等于一个钱币的正反面,各为50%),其信息量就是一个比特。但是下雨的可能性不会是一样的,而是因时因地而异。在我国沙漠地区和在东南地区提问,在冬天和春天提问,其回答都会不一样。实际上信息就是减少不确切性。不确切性越大,信息量就越大,而羡余度就越小;反之,确切性越大,信息量就越小,而羡余度就越大。

信息论还认为,语言的输出表现为有序列的信息信号,依次地从一种状态向另一种状态转换。前一种状态对后一种状态起限定的作用,这就是Markov过程。如果语言输出是一个词的话,前一个字母限定了后一个要出现的字母;如果语言输出是一句话的话,前一个单词限定了后一个要出现的单词。换句话说,每一个字母、每一个单词的出现都有一定的概率,这些概率控制了说话人的语言输出以及他们理解语言的能力。比如英语有26个字母,如果每一个字母出现的频率是一样的,那么频率的平均数应为0.038;但是根据实际的统计,只有T、I、A、H、S、W、B、M几个字母的频率是超过平均数的,其中T的频率最高,为0.23,比平均数高出6.1倍。因此在任何一个句子里,第一个字母为T的可能性就要比别的字母的可能性高得多。假定我们按频率高低来听辨语言,那么第一个字母很可能是T,而T后的字母的出现频率也很不一样,比如不大可能是X和L。但是T后出现H的频率却是88%,TH后出现E的频率为83%,在THE后出现频率最高的为空格(53%)、Y(18%)、N(14%)、R(12%)。

自1948年信息论问世以来,米勒(1951)等人用它来研究言语的听辨和产生,并进行语言的统计。霍凯特(Hockett,1955)又用它来说明语言的模式。卡罗尔(Carol,1953)更是受到它的启发而看到心理学和语言学结合的前景,提出心理语言学的研究领域应该是编码和解码的行为。

(二)生成学派的心理语言学(20世纪60年代)

心理语言学要取得重要的进展,就必须在语言学和心理学两方面都要有所突破。到了20世纪50年代的末期,这样的契机出现了,这就是乔姆斯基的异军突起。乔姆斯基在语言学中批判了Markov过程模式,在心理学中批判了行为主义学派,并在此基础上逐步形成了自己的学说。1957年,他发表了《句法结构》,针对有限状态语言模式的不足而提出转换生成语法的理论。1959年,他著文深刻地批判了斯金纳的《言语行为》,一时震撼了美国的语言学界。后来他又发表了《句法理论要略》,进一步修正了自己的理论,并考察语言和心理的关系。乔姆斯基针锋相对地提出心灵主义的主张,他的学说贡献可以归纳为以下几点:

第一,语言理论应该解释人们对母语的隐含的知识(即语言能力),而不是去说明一些记录下来的话语语料的规则。语言学应该看作认知心理学的一个分支,所以他的著作的中心思想是讨论语言使用中的"创造性"。

第二,对行为主义语言观进行了全面批判。行为主义学习理论并没有对儿童习得语言提出合理的解释。语言知识并非学到的,而是遗传的;儿童的大脑里有一种天生的"语言习得机制",儿童正是通过这种机制来掌握语言结构规则的,而并非靠刺激和反应。

第三,提出了语言模块理论。语言系统的规则和表征与认知系统的规则和表征是不同的,有其独立性。

第四,促进了实验心理语言学的研究。他的深层结构和表层结构的概念对心理语言学的实验设计起了启迪作用。这个时期的句子感知实验主要是围绕他提出的一个核心句派生出各种句子的思路而进行的。

第五,在语言研究中引入了形式主义的分析方法,强调句法在句子理解中的核心地位。

乔姆斯基学派的一个重要特征是主张研究重点从表层结构和言语行为转移到深层结构和心理认知。语言学家重视心理学,研究语言学的心理学基础,是心理语言学的一服催生剂。他们不但从心理学中吸收了语言学所需要的理论养分,而且移植了心理测验的方法。米勒首先试用记忆和反应的心理学实验方法去验证转换生成语法。接着,布朗到托儿所去观察儿童是怎样形成自己的语法的;莱恩伯格(Lineberger)则从生物学和神经生理学的角度去研究语言产生的物质基础。随着研究的深入,心理语言学家认识到,心理语言学要成为一门独立的学科,不能只局限于验证某一语言模式,而必须开辟自己的新天地,研究语言运用的模式。这种模式能揭示在听话和说话过程中语言知识是怎样被使用的。

(三)认知科学的心理语言学(20世纪70年代以后)

20世纪70年代以来,随着实验心理语言学的开展,人们认识到转换生成语法的模型难以解释听话人和说话人在语言使用中的规则或表达式。越来越多的心理语言学家则拒绝接受任何语言理论作为他们研究的模式,而是主张通过实验去探索符合实际的"心理模型"。其结果是心理语言学割断了它们和语言学的联系,这就是所谓"没有语言学的心理语言学"。这个时期的认识可以概括为:第一,在句子记忆中句法结构的作用并不明显,转换生成语法的"心理现实性"值得怀疑,从语言的认知基础来看语言表征和概念表征的界限正在消失。第二,语言处理的过程应该纳入其他认知过程的框架来认识,这种立场可以称为"认知主义的"或"语言作用为最低限度"的立场。第三,生成语言学派只是根据说本族语的人判断孤立句子能否被接受的数据来建立自己的理论,而心理语言学家则企图发展一种实验方法来细致地检验语言使用者的心理过程。第四,生成语言学派企图揭示人们的语言能力,即说母语必须具备的"语言知识";但心理语言学家对"语言在具体情景中的实际使用"更感兴趣,因为它显示语言使用的心理过程,而这正是检验"心理现实性"的有效途径。第五,生成语言学派的研究过低地估计了语境的作用,他们的文章里用星号标出的那些不能被接受的例句在某些合适的语境里其实是很自然的,这说明脱离了语境来讨论孤立的句子是否合乎语法是没有意义的。第六,生成语言学家过低地估计了语言的社会性,把语言看作个人的心理现象;心理语言学家认为自然语言的某些方面既非天生的,也非任意的,而是约定俗成的。

这个时期的心理语言学研究受到认知科学,特别是人工智能发展的影响。人工智能研究就是要使用计算机来完成一些需要人的智能才能完成的工作,智能型的人机对话是计算机科学家梦寐以求的目标。但是让计算机来模拟人的智能,首先需要对人的智能有透彻的了解,然后才能对它进行形式化处理。比如人们在语言处理中怎样理解别人的话语,怎样理解一个故事,怎样理解对方的情感,都需要智能化加工。必须对这个智能化的加工过程有深刻的认识,建立起一个模型,才能让计算机模拟出人的智能。20世纪70年代初期,心理语言学家普遍认为最足以表示语言听辨的是交互作用模型,到了70年代后期非交互作用模型(独立模型)开始出现并引起注意。20世纪80年代根据神经网络的特点又提出了新的平行交互作用模型,即连接主义模型。这个时期的实验心理语言学研究从不同的方面向纵深发展,如心理词汇和词汇检索、语义性、话语和篇章、语用、语言策略、可学性、语言的神经生理基础等。这时心理语言学家就感觉到他们需要更扎实的心理学理论基础,皮亚杰和维果茨基(Vygotsky)的著作起了开拓视野的作用。皮亚杰主要研究儿童的思维和智力的发展,是现代认知心理学的奠基人。他认为儿童的心理发展、智力发展、语言发展都是内因与外因相互作用的结果。在心灵主义和机械主义的争论中,那些不愿太偏颇的心理语言学家觉得皮亚杰的学说较为可取,并试图运用他的基本理论来解释语言习得以及语言和思维的关系。维果茨基是苏联20世纪30年代的心理学家,他的代表作《思维与语言》于1934年发表后两年内就被查禁,一直至1956年才重新发表,1962年译成英语。维果茨基在研究儿童的智力和语言发展的基础上,提出了"内部言语"说,不但大大丰富了认知心理学,而且创建了苏联心理语言学派。

几十年来,基于认知理论开展的心理语言学研究取得了显著成绩,形成了经典认知研究范式,至今仍是主流。不过,"随着对经典认知理论局限性的反思,认知科学界对人类认知做了新诠释,提出了涉身认知理论。一批学者(以国外学者居多)以此为新框架,开展了大量语言理解、产出、习得的相关研究,产生了一批有影响的成果,推动国际心理语言学正在打破'经典认知'一枝独秀的状态"(姜孟,2015)。

三 心理语言学的研究方法

(一)自然观察和科学实验

心理语言学是一门实验科学。心理语言学对语言习得和使用的心理过程所提出的种种理论都必须经过系统的自然观察或科学实验的验证才能判明其是否有效。

1. 自然观察

有些自然产生的行为(如语言习得和失言)是很难任意操纵的,只好在它出现时进行观察;还有些行为一经操纵,就会受到影响,乃至失真,如在实验室里的电话通话和日常的电话通话显然不会相同。早期的心理语言学研究采用日记的方式记录儿童的语言发展,便是一种自然观察的方法。自然观察具有四个特点:

(1)不干预性。即不掺杂观察者的任何主观因素,如实地记录客观现象。但这有时不容易做到,因为语言活动既是心理活动,又是社会活动,所以有的观察又强调观察者参与语言活动。既要参与但又不要干预,就要求观察者灵活掌握。

(2)型式性。这是观察的根本目的,强调从个别的、随机的行为中找出规律性的现象进行分析。

(3)直观性。这是自然观察的优点,直观的东西比臆断的东西要可靠,但是问题在于心理活动不能直观,必须根据表面观察到的行为去推断其心理过程,要推断就难以避免主观性。

(4)持久性。自然观察的过程往往旷日持久,要花很多精力和时间才能发现事物的型式。

2. 科学实验

实验方法是自然科学所采用的方法,这是一种有控制的观察。任何一种行为都是多种因素起作用的结果。为了弄清楚这些因素的不同作用,我们往往需要把其他各个因素控制起来,而专门操纵某一因素,使它作系统的改变,从而观察其作用。比如影响外语教学成败的因素是很多的,涉及教材、教法、教具、教员、学员等。如果我们想观察其中的一个因素,如了解学员的年龄究竟对外语学习有无影响,就要把教材、教法、教具、教员等因素控制起来,使它们稳定不变。对年龄这个因素则应加以操纵,把学员分为若干不同的年龄组,每组的教材、教法、教具、教员等情况应大致相同。这样,学习成绩的变化就极可能是和学员的年龄有关。

自然观察与科学实验相辅相成。自然观察可用于考察现象,发现问题,科学实验则对所发现的问题进行系统的观察。把自然观察和科学实验的结果加以对照和比较,就能由表及里,深入事物的本质,发现其内部的规律。自然观察与科学实验并不互相排斥。在自然观察里,我们也需要进行某些控制,比如要观察儿童的言语行为,我们要讲究时间和场合。最理想的自然观察应该是在自然环境里,在自然的控制下进行。同样,在科学实验里,虽然各种因素是受控制的,我们也力图使实验环境符合自然。比如儿童在陌生人面前说话比较局促,这种环境就不利于观察儿童言语行为。

(二)常用的实验手段

为了了解语言使用的心理过程,心理语言学采取了很多实验手段。语言的习得和使用与记忆有很密切的关系,短时记忆是语言加工的工作间,这个工作间容积很小,而且保存的时间很短。长时记忆是语言和其他知识保存的地方,在语言加工时需要从中提取这些知识,而提取也有个快慢的问题,所以在心理语言学中,常常通过反应的时间来了解语言处理,这些反应时间称为潜伏性数据。心理语言学比较多的研究集中在考察语言的理解过程,采用的手段有三种:

1. 对输入的刺激形式进行控制

比如在研究词语的感知时,对记录的词语进行不同方式的歪曲,如用其他的声音进行干扰,对某些频率进行过滤,或在句子里切去某些音段,然后要求受试者进行判断、复原,以了解听话人所使用的信息的性质和语境对重建丢失的信息的作用。

2. 使用"实时"或"在线"的方法来观察处理语言的过程

这些方法一般都使用精密计时的测量方法。比如音素监察实验,测量一个受试者决定显示的刺激形式(词或句子)是否真实所需的时间;也可以测量他们感知一个特定的声音、音素或单词的时间。又如跟读实验,让受试者戴着耳机重复一段话,了解显示和重复之间的时间。再如口头报告,又叫有声思维,是一种比较新的实验手段,要求受试者在完成一件作业的同时或事后报告他在想些什么。这有助于了解他的思维过程,特别是他使用策略的过程。

3. 观察语言处理结果是否保存在短时记忆里

这要求受试者在句子中发现一个"咔嗒"的位置。一般采用的是"再现"实验,有自由再现、原词再现、提示再现等,要求把听到的东西复述出来。还有比再现更简单的方法叫作"再认",把已经显示过的材料和一些新材料混在一起,要求受试者辨认出那些已经听过或看过的材料。

(三)计算机模拟

在最近几十年里,语言处理在线测量方法的发展使我们有可能收集到更多的精确数据,所以建立言语模型的研究也就如火如荼地展开了。但是这些模型多数是定性的,不易作出定量的预测,对它们的完整性和一致性也难以作出科学的评估。随着计算机的普及,我们可以对时间跨度很长的复杂系统的逻辑和数学关系进行计算机模拟,并把模拟的结果和实验结果加以比较,以验证理论模型。心理语言学的言语模型可以呈现人类语言处理过程的精确度和操作性,而精确的描述往往需要从数学和计算机科学里借用形式化的标记。用信息处理的术语来说,形式化的模型需要规定一系列算法,故称为计算机模型。只要有合适的输入和适当的参数设置,计算机模型就可以进行计算,计算的结果应该印证基本理论所作出的预测,比如提出一个关于词语或句子的理解模型会导致对该词语的辨认或对该句子的解释。模型还应该能够预测特定实验设计中的错误率和反应时,也就是说模型的行为应该和所观察的现实世界或实验条件的行为相似。将模拟的结果与实验数据进行比较可以引起对理论的进一步修订,而理论的修订本身又能带来模型的完善和更多的实验。

言语模型实际上是对言语行为所提出的理论和假设,因此对同一种现象可以有不同的模型,这就涉及对模型进行评估的问题。评估模型的适宜性有好几条标准,最明显的标准当然是把实验数据和模拟的结果进行比较。但是这样的比较有时也不见得可行,特别有些实验结果以前已经知道,而建立的模型是为了说明这些结果,这就变成了循环论证。一个更好的模型应该是能够对未检验的条件也能产生预测,然后用后来的实验数据来证实或推翻预测,所以模型的建立应该和实验的设计结合起来考虑。

第二节 神经语言学

一 神经语言学的研究对象

神经语言学是一门新兴的边缘学科,是语言学、神经科学和心理学相互交叉、相互促进而形成的。但它不是三者的简单相加,而是用神经科学的方法研究语言习得、语言掌握、言语交际、言语生成、言语理解的神经机制和心理机制,研究正常言语的神经生理机制和言语障碍的神经病理机制,研究人脑如何接收、存储、加工和提取言语信息。作为一门边缘学科,神经语言学可从两个角度进行研究:一个角度立足于语言理论,根据语言学的研究成果,对言语活动的神经机制提出假设,再用神经科学的方法加以验证;另一个角度立足于临床实践,根据医学和神经科学对言语活动现象的观察材料提出假设,在语言学理论指导下得出实验结论。神经语言学的研究使现代语言学建立在客观观察和实验的基础上,使语言学这门最接近自然科学的社会科学获得了更坚实的自然科学基础。无论从哪个角度研究,神经语言学的研究范畴必定涉及两个方面:人类大脑构造的语言功能和人类语言活动的神经机制。

(一)人类大脑构造的语言功能

神经语言学的研究对象是人类神经系统与人类语言、言语之间的关系,而在神经系统中,同言语关系最为密切的是大脑,言语的神经机制主要是脑机制。因此,神经语言学首先必须充分利用医学和神经科学的研究成果,揭示与人类语言活动相关的大脑功能和机制。研究范畴包括:中枢神经系统的解剖生理(大脑、脑干、小脑、脑的血液供应)、脑言语中枢(脑言语中枢的言语功能、各言语区之间的神经联结、大脑皮层下的言语区、言语在脑中的传递)、大脑两半球的言语功能差异(言语优势半球的定侧法、两半球言语功能的性别差异、两半球言语功能的协同、两半球言语机制的发育），脑叶和外周神经与言语活动的关系（额叶和言语活动的关系、颞叶和言语活动的关系、顶叶和言语活动的关系、枕叶和言语活动的关系），条件反射学说与第二信号系统（非条件反射和条件反射、两个信号系统及其相互关系、第二信号系统与联想）等。

（二）人类语言活动的神经机制

神经语言学更主要的任务是揭示人们语言活动的神经机制。通过对神经系统与语言、言语关系的研究，可探索人类语言和意识的起源，以及语言与思维的关系。在此基础上通过言语过程的神经心理分析，发现人们语言习得、语言掌握、言语交际、言语生成、言语理解的神经机制，探索人脑如何接收、存储、加工和提取言语信息。神经语言学在这方面的研究主要涉及以下一些范畴：

1.语言掌握的神经机制分析

掌握本族语的神经机制和掌握外语的神经机制既有共同点又有区别。因此，必须分别研究掌握本族语的神经机制和掌握外语的神经机制。

2.言语交际的神经机制分析

人们在社会中进行的言语交际活动是宏观言语行为，人脑言语中枢的神经活动是微观言语行为，两者有紧密的联系。由内部言语转变为外部言语，就构成现实的言语交际过程。这个过程各阶段都有特定的神经心理机制，包括言语交际的过程、言语交际的心理条件以及探索言语交际神经机制的方法。

3.言语生成的神经机制分析

人们的言语生成，从最初的表述动机，经过表述的语义初迹和内部言语到外部言语，是一个复杂的神经心理过程。这个过程的每个阶段都与特定的脑部位发生联系，局部脑损伤会导致言语生成在聚合关系和组合关系上的障碍。言语生成过程的主要环节包括言语表述动机和语义初迹的神经机制、内部言语的神经机制和外部言语的神经机制。

4.言语理解的神经机制分析

人们的言语理解，是一个与言语生成相反的神经心理过程，它从感知对方的外部言语，经过一系列过程，获得主要思想，然后理解话语的整个意思。言语理解过程的主要环节包括语音感知和词汇识别的神经机制,确定语法关系与建立语义图式的神经机制,推导内在含义的神经机制。

5.言语障碍的神经机制分析

言语障碍是指人在口语、书面语、手势语等的表达或理解中发生的异常或出现的缺陷。大脑的损伤往往会引起神经机制的病变,其中不少会导致言语障碍。言语障碍大致可分为两种:一种是失语症,即言语表达和言语理解中发生的异常现象,这往往是大脑皮层病变所致;另一种是构音困难,即大脑中生成的内部语言无法转变为有声的外部语言。

6.有关语言和言语的其他神经机制分析

这些神经心理活动包括:言语调节的神经机制,认读词与书写词的神经机制,对物体命名的学习能力的神经机制,使用不同语言者言语活动的神经机制,言语活动神经机制的个体差异。

神经语言学还研究个体或群体的语言、言语的神经机制。比如个体发育中的脑言语中枢的状态和变化,不同性别、年龄的个体言语能力差异及其神经基础。又如研究不同语言的使用者和操双语者的神经特点等。神经语言学作为语言学的边缘学科,其研究必然要运用理论语言学的成果。比如根据音位、词素、词、词组、熟语、句子、聚合关系、组合关系等概念研究它们的生成过程和理解过程的神经机制,研究它们在脑中的静态功能定位和动态联系过程等。

二 神经语言学的发展历史

(一)传统心理学的神经语言研究

神经语言学作为一门独立的边缘科学虽然时间不长,但其根源可追溯到一百多年以前。早在19世纪就有一些学者致力于研究言语活动的神经机制问题。1836年,戴克斯(M.Dax)提出言语障碍是由大脑左半球损伤引起的;1861年,布洛卡(P.Broca)发现言语构音能力定位于大脑左半球的额下回后部;1874年,韦尼克(C.Wernicke)发现听觉性言语理解障碍是由大脑左半球颞上回后部损伤引起的;1892年,戴杰林(Dejerine)发现大脑左半球角回是阅读书面语的中枢部位。

这些领域的研究一度进展颇快,但是难度极大。因为当时的研究者没有掌握完备的形态学和生理学资料,对言语活动又缺乏深刻的心理学分析,只能从当时的医学临床观察现象加以分析和研究。从理论背景来看,当时的研究者最初是运用联想主义心理学来阐明言语脑机制理论,认为"感觉性言语""运动性言语"及其各种联系都有脑机制,言语过程定位于从言语感觉中枢到概念中枢再到言语运动中枢的联系系统中,因而言语障碍相应有皮层感觉失语症、皮层运动失语症、通路性失语症等。但是这些假设与失语症临床状况不相符,因此这类研究在20世纪初出现了危机。当时的研究者在失望之余转而求助于唯心主义心理学,认为言语是精神活动的表现,体现于大脑的整体活动中,同大脑的某一局部无直接关系。于是,他们把失语症看成"智力图式障碍""抽象定势障碍"。这些理论无法用于临床实践,不久就被淘汰了。事实证明,仅仅局限于心理学的研究范畴,是无法揭示人们语言活动的神经心理过程的。

(二)心理语言学的神经语言研究

到了1926年,英国神经科学家黑德(Head)引进了语言学概念。他对脑局部损伤导致的失语症进行语言学分析,从而得出与脑局部损伤相应的"命名性失语症""句法失语症""语义失语症"等。他第一次对言语障碍进行语言学分析,功绩很大。20世纪中叶,随着心理语言学的产生和发展,苏联、美国、日本等国的学者对言语活动的脑机制问题进行了广泛研究。美国语言学家乔姆斯基提出的"语言能力"和"深层结构"理论,部分地涉及神经语言学的基本问题。于是,神经语言学的探索纳入了心理语言学的研究范畴。

在心理语言学发展过程中,有两种研究方法涉及人们实际言语过程及其脑机制。一种是发展心理学的发生学实验研究方法,也就是研究生物进化过程或儿童言语的发展过程。另一种是神经心理学的病理学实验研究方法,它从局部脑损伤导致的言语障碍来研究言语活动的脑机制。现在第二种方法广泛用于言语过程脑机制的研究,它同分析儿童言语的方法相结合,收到更大的效果。在深入而广泛的研究实践中,人们终于认识到,仅靠心理语言学的研究还不能对语言结构和神经结构的关系作出令人满意的解释,必须向大脑进军,才能揭示其奥秘。于是,神经语言学逐渐从心理语言学中分化出来,逐渐成为一门独立的学科。

(三)当代的神经语言学研究

从20世纪70年代开始,学者们广泛运用"神经语言学"这个术语来代替过去沿用的"语言的神经基础""语言的神经心理学""语言与大脑"等说法,这标志着神经语言学作为独立的边缘学科已经脱颖而出。应该说,瑞士学者皮亚杰的《发生认识论》、苏联学者维果茨基的《语言与思维》都为神经语言学的形成奠定了一定的基础。1975年苏联心理语言学家卢利亚(Luria)出版了《神经语言学的基本问题》(中文本译成《神经语言学》)。这本书论述了神经语言学的一些基本问题,论述了言语交际的神经心理特点、脑局部损伤导致的言语障碍等。正如作者自己所指出的,这些研究只是应用神经语言学的方法探索言语编码和译码过程的初步尝试。尽管如此,这本书对神经语言学的形成起了很大作用。1976年,在国际脑科学学会的支持下,该书出了英文版。1979年,卢利亚又出版了《语言和意识》一书,仍然应用他积累的病理学材料,用现代语言学和现代神经心理学相结合的方法,进一步探讨了神经语言学的一些问题。1981年,维格尔(Wigger)的《神经心理学和神经语言学》问世,一些专业杂志上以"神经语言学"为题的论文也陆续发表,学界确认了"神经语言学"作为独立的边缘学科的地位。

作为一门新兴的交叉学科,尽管有不少问题尚待解决,但神经语言学充分体现了当代科学各学科门类交叉综合的发展态势,成为当代学术研究的前沿,有着广阔的发展前景。神经语言学的研究成果对认识自然语言的本质、探索言语活动的奥秘有重大的理论意义,同时对语言教学、外语教学、失语症治疗、聋哑人语言教学、言语功能恢复、犯罪言语特点分析等应用领域有重大的实践意义。比如语言教学需要充分调动学生先天的语言能力,更要充分利用社会环境对语言掌握的决定性作用。掌握外语的脑功能动力定型同掌握本族语的动力定型作用相同,但每种语言都有相应的特殊动力定型。对失语症患者的实验证明,言语障碍往往只涉及一种语言,另一种语言能力保持不变。这就是说,掌握每种语言都有特殊的神经机制,从而构成掌握本族语和掌握外语的神经心理差别。外语教学的任务之一就是根据掌握两种语言的异同,把本族语的规律转移到外语,而排除本族语的干扰。又如大脑不同的损伤部位与语言结构的不同层次的障碍有关,神经科医生可以根据失语症患者的不同言语障碍的特点来判定脑损伤部位,进行康复治疗。显然,神经语言学在理论和实践上的贡献对现代语言学成为现代科学体系中的关键学科起了重要的作用。随着科学技术的迅猛发展,探索大脑奥秘,阐明人类智慧、意识、思维的本质已成为尖端课题,这将大大促进神经语言学的发展。

我国的神经语言学起步较晚,20世纪90年代中后期,"一批神经语言学意义上的中文大脑词库和汉语句法神经机制的相关研究成果公开发表,特别是《汉语皮质下失语患者主动句式与被动句式理解、生成的比较研究》一文的发表,对神经语言学在我国的形成有着重要的意义。这些研究将当代先进的语言学理论与脑科学的研究方法相结合,以汉语为语料探讨语言的脑神经机制问题,研究目的在于揭示语言本身的性质和规律,是真正意义上的神经语言学研究"(杨亦鸣、刘涛,2010)。同时,20世纪90年代中期,我国开始招收培养神经语言学方向的硕士研究生,2001年起开始招收培养该方向的博士研究生和博士后。神经语言学人才培养基地的建立和学科队伍建设也是神经语言学形成的标志之一。

经过30余年的发展,中国神经语言学科体系已初步建立,基础理论研究的广度和深度不断拓展,取得了重要的研究成果,应用研究的空间也得到进一步拓展,各种研究方法和技术被广泛应用,学科平台建设进一步加强。2017年,杨亦鸣主持的国家社科基金重大项目"神经语言学研究及学科建设研究"顺利通过验收,其成果通过对神经语言学重大基础理论问题、部门研究和应用研究的开展和深化,基本建立神经语言学研究的学术体系构架,总结和凝练出神经语言学的学科发展模式和人才培养机制,并成立了隶属于中国语文现代化学会的中国神经语言学研究会,为我国神经语言学学科的发展繁荣和神经语言学研究的推广提供了必要条件和动力。(于亮、胡伟、耿立波等,2021)另外,在语法神经语言学研究(普遍语法的实证研究、句法特异性研究、词类研究等)、语义神经语言学研究(针对脑损伤和应用神经调控技术的研究等)、语音神经语言学研究(汉语诗歌韵律加工和声调加工等)、语言习得与发展神经语言学研究(儿童语言习得、语言退化、二语习得等)、非典型语言使用群体的神经语言学研究(口吃、自闭症、聋人、脑损伤人群等)方面也取得了显著成绩,发表论文数量、质量都大幅提升,国际影响力不断加强。

不过与国际同行相比,中国的神经语言学还存在科学研究的前沿性、原创性不足,人工智能和脑计划等重大科学计划参与度低,研究方法手段有待完善,人才培养有待提升等问题。未来几年,要坚持以语言本质和生物本质探讨为中心的神经语言学研究目标,开展面向下一代人工智能的语言脑机制研究,加强高新技术综合应用和研究范式的开发与创新,开展分子与细胞水平语言脑机制研究,推动中国神经语言学持续不断地向科学前沿迈进。(于亮、胡伟、耿立波等,2021)

三 神经语言学的研究方法

神经语言学是从心理语言学中分化出来的,事实上在心理语言学的发展过程中,已经采用了神经科学提供的方法,正是这些方法的采用,加快了神经语言学的形成。当代神经语言学采用的研究方法主要有病理学实验方法、电极刺激法、大脑成像法等几种。

(一)病理学实验方法

前面提到的研究实际言语过程及其脑机制的两种方法,即发生学实验方法和病理学实验方法,至今仍是神经语言学常用的方法。其中病理学实验方法,即从神经心理学角度分析脑损伤患者的言语状况,对研究言语神经机制更有成效。比如脑损伤患者的言语结构遭到破坏,脑病变的部位与言语组成部分的破坏有联系,所以,通过脑损伤区域的分析比较就可以了解言语生成过程及其神经心理机制。具体做法是:观察患者自发性言语,看他如何提出问题,如何表达请求和愿望;分析患者的对话,看他如何回答问题,如何与别人交谈;研究患者选择语言单位和组织话语过程的障碍,注意话语冗余、重复和错漏现象;观察患者按命题谈话的能力等。通过这些观察和分析,了解患者言语生成的障碍和言语生成过程的神经机制。

(二)电极刺激法

电极刺激是指在手术过程中采用定位麻醉的方法,使患者保持清醒的状态,使用细微的电极刺激大脑皮层的不同部位,借此来观察由此产生的患者行为的变化。电极刺激技术的使用具有很长的历史,在19世纪首先被应用于动物大脑的研究之中,之后这项技术很快被运用于人类大脑的研究之中。在电极刺激技术的应用史上,最具影响的是Penfield及其同事所进行的研究。他们将这一技术用于检查人类大脑皮层各个区域的功能,随后越来越多的人开始使用电极刺激技术,力图通过观察对大脑皮层不同部位的刺激所引起的言语行为变化来研究语言与大脑之间的关系。(崔刚,2015)

电极刺激法的优势在于观察的直接性,但是其应用具有很大的局限性,只能作为对受试者进行生理外科手术时的附带实验来完成,且对技术要求很高,具有很大的风险性。

(三)大脑成像法

随着功能影像学技术的不断发展,现代化大脑成像技术可以更加准确、全面地确定大脑损伤的部位或者反映大脑的工作状况,因而在神经语言学研究中被广泛应用。目前神经语言学研究中使用最多的功能性成像技术是血流动力学成像和电磁学成像。

血流动力学成像包括正电子释放成像(PET)、功能性磁共振成像(fMRI)、功能性近红外光光谱仪(fNIRS)等,它们通过检测血流量的变化确定参与某一语言任务时的大脑区域。在利用这类技术进行神经语言学研究时,需要采用对照扣除的方法,即首先要得到受试者不进行该语言活动时的对照图像,然后再得到受试者进行该语言活动时的图像,最后把两张图像对比,扣除对照图像的内容,从而得到第三张图像,其中显示的内容就是受试者大脑工作的区域。

电磁学成像包括脑电图(EEG)、脑磁图(MEG)、事件相关电位(ERP)等。"神经细胞的电化学性质为研究大脑的高级功能活动提供了机会。当人们进行某一项认知活动时,例如观察某个物体、识别某个声音、发出某个语音等,都会引起大脑中电化学变化。这些变化可以通过安放在头皮的电磁成像技术记录下来。从正常人和各种脑损伤患者中收集到的与语言相关的电生理资料,有助于我们揭示语言和大脑之间的关系。"(崔刚,2015)与血流动力学成像技术相比,电磁成像技术更直接,因为它可以直接测量在从事某一认知活动时大脑的电磁变化,因而测量的结果更加准确。

第三节 文化语言学

一 文化语言学的研究对象

(一)文化语言学的界定

文化语言学是一门边缘学科,探讨的是语言和文化的关系,即语言所蕴含的民族文化内涵以及民族文化对语言形式、演变等的影响。事实证明,在构成民族文化的诸多要素中,最能体现民族特性和民族本色的就是民族语言。起源于某一民族的神话、宗教和艺术,可以随着文化的交流、传播而跨越民族的界限;政治、法律和文学也可以通过借鉴、利用而带上跨民族的色彩;至于科学技术的全人类通用性则更是显而易见的事实。唯独语言,由于始终植根于与之同生共长的民族大众之中,就同该民族产生了血肉相依的关系。严格意义的民族概念的界定往往不能没有语言的因素。正因为语言与民族的这种密切关联,民族精神的一切因子无不像血液一样渗透到民族语言的每一个方面,我们也就可以通过对民族语言的分析来认识民族精神的特征。语言不是一个静态的结构系统,更主要的是一系列动态行为的抽象结果。当语言表现为动态时,就产生了言语和言语行为,言语既然是心灵的体现,就和言语使用者的心理密切相关。不同的民族由于文化历史不尽相同,所具有的民族文化心理也不尽相同，甚至大相径庭。因此文化语言学研究通常涉及语言和思维、语言和哲学、语言和政治、语言和宗教、语言和神话、语言和文学、语言和民俗、称谓和文化等范畴。

　　文化语言学要揭示的是语言的文化本质，要把语言作为文化模式和文化符号来研究。它着眼的是同文化体制有关的语言现象，而不是该语言所属的文化制度。它必然要涉及文化问题的各个领域，但它是把这些文化领域作为语言活动的背景、场景、情景来处理的，并不是要具体描述这些文化领域本身的特征。它也要探讨语言和文化之间的共现共变关系，但是其目的是从语言的形式、结构和意义等方面入手发掘其中的民族文化内涵，从文化变迁方面去寻求语言变化的动因，而不是以语言的变化去印证文化变迁的踪迹。当然，文化语言学也可以凭借某些语言材料去说明某方面的文化发展的脉络，但其目的还是为了获得对语言的文化功能的理解和认识。一句话，它的目的是研究语言而不是研究文化。因此，文化语言学应当是语言学而不是文化学。

　　值得指出的是，当文化语言学面对汉语本体进行研究时，自然免不了要对汉语的结构、形式和意义进行具体的描写，但是这种描写同结构主义的描写方法不同，尤其同作为方法论的描写主义的性质不同。它不讲求对语言结构规律进行高度抽象化、形式化的描述，而是力求结合汉族人的语文感受，结合汉语句法中蕴藏的文化内涵，结合汉语句子的建构、协调过程中的语境、心理、韵律等因素，对汉语的组织机制作表达功能上的说明。这在本质上仍然是对语言规律的文化解释。由此可见，语言是社会联系的纽带，言语交际是语言的社会联系功能在具体场景的实现，是人们社会文化生活的重要表现形式。人们的社交用语渗透了特定民族特定时代的文化精神，成为这一民族这一时代的重要文化镜像之一，也是文化语言学的一项重要研究课题。文化语言学正是要站在本体论的立场上，用民族文化的思维特征来统摄民族语言，概括出符合本民族语言特点的范畴体系，用以描述本民族语言的结构特征，从而全面揭示同民族文化特征相一致的民族语言的结构。

(二)语言和文化的关系

文化语言学是从文化学角度对语言进行的研究,把语言看作民族文化的模式和构成民族文化的符号系统,旨在揭示隐藏在语言形式、语言结构、语言运用和语言变化背后的文化内涵。文化语言学认为,人类的文化世界也就是语言世界,语言与文化有一种"互塑互动"的作用,要想透彻了解语言的文化属性、文化功能以及文化对语言的影响,就必须深刻揭示语言和文化的关系。因此,语言和文化的关系就是文化语言学研究始终关注的焦点,也是文化语言学的研究对象。语言和文化"相辅相成"的关系集中体现在两个方面:

1.语言和文化的"同一性"

语言作为文化符号的载体,是一种具有工具效能的知识体系,也是人类对客观世界认知的符号系统。就民族文化而言,民族语言则是它最基本最重要的表现形式之一。在一定意义上可以说,民族语言就是民族文化的模式体现,是民族文化的天然"图腾"。习得一种语言就意味着习得一种文化,要想了解一种文化就必须学习表现这种文化的语言。语言对于文化的建构和传承是以符号的体系形式整体发挥作用的,这使二者具有"同一性"的关系,一种语言的产生、分布、流传总是与相应的文化的产生、分布和流传在时间和空间上相一致。语言本身就是一种文化力量和文化模式,人们自幼习得了这种语言,也就把其中包含一切文化观念、文化价值、文化准则、文化习俗的文化符号深深地融进了自己的思想行为之中。

2.语言和文化的"可变性"

语言和文化又有可变性的一面,语言总是民族的语言,具有民族性,文化总是民族的文化,也具有民族性,但它们都不可能是完全封闭、一成不变的。首先,社会总是在不断发展变化,社会的发展变化,归根到底是社会文化的发展变化,语言既然是文化的表现形式,文化的发展变化就不可能不在语言中有所表现。其次,从文化交流方面看,民族文化交流的先导也是语言,没有语言和语言之间的翻译就无法进行文化交流。语言的翻译实际上是语言符号形式的转换和意义的借入,在这种转换和借入过程中也为译语一方带来了外族文化。各民族语言在同其他民族的文化交流中不仅吸收了大量的外来词,也吸收了不少外语的语法成分和语法手段,有时文化的接触还会导致语言面貌的变化。

二　文化语言学的理论背景

(一)西方的理论学说

1.欧美文化人类学理论

人类学主要研究人类的生物特征和文化特征,起源于发现新大陆时代,当时的欧美学者对西方技术文明以外的被称为"野蛮""原始"的社会群体进行考察、研究,逐步形成了这样一门科学。现代的人类学已不限于这一范围,也包括对现代文明社会内部群体的研究。人类学分体质人类学和文化人类学两大分支。体质人类学研究人类体质的生物学特征,它同语言问题关系不大。同语言问题有关系的是文化人类学,文化人类学研究人类社会中的行为、信仰、风俗、习惯、语言、社会组织等的文化特征。在文化人类学家看来,语言是文化的一部分,语言是人类接受社会文化的主要通道,语言是和整个社会文化一起代代相传并不断演化的,语言还是政治凝聚的重要纽带。文化人类学理论流派众多,其中对中国文化语言学影响较大的有以下三家:以英国学者泰勒(E.B.Tylor)为代表的文化进化论,以马林诺斯基(Malinowski)为代表的功能主义学派,本尼迪克特(Ruth Benedict)的文化模式论。

2.洪堡特文化语言学说

洪堡特(W.V.Humboldt),西方著名语言学家,德国人。他一生研究过许多语言,终生致力于探讨语言的本质和功能、语言与思维的关系、语言的文化内涵等具有普遍理论意义的问题,在普通语言学领域有独特的贡献。他提出的语言哲学体系为现代语言学的理论奠定了基础,现代语言学的许多流派都受到他的语言学说的深刻影响。他对文化语言学研究最有影响的有如下几个方面:

(1)关于语言的本质问题。洪堡特认为语言的真正定义只能是发生学的定义。语言的生命在于讲话,讲话是一种活动,语言就存在于这种活动中。他尤其反对把语言的形式仅仅看作所谓的语法形式,一再强调要把语言看作精神力量的创造活动。

(2)关于语言与人、世界三者的关系。洪堡特认为,语言处在人与世界之间,人必须通过语言并使用语言来认识世界。因此,语言和思想的关系极为密切,每种语言都表达记录了各自的思维范畴和意义内容,由此形成了表现为独特的语法结构和语义结构的"内在语言形式",各民族的人们就是通过这种潜藏在语言底层的"内在语言形式"来整理和划分经验世界,使观念和思想得以明确化、现实化的。

(3)关于语言和民族精神的关系。既然洪堡特认为语言的使用过程是一种精神的创造活动,那么一个民族的语言创造过程也就是精神创造过程。民族语言既然同一于民族精神,那么对于不同民族来说,语言的差异也就势必对应着民族精神的差异。既然一定的语言与一定的民族特性和文化特征相联系,那么对语言的研究就必须同对民族的历史文化、风俗习惯的研究相结合。

3. 萨丕尔—沃尔夫假设

沃尔夫是萨丕尔的学生,萨丕尔又是博厄斯(F.Boas)的学生。博厄斯是美洲人类语言学研究的先驱,近代人类学的创始人,他倡导的把语言研究和文化研究结合起来的理论原则影响了其后几代学者。萨丕尔(E.Sapir)是美国著名的语言学家兼人类学家,人类语言学的奠基人和美国结构主义描写语言学派的主要建立者。沃尔夫(E.L.Whorf)是美国语言学家,在语言和文化的关系问题上,沃尔夫深受洪堡特和萨丕尔的影响。他提出了一种被称为"语言相关性"的理论,这一理论又被称为"萨丕尔—沃尔夫假说"。萨丕尔—沃尔夫假说认为,语言的结构能够决定操该语言的人的思维方法,因此,各种不同的语言结构导致说这些语言的人用不同的方法去观察世界。作为人们的行为体系的文化,只能存在于人们对周围世界的观念之中,语言包含着人们关于周围世界是由什么组成的各种观念,也包括人们在社会中应如何行动的观念。人们只有了解这些观念是什么,才能了解文化是什么。这些观念既然被包含在语言之中,那么只有通过语言才能接受和了解文化。因此,语言表达文化,决定着文化,支配着人们的思维,并形成人们的世界观。

(二)中国的传统学术
1.中国传统文化中的文道一统观

中国古典哲学把"道"看作世界的本原、本体、规律、法则或原理,是一种抽象无形的东西;而把那些具体有形的、可以感知的器用之物,包括一切自然物质,都称为"器"。中国古代思想家虽"百家争鸣",但从根本上都是崇奉"天人合一"的世界观的,主张天道和人道是合二为一的,人道只不过是天道在人的世界的体现而已。语言文字是天道和人道的表述者、体现者,是人性的一部分。中国传统文化的这种文道一统观同西方人类语言学关于语言即世界的理念相当接近,实质上就是承认语言决定思维、决定世界观、决定文化,同属于语言、世界、思维、文化一体观。语言文字在中国古人心目中并不是形而下的器用之物,不是纯粹的工具,而是具有本体性质和地位的"道"。语言的本原在乎天道,在乎天地之心的人心。

2.内涵丰富的"小学"传统

与中国古人心目中语言文字的崇高地位相一致的是研究语言文字的"小学"在中国古代学术中的显要地位,而小学的显要地位又是经学的显要地位造成的。所谓"经"就是指儒家的经典著作,"经学"就是研究儒家经典的学问。"经学"形成和发展的历史,几乎就是一部中国传统文化发生、发展的历史。中国古代读书人的唯一出路,就是通经致仕。要通经首先得读懂经书,经书都是古书,越到后代越难读懂,于是研究经典文献中的语言文字,引导人们读懂古书的"小学"就应运而生。正因为小学是通经的门径和阶梯,所以尽管其实质不过是一门工具性学科,但是历代士人从不敢轻视。不仅读书人必通小学,而且由于其地位和作用的重要,历代都有不少一流学者专门研究小学,其中清代的小学研究更以其辉煌成就而足以彪炳学术史。如果把有关文字、音韵、训诂的专书看作狭义的"小学"的话,那么还存在三个范围更大的广义的"小学":首先是散见于各类古典文献中的注疏,其次是历代学者为着某种实用目的而编纂的各种"类书",最后是散见于古代文论中的大量有关汉语词法句法的论断。

三 文化语言学的研究思路

(一)文化符号解析

语言中的文化符号对于民族文化的建构和传承具有至关重要的作用。语词作为语言结构体系的单位,其本来是语言符号而不是文化符号,其功能是表述概念而不是建构文化。尽管概念体系本身也是人类文化实践的认识成果,属于文化内涵的范畴,但是从单个独立的概念到整体系统的文化思想、文化体制和文化模式,还有一个文化建构的过程。在这个过程中,民族文化的思想家们为了得到理论建构所需要的术语,往往用日常的语言符号通过隐喻的方式来指称他们所认识到的一些范畴,于是就把日常的语言符号改造成了文化符号。这样的文化符号在文化的观念形态体系中有一种"内核"的功能,可以由此推衍、发生、建构成整个文化体系。文化语言学要认识语言的文化符号的功能,就要解析这些文化符号,揭示它们的内涵,并且广泛搜集有关语言材料并加以分类整理,描写并解释在一定文化思想影响下产生的这些语言材料中包含的意义体系。比如"气"就是这样一个文化符号,作为日常词语,"气"是云气、蒸气、烟气以及呼吸之气的总称。《说文解字》:"气,云气也,象形。"段玉裁注:"象云起之貌。"但是中国古代思想家认为一切有形的客观存在都生于无形,这种无形之物就是"气","气"是不可见的、无所不在的、无定状的,它充盈于天地之间,是构成宇宙万物的原始材料。在中国古代哲学中,"气"是表示物质存在的基本范畴,又是生命的本原。"气"由日常词语通过隐喻变成了哲学术语,成了文化符号,既是概念范畴,又是价值范畴。许多文化领域都以"气"为核心概念和价值尺度,于是在语言中形成了众多用"气"作为语素构成的词语。

(二)文化思维认同

"文化思维"是指具有类型性的人类群体在文化建构中表现的倾向性思维。人类文化发源于人类的思维,同时又与人类思维在互相推动的状况中获得发展。语言既是文化的重要形式,又是思维的外化形式,语言结构类型上的特点必然具有这样的双重性：一方面，它是民族文化思维方式的体现，受民族文化思维方式的制约；另一方面，它构成一种思维框架，规范着民族文化思维的运作和发展。因此，结合对民族文化的思维方式的分析来认识本民族的语言结构，就可能获得对民族语言的更为深刻的认识。这里的"结合"就是认同，即既从民族文化思维出发分析语言，又使语言分析植根于民族文化思维的基础。汉语和西方语言相比，各自的特点也十分鲜明突出。首先，在语音上，汉语以辅音为声母和元音为主要成分的韵母拼合成的单音节为基本的语音单位，以音高变化构成的声调为区别意义的超音段成分；西方语言的语音只能分析出辅音和元音，而不能得出汉语那样的声母和韵母，也没有汉语那样的声调，其具有区别意义作用的超音段成分是汉语所没有的，由音强构成的词重音。其次，在词法上，汉语中带声调的单音节是语素或词的基本形式，一个音节基本上就是一个意义单位，构词词缀很少，复合是主要的造词手段；西方语言一个音节不一定具有语素的资格，大量的语素和词由多音节构成，构词词缀和构形词缀丰富，构造新词的主要手段是派生。至于在句法上，两种语言的差异就更为明显，汉语组词成句主要靠词和词意义的配合，语句的正误主要依据句子表达的意思在逻辑事理上能否成立，而不必顾及形态规则的使用得当与否；而西方语言在组词成句时除了顾及词义相配和事理成立之外，还必须注意保证形态规则使用的准确无误，即必须在范畴的形态上维持"一致性"。由于这些原因，西方语言的语法形态外显，规则性强；汉语语法以语序和虚词为手段，灵活性尤为明显。

（三）文化背景考察

语言植根于文化之中。民族文化不仅是民族语言活动的广大舞台，更是民族语言形成、发展和演变的根本动力。我们通常都承认，语言同社会的产生、发展、消亡是同步的。其实，这句话中的"社会"应该理解为"社会文化"才更加切合问题的实质。语言的历史和民族文化的历史是紧密地交织在一起的，因此，无论是对语言历史的研究或语言现状的理解，都必须紧密结合这种语言的人文历史背景加以论析。语言宏观演变的基本形式——语言的分化和统一的过程不仅与民族文化的演变同步,而且后者总是前者的动因。以英语为例,从形态类型上看,古英语是典型的屈折语之一,词形变化很丰富。英语从5世纪中叶至今,历时1 500多年,词形变化大大减少,词序更加固定,已明显向分析语靠拢,在屈折语中已不具有典型性。现在英语已成为世界上分布通行最广的语种之一,并且日益成为国际交往的通用工具,不再为一个国家一个民族所专有,是一种中性的信息媒介。由于分布广泛,遍布各大洲的各种互有差异的英语变体也随之产生。美国语言学家加兰·坎农(G.Cannon)的研究表明,英语面貌巨大变化的根本原因在于英吉利民族文化历史以及世界近现代文化历史演变。现代英语时期以文艺复兴作为开端的标志,教育的发展和文学著作的流传使英语的文学语言有了统一的规范。尤其工业革命的成功使英国成为世界强国,英语开始走向世界,大规模的移民把英语输送到了澳大利亚、北美、西印度群岛、南非、南亚次大陆和香港等地,语言远征的结果是英语变体出现,其中最为突出的是美式英语。20世纪以来为当代英语时期,由于美国跃升为世界强国和以美英为代表的西方文化影响的进一步增强,英语在世界范围内进一步扩展。

(四)文化差异比较

文化差异比较是通过对不同民族的语言在结构上和使用上的差异的研究来揭示产生差异的文化根源。文化语言学继承洪堡特关于语言和民族精神的关系的学说,认为语言是民族精神的外在表现,一个民族的精神特性和语言形式的结合极为密切,因而把分析不同民族文化精神上的差异作为解释语言结构和语言使用的差异的原则性方式。在比较的对象上,注重于不同结构类型或亲属关系较远的语种;在比较的方式上,深入文化精神的内在的层次,这使文化语言学的比较研究有别于其他语言学的比较或对比的研究。关于汉语和西方语言的最大差异,目前已有许多说法,比如"艺术型"与"科学型","人治"与"法治","意合"与"形合"等。但戴昭铭认为最能概括两者根本差异的是"意象"和"法则"。"意"指意思、意念、意义,"象"指形象,"意象"指包含意念的形象或带有形象的意念;"法则"即语言结构(包括词结构、词源结构、句法结构和语义结构等)的规则。任何语言都是由意象和法则构成的统一体,不过不同语言在营造语言单位时"意象"和"法则"的控制作用有强有弱。"意象"强的语言,语意丰满,而"法则"隐蔽、模糊,控制作用柔弱,语法灵活多变;"法则"强的语言,表示语法意义的形态丰富而外露,语法规则强硬而少变通,语言意义虽然明确,但形象感稍差。汉语可以称为"强意象语言",西方语言则可以称为"强法则语言"。

(五)文化心理揭示

文化心理揭示是对语言的结构和语言的使用中所隐含的心理机制进行分析和揭示。语言中的文化心理指的是在一定的文化背景作用下群体或个人从事语言价值判断和语言选择时的心理机制。心理机制一般是隐蔽的,而选择的结果则是外显的,研究者根据选择过程中的取舍情况可以推测和分析语言使用者当时的心理动因。语言的发生、习得、生成和理解的心理过程一般属于认知心理或学习心理的范畴,其中不包含由文化心理造成的语言价值判断和语言选择过程,因此不属于文化语言学的研究范围。只有语言风格的形成多少与文化上的选择有关,可以纳入文化语言学的研究范围。尽管文化心理通常由一定的文化背景造成,但是由于人类的共性、文化的共性以及语言的共性,语言中的文化心理也有一些超越民族、种族或国界的共性表现。我们把语言中具有共性的文化心理称为共性文化心理,而把与之相对的,仅与某特定民族、种族或国家、区域相联系的语言文化心理称为个体文化心理。语言使用中的共性文化心理往往表现为:母语优越心理、从众入时心理、性别认同心理、避秽求雅心理。语言使用中的个体文化心理不同民族也有不同表现,以汉族为例:与西方人重真率相比,汉族人更重和谐;汉族人特别容易耽于语言幻想;汉族人特别喜欢在语言文字中作机械的比附联想;汉族人特别喜欢引经据典或依傍圣贤。

第四节 传播语言学

一 语言符号的传播功能

人类传播离不开传播介质——符号,语言传播离不开语言符号,因而有必要从传播学角度来认识符号和语言符号的传播功能。

(一)符号的概念

在传播学中,符号具有极为广泛的含义。日本学者永井成男认为,只要在事物 X 和事物 Y 之间存在某种指代或表述关系,X 能够指代或表述 Y,那么事物 X 便是事物 Y 的符号,Y 便是 X 指代的事物或表述的意义。简单地说,符号是人们以某种可感知的形式来指代某种事物的结合体。就这个定义而言,符号的形态是多种多样的,我们在日常生活中能够感觉到的声音、动作、形状、颜色、气味甚至物体,只要它们能够携带信息或表述特定的意义,都属于符号的范畴。

一般认为,现代符号学的理论渊源来自两个方面:一个是美国哲学家皮尔斯(S.Peirce),一个是瑞士语言学家索绪尔。皮尔斯的符号学理论,对当代许多著名的符号学家都产生过巨大的影响。皮尔斯认为:符号代表某种事物,是它的对象的显现;符号在其与对象的联系中,在符号使用者的头脑中会产生某种"思想",这种思想就是阐释;阐释作为符号与对象的中介,具有无止境的符号化的可能性。皮尔斯之后,莫里斯(W.Morris)进一步将符号学分为三个分支:句法学(研究符号与符号之间的关系)、语义学(研究符号与符号所指实体之间的关系)、语用学(研究符号与符号解释者之间的关系)。索绪尔不仅是现代符号学的奠基者,同时又是现代语言学的创始人。他对语言的全部认识是建立在现代符号学的理论基础之上的,提出语言符号取决于能指和所指的结合。索绪尔认为语言符号连接的不是事物和名称,而是概念和音响形象。"概念"就是"所指","音响形象"就是"能指",语言符号就是能指和所指的结合。同时,他指出语言符号具有任意性和线性特点。

符号是人类传播的介质,人类只有通过符号才能相互沟通信息。从社会传播的角度看,符号具有三个基本功能:一是表述和理解功能。人与人之间传播的目的是交流意义,换句话说即交流精神内容。但是,精神内容本身是无形的,传播者只有借助于某种可感知的物质形式、借助于符号才能表现出来,而传播对象也只有凭借这些符号才能理解意义,因此,人与人之间的传播活动首先表现为符号化(编码)和符号解读(解码)的过程。二是传达功能。作为精神内容的意义如果不转换为具有一定物质形式的符号,是不可能在时间和空间中得到传播和保存的。孔子是一个伟大的思想家,但如果没有《论语》这部记录他的言行的文字著作,我们可能无从接触到他的精神世界。三是思考功能。思考是人脑中与外部信息相联系的内在意识活动,是内在的信息处理过程。人在思考之际,首先要有思考的对象和关于对象事物的知识,而这些都是以形象、表象或概念等符号形式存在于人脑之中的,因此,思考本身也就是一个操作符号、在各种符号之间建立联系的过程。

(二)符号的类型

符号是信息的外在形式或物质载体,是信息表达和传播中不可缺少的一种基本要素,人类是通过符号或符号体系来传递信息的。有声语言是人类掌握的第一套完整的听觉符号体系,有了语言,人类的信息交流才彻底摆脱了动物传播状态而进入了一个自由的境界;文字是人类创造的第一套完整的视觉符号体系,有了文字,人类的信息活动实现了体外化的记录、保存和传播。文字是有声语言的再现和延伸,所以我们也可以将它们并称为语言符号体系。语言是人类传播的基本符号体系,但并不是唯一的体系。动作、表情、体态、声音、图形、图片、影像等,同样是信息的重要载体,都可以起到符号的作用。

1.语言符号

人类的语言符号具有如下特征:

(1)人类语言具有超越历史时间和空间的能力。它不仅能够表述现在,而且能够表述过去和未来;不仅能够表述眼前的事物,而且能够表述在遥远空间发生的事情。

(2)人类语言具有无限的灵活性。它可以表达任何具体的、抽象的甚至虚构的事物,在表达内容上几乎没有任何限制。

(3)人类语言具有发音的经济性。它以有限的几十种元音和辅音,配之以声调变化,能够组合成数十万以上的语音单词。这说明,人类能够以最小的体能消耗来最大限度地发挥自己的声音能力。

(4)人类语言具有巨大的能动性和创造性。人类不断创造出新词语、新概念、新含义和新的表达方法,并且能将有声语言转换成文字或其他符号体系加以记录和保存;人类不仅创造了自己的生活语言,而且创造出了科学语言、艺术语言以及以手语、计算机语言为代表的各种人工语言。语言的历史,同时也是人类创造活动的历史。

综上所述,能动性和创造性是人类语言区别于动物界信号系统的最根本的特征。人类的语言活动不仅是人类对自然界和社会进行能动改造的总体活动的有机组成部分,而且它还不断创造和发展着自身,不断开创着崭新的语义世界。

2.非语言符号

非语言符号大致可分为以下几种类型:

(1)语言符号的伴生符。如声音的高低、大小,速度的快慢,文字的字体、大小、粗细、工整或潦草等,都是有声语言或文字的伴生物,也称为副语言。副语言不仅仅对语言起着辅助作用,本身也具有自己的意义。

(2)体态符号。如动作、手势、表情、视线、姿势等。由于它们也能像语言那样传递信息,有人也称之为"体态语言"。一般来说,体态符号既可以独立使用,也可以与语言并用,它们在形成语境方面起着重要的作用。

(3)物化、活动化、程式化的符号。如果说上述两类符号大多还是语言符号的辅助物,那么这类符号更具有独立性和能动性。各种非语言的象征符号体系如仪式和习惯、徽章和旗帜、图形和影像、服装和饮食、音乐和舞蹈、美术和建筑、手艺和技能、住宅和庭园、城市和消费方式等,都属于广义的文化符号。

3.语言符号与非语言符号的关系

语言是人类社会特有的一种信息符号系统,是人们用来进行传播和思维活动的有效工具,一切非语言信息符号都以语言信息符号为基础。因此,语言在信息符号系统中占据最重要的地位。与非语言符号相比,语言符号在传播过程中具有如下特点:

(1)语言符号具有"一般等价物"的功能,就像货币可以作为一般等价物去交换商品一样,语言符号可以替换传播过程中的任何非语言符号表达的信息。也就是说,后者能表达的信息,前者都能表达;后者不能表达的信息,前者也能表达。

(2)语言符号是思维的工具,非语言符号不是思维的工具。在传播过程中,人类可以用前者进行编码,把思维活动用句子表现出来,而后者只是起着暗示思维的作用,它们既不是思维的成果,也不是思维的轨迹和工具。

(3)语言具有自我解释的功能,任何非语言符号都不能自己解释自己。例如十字路口的红绿灯,红灯表示禁止通行,绿灯表示可以通行,而红绿灯本身是不能回答这个问题的,只能用语言才能解释清楚。语言不仅能解释非语言符号,而且能进行自我解释,语言中的一切词都可以用另一些词来解释。

(三)符号的意义

符号本身是有意义的,但意义不仅仅存在于符号本身,而且存在于传播的全部过程和环节当中,这就体现了符号意义的多样性和复杂性。符号意义在传播过程中主要有传播者的意义、受传者的意义和情境意义等。

1.传播者的意义

在传播行为中,传播者通过符号来传达所要表达的意义,然而,传播者的意义并不总是能够得到正确传达。我们常常会为自己不能准确完整地表达自己的想法而感到苦恼,或者为自己说出的话而后悔,这说明我们发出的符号有时并没有正确传达自己的意图或本意。在这里,符号本体的意义与传播者的意义未必是一回事,这是很明显的。

2.受传者的意义

对同一个或同一组符号构成的信息,不同时代的人有不同的理解,同一时代的不同个人也会有不同的理解或解释,这说明符号本身的意义与受传者接收到的意义同样也未必是一回事。产生这种差异的原因,一是符号本身的意义会随时代的发展而产生变化,二是由于每个受传者都是根据自己的经验、经历等社会背景来理解和解释符号的意义的,这些因素不同,每个人从同一符号或信息中得到的意义也就会存在差异。

3.情境意义

美国语言学家雅可布逊曾经指出,语言符号不提供也不可能提供传播活动的全部意义,交流的所得,有相当一部分来自语境。所谓语境,在传播学中叫作传播情境,指的是对特定的传播行为直接或间接产生影响的外部事物、条件或因素的总称。它包括具体的传播活动进行的场景,如特定时间、特定地点、特定参与者等。广义的传播情境也包括传播行为的参与人所处的群体、组织、制度、规范、语言、文化等较大的环境。在很多情况下,传播情境会形成符号本身所不具有的新意义,并对符号本身的意义产生制约。

二 传播语言学的学科界定

传播语言学是语言学和传播学相结合的边缘学科,准确地说,传播语言学是把人类的语言交际置于社会传播的大背景中加以考察,借鉴传播学的理论和方法来深化语言本体的研究。

(一)传播语言学与传播语言研究

由于传播语言学是一门新兴的边缘性学科,它的内涵和外延都还不十分清楚,因此我们首先必须把传播语言学同一般的传播语言研究区别开来。当前社会上的传播语言研究集中在三个方面:其一是新闻语言研究,主要探索新闻语言的特点和表达技巧;其二是公关语言研究,主要探索公关语言的特点和表达技巧;其三是广告语言研究,主要探索广告语言的特点和表达技巧。但是这些传播语言研究都注重表达技巧的讨论,基本上停留在"修辞学"的范畴,不是真正意义上的语言本体研究。而传播语言学在本质上属于语言学的一个门类,立足于语言本体的研究,不是一般的技巧探索。

(二)传播语言学与相邻学科

传播语言学同相邻学科有着内在的联系,其中对传播语言学最有影响的是下面两门学科。

1.语言文字信息处理

语言文字信息处理是运用各种工具、设备,对语言文字符号系统进行转换、传输、存贮、加工、复制等处理的一项技术。语言文字的信息处理与传播语言学有相似的一面,即都是研究信息的获取、传输、加工、理解的一般规律的学科。但是,前者的一端是人,一端是机器;而后者的一端是人,另一端也是人。因此,传播语言学可以借助语言文字信息处理时运用的一些方法,如计算机语言的程序编写方式等,来进行传播过程中的语言的定量分析和变量分析。

2.认知心理学

认知心理学研究人类的认知过程,强调认知过程在人的全部心理活动中的重要作用,尤其是认知结构在语言交际过程中的机制和功能。在当代,信息加工理论是认知研究的主流,因此,认知心理学的许多理论正是传播语言学的理论基础之一,特别是传播过程中传播者的语言运用和传受者的语言理解等方面所遇到的问题,都可借助认知心理学的理论和方法来加以解释。

三 传播语言学的研究范畴

(一)关于语言符号与语言信息

1.关于语言符号

传播语言学要研究人类在社会信息传播活动中语言的运用和理解规律,语言作为一种符号系统,是构成传播内容的最基本的元素。那么,作为传播的语言符号应该具有什么性质,语言符号的内部可以分成多少类别,语言符号与其他符号的区别,语言符号在传播过程中的意义类型等问题的分析,是深入地解剖传播内容的途径。对语言符号的研究必然涉及语言本体研究,比如语言符号的形式和意义的对应关系问题,语音、词汇、语法等语言要素,语篇的衔接功能,句法、语义、语用三个平面的句法分析,语句的生成与理解,歧义,等等问题,都是传播语言学关于语言符号的重要研究范畴。

2.关于语言信息

语言符号所承载的是一种信息,信息是社会传播的基本要素之一。弄清语言信息的本质与特征,探讨语言信息的类别,研究语言信息的定量表示,分析语言在承载信息时的转换功能,即语言符号在传播的编码和解码过程中的作用问题,也是传播语言学研究的主要内容。当前语法研究注重句子的信息结构,比如话题的转换,焦点的设置;注重句子的信息分类,比如指称与陈述、有定和无定、已知信息和未知信息。这些研究都与传播学有内在的联系。

(二)关于语言传播过程和传播效果

1.关于语言传播过程

传播是人与人之间信息的传递与分享,传播是一种社会行为,由传播者和传受者共同参与,缺乏任何一方就构不成传播。传播者的语言运用要遵循什么规则,会遇到什么障碍,要通过什么方法去加以克服,传播者个人的因素对语言运用有什么影响,语言运用的心理过程是什么,都是传播语言学的研究内容。比如语言运用中的语句排列原则、会话合作原则、语言规范原则。从传受者角度说,传受者对语言信息的理解直接与传播的效果联系在一起,传播语言学要研究受者对语言的理解策略问题,传受者在解码时的心理过程,影响解码的各种因素问题。比如语言理解中的表层结构的知觉过程、深层意义的建立过程、接受认知的反应过程,还涉及句子的解释因素、句子的理解策略等必须解决的问题。

可见,语言信息的传播过程中最主要的两个要素是语言信息的编码和解码,前者属于语言运用问题,后者属于语言理解问题。从信息传播角度看,语言运用要研究思维、编码、发送等阶段中涉及的语言信息问题。编码前的思维阶段是传播信息的计划制订阶段,解决要传播什么信息(心理语码)的问题;编码则是要把心理语码转换为实际语码,如句子生成、语句信息安排、句式选择等都是编码阶段要研究的语言问题；发送也叫发码，即把实际语码发送出去，这时要研究语速、停顿、重音等问题。语言传播中，语言运用的主要原则是"达意"，选择最恰当的表达方式达到最有效的表达效果。

现代传播学理论不再把接收者看作被动的"看者""听者"，而是把信息接收者的行为看作一种主动的语言理解行为。这样，语言理解不仅包括理解语言的表层意义（字面意义），而且要理解语言的深层意义，如各种言外之意等。语言信息传播过程造成的信息减少、信息增加、信息转移等现象，除了语言运用者的原因，更多的原因在于语言理解者的理解偏颇。

2.关于语言传播效果

传播语言学还要研究语言传播的效果以及排除语言传播的干扰问题。比如关于提高表达技巧和听读技巧的原理、方法和策略；关于排除口语中"信息噪声"的研究、关于汉字规范化的研究、语法学中关于歧义结构的研究等。此外，为了探讨语言传播效果，传播语言学还要探讨语言传播的类型、语言传播的媒介等与语言传播有关的课题，以进一步构建和完善传播语言学的理论框架。

思考题

1.心理语言学有哪些分支学科？它们的共同研究目标是什么？

2.查阅有关资料，总结汉语心理语言学研究的历史和现状，比较我国的心理语言学跟西方心理语言学的联系和区别。

3.神经语言学和心理语言学都涉及对人的大脑的研究，请比较两者在研究对象和研究目标上的差异。

4.举例说明神经语言学的应用领域和应用价值。

5.从语言与文化的关系角度，谈谈文化语言学的性质。

6.关于中国的文化语言学有许多争议，请从学术背景、研究对象、研究成果或流派等角度，谈谈你的看法。

7.简述文化语言学的研究方法和文化语言学研究的意义。

8. 简述传播语言学和传播语言研究的联系与区别。

9. 从现代传播技术、手段的演进出发,谈谈语言研究在传播学中的重要作用。

10. 应用语言学有许多研究领域,除了本书重点介绍的各个领域之外,你还了解其他哪些领域？简要介绍一下你所了解的这些领域。

参考文献

毕鸿雁、彭聃龄 《6—8岁儿童三种时间副词理解能力及策略的实验研究》，《心理科学》2004年第1期。

曹逢甫 《二十年来台湾社会语言学的研究》，《语言文字应用》1998年第4期。

陈章太 《二十世纪的中国社会语言学》，见刘坚主编《二十世纪的中国语言学》，北京大学出版社，1998年。

崔希亮 《世界格局剧烈变化背景下的国际中文教育》，《天津师范大学学报》（社会科学版）2022年第4期。

丁　涵、丁安琪 《抓住机遇、迎接挑战、展望未来——"新时期国际中文教育的机遇与挑战"高端论坛综述》，《国际中文教育（中英文）》2022年第2期。

董　琨 《新时期语言学应用研究概述》，《语言文字应用》1999年第4期。

段　鹏 《历时、共时及经验：国际中文教育及传播应用研究》，《西北师大学报》（社会科学版）2022年第4期。

高增霞、刘福英《论学术汉语在对外汉语教学中的重要性》，《云南师范大学学报》（对外汉语教学与研究版）2016年第2期。

胡建刚、贾益民《国际职场汉语教学探讨》，《世界汉语教学》2022年第3期。

姜　孟 《60年心理语言学研究范式变迁——涉身心理语言学展望》，《外国语文》2015年第3期。

焦李成、杨淑媛、刘　芳等 《神经网络七十年：回顾与展望》，《计算机学报》2016年第8期。

孔令达、傅满义 《儿童语言中副词的发展》，《安徽师范大学学报》（人文社会科学版)2004 年第 5 期。

李宝贵　《国际中文教育助力中华文明更好走向世界》,《语言文字应用》2022 年第 4 期。

李宝贵、刘家宁　《新时代国际中文教育的转型向度、现实挑战及因应对策》《世界汉语教学》2021 年第 1 期。

李东伟、吴应辉　《国际汉语教师人才培养状况报告(2015—2016)》,《辽宁师范大学学报》(社会科学版)2019 年第 3 期。

李向农、周国光、孔令达　《2—5 岁儿童运用"把"字句情况的初步考察》,《语文研究》1990 年第 4 期。

李跃鹏、金　翠、及俊川　《基于 word2vec 的关键词提取算法》,《科研信息化技术与应用》2015 年第 4 期。

李宇明　《儿童语言发展的连续性及顺序性》,《汉语学习》1994 年第 5 期。

李宇明　《为〈中文信息处理发展简史〉所做的序——〈计算机正改变着我们的语言生活〉》,见刘　云、肖辛格著《中文信息处理发展简史》,科学出版社,2019 年。

李　真　《端到端神经网络机器翻译技术研究》,战略支援部队信息工程大学博士学位论文,2020 年。

刘　利、赵金铭、李宇明等　《汉语国际教育知识体系的特色与构建——"汉语国际教育知识体系的特色与构建研讨会"观点汇辑》,《世界汉语教学》2019 年第 2 期。

刘艳春　《从〈语言文字应用〉看我国应用语言学研究方法》,《语言文字应用》2005 年第 2 期。

刘英林、李佩泽、李亚男　《汉语国际教育汉语水平等级标准全球化之路》,《世界汉语教学》2020 年第 2 期。

鲁健骥　《中介语理论与外国人学习汉语的语音偏误分析》,《语言教学与研究》1984 年第 3 期。

陆俭明　《汉语言文字应用面面观》,《语言文字应用》2000 年第 2 期。

陆俭明　《汉语教师培养之我见》,《国际汉语教育》2017 年第 9 期。

吕叔湘　《当前语文教学中两个迫切问题》，见《吕叔湘文集》（第 4 卷），商务印书馆，2004 年。

缪小春　《幼儿对疑问词的理解——幼儿回答特殊疑问句的发展特点》，《心理科学》1986 年第 5 期。

缪小春、桑　标　《5—8 岁儿童对几种偏正复句的理解》，《心理科学》1994 年第 1 期。

缪小春、朱曼殊　《幼儿对某几种复句的理解》，《心理科学通讯》1989 年第 6 期。

史慧中　《3—6 岁儿童语言发展与教育》，见朱智贤主编《中国儿童青少年心理发展与教育》，中国卓越出版公司，1990 年。

宋柏尧　《建国前的语文工作》，见王均主编《当代中国的文字改革》，当代中国出版社，1995 年。

王　辉、冯伟娟　《何为"国际中文教育"》，https://www.gmw.cn/xueshu/2021-03/15/content_34688036.htm。

吴应辉、梁　宇　《交叉学科视域下国际中文教育学科理论体系与知识体系构建》，《教育研究》2020 年第 12 期。

吴勇毅　《国际中文教育"十四五"展望》，《国际汉语教学研究》2020 年第 4 期。

谢晓琳、徐盛桓、张国仕　《学龄前儿童篇章意识和篇章能力形成和发展的初步探讨》，《心理科学》1988 年第 5 期。

徐火辉　《汉语儿童量化否定句理解的发展》，《心理科学通讯》1990 年第 4 期。

许国璋　《社会语言学和唯理语言学在理论上的分歧——〈社会语言学译文集〉代序》，见祝畹瑾主编《社会语言学译文集》，北京大学出版社，1985 年。

许　琳　《2015 年孔子学院总部工作汇报》，《孔子学院》2016 年第 1 期。

许政援　《3 岁前儿童语言发展的研究和有关的理论问题》，《心理发展与教育》1996 年第 3 期。

杨亦鸣、刘　涛　《中国神经语言学研究回顾与展望》，《语言文字应用》2010 年第 2 期。

于　亮、胡　伟、耿立波等　《中国神经语言学研究现状与展望》,《语言科学》2021年第5期。

张仁俊　《幼儿对空间词汇的掌握》,《心理发展与教育》1986年第4期。

张兴权　《"社会语言学"术语溯源》,《语言科学》2005年第2期。

张　宇　《多模态信息检索和索引技术研究》,东北大学博士学位论文,2016年。

赵成新　《国际中文教育学科发展之路》,《学位与研究生教育》2022年第10期。

赵金铭　《对外汉语研究的基本框架》,《世界汉语教学》2001年第3期。

周国光　《儿童语言习得理论的若干问题》,《世界汉语教学》1999年第3期。

周庆生　《西方社会语言学面面观》,《语言文字应用》1999年第2期。

周庆生　《中国社会语言学研究述略》,《语言文字应用》2010年第4期。

朱曼殊、武进之、应厚昌等　《儿童对几种时间词句的理解》,《心理学报》1982年第3期。

宗成庆　《中文信息处理研究现状分析》,《语言战略研究》2016年第6期。

陈保亚　《语言接触与语言联盟——汉越(侗台)语源关系的解释》,语文出版社,1996年。

陈昌来主编　《汉语国际教育概论》(修订版),复旦大学出版社,2022年。

陈其光　《语言调查》,中央民族大学出版社,1998年。

陈松岑　《语言变异研究》,广东教育出版社,1999年。

陈　原　《社会语言学》,学林出版社,1983年。

陈章太　《语言规划研究》,商务印书馆,2005年。

陈章太主编　《语言规划概论》,商务印书馆,2015年。

程星华、苏承志、董晓云　《应用语言学》,外文出版社,2007年。

程裕祯主编　《新中国对外汉语教学发展史》,北京大学出版社,2005年。

崔　刚　《神经语言学》,清华大学出版社,2015年。

崔桂华、景　超　《应用语言学》,吉林大学出版社,2016年。

戴庆厦主编 《社会语言学概论》,商务印书馆,2004年。
戴昭铭 《文化语言学导论》,语文出版社,1996年。
冯志伟 《计算语言学基础》,商务印书馆,2001年。
冯志伟 《应用语言学综论》,广东教育出版社,1999年。
冯志伟 《术语浅说》,语文出版社,2000年。
冯志伟 《自然语言的计算机处理》,上海外语教育出版社,1996年。
高月梅、张　泓 《幼儿心理学》,浙江教育出版社,1993年。
桂诗春 《实验心理语言学纲要》,湖南教育出版社,1991年。
桂诗春 《心理语言学》,上海外语教育出版社,1985年。
桂诗春 《新编心理语言学》,上海外语教育出版社,2000年。
桂诗春 《应用语言学》,湖南教育出版社,1988年。
桂诗春、宁春岩 《语言学方法论》,外语教学与研究出版社,1997年。
郭　熙 《中国社会语言学》(增订本),浙江大学出版社,2004年。
郭　熙 《新编应用语言学》,北京大学出版社,2020年。
何英玉、蔡金亭 《应用语言学——迈向21世纪的语言学》,上海外语教育出版社,2005年。
侯　敏 《计算语言学与汉语自动分析》,北京广播学院出版社,1999年。
黄昌宁、李涓子 《语料库语言学》,商务印书馆,2002年。
教育部中外语言交流合作中心 《国际中文教育教学资源发展报告2021》,北京语言大学出版社,2021年。
金清子 《应用语言学研究》,吉林文史出版社,2020年。
雷　蕾 《应用语言学研究设计与统计》,华中科技大学出版社,2016年。
李　丹 《儿童发展心理学》,华东师范大学出版社,1995年。
李如龙 《汉语方言学》,高等教育出版社,2001年。
李宇明 《儿童语言的发展》,华中师范大学出版社,1995年。
刘　辉 《应用语言学方法导论》,黑龙江大学出版社,2019年。
刘金花 《儿童发展心理学》,华东师范大学出版社,1997年。
刘　坚主编 《二十世纪的中国语言学》,北京大学出版社,1998年。

刘开瑛　《中文文本自动分词和标注》，商务印书馆，2000年。

刘　珣　《对外汉语教育学引论》，北京语言文化大学出版社，2000年。

刘　珣　《汉语作为第二语言教学简论》，北京语言文化大学出版社，2002年。

刘　珣主编　《对外汉语教学概论》，北京语言文化大学出版社，1997年。

刘　颖　《计算语言学》，清华大学出版社，2002年。

刘涌泉、乔　毅　《应用语言学》，上海教育出版社，1988年。

刘　云、肖辛格　《中文信息处理发展简史》，科学出版社，2019年。

刘振聪、刁慧莹　《应用语言学前沿研究：理论、方法与实践》，旅游教育出版社，2020年。

卢　植　《应用语言学》，暨南大学出版社，2011年。

陆致极　《计算语言学导论》，上海教育出版社，1990年。

吕必松　《对外汉语教学发展概要》，北京语言学院出版社，1990年。

吕必松　《对外汉语教学概论》(讲义)，国家教委对外汉语教师资格审查委员会办公室，1996年。

吕必松　《对外汉语教学探索》，华语出版社，1987年。

吕必松　《语言教育与对外汉语教学》，外语教学与研究出版社，2005年。

罗耀华、刘　云、谢晓明主编　《应用语言学导论》，华中师范大学出版社，2021年。

梅德明　《语言学及应用语言学百科全书》，北京大学出版社，2017年。

庞丽娟、李　峰　《婴儿心理学》，浙江教育出版社，1993年。

彭聃龄　《语言心理学》，北京师范大学出版社，1991年。

齐沪扬　《传播语言学》，河南人民出版社，2000年。

齐沪扬、陈昌来主编　《应用语言学纲要》(第三版)，中国人民大学出版社，2020年。

沈德力、白学军　《实验儿童心理学》，安徽教育出版社，2004年。

盛　炎　《语言教学原理》，重庆出版社，1990年。

孙凯元、张焕芹、王澄林主编　《应用语言学导论》，东北大学出版社，2018年。

唐永辉　《应用语言学导论研究》，东北林业大学出版社，2017年。

童之侠　《国际传播语言学》，中国传媒大学出版社，2005年。
童之侠　《当代应用语言学》，中国传媒大学出版社，2016年。
王德春、吴本虎、王德林　《神经语言学》，上海外语教育出版社，1997年。
王建勤主编　《汉语作为第二语言的习得研究》，北京语言文化大学出版社，1997年。
王　甦、林仲贤、荆其诚主编　《中国心理科学》，吉林教育出版社，1997年。
王　伟、左年念、王国念等　《应用语言学导论》，中国地质大学出版社，2012年。
文秋芳　《应用语言学研究方法与论文写作》，外语教学与研究出版社，2004年。
翁富良、王野翎　《计算语言学导论》，中国社会科学出版社，1998年。
夏中华主编　《应用语言学：范畴与现况》，学林出版社，2012年。
邢福义主编　《文化语言学》（增订本），湖北教育出版社，2000年。
徐大明、陶红印、谢天蔚　《当代社会语言学》，中国社会科学出版社，1997年。
许嘉璐　《语言文字学及其应用研究》，广东教育出版社，1999年。
杨延宁　《应用语言学研究的质性研究方法》，商务印书馆，2014年。
尹秀波　《应用语言学》，吉林大学出版社，2004年。
游汝杰　《中国文化语言学引论》（修订本），上海辞书出版社，2003年。
于根元　《二十世纪的中国语言应用研究》，书海出版社，1996年。
于根元　《语言应用论集》，北京广播学院出版社，1999年。
于根元　《路途和手段——语言学及应用语言学研究方法》，中国经济出版社，2004年。
于根元　《应用语言学教程》，华语教学出版社，2008年。
于根元　《应用语言学的历史及理论》，商务印书馆，2009年。
于根元　《应用语言学演讲集》，商务印书馆，2014年。
于根元主编　《应用语言学理论纲要》，华语教学出版社，1999年。
于根元主编　《世纪之交的应用语言学》，北京广播学院出版社，2000年。
于根元主编　《应用语言学概论》，商务印书馆，2003年。

俞理明、曹勇衡、潘卫民 《什么是应用语言学》,上海外语教育出版社,2013年。

俞士汶主编 《计算语言学概论》,商务印书馆,2003年。

张育泉 《语文现代化概论》,首都师范大学出版社,1995年。

张宗庆、吴喜艳 《新编应用语言学导论》,武汉大学出版社,2019年。

赵金铭主编 《对外汉语教学概论》,商务印书馆,2004年。

赵贤州、陆有仪主编 《对外汉语教学通论》,上海外语教育出版社,1996年。

中华人民共和国教育部高等教育司 《普通高等学校本科专业目录与专业简介》,高等教育出版社,2012年。

周昌忠 《科学研究的方法》,福建人民出版社,1983年。

周国光 《汉语句法结构习得研究》,安徽大学出版社,1997年。

周国光、王葆华 《儿童句式发展研究和语言习得理论》,北京语言文化大学出版社,2001年。

周小兵、李海鸥主编 《对外汉语教学入门》,中山大学出版社,2004年。

周小兵主编 《对外汉语教学入门》(第二版),中山大学出版社,2009年。

周有光 《周有光语文论集》,上海文化出版社,2002年。

周玉忠、王辉主编 《语言规划与语言政策:理论与国别研究》,中国社会科学出版社,2004年。

朱曼殊主编 《儿童语言发展研究》,华东师范大学出版社,1986年。

朱曼殊主编 《心理语言学》,华东师范大学出版社,1990年。

朱智贤主编 《中国儿童青少年心理发展与教育》,中国卓越出版公司,1990年。

祝畹瑾 《社会语言学概论》,湖南教育出版社,1992年。

祝畹瑾主编 《社会语言学译文集》,北京大学出版社,1985年。

佐尔坦·德尔涅伊 《应用语言学研究方法》,赵晨译,商务印书馆,2021年。

卡尔·康拉德·迪勒 《语言教学论争》,孙晖、葛绳武译,南开大学出版社,1992年。

S.皮特·科德 《应用语言学导论》,上海外国语学院外国语言文学研究所译,上海外语教育出版社,1983年。

A.P.卢利亚 《神经语言学》,赵吉生、卫志强译,北京大学出版社,1987年。

W.F.麦基 《语言教学分析》,北京语言学院出版社,1990年。

Bates, E. et al. *From First Words to Grammar*. New York: Cambridge University, Press, 1988.

Charlene Polio 《应用语言学专题》,商务印书馆,2016年。

Clifford Prator. *Hierarchy of Difficulty: Unpublished Classroom Lecture*. University of California, Los Angles, 1967.

Guy Cook 《应用语言学》,上海外语教育出版社,2012年。

Kennedy, G. *An Introduction to Corpus Linguistics*, 外语教学与研究出版社,2000年。

Labov, W. *The Social Stratification of English in New York City*. Washington, DC: Center for Applied Linguistics, 1966.

Sinclair, J. *Corpus, Concordance, Collocation*, 上海外语教育出版社,1999年。

原版后记

20世纪90年代初,我开始接触外国留学生的汉语教学。1995年以后,有了更多的机会给留学生上汉语课,包括听说读写多种课程,这促使我开始思考对外汉语教学的具体问题,如教材、教法、课型、等级、测试等。1999年秋我来到上海师范大学,一方面跟张斌先生从事博士后研究,另一方面齐沪扬老师要我关注对外汉语本科专业问题。那时,齐老师已经很有远见地考虑在上海师范大学设置对外汉语本科专业,培养对外汉语基础人才。2001年夏天,我博士后出站,留在上海师范大学人文学院工作,着手申请"对外汉语"本科专业,2002年对外汉语本科专业被批准设置,2003年秋季正式招生,我被指派负责对外汉语专业的建设。在对外汉语本科专业建设中,我们觉得存在三个瓶颈:一是培养方向和培养目标问题。对外汉语专业要培养出能适合国际上日益高涨的"汉语热"需求(按照时下的说法是"能适应汉语国际推广战略")的新型实用人才,这涉及专业的定位、培养计划和培养方案的构建、课程体系的设置等问题。二是教材问题。对外汉语专业应该使用体现本专业特色的教材。三是师资和实践问题。对外汉语专业的老师应该既有扎实的专业学识,又有一定的对外汉语教学实践;对外汉语本科生应该有稳定的教学实践场所,最理想的是能同留学生共处一个学院或同一个学习场所,做到中外学生互动。

2004年初,上海师范大学整合了学校的语言学及应用语言学、对外汉语本科等学科力量,在原国际文化交流学院的基础上,组建了对外汉语学院。我也调入对外汉语学院工作。对外汉语学院拥有从长短期语言进修生、本科生到硕士生、博士生各个层次的外国留学生,对外汉语专业本科生,语言学及应用语言学专业硕博士研究生三类学生，形成了对外汉语教学、对外汉语人才培养、对外汉语学科建设三位一体的办学模式。这一新型办学模式就为解决上述三个瓶颈提供了极好的平台。在对外汉语本科专业教材建设上，我们同北京语言大学、商务印书馆合作，在有关高校同人的支持下，着手组织编写对外汉语专业本科系列教材。我接受教材总主编和编辑委员会的指派，承担主编《应用语言学导论》的任务。

自20世纪80年代后期，我开始逐步接触"应用语言学"这个学科，尤其对国内出版的或翻译的以"应用语言学"为名的著作十分关注。在接触、学习、思考应用语言学这个学科及有关论著的时候，也一直在思考两个问题：一是"应用语言学中国化问题"，即应用语言学论著如何从以介绍国外应用语言学研究成果为主，转向以反映汉语应用语言学研究成果、关注中国语言应用实践为主；二是应用语言学著作，尤其是应用语言学教材，如何从以适应外语系的学生为主，转向能够适用于中文系、对外汉语系、应用语言学系并同时能适用于外语系的学生。实际上，这方面思考已经部分地反映在齐沪扬老师主持编写的《应用语言学纲要》一书中。这本《应用语言学导论》希望在这两个方面得到进一步的强化。

我带着这两个思考，开始拟定编写大纲和细目，并在两次"对外汉语专业本科系列教材"编辑委员会会议上得到有关专家的肯定和具体指导。进而开始组建编写小组，各位编写人员也十分赞同上述想法，力图编写出反映汉语应用语言学特色，适合对外汉语专业本科生、中文专业本科生和语言学及应用语言学专业硕士研究生低年级使用的应用语言学教材。

本书自2004年底开始编写，在各位编写人员的通力合作下，2006年底完成初稿，经过修改统稿，2007年初交由商务印书馆审定，再经过多次研讨修改完善，历时近三年时间编写的《应用语言学导论》终于可以定稿了。

《应用语言学导论》能够顺利出版，首先得感谢齐沪扬老师和范开泰老师的支持和引导，是他们把我领入对外汉语教学和应用语言学这充满生机的新的研究领域，感谢齐老师把编写《应用语言学导论》这一艰巨而充满挑战的任务交给我，并在编写过程中多次给予具体的指导。其次得感谢陆俭明教授、赵金铭教授等"对外汉语专业本科系列教材"编辑委员会专家对本书的多次审议和指正。还要感谢商务印书馆周洪波先生、袁舫女士、戴军明先生,尤其戴军明先生作为本书的责任编辑,对教材的修改、润色、定稿作出了极大的努力,他认真负责的态度令我感动,他良好的应用语言学素养令我感佩。再次,感谢为我国应用语言学学科发展作出贡献的前辈学者,作为教材,本书参考了前贤的有关论著,考虑到教材的体例,可能在行文及参考文献中没能一一注出,这里一并致谢。最后要特别感谢的是各位编写人员,他们都有繁忙的教学、管理工作,有自己的科研项目和科研任务,但都能保质保量地完成本教材的编写,并不厌其烦地一遍又一遍地修改……他们精诚合作的精神和认真负责的态度,不是我这里几句话就可以感谢得了的。

由于我的学识和能力,本书一定还存在这样和那样的问题,希望得到专家同行和各位读者的指正。作为主编,本书的所有问题都应该由我负责。

下面是本书编写的具体分工:

陈昌来(上海师范大学教授,第一章、第三章第一节及第二节,并负责全书统稿)

马洪海(浙江师范大学副教授,第二章)

宛新政(复旦大学副教授,第三章第四、第五节)

李胜梅(南昌大学教授,第四章)

杜道流(淮北煤炭师范学院教授,第五章)

任海波(上海师范大学副教授,第六章)

吴念阳(上海师范大学副教授,第七章)

吴为善(上海师范大学教授,第八章)

陈昌来

2007年6月16日

修订后记

《应用语言学导论》于2007年初版至今已经超过15个年头,这个时间段正是应用语言学作为学科迅速发展的时期,因而作为教材和学习参考用书必须随时代和学科的发展而适时修改、补充、完善。教材编写组因种种原因,未能及时修订,深表遗憾。征得原编写人员的同意,由我负责修订,为了加快修订进度,我就请上海电机学院的陈全静老师加入修订工作中来。本次修订的基本原则如下:

(1)求稳,即保持原教材的整体框架,基本结构,大致篇幅,不做大的增删改;

(2)应变,即根据学科发展适时改变,应用语言学学科中有些概念近年来已经有了新的说法,如果新说法基本被认可,就改为新的说法,典型的如"对外汉语教学→汉语国际教育→国际中文教育";

(3)略删,即个别内容相对比较陈旧,不适合作为教材内容,就略去;

(4)适增,即近年来学科有明显发展的,就略作适量增加,考虑到教材的特点,增加的篇幅实行总量控制;

(5)严核,即对原教材中的少数明显错误之处以及字、词、句、标点符号、段落等不够规范通顺的地方进行了仔细校对审核改正。

本次修订,由陈全静老师通读原稿,参照学科发展,选定需要修改的"变、删、增、核"之处,然后商量如何修改,由陈全静负责具体执笔修改,由我通读修改稿,修改后再行校对。可以说没有陈全静老师的努力,怕是很难顺利完成修订任务的。当然,修订本如果还存在这样那样的不足,主要责任无疑在我。

  本教材的集中修订正值新冠疫情最为紧张时期,修订接近尾声时,生活终于恢复常态了!真诚祝愿伟大的祖国和伟大的人民一切向好,越来越好!

陈昌来

2023年3月2日

图书在版编目(CIP)数据

应用语言学导论/陈昌来主编. —修订本. —北京：商务印书馆，2024(2025.9 重印)
(商务馆对外汉语专业本科系列教材)
ISBN 978-7-100-23288-3

I. ①应… II. ①陈… III. ①应用语言学—对外汉语教学—教材 IV. ①H08

中国国家版本馆 CIP 数据核字(2024)第 003790 号

权利保留，侵权必究。

YÌNGYÒNG YǓYÁNXUÉ DǍOLÙN
应用语言学导论
（修订本）
陈昌来　主编

商　务　印　书　馆　出　版
（北京王府井大街 36 号　邮政编码 100710）
商　务　印　书　馆　发　行
北京盛通印刷股份有限公司印刷
ISBN 978-7-100-23288-3

2024 年 5 月第 1 版　　　　开本 710×1000　1/16
2025 年 9 月北京第 2 次印刷　印张 26¾
定价：98.00 元